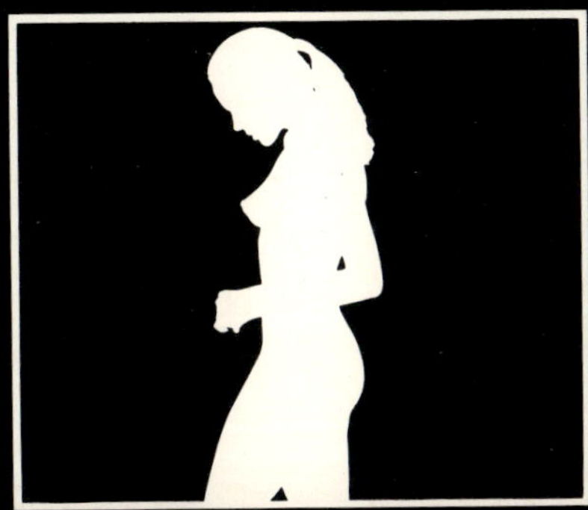

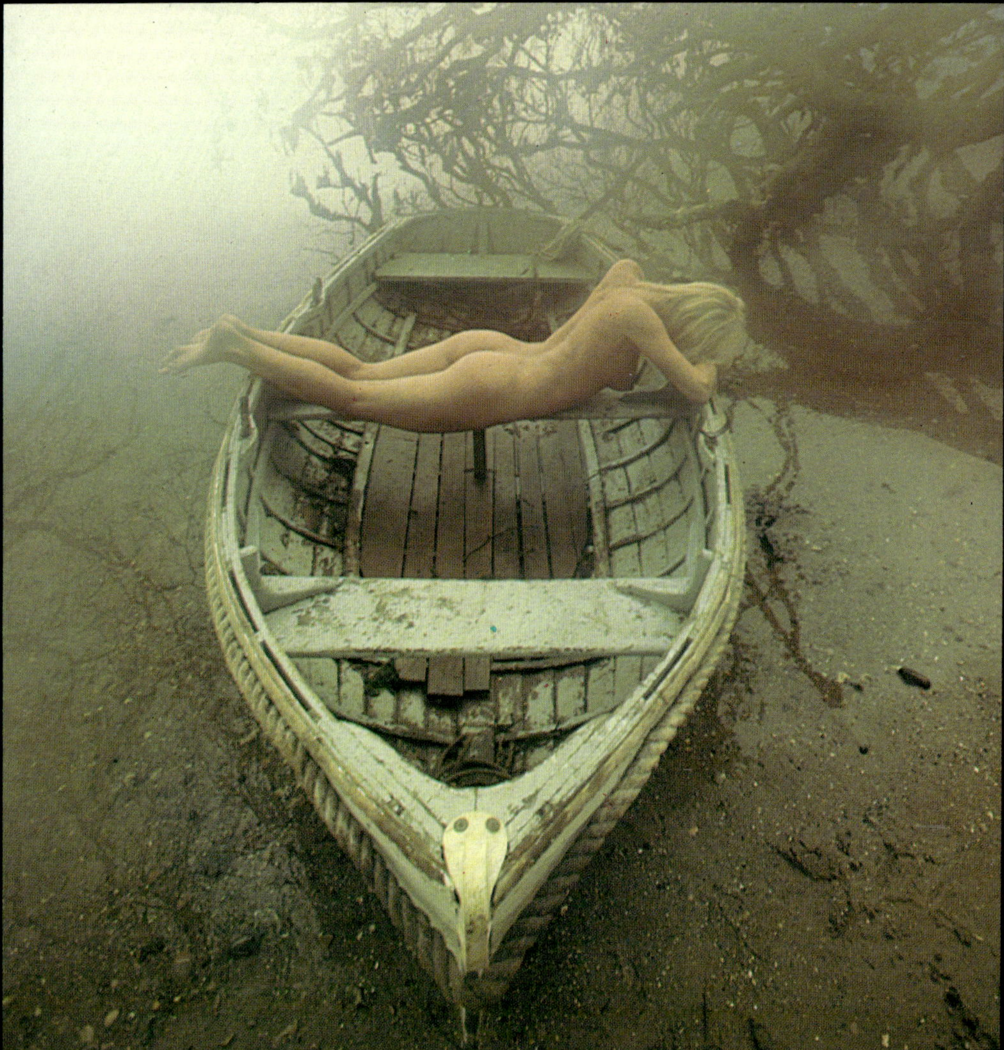

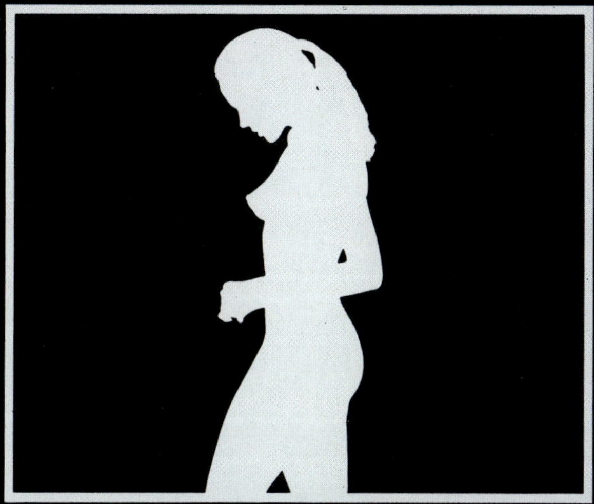

MICHAEL BOYS

AKT FOTOGRAFIE

Ein Handbuch für Hobby- und Profi-Fotografen

Mosaik Verlag

Titel der englischen Originalausgabe:
The Book of Nude Photography

Übersetzung und redaktionelle Bearbeitung:
Editoren Team Burkhard Kiegeland GmbH, München

Schutzumschlag: Klaus Renner

Inhalt

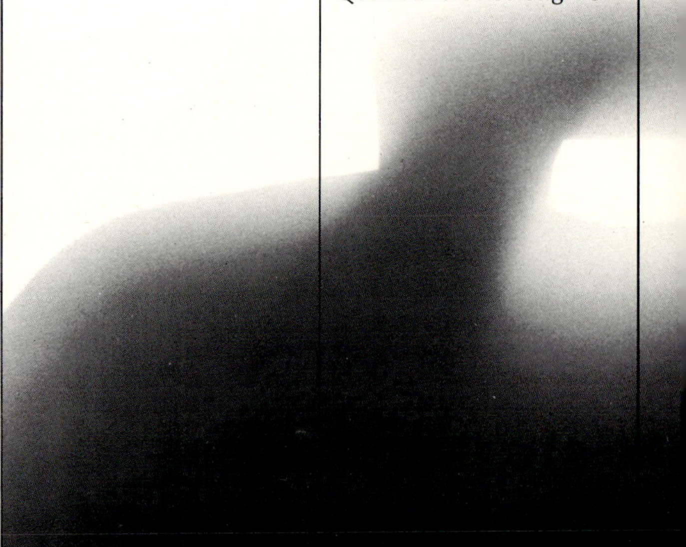

Satz: VerlagsSatz Kort, München
Reproduktionen: F. E. Burman Ltd., London
Druck und Bindearbeiten: A. Mondadori, Verona
ISBN 3-570-03010-5 · Printed in Italy

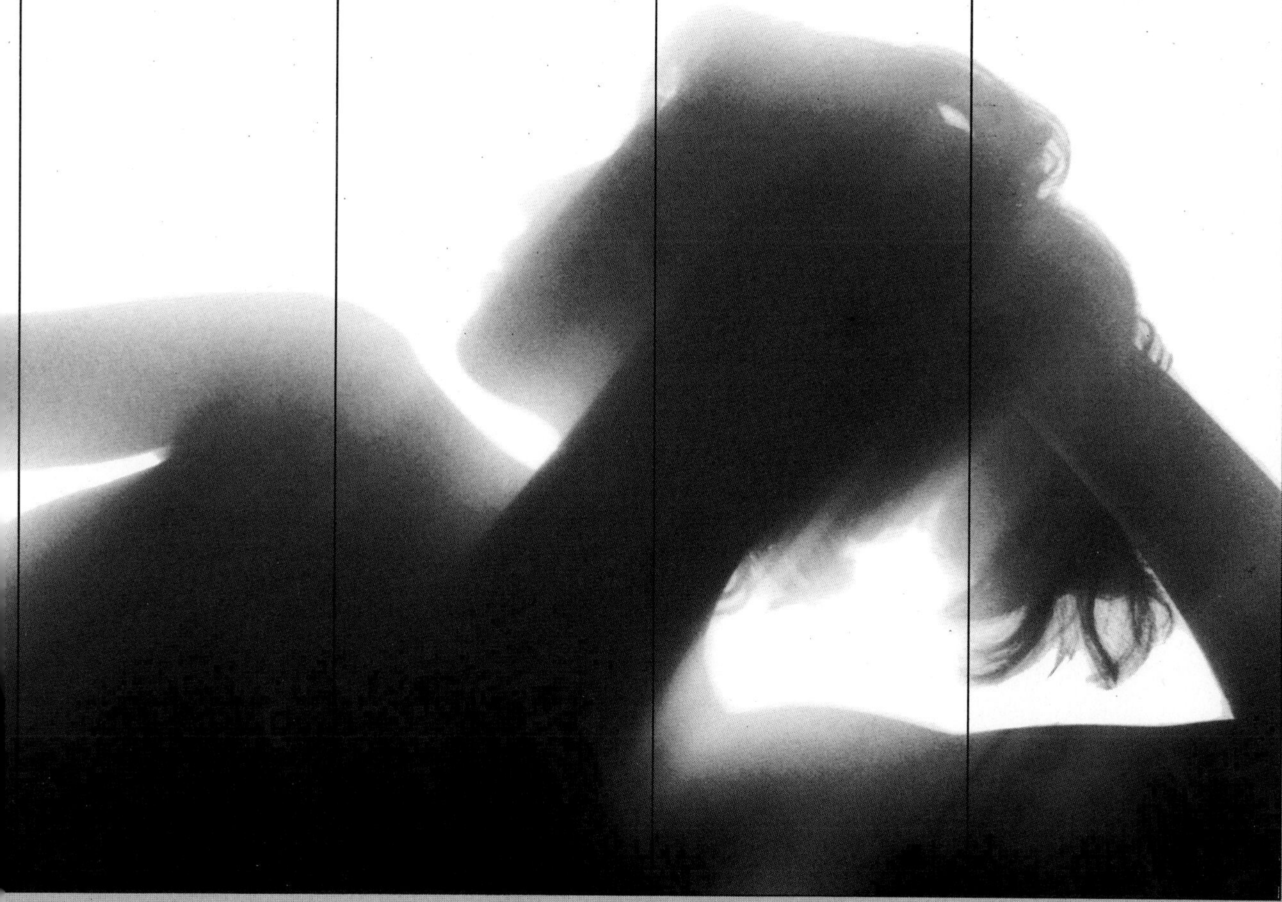

Einführung

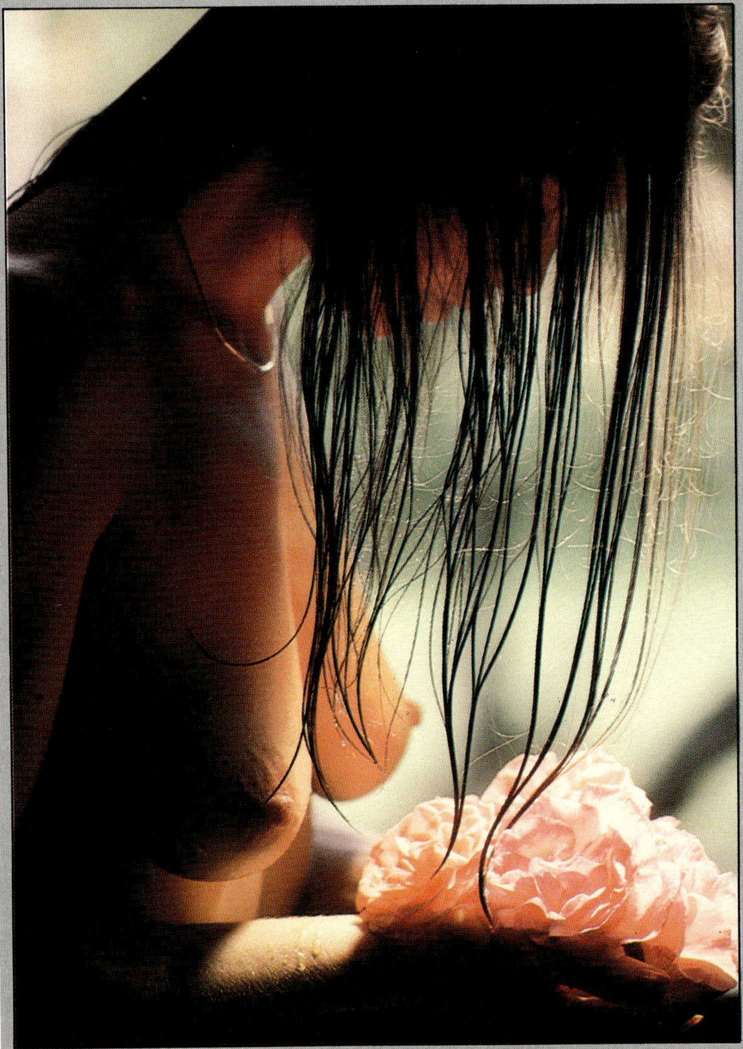

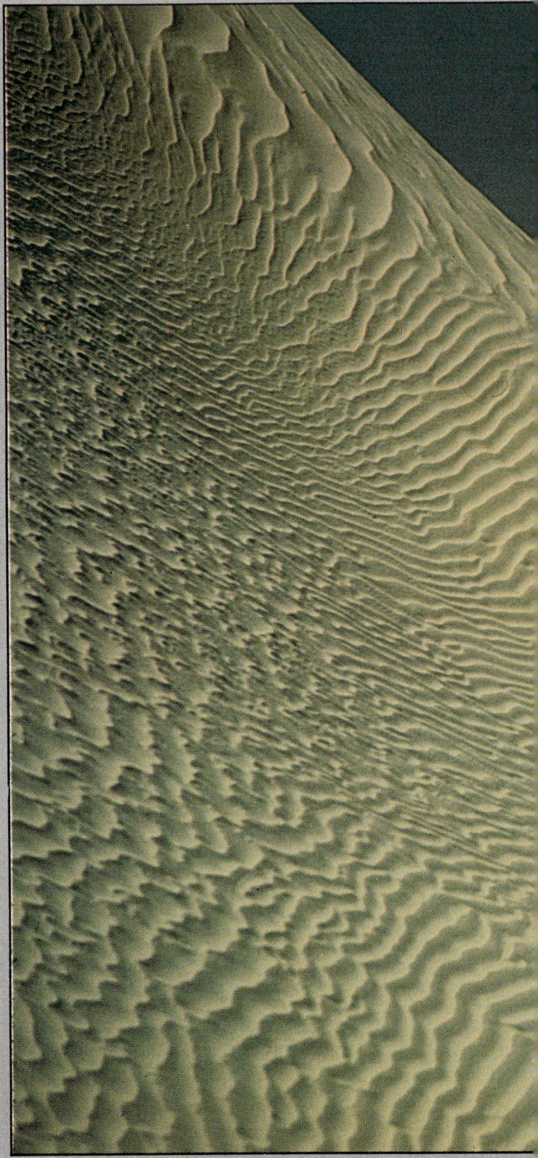

Wenn ich erzähle, daß ich Aktfotograf bin, ernte ich oft ungläubiges Staunen. Meist stellen sich die Leute unter meinen Bildern leicht pornografische Fotos von Mädchen vor, die als aufreizende Objekte in Männerzeitschriften oder Zeitungen dienen sollen. Aber damit haben meine Aktaufnahmen nichts gemein. Ich komme von der Theater- und dekorativen Fotografie her und bin, lange nachdem ich Mary Gilliatts Buch über Innenräume, »English Style«, illustriert hatte, sehr viel gereist und habe die Häuser reicher und berühmter Leute fotografiert. Zur Aktfotografie bin ich gekommen, weil ich dabei im Freien arbeiten konnte und einen Ausgleich zur überladenen Pracht dieser Häuser brauchte.

Akte sind eine sehr reizvolles Gebiet der Fotografie. Geschmacksfragen und praktische Probleme bei der Ausführung lassen den Fotografen manchmal zweifeln, ob er jemals ein annehmbares Ergebnis zustande bringen kann. Dann plötzlich geht alles glatt, das Selbstvertrauen kehrt zurück, und die Arbeit gelingt. Damit sind wir beim Thema dieses Buches. Es will Ihnen Schritt für Schritt zeigen, wie man gute Aktaufnahmen macht, angefangen mit dem zaghaften Wunsch, einmal den ersten Versuch zu wagen, über harte Arbeit bis hin zur realistischen Möglichkeit, gelungene Bilder auszustellen und sogar zu verkaufen.

Fotografieren steht zu Unrecht im Ruf unüberwindlicher technischer Schwierigkeiten, mit denen nur der professionelle Könner fertig wird. Um sich grundlegende fotografische Kenntnisse anzueignen, bedarf es keines größeren – aber auch

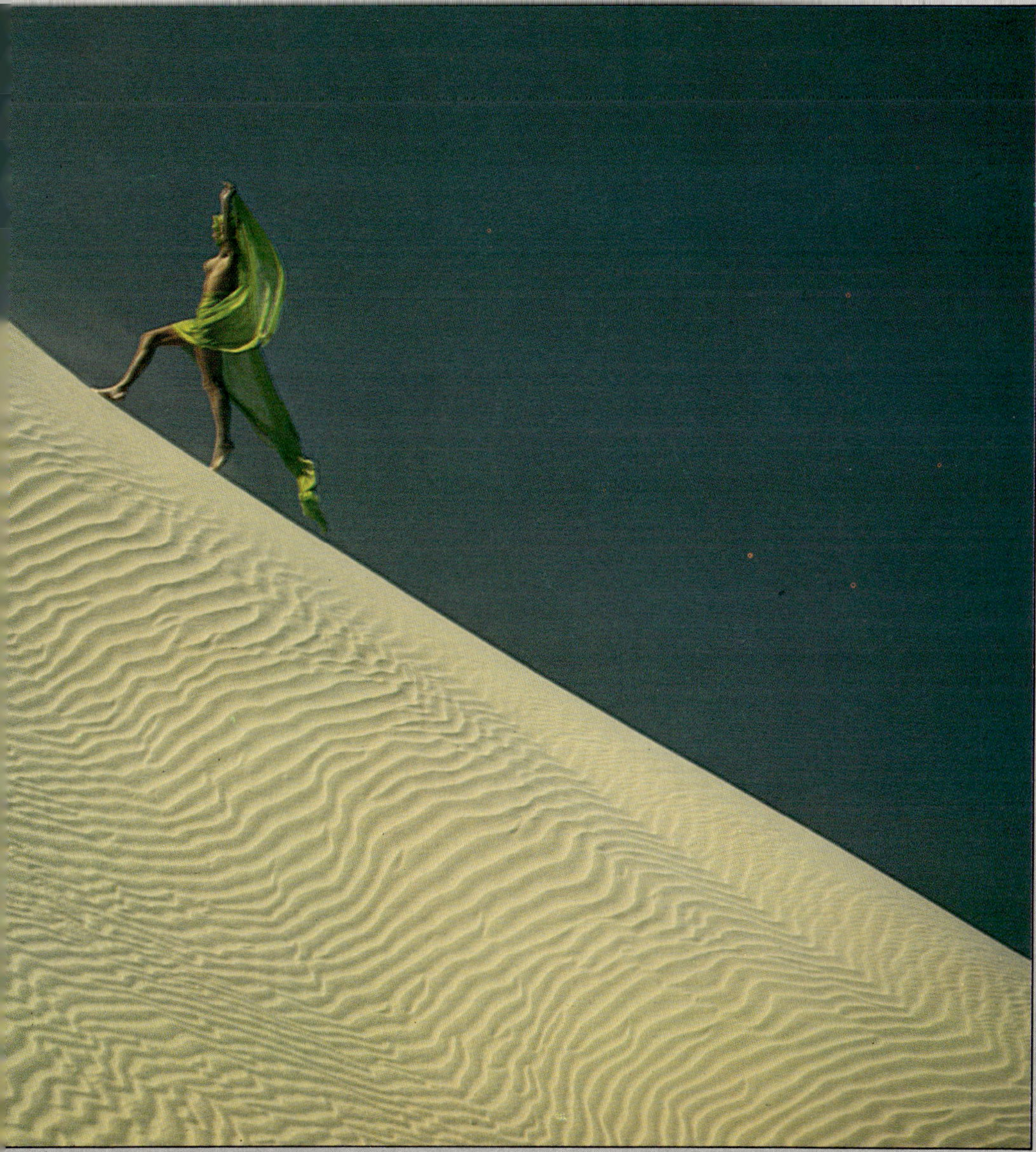

Kunstgriffe
Vor einem exotischen Hintergrund wie hier in der Wüste (links) ist mein eigener Bildbeitrag oft nur gering. Hier habe ich lediglich mit einem Polarisationsfilter den Himmel verdunkelt und die Kamera geneigt, um die Steigung der Düne zu unterstreichen. Bei der Nahaufnahme (ganz links), die an einem grauen Herbsttag in einem Innenraum entstand, waren Kunstgriffe dagegen bildentscheidend. Das Haar des Modells wurde mit einem Spray angefeuchtet, um den mit Spotlicht beleuchteten Rosenblättern ein Muster aufzusetzen, und sorgfältig vor einem Fenster mit Ausblick in den Garten arrangiert. Mit einem schwachen Weichzeichner unterstrich ich die romantische Wirkung.
300 mm, 1/250 sec, Blende 5,6, Kodachrome 25, Polarisationsfilter (links); 50 mm, 1/8 sec, Blende 8, Kodachrome 25, 10 CC Purpur, Weichzeichner (ganz links)

nicht geringeren – Aufwands als für das Studium einer Fremdsprache oder eines Musikinstruments. Auch teure Ausrüstungen oder Anlagen sind keine notwendige Vorraussetzung, sie würden, im Gegenteil, den Anfänger oft eher behindern; denn seine erste Aufgabe besteht darin, Verständnis für den Aufbau einfacher Bilder und die Ursache ihrer bildnerischen Wirkung zu entwickeln. Sobald ein Grundverständnis vorhanden ist, sind Akte ein ideales Motiv, denn die runden, weichen Formen des menschlichen Körpers bieten ein unerschöpfliches Reservoir für farbige und schwarzweiße Bilder.

In diesem Buch wird auch nicht verschwiegen, wie schwierig die Suche nach einem guten Aktmodell, mit dem sich angenehm arbeiten läßt, sein kann; aber wir geben auch Hinweise, wie Sie diese Schwierigkeiten überwinden können. So sind zum Beispiel viele Bilder in diesem Buch mit Freunden oder Bekannten, die noch nie einem Fotografen Modell gestanden hatten, zustande gekommen. Für mich bedeutet es immer eine Befriedigung, wenn es mir gelungen ist, die Atmosphäre und die Stimmung eines Modells und seine Ausstrahlung einzufangen. Es macht mir auch Spaß, einem neuen Modell beizubringen, wie es die Linienführung seines Körpers und seiner Gliedmaßen bildwirksam beeinflussen kann, auch wenn mir auf der anderen Seite die Arbeit mit einem erfahrenen Modell die Freiheit gibt, neue Stilarten und Techniken zu erproben. Persönlich arbeite ich sehr gern mit unerfahrenen Modellen, denn die Ergebnisse sind in der Regel kreativer als die der sogenannten »Glamourfotografie«. Diese Be-

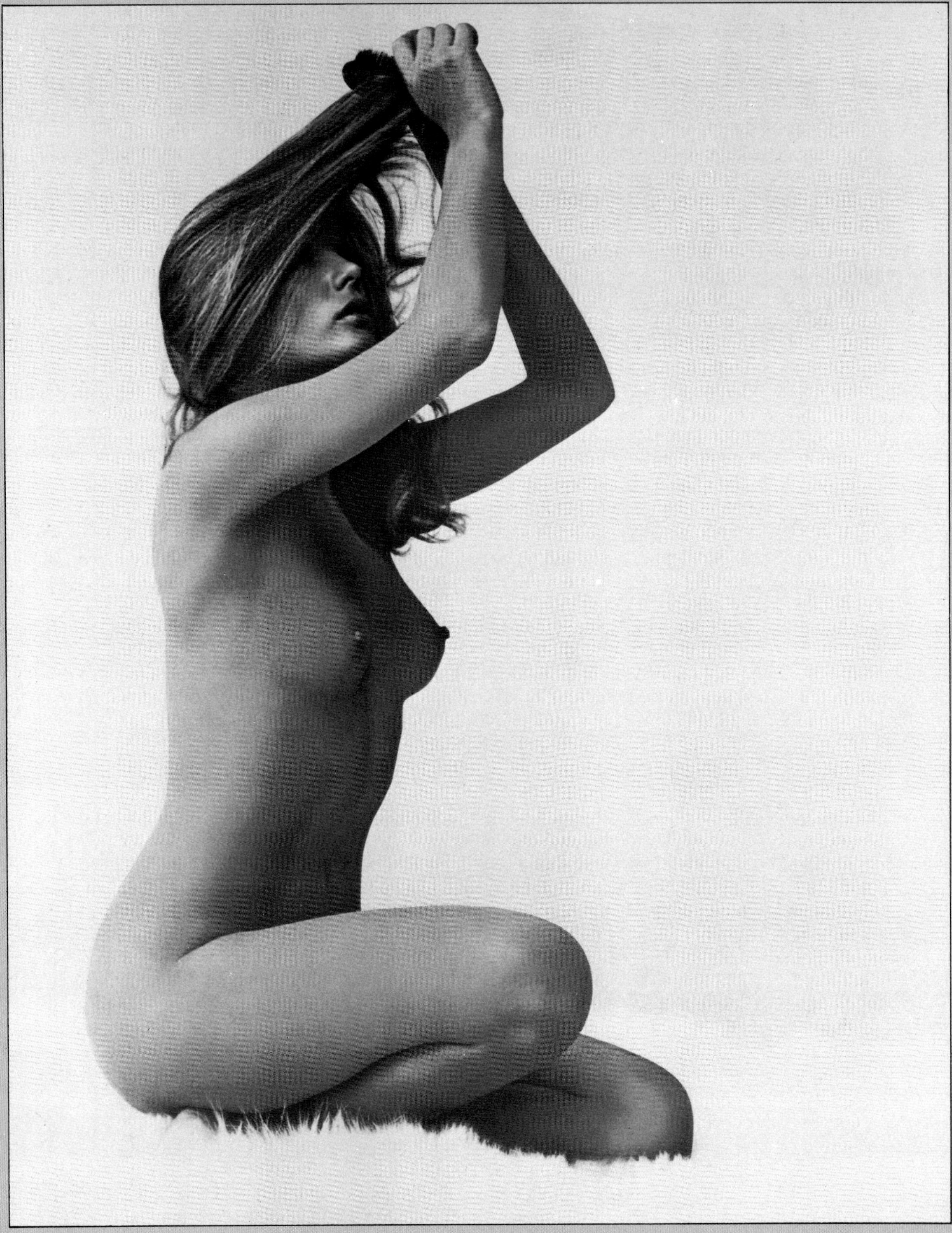

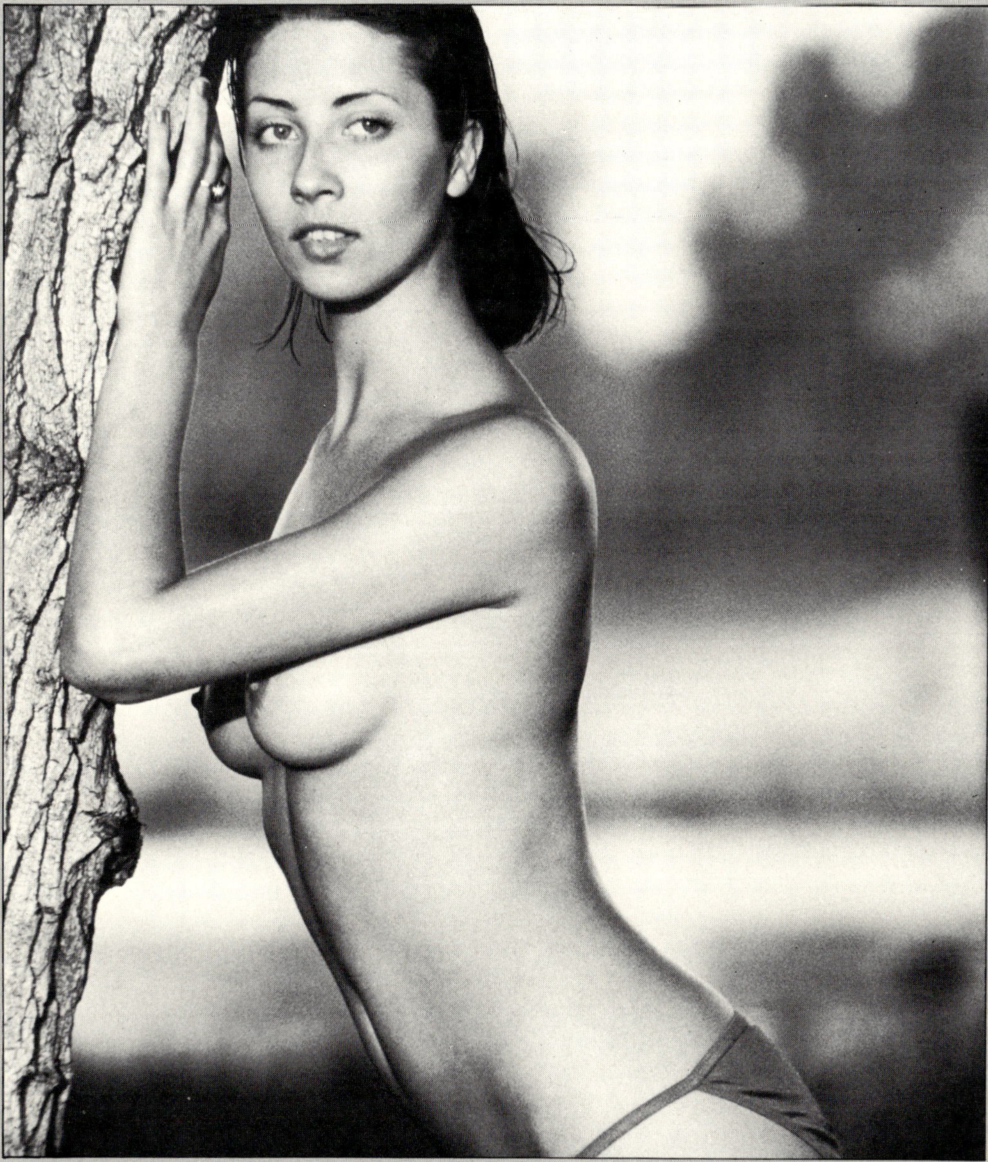

Freizügigkeit
Ich arbeite lieber in Farbe und im Freien, aber mit meinem schwarzweißen Studiobild (ganz links) erregte ich große Aufmerksamkeit, als es vor ein paar Jahren als ganzseitige Werbung in der »Times« erschien, denn es brach in seiner neuen Freizügigkeit mit einer langen Tradition. Das Interesse an dieser Aufnahme hat nie nachgelassen. Bei der anderen im Freien entstandenen Aufnahme (links) nutzte ich die strukturbetonende Eigenschaft des im flachen Winkel einfallenden Lichts der untergehenden Sonne aus. Durch die Verwendung eines Teleobjektivs bei großer Blendenöffnung entstanden die verschwommenen Hintergrundtöne.
105 mm, 1/125 sec, Blende 8, Tri-X (ganz links); 300 mm, 1/250 sec, Blende 4, Tri-X (links)

zeichnung hat durch nichtssagende Bilder, auf denen Persönlichkeit, Intelligenz und Temperament des Modells durch formelhafte Elemente ausschließlich sexueller Bedeutung überdeckt werden, etwas Abfälliges bekommen. Ich will nichts gegen offen sexuelle Fotografien sagen, aber von meinen Bildern verlange ich mehr.

Die Frage des Stils in der Aktfotografie ist schwer zu beantworten. Ich glaube, daß kommerzieller Erfolg wesentlich davon abhängt, ob man einen erkennbar persönlichen Stil besitzt. Aber wenn dieser Stil einmal im Bewußtsein des Publikums verankert ist, kann er gleichzeitig zu einer Falle werden, aus der das Entrinnen schwierig ist. Berühmte Fotografen wie David Hamilton und Sarah Moon haben die Grundstimmung ihrer Bilder seit über einem Jahrzehnt nicht geändert. Täten sie es, würde sich das Publikum wahrscheinlich betrogen fühlen. Relativ wenige Fotografen sind einer größeren Öffentlichkeit mit Namen bekannt, und wenn sie es sind, sind sie oft in den Erwartungen ihres Publikums gefangen.

Eine Ausnahme ist der von mir verehrte Sam Haskins, dessen Buch mit Aktfotografien, »Cowboy Kate«, das 1965 erschienen ist, mich sehr stark beeinflußt hat. Seit damals hat er nicht nur eine treue Schar von Verehrern um sich gesammelt, sondern seine Bilder haben sich über die Jahre auch verändert und weiterentwickelt. Auch die düsteren Bilder von Victor Skrebneski, einem in Chikago ansässigen Fotografen, finde ich außerordentlich eindrucksvoll. Von Zeit zu Zeit taucht eine seiner seltenen Aktaufnahmen auf, und ich lasse mich unweigerlich davon beeinflussen.

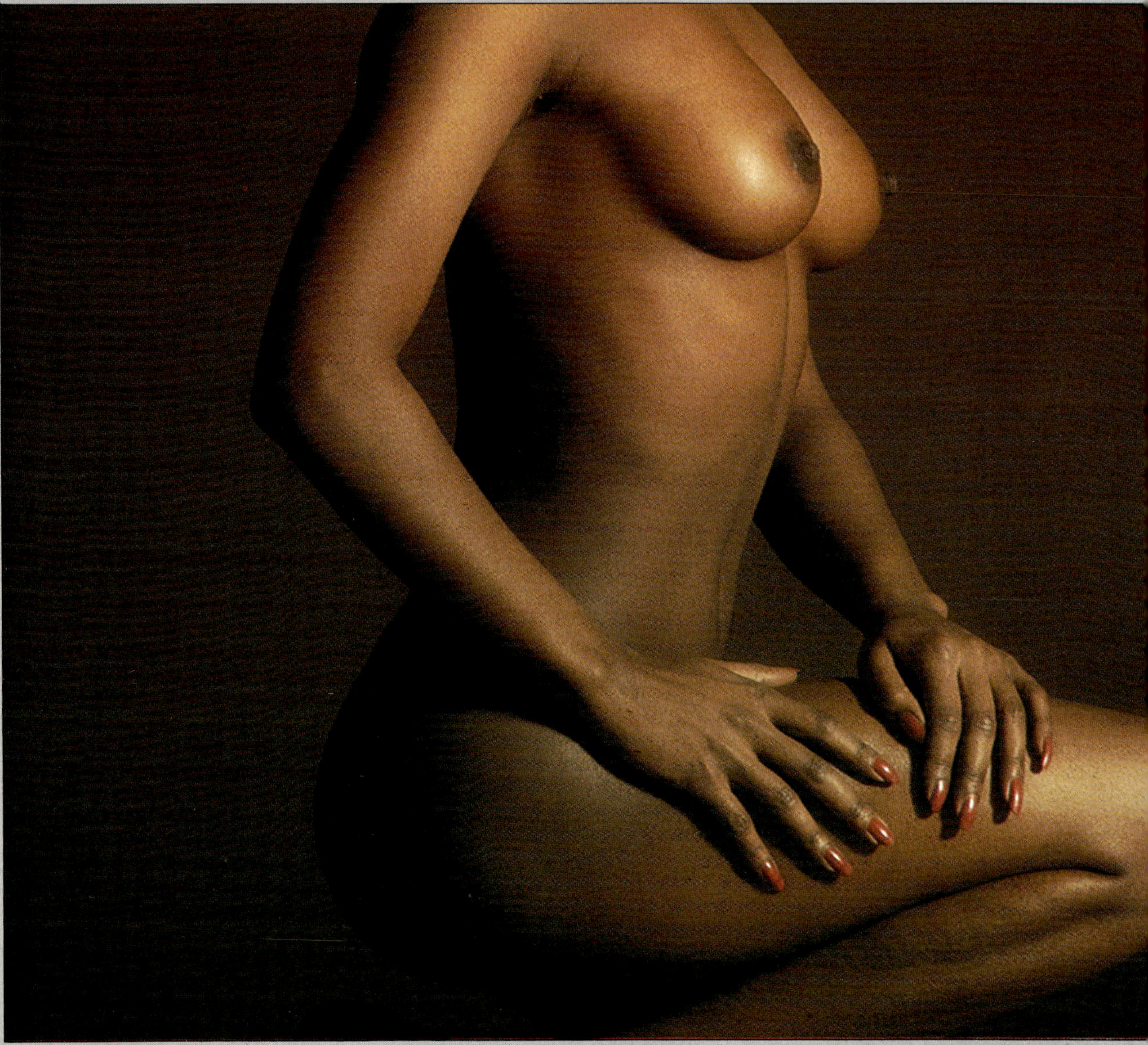

Ich neige dazu, einen persönlichen Grundstil zu wahren und auf dieser Grundlage zu experimentieren, wenn sich die Gelegenheit dazu ergibt. Wichtig im Zusammenhang mit Stilfragen ist auch, daß man eine deutliche Trennungslinie zwischen mehr oberflächlichen, technischen Tricks und Spielereien und der persönlichen Aussage zieht, die man in seinen Bildern treffen will.

Die Verwendung eines weichzeichnenden Objektivs beim Fotografieren hübscher, junger und blonder Modelle stellt für sich allein noch keinen Stil dar. Ihre ästhetische Auffassung sollte sich soweit mitteilen, daß sie verschiedenen Modellen eine Art visueller Familienähnlichkeit verleiht. Das sagt sich natürlich leichter, als es zu bewerkstelligen ist, aber Ihre Freude an der Aktfotografie wird noch mehr wachsen, wenn Sie allmählich eine erkennbare »Handschrift« in Ihren Bildern entwickeln.

Eine grundlegende Erkenntnis meiner fotografischen Philosophie bildete sich schon sehr früh. In einer kleinen lokalen Wochenzeitung teilte ich die Dunkelkammer mit einem erfahrenen Reprografen. Er lehrte mich nicht nur, die Tonwerte in meinen Bildern wichtig zu nehmen, sondern auch den Grundsatz, daß tonlich fein abgestimmte, dunstige Bilder sich zwar wunderschön an der Wand über dem Kamin ausnehmen können, die Töne aber kräftiger sein müssen, wenn sie die mechanische Reproduktion in einer schnellaufenden Druckpresse überstehen sollen.

Einen frühen, unbewußten Einfluß, von dem ich mich immer noch nicht gelöst habe, übten auch Stil und Auffassung des *Picture-Post* Magazins auf

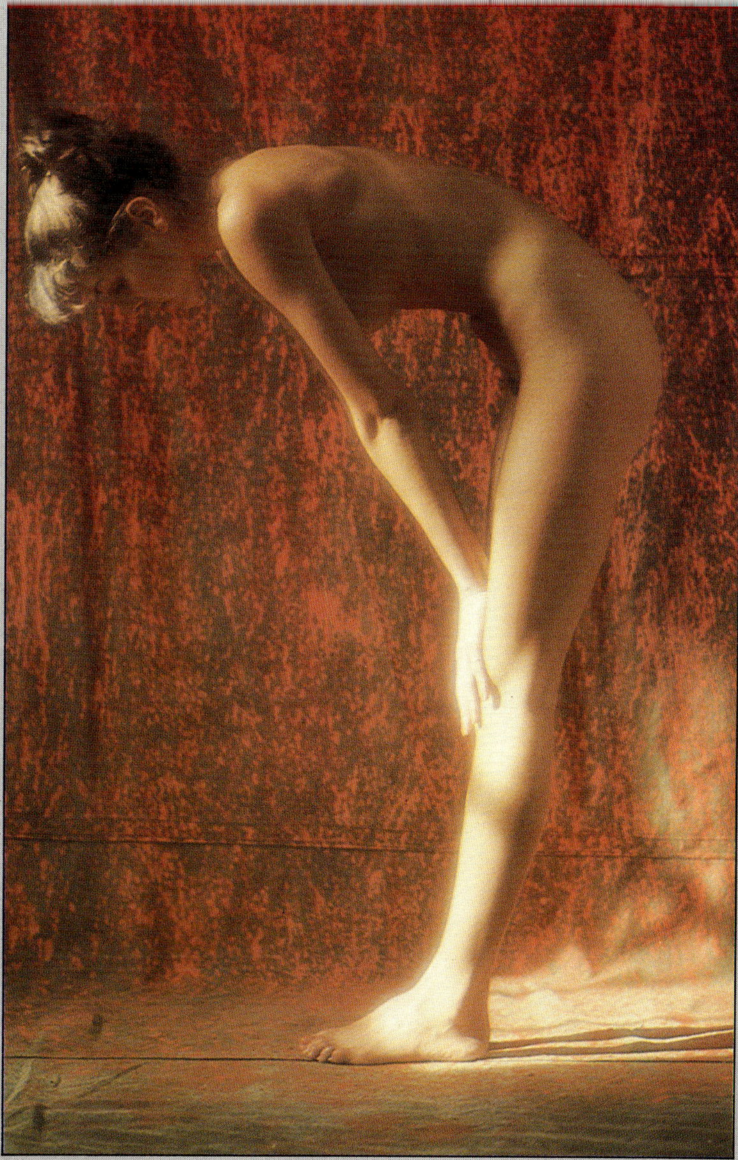

Unterschiedliche Auffassung
Der menschliche Körper kann auf vielerlei Arten fotografiert werden. Für diese, von der Persönlichkeit des Modells gelöste Studioaufnahme ganz links verwendete ich als einfache Lichtquelle einen stark gestreuten, auf die Kamera gesteckten Blitz. Weder Arrangement, Atmosphäre noch Farbe lenken von der Vollkommenheit des Körpers ab. Auf dem Foto links schuf diffuses, direktes Sonnenlicht trotz des gemalten Studiohintergrunds einen Anschein von Wirklichkeit. Um die Schattenseite der Figur nicht zu dunkel werden zu lassen, stellte ich weiße Aufhellschirme auf; ein weichzeichnender Vorsatz vor dem Objektiv machte das Bild zarter.
Bronica ETRX, 150 mm, 1/125 sec, Blende 11, Ektachrome 64, 81 B (ganz links); 105 mm, 1/30 sec, Blende 5,6, Kodachrome 25, Weichzeichner (links).

mich aus. Dieses englische Schwarzweiß-Magazin im »Life«-Stil der Nachkriegsjahre veröffentlichte Arbeiten von begabten Reportagefotografen wie Kurt Hutton und Bert Hardy, die ehrliche und lebendige Bilder machten. Huttons berühmtes Foto von den zwei Mädchen, deren Röcke in einem Windstoß auf einer Berg- und Talbahn hochfliegen, besitzt gleichzeitig sehr viel Sexappeal und Sittsamkeit. Die Fotos von Hutton waren von da an eine Quelle der Inspiration für mich.

Ich fotografiere nicht nur Akte, sondern verdiene meinen Lebensunterhalt mit üppigen Nahrungsmittelaufnahmen für Zeitschriften und Bücher. Ich halte es für wichtig, im Rahmen meiner Arbeit möglichst vielseitig zu sein, denn ich glaube, daß eine zu enge Spezialisierung den Reifeprozess eines Fotografen hemmt.

Das Fotografieren von Akten ist besonders reizvoll und oft nicht einfach zu verwirklichen. Dem Hobbyfotografen empfehle ich, ähnlich wie ich selbst vorzugehen. Oft bietet sich mir viele Monate hintereinander keine Gelegenheit, Aktaufnahmen zu machen. Entweder bin ich mit anderen fotografischen Arbeiten ausgelastet, oder es ist gerade kein Markt für meine Aktbilder vorhanden. Zu solchen Zeiten kann man wunderbare Bildideen sammeln, sich intensiv mit großen Aktfotografen beschäftigen und über sie lesen und die eigenen, bereits vorhandenen Bilder auswerten. Noch wichtiger ist es jedoch, immer aufnahmefähig für die Entdeckung eines möglichen Modells zu bleiben. Ohne Bildideen ist jedoch das beste Modell wertlos. Deshalb befaßt sich ein Teil meines Gehirns, selbst wenn ich anderweitig beschäftigt bin,

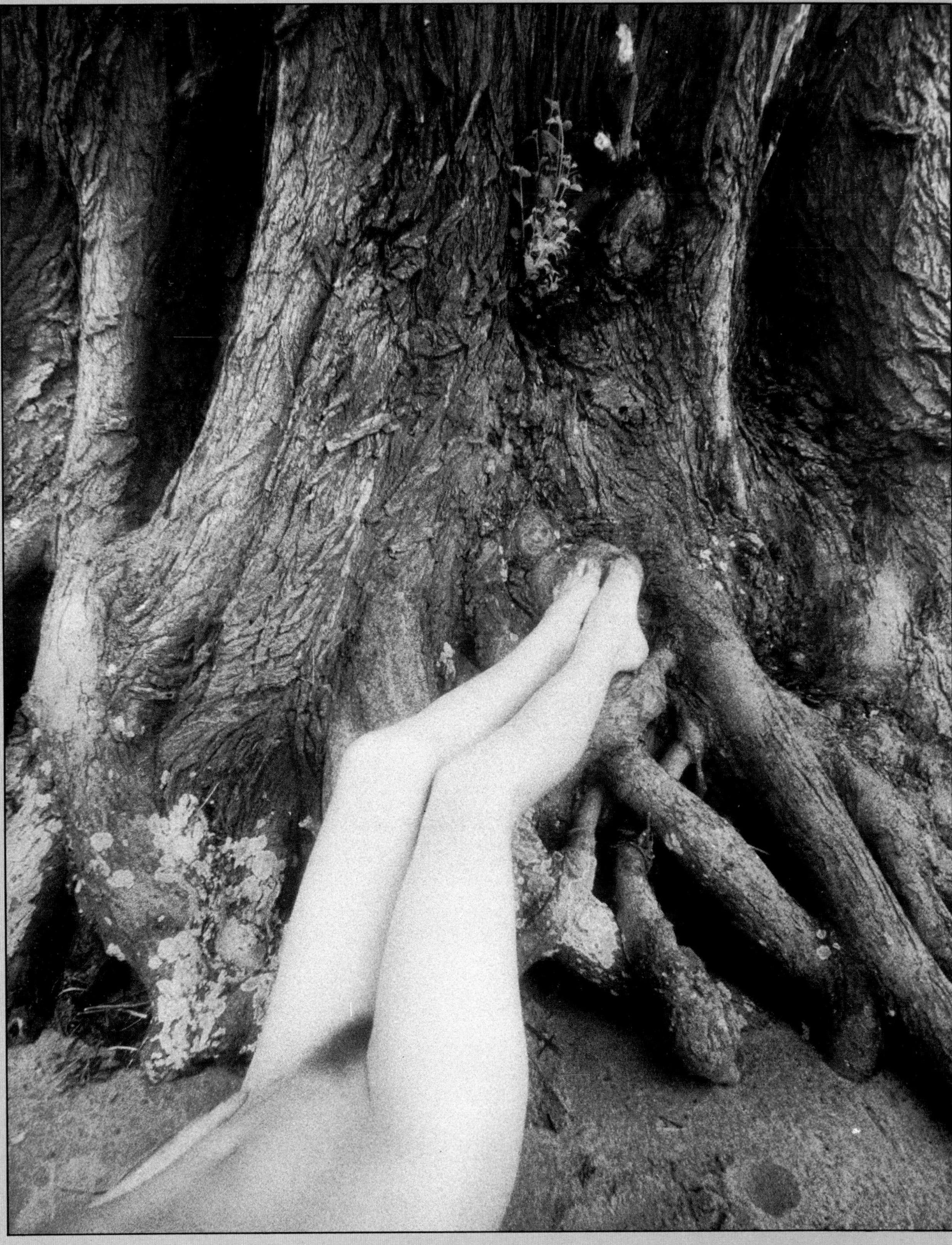

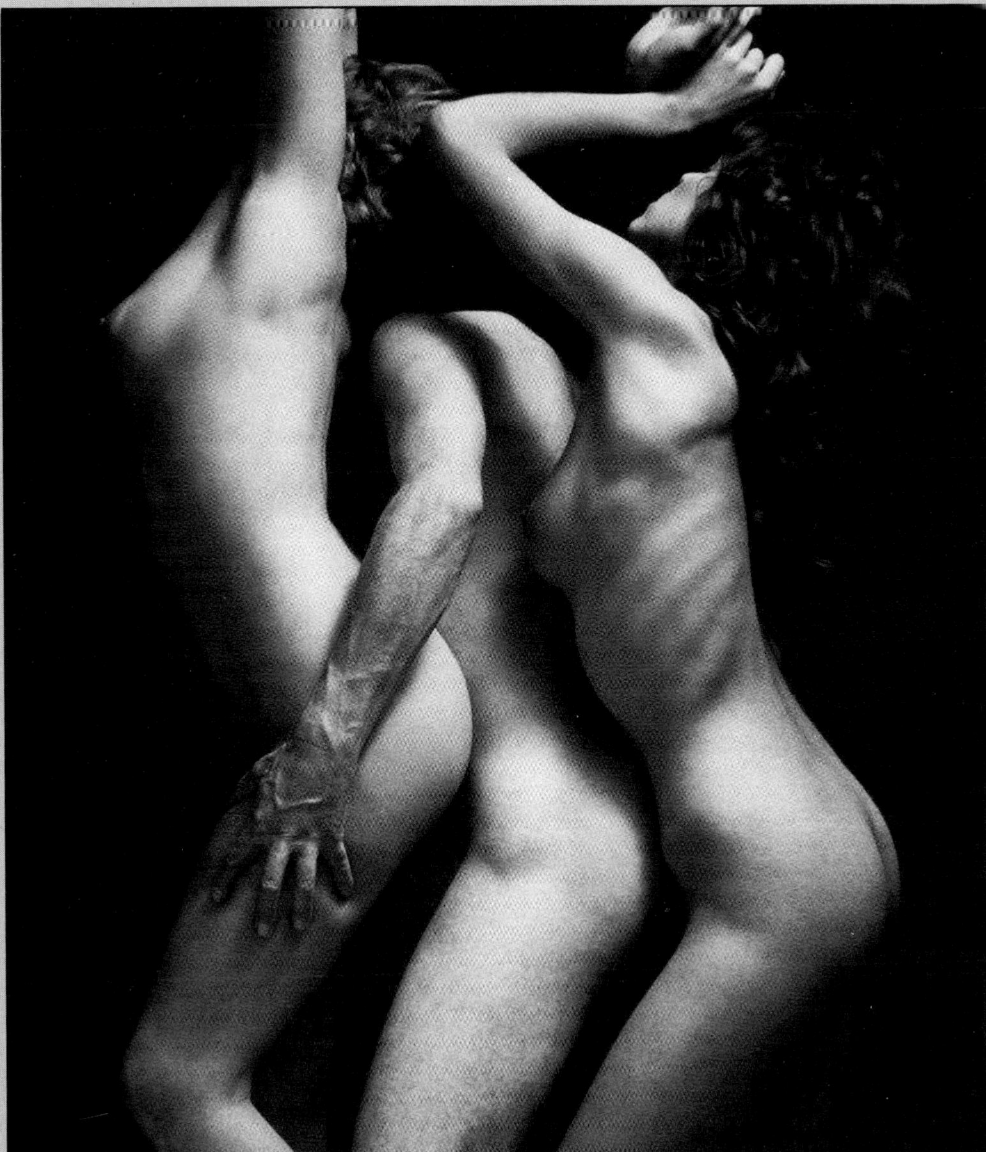

Erweiterte Möglichkeiten
Durch die Verwendung von Material und Ausrüstung, die auf den ersten Blick ungeeignet für die Aktfotografie erscheinen, können sich interessante Bilder ergeben. Der hochempfindliche Infrarotfilm, mit dem ich das Bild ganz links aufnahm, schuf einen ungewohnten Tonumfang, und die durch das extreme Weitwinkelobjektiv verursachte Verzerrung des Körpers verstärkte die abstrakte Beziehung zwischen den Beinen der Frau und dem Baumstamm. Im Gegensatz dazu verwendete ich für das Bild links die einfachste technische Ausrüstung. Ein einfaches, aufgesetztes Blitzgerät, über eine leichtgetönte Decke gelenkt, ergab die Beleuchtung für diese intime Gruppe. Ich arrangierte die Körper eng zusammen und ermutigte die Modelle zu intensiver Eigenaktivität, dadurch wirkt das Gruppenarrangement weniger dargestellt.
15 mm, 1/125 sec, Blende 5,6, Kodak HIE (ganz links); 40–80 mm Zoom, 1/125 sec, Blende 8, HP5 (links)

immer mit dem Arrangement von Aktaufnahmen. Andere fotografische Bereiche bieten Gelegenheit zu technischen Experimenten und zum Erproben neuen Materials, das, wenn ich damit zufrieden bin, bis zu meiner nächsten Aktsitzung gelagert wird. Die Aktfotografie muß als höheres Gebiet der Fotografie betrachtet werden; deshalb sollten Sie Ihre geistige Beweglichkeit und Ihre Geschicklichkeit in anderen Bereichen schärfen und verfeinern, bis Sie Ihr ideales Aktmodell gefunden haben.

In diesem Buch beziehe ich mich im wesentlichen auf weibliche Aktmodelle. In der Vergangenheit habe ich ausschließlich mit Frauen gearbeitet, doch die Arbeit an diesem Buch hat mich dazu veranlaßt, auch einige Aufnahmen von Männern zu machen. Ich bin kaum über den ersten kleinen Schritt hinausgekommen, aber das Thema fasziniert mich, und in Zukunft möchte ich mehr männliche Akte fotografieren. Gleichermaßen beziehe ich mich immer auf männliche Fotografen. Damit will ich Fotografinnen nicht herabsetzen; viele, wie zum Beispiel Sarah Moon, sind exzellente Profis und können es an Fantasie leicht mit ihren männlichen Kollegen aufnehmen. Es ist mir unverständlich, daß schwarzweiße Aktfotos wie von Skrebneski und Helmut Newton aus Paris und vielen anderen, z. B. David Bailey und John Swannel, die in London arbeiten, offensichtlich so wenig Auswirkungen auf Stil und Gehalt der Mädchenbilder in Männerzeitschriften haben. Der Erfolg von Büchern wie Baileys Huldigung an die Schönheit seiner Frau, »Mrs. David Bailey«, muß zumindest teilweise seine Ursache im Interesse

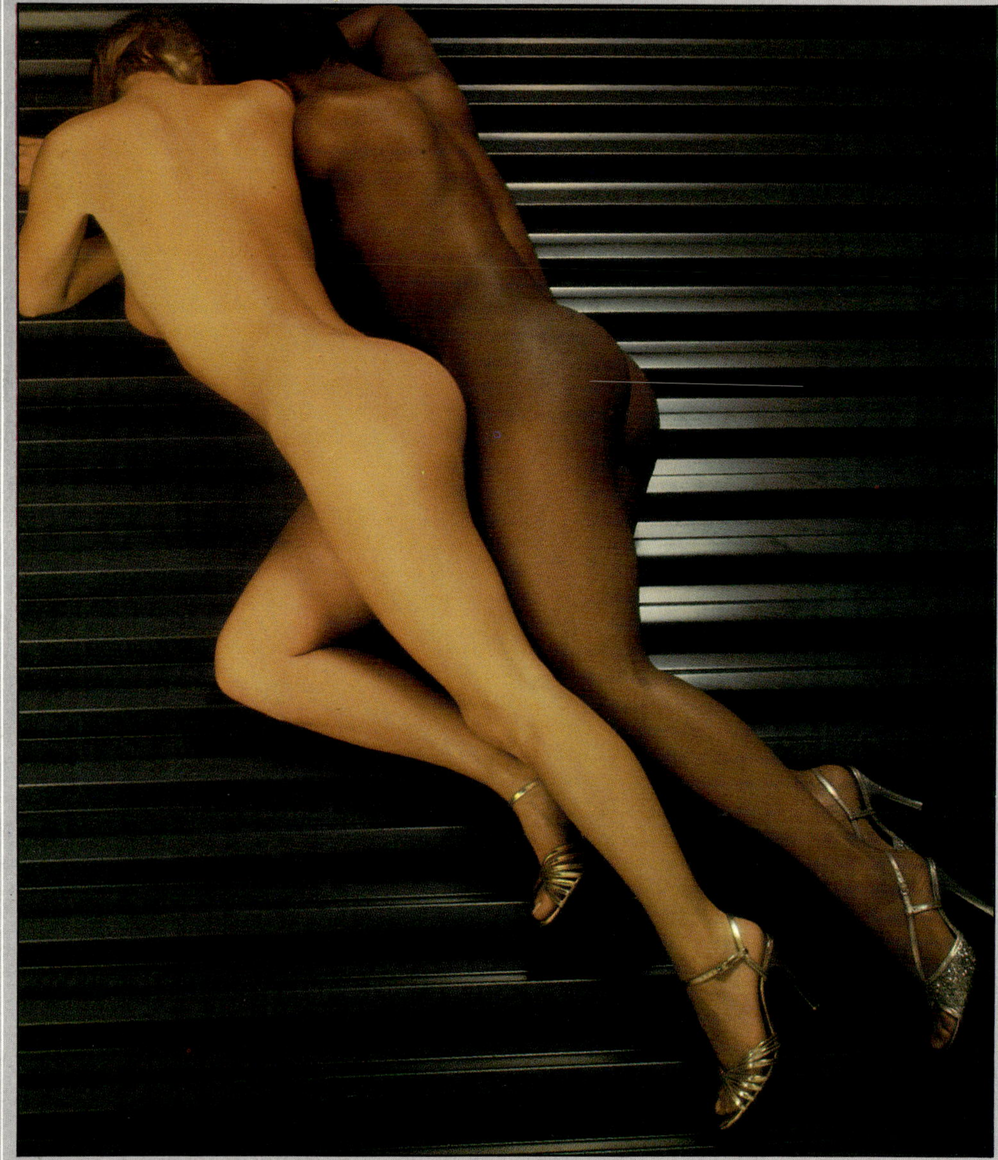

Klassische Regeln
Durch Ausnutzung von Struktur, Kontrast und Muster innerhalb einer diagonalen Komposition entstand diese Gruppenaufnahme im Studio, beleuchtet von einem einzelnen, gestreuten Kamerablitzgerät. Durch die Anwendung der klassischen Regeln, denen Maler seit vielen Jahrhunderten folgen, lassen sich immer gute Fotografien herstellen. Da die Gesichter der Modelle nicht zu sehen sind, treten die stark geometrischen Eigenschaften des Bilds noch stärker in den Vordergrund.
Bronica ETRC, 1/125 sec, Blende 11, Ektachrome 64, 81B

des männlichen Käufers an der erotischen Aussagekraft des Buchs haben. Aber die Playboy-ähnlichen Zeitschriften scheinen wieder einmal in einer Sackgasse zu stecken und arbeiten immer mit denselben Bildelementen. Vermutlich glauben die Herausgeber irrigerweise, daß die Fantasiebilder, auf die sie sich verlassen, ihren Erfolg aus ihrer Glaubwürdigkeit und Allgemeingültigkeit und weniger aus einer stärkeren ästhetischen Komponente, die sehr viel wirksamer sein könnte, beziehen.

Ich habe in diesem Buch kein Gewicht auf ausgefallene oder teure Ausrüstung gelegt, da gute Bilder meist auch mit relativ preiswerten Kameras und Objektiven gemacht werden können. Meine Lieblingskamera ist die Nikon FTN, mit der nahezu alle Bilder in diesem Buch entstanden sind. Habe ich eine andere Kamera verwendet, ist das in den technischen Anmerkungen der Bildtexte aufgeführt. Nach der Nikon gilt meine Wahl der Bronica ETRC 6 x 4,5 cm.

Sie sind vielleicht der Ansicht, daß manche praktischen Ratschläge und technischen Informationen vollständigen Erfahrungsmangel und totales Unwissen beim Leser voraussetzen. Das ist beabsichtigt. Ich wollte damit dem unterschiedlichen Wissenstand der Leser Rechnung tragen.

Ob Sie ein erfahrener Fotograf oder Anfänger sind – die Freude, die Sie an Aktaufnahmen finden, ist zum Teil abhängig von den Zielen, die Sie sich selbst stecken. Wenn Ihre Ergebnisse auch nicht immer den Erwartungen entsprechen – mir geht es nicht anders – werden Sie Ihre Fähigkeiten doch weiterentwickeln und am Ende durch immer bessere Bilder belohnt werden.

EINFACHER BEGINN

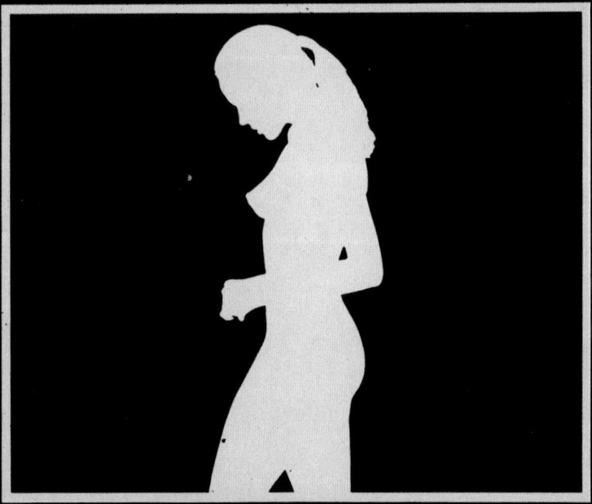

Kamera und Modell

Es ist eine weitverbreitete, wenn auch irrtümliche Annahme, daß das Fotografieren von Akten sehr schwierig und ausschließlich Berufsfotografen mit teurer und komplizierter Ausrüstung vorbehalten ist. Das ist keineswegs der Fall. Ich machte die Aufnahmen auf diesen beiden Seiten bei natürlichem Licht und mit einer Kamera, die ich für den Preis von zwei Filmen gebraucht gekauft habe. Obwohl die Kamera weder einen eingebauten Belichtungs- noch Entfernungsmesser besitzt, gelangen mir diese Bilder mit einem der neuen Schwarzweißfilme mit ihrem großen Belichtungsspielraum; ich fotografierte einfach eine großzügige Belichtungsreihe mit verschiedenen Entfernungs- und Belichtungseinstellungen. Auf ähnliche Weise, bei natürlichem Licht und mit Normalobjektiv an meiner liebsten Kamera, der Nikon FE, entstanden die Fotos auf den Seiten 18 – 30.

Verwenden Sie für Ihre ersten Aktaufnahmen nach Möglichkeit Handwerkszeug, mit dem sie vertraut sind, damit Sie Ihre ganze Aufmerksamkeit Ihrem Modell und dem Bildaufbau widmen können. Gute Ergebnisse können Sie mit jeder beliebigen Kamera erzielen – von Vorteil sind hochempfindliche 120 oder 35 mm-Filme, damit Sie auch bei schwacher Beleuchtung fotografieren können. Die Kamera sollte nach Möglichkeit mit einem Normalobjektiv und, im Idealfall, einem eingebauten TTL-Belichtungsmesser sowie mehreren Verschlußgeschwindigkeiten ausgestattet sein.

Ihre Erfolgsaussichten werden größer, wenn Sie mit Stativ und Drahtauslöser arbeiten. Der Vorteil eines Stativs liegt nicht nur daran, daß Sie bei langsamen Verschlußgeschwindigkeiten fotografieren können, sondern es ermöglicht Ihnen auch, die Kamera in einer festen Position zu belassen, während Sie das Bildarrangement festlegen.

Schließlich, und das ist vielleicht nach der Kamera der wichtigste Ausrüstungsgegenstand, sollten Sie einen weißen Aufhellschirm besitzen, da Ihre Bilder sonst leicht zu starke Kontraste und kaum Zwischentöne aufweisen. Das wird vor der Aufnahme bei der Überprüfung des Bildaufbaus durch den Kamerasucher oft nicht deutlich. Der ideale Aufhellschirm ist wenigstens so hoch wie das Modell und so breit wie dessen Armspannweite. Grundsätzlich eignet sich jede weiße Fläche, am besten aber Polystyrolfolie, auch wenn sie brennbar ist. Allerdings können Sie mit einem weißen Bettuch fast die gleiche Wirkung erzielen. Lassen Sie sich in diesem Anfangsstadium noch nicht dazu verführen, künstliche Lichtquellen einzusetzen.

Der Raum, in dem Sie fotografieren, muß störungsfrei und warm sein. Er braucht keine großen Ausmaße, sollte aber ein vergleichsweise großes Fenster haben, das nach Möglichkeit auf den freien Himmel hinausgeht, und das Sie mit zwei Lagen Nylonnetz, Pauspapier oder weißem Seidenpapier verhängen können, damit das Licht gestreut wird und die Schatten weicher werden.

Trotz eines perfekten Aufbaus werden Ihre Bilder Sie jedoch enttäuschen, wenn Sie die Aufnahmen nicht gründlich geplant und auf Ihr Modell abgestellt haben. Haben Sie ein geeignetes Modell gefunden (siehe Seite 150), stellen Sie seine guten und weniger vorteilhaften Seiten fest und suchen nach Bildideen, die die positiven Punkte betonen und die negativen nicht sichtbar werden lassen.

Es ist wenig sinnvoll, mit Aktaufnahmen anzufangen, wenn Sie keine genaue Vorstellung von den Bildern haben, die Sie schaffen wollen. Für Ihre erste fotografische Sitzung ist es ratsam, wenn Sie sich mit einfachen Arrangements begnügen, die es Ihnen möglich machen, die Schönheit des Körpers herauszuheben, ohne daß Sie mit Requisiten in Konflikt kommen. Auch sollten Sie nicht mit dem Fotografieren beginnen, bevor Sie sich nicht ziemlich sicher sind, wie die fertigen Bilder aussehen werden.

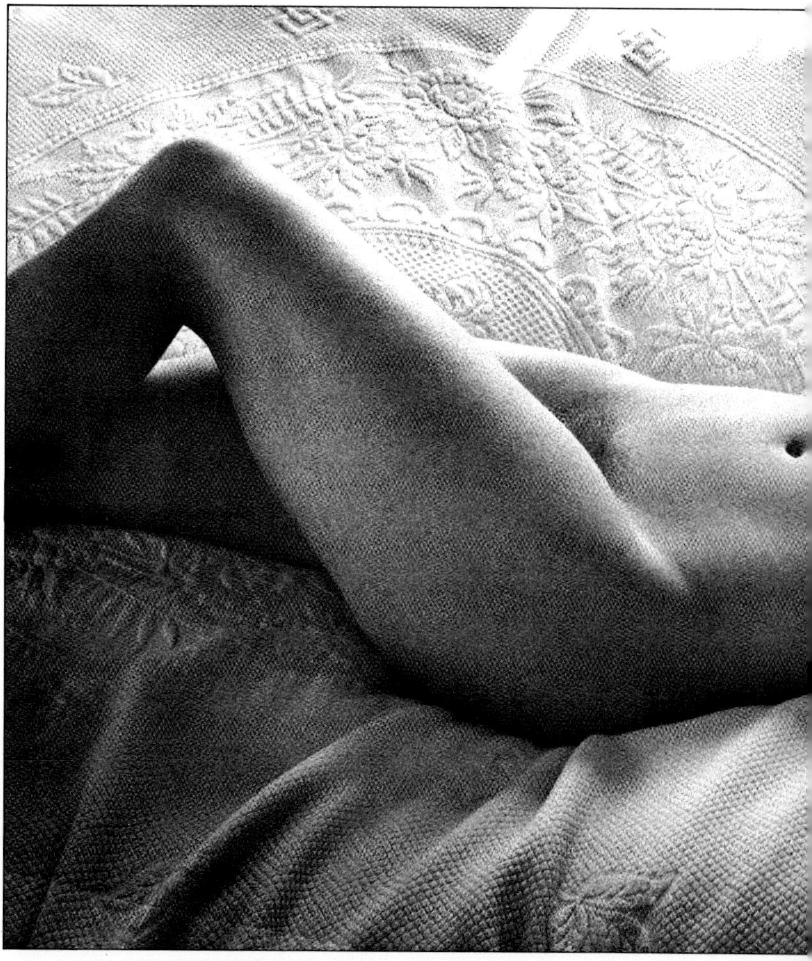

Schattendetail ▷
Bei dieser Gegenlichtaufnahme fotografierte ich durch ein Loch, das ich in die Mitte eines weißen Bettuchs geschnitten hatte. Die Reflexion war ausreichend, um Details auch in den Schatten zu zeigen.
Cosmic Symbol, 40mm, 1/15sec, Blende 8, XP1

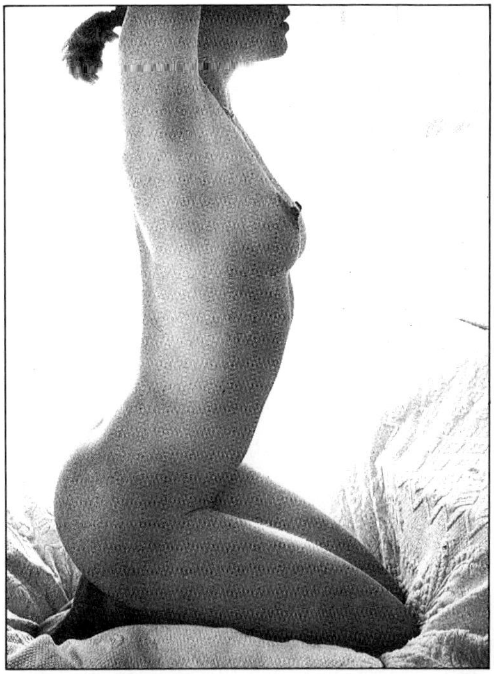

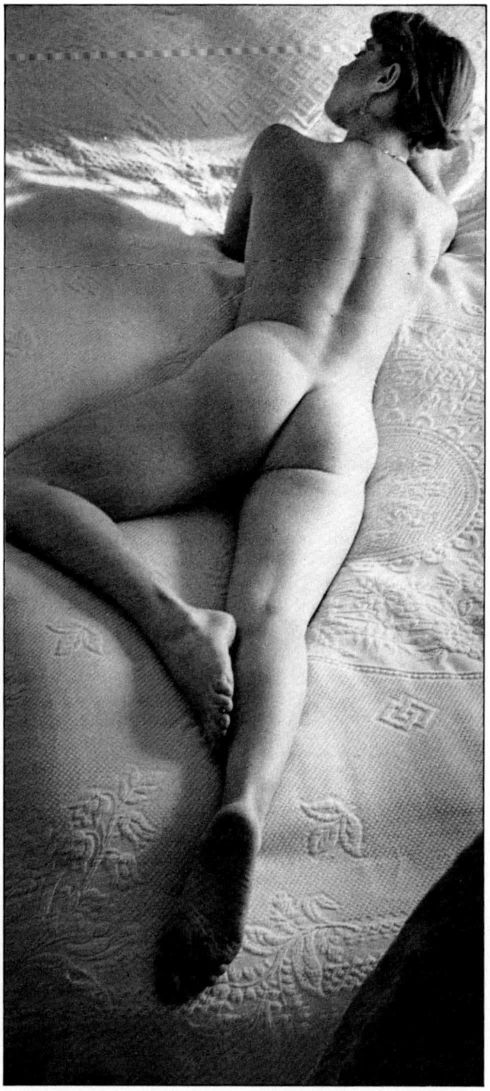

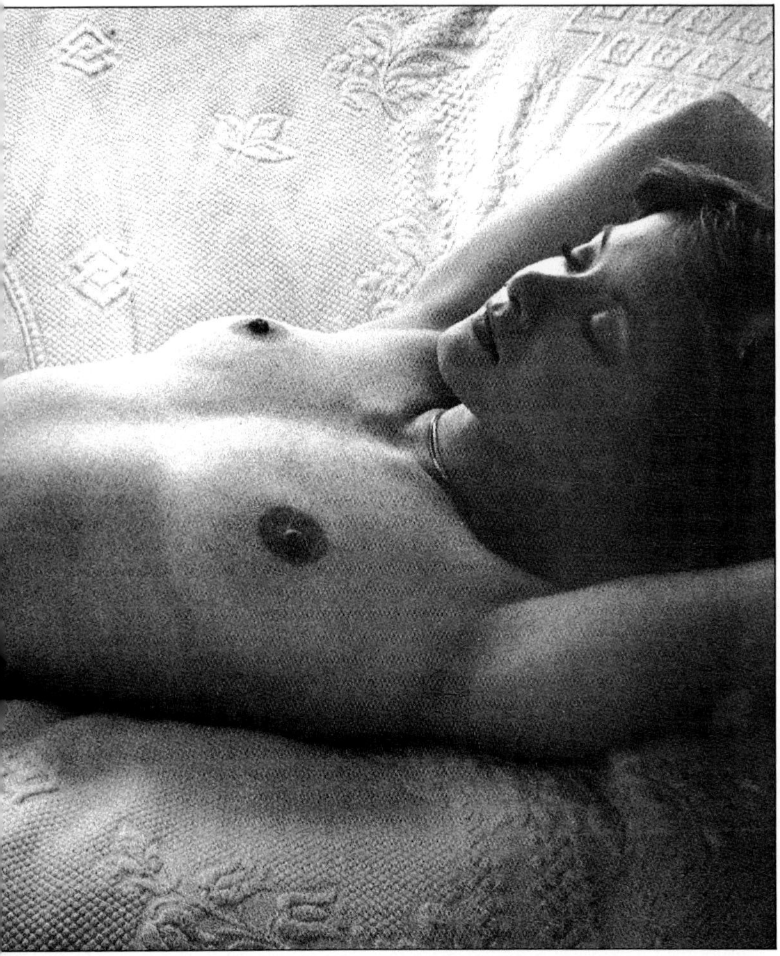

◁ Hervorhebung der Struktur
Die Aufnahmerichtung gegen das Licht und die Entwicklung des Films in einem kontrastverstärkenden Entwickler unterstrichen die Struktur der Haut und des Gewebes bei diesem natürlichen, entspannten Bild.
Cosmic Symbol, 40mm, 1/15sec, Blende 8, XP1

Streulicht △
Ein teilweise mit einem Netz verhängtes Fenster lieferte kräftiges Seitenlicht. Schatten wurden mit einem großflächigen, weißen Schirm aufgehellt. Da das Modell seinen Kopf hob, wurde der Hals betont und das Profil sichtbar – beides war für die Stimmung dieser Aufnahme wichtig.
Cosmic Symbol, 40mm, 1/15sec, Blende 16, XP1

Silhouetten

Der Realismus und die Unmittelbarkeit fotografischer Aufnahmen lassen leicht vergessen, daß eine Kamera ein Gerät zur Aufzeichnung von Linien, Licht und Tönen ist und das fertige Foto im Grunde nichts anderes als die verfeinerte Form einer mechanischen Zeichnung. Um gute Aktaufnahmen zu machen, müssen Sie zunächst die »Zeichentechniken« beherrschen – das heißt, die Art und Weise, in der Sie Ihr Modell arrangieren, um seinen Körperumriß auf dem Foto wiederzugeben. Die Zeichnung Ihres Fotos kann durch die Anordnung von Modell und Kamera zueinander verändert werden. Man kann die Aufnahme zum Beispiel von einem niedrigeren Standpunkt aus machen und so die Beine des Modells verlängern. Will man den Rücken verbreitern oder die Taille schmaler machen, ändert man die Aufnahmeposition oder dreht das Modell. Stellen Sie sich, wenn Sie durch den Sucher schauen, die Szene flach vor, als wäre sie auf ein Blatt Papier gezeichnet. Versuchen Sie, Silhouetten zu fotografieren, wenn es Ihnen nur auf die Umrißzeichnung ankommt: dabei können Sie Vordergrundton, Ausdruck oder andere Kriterien unberücksichtigt lassen. Denken Sie jedoch daran, daß Einzelheiten Teil Ihrer Bildaussage sind. Das menschliche Auge kann sich anpassen, aber die Kamera ist unfähig, gleichzeitig verschiedene Beleuchtungsverhältnisse festzuhalten – dadurch sind Silhouettenaufnahmen einfach zu verwirklichen. Stellen Sie Ihr Modell in einem unbeleuchteten Raum vor ein Fenster oder eine Tür, durch die Tageslicht hereinströmt.

Zusätzliche Musterung ▷
Um diese Silhouettenaufnahme interessanter erscheinen zu lassen, legte ich ein Muster über das ganze Bild, das ihm mehr Tiefe gab. Zwischen Kamera und Modell wurde ein schweres Netz gespannt, und der Hintergrund entstand, indem ich die Silhouette gegen ein mit Pauspapier verdecktes Fenster, das in einen Garten hinausging, fotografierte.
50mm, 1/8sec, Blende 4, Ektachrome 400, um 1 Blendenstufe forciert

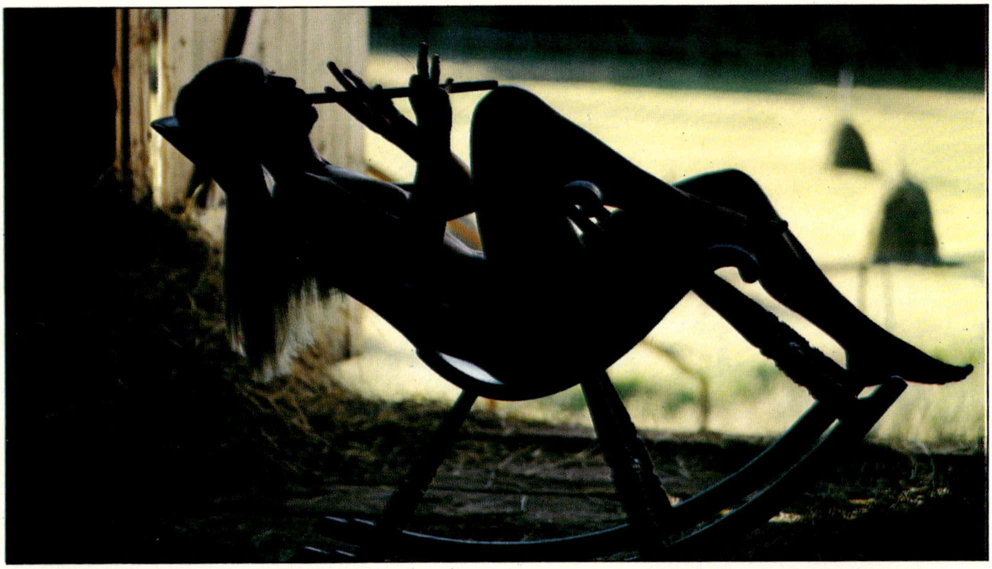

◁ Das Schaffen von Stimmung
Diese Aufnahme entstand auf einem Scheunenboden, die Landschaftselemente waren in deutliche Entfernung gerückt. Das Tor diente als Rahmen für den Bildaufbau und schirmte das Hintergrundlicht von der Kamera ab; so entstand eine Silhouette. Die Flöte gab dem unerfahrenen Modell Selbstvertrauen, da es seine Hände beschäftigen konnte, und paßte zum Schaukelstuhl und zur Sommerstimmung. Das herunterfallende, lange, blonde Haar macht das Bild sehr feminin, da es der harten Silhouette ein weiches Element verleiht.
50mm, 1/125sec, Blende 4, Kodachrome 25

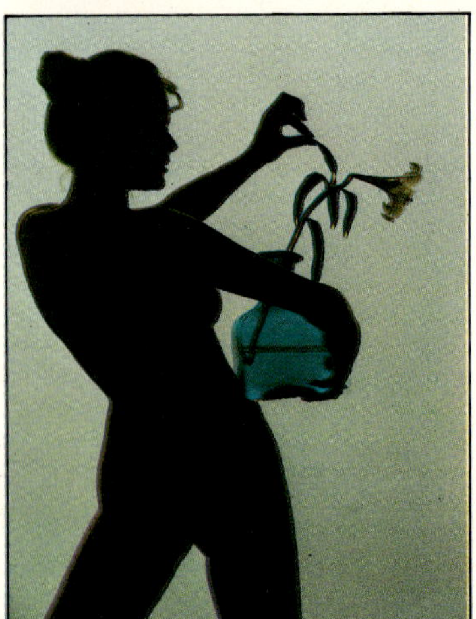

◁ Grafische Requisitten
Für diesen Hintergrund verhängte ich ein großes Fenster mit Seidenpapier, um das Licht zu streuen (unten). Die lichtdurchlässige Vase mit Lilie sollte den einfachen Bildaufbau lebendiger machen.
50mm, 1/60sec, Blende 4, Kodachrome 25, 10 CC purpur

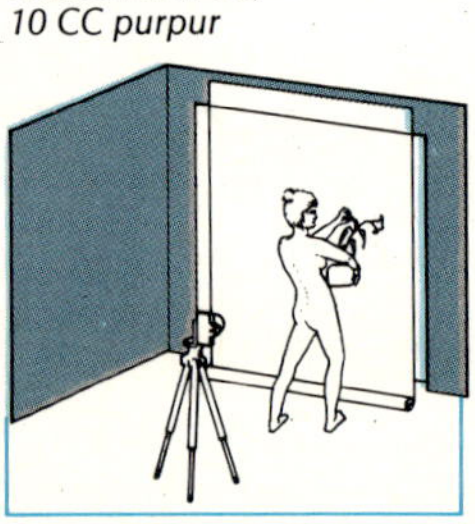

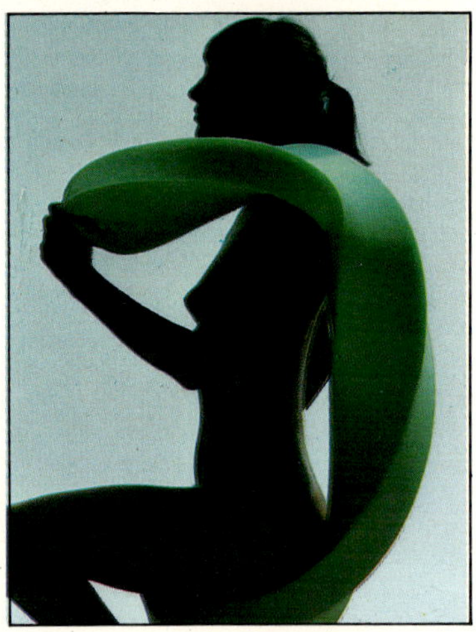

◁ Zusatzlicht
Ein Fenster im Hintergrund wurde mit Transparentpapier bedeckt; zusätzlich lieferte ein Oberfenster modulierendes Licht. So wurden Teile des Schaumgummis beleuchtet und seine Form hervorgehoben, und die Figur behielt trotzdem ihre scharfe Silhouettenzeichnung.
50mm, 1/60sec, Blende 4, Kodachrome 25, 10 CC grün

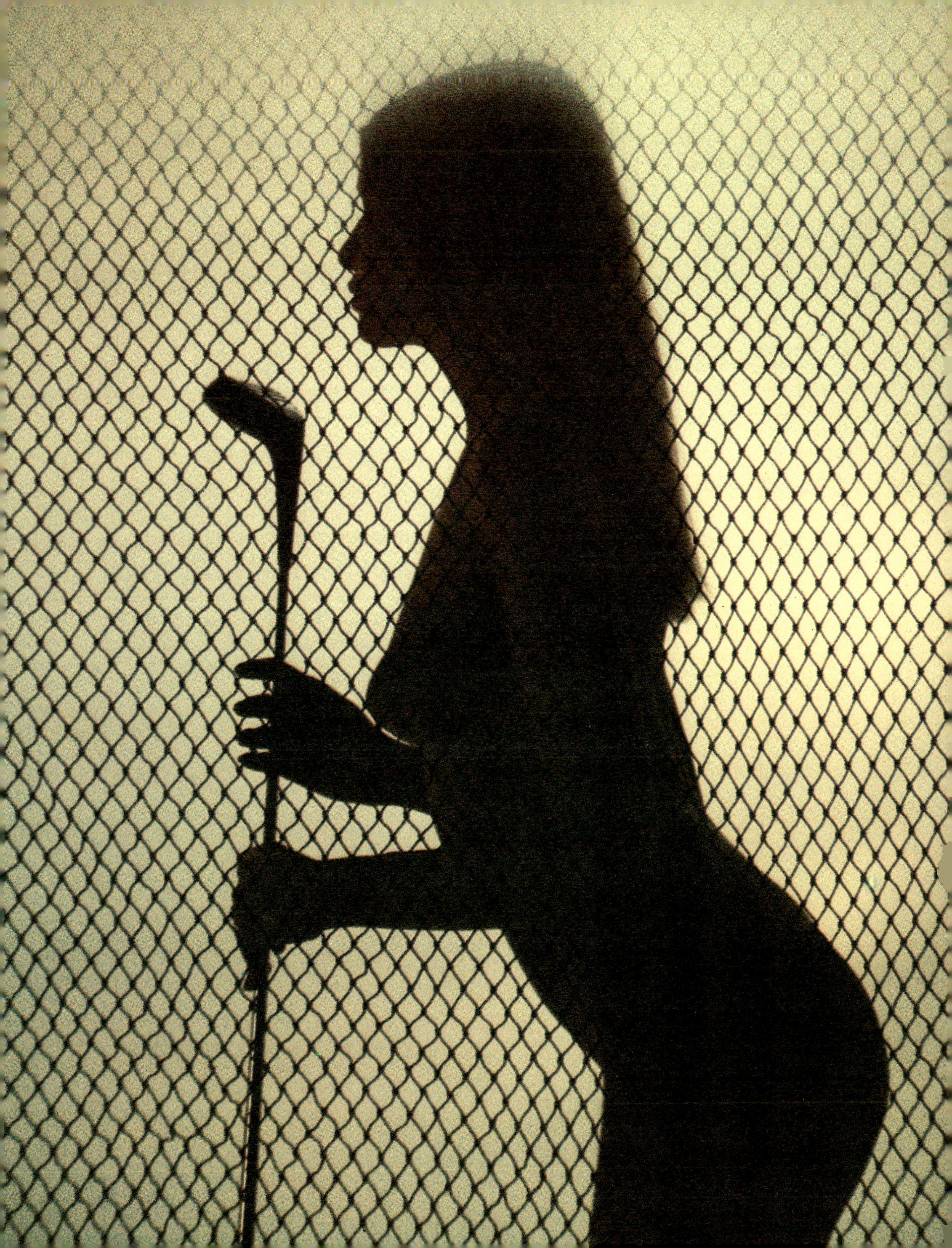

Rückenansichten

Auch wenn Sie Ihr Modell gut kennen, werden Sie wahrscheinlich zu Beginn der fotografischen Sitzung beide etwas befangen sein. Das Eis läßt sich jedoch leicht brechen, wenn Sie mit ein paar einfachen Rückenaufnahmen anfangen. Rückenansichten sind zusätzlich auch eine gute Übung zur Bildzeichnung und zur Einführung von Tönen, ohne daß durch Gesichtsausdruck und sexuelle Komponenten abgelenkt wird.

Rückenansichten müssen nicht langweilig sein. Die Kamera kann durch Suggestion durchaus Stimmung und Gedanken des Modells einfangen. Ein Foto kann seine Wirkung auch daher beziehen, daß es die Fantasie anregt, und bei Rückenansichten kann die Bildstimmung vom Betrachter selbst interpretiert werden, da die Augen des Modells unsichtbar sind.

Wollen Sie die Rückenkonturen sanft modellieren, muß weiches Licht in einem Winkel auf den Rücken fallen; zu starkes Licht ist zu aggressiv und läßt die Haut hart wirken. Auf jeden Fall werden Sie einen Reflektorschirm brauchen, sei es als Hauptquelle gestreuten Lichts oder zur Aufhellung der Schatten, die durch direkten Lichteinfall entstehen. Achten Sie auf die Umrisse der Frisur im Verhältnis zu Kopf- und Schulterlinien.

Das Verdecken von Hautunreinheiten ▷
Diese Aufnahme entstand bei klarer, tiefstehender Sonne und wurde großzügig mit einem weißen Reflektor aufgehellt. Die Spitzlichter auf der Haut wurden leicht unterbelichtet, damit ihre Struktur erhalten blieb. Das Bambusblatt verdeckt einen kleinen Hautfehler.
50mm, 1/250 sec, Blende 8, Tri-X, 50 CC grün

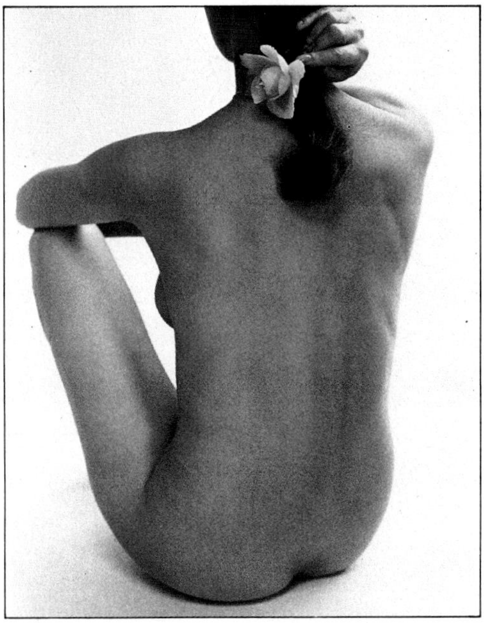

Einhüllendes Licht △
Die Umstände zwangen mich, diese Aufnahme in einem engen Raum mit ablenkenden, unruhigen Möbeln zu machen. Um die damit auftretenden Probleme zu lösen, plazierte ich das Modell auf weißen Karton, der auch den Hintergrund lieferte. Mit zwei zusätzlichen Kartonblättern reflektierte ich das Tageslicht aus einem nach Norden gehenden Fenster und schuf so eine »Hülle« aus weichem Licht.
50mm, 1/30sec, Blende 2, HP5

Der Einsatz von Requisiten ▷
Dieses Arrangement (unten) wurde vor einem mit Transparentpapier und einem zartgemusterten Vorhang verhängten Fenster aufgebaut. Das Modell stand auf dem Vorhang und hielt ihn hinter sich hoch. Ein großer Aufhellschirm verhinderte eine Silhouettenaufnahme.
50mm, 1/125sec, Blende 5,6, FP4

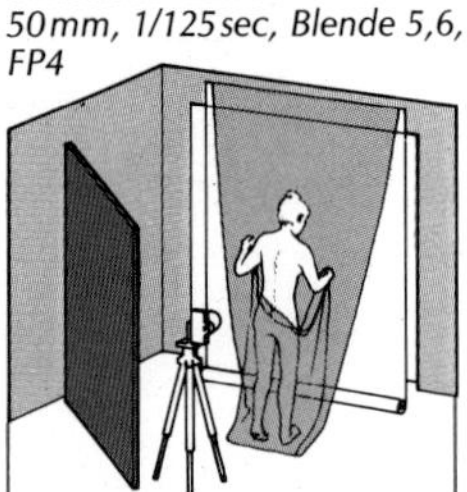

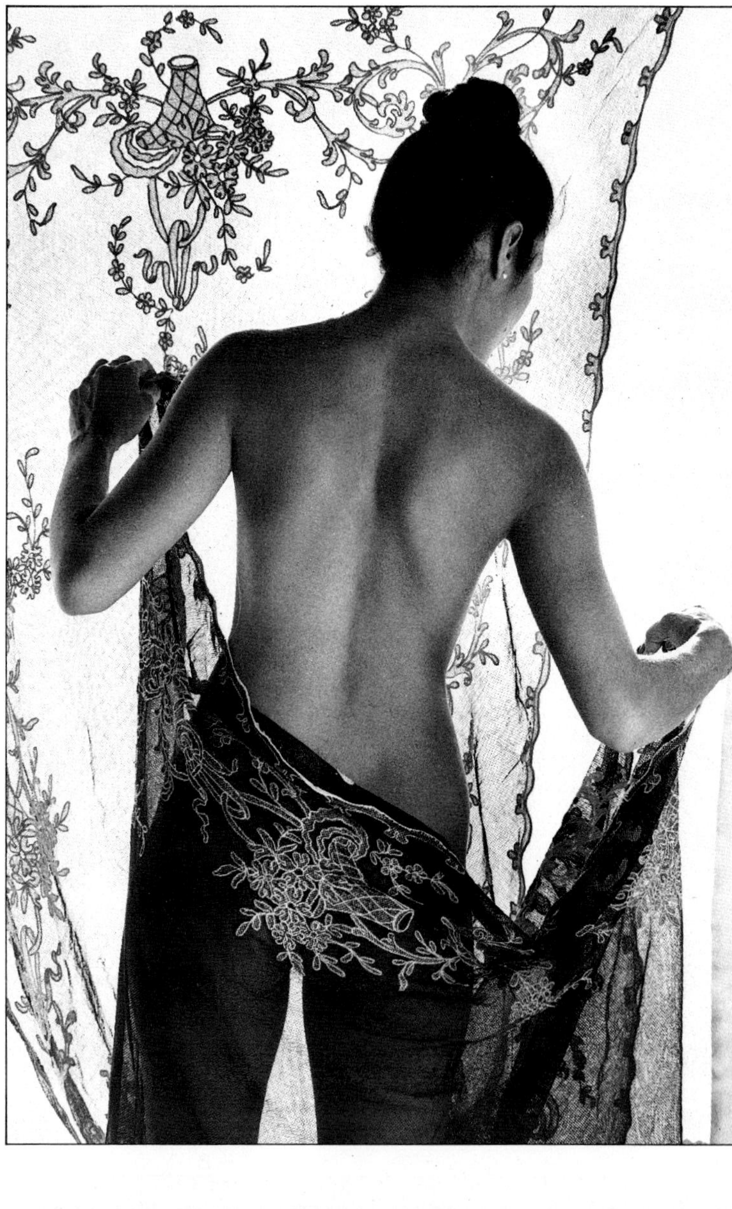

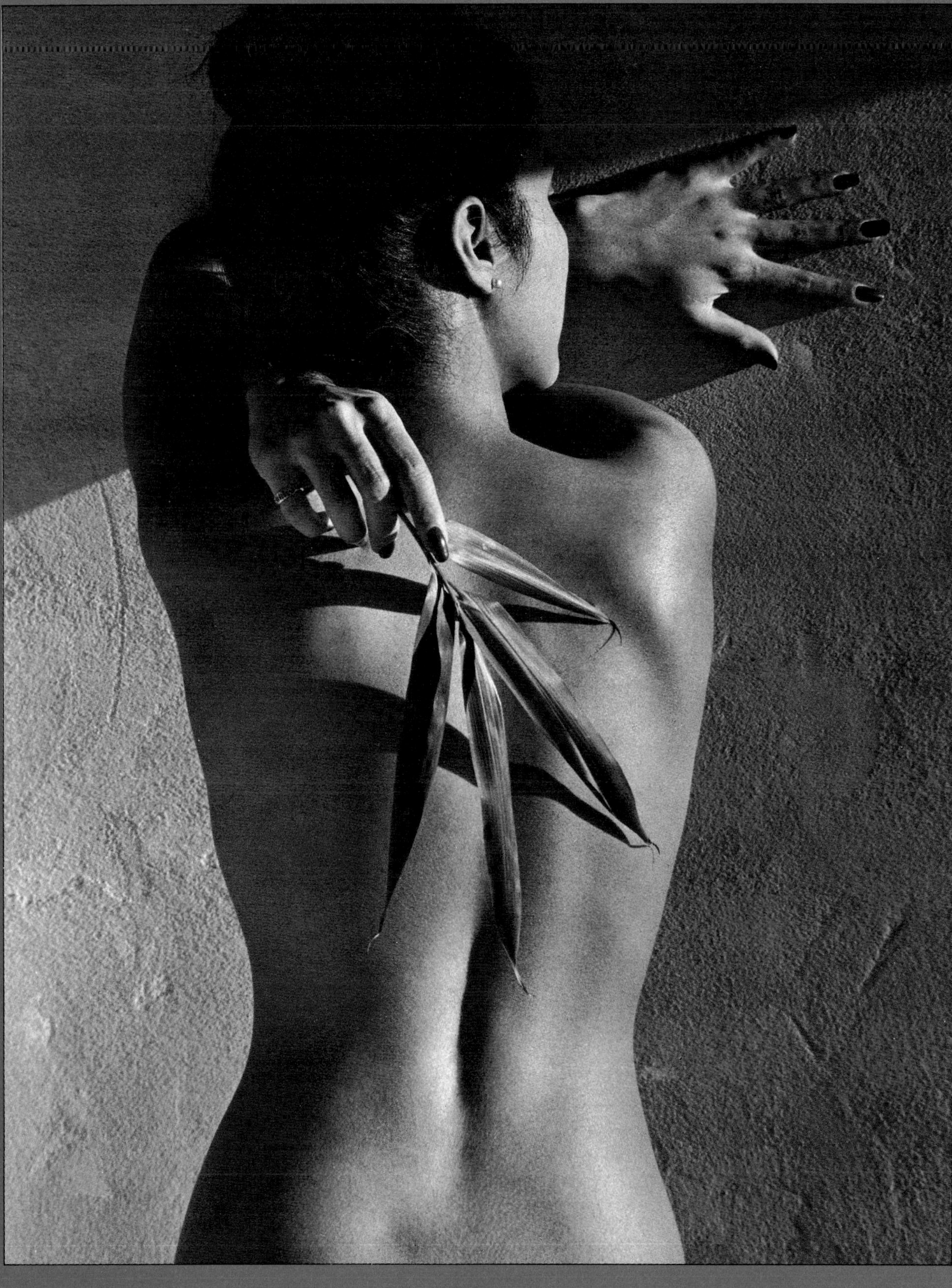

Oberflächenstrukturen

Die Oberfläche aller lebenden und toten Objekte, sei sie glatt oder rauh, besitzt eine typische Struktur. Diese Eigenschaft aufzuzeigen ist in der Aktfotografie besonders wichtig, denn Strukturen geben einem flachen Foto nicht nur eine zusätzliche Dimension, sondern oft erst die bildnerische Wirkung, indem sie einem sonst eher durchschnittlichen Bild mehr Dramatik und Leben verleihen.

Vor allem für drei Bereiche der Aktfotografie spielen Strukturen eine wichtige Rolle: für die Haut des Modells selbst, für eine der Haut zusätzlich verliehene Struktur und für die Hintergrundgestaltung. Wo Sie auch arbeiten, Sie sind immer von einem Strukturenpotential umgeben; um es aufzuspüren, müssen Sie nur Gegenstände befühlen und sich nach interessanten Oberflächen umsehen. Allein entscheidend für die Hervorhebung von Strukturen ist die richtige Beleuchtung. Ein einfacher Versuch mit einer Blitzleuchte oder Tischlampe macht deutlich, daß Strukturen umso stärker hervortreten, je flacher das Licht darauf fällt. Auf- und untergehende Sonne sind daher als Lichtquelle ideal, während mit senkrechtem, harten Mittagssonnenlicht nur schwer umzugehen ist. Verwenden Sie für Ihre Aufnahme daher weiche, aber gerichtete Seitenbeleuchtung, die die Haut Ihres Modells natürlich und attraktiv erscheinen läßt und gleichzeitig ihre Struktur hervorhebt.

Greifbare Struktur ▷
Seitenlicht aus einem bis zum Boden reichenden Fenster unterstrich den weichen Eindruck der Seife auf dem Körper und den Gegensatz zwischen Seife und Haut und dem Massagehandschuh.
50mm, 1/50sec, Blende 8, Kodachrome 25, 10 CC purpur

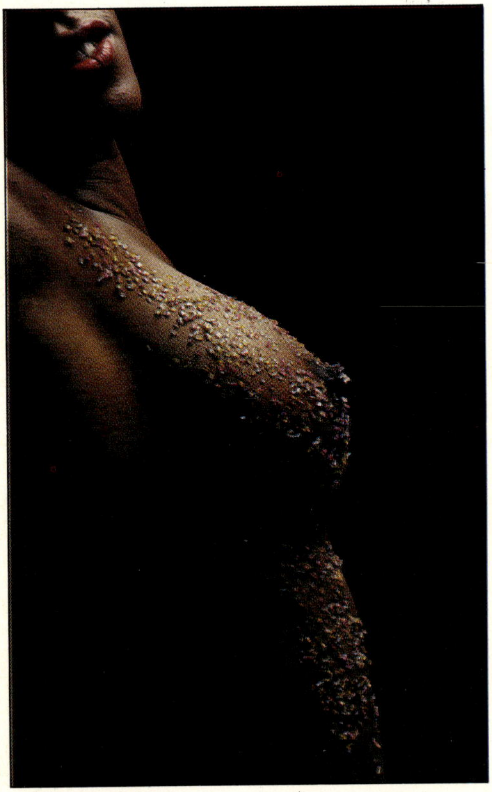

Aufgetragene Struktur △
Die Haut wurde angefeuchtet, damit die Zuckerkristalle hafteten. Da ich eine kurze Belichtungszeit in Verbindung mit einer kleinen Blendenöffnung brauchte, um größtmögliche Schärfentiefe ohne Verwischung zu erreichen, machte ich die Aufnahme in der Nähe eines dicht mit Netz verhängten Fensters, durch das die Sonne schien.
50mm, 1/60sec, Blende 11, Kodachrome 25, 81 A

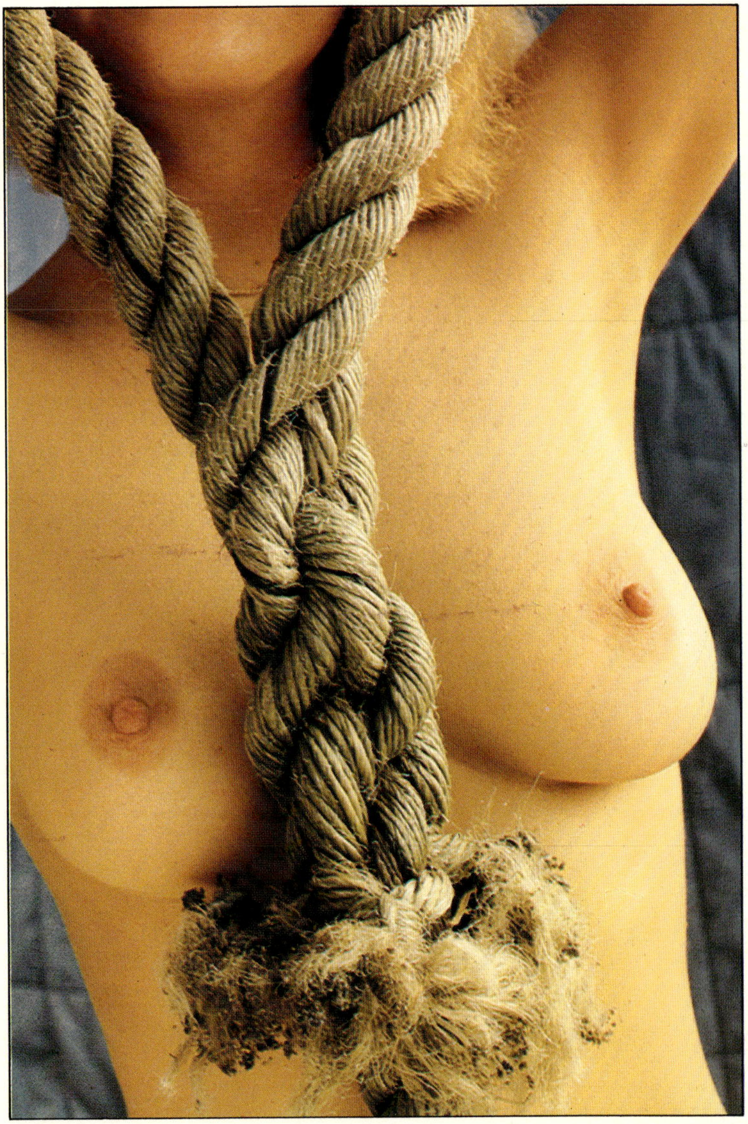

Strukturgegensätze ▷
Das rauhe Seil neben der weichen Haut erzeugt sichtbare Spannung in diesem sonst einfachen Bild, das innen bei Seitenlicht aus einem Fenster entstand.
50mm, 1/60 sec, Blende 5,6, Ektachrome 64, 81B

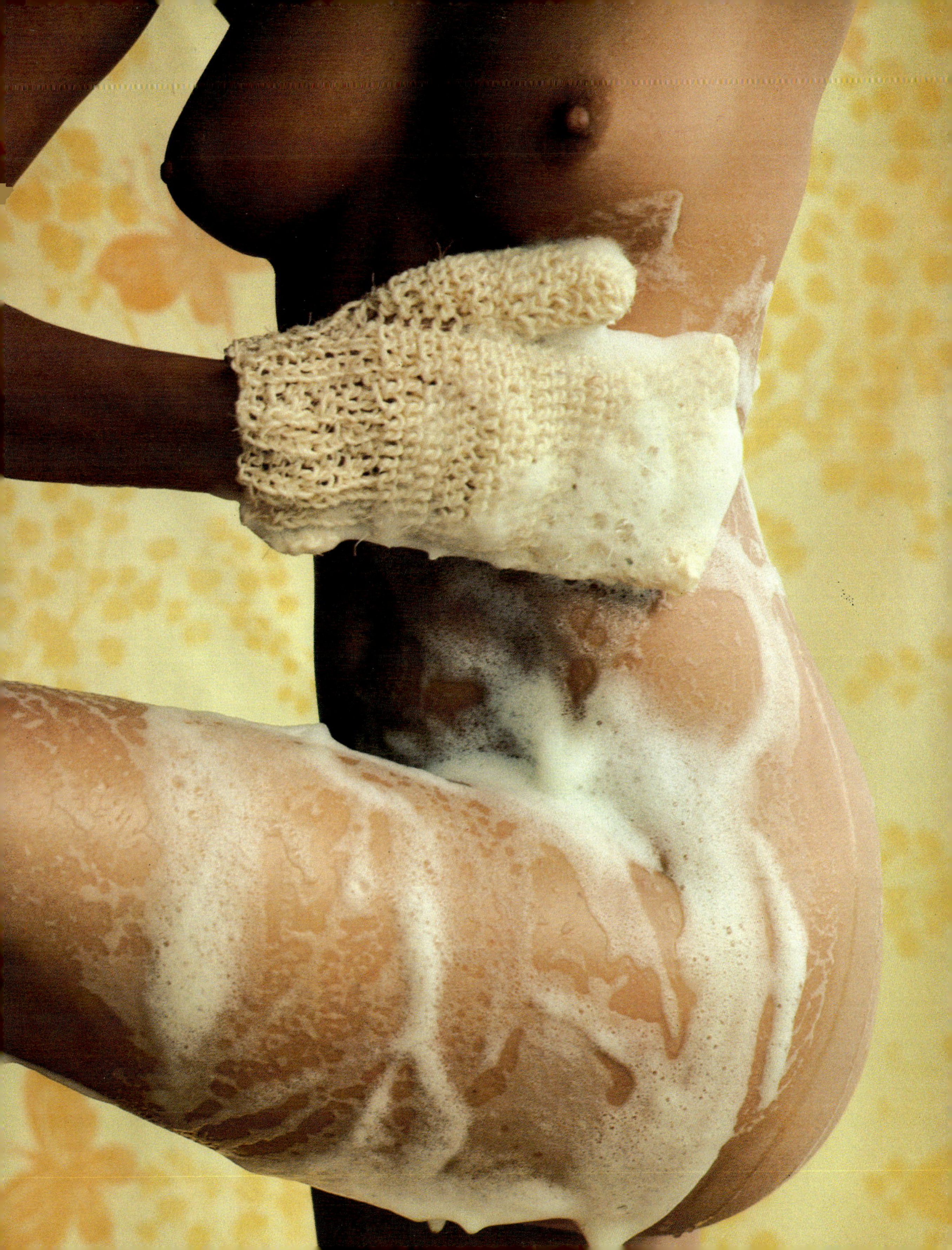

Muster

Muster, also die Wiederholung von Linien und Formen, kann man entweder vorfinden oder selbst arrangieren. In der Aktfotografie sind sie ein einfaches grafisches Mittel, Motive zu beleben und das Interesse des Betrachters zu fesseln. Muster kann man fast überall finden, in städtischer Umgebung wie auf dem Land. Aber Vorsicht ist geboten, denn bei Akten können Muster das eigentliche Motiv einer Aufnahme erdrücken.

Beim Fotografieren von Akten ergeben sich aus der Situation und dem Spiel des Lichts viele Gelegenheiten, Muster zu integrieren. So können zum Beispiel von der Sonne geworfene Schatten mit Hilfe von gezielt eingesetztem Aufhellicht von Reflektorschirmen einem sonst eher durchschnittlichen Bild mehr Spannung verleihen. Zarte Muster auf der Haut betonen die Körperlinien und können wesentlich zur Bildstimmung beitragen. Schattenmuster, die wärmenden Sonnenschein suggerieren, können einen anderen Eindruck von Zeit und Ort erwecken, als man tatsächlich während der Aufnahme vorgefunden hat. Dabei muß man darauf achten, daß keine verräterischen Symbole des Winters, wie kahle Bäume, auf dem Bild erscheinen, und bei Farbaufnahmen muß man ein »wärmendes« Filter (81B) vor das Objektiv setzen, um die Kälte aus dem nördlichen Sonnenlicht zu nehmen. Wenn das Lichtmuster über das ganze Bild und nicht nur über den Körper des Modells verläuft, erzeugt es Spannung und Tiefe durch die Betonung der Perspektive.

Das Auge läßt sich unweigerlich von musterartigen Formen fesseln. Das kann man durch künstliche Muster, wie sie Lamellen von Fensterrollos oder Gewebe darstellen, ausnutzen. Sind sie gut ausgewählt und ergänzen sie das Modell, können sie den Linienfluß des Körpers hervorheben und dem Bild zusätzlich interessante Elemente geben, ohne es zu beherrschen. Lichtdurchlässige Gewebe sind für diesen Zweck ideal, aber man kann sich solche Hintergrundmuster auch selbst herstellen, indem man Glas oder Nylonnetz bemalt oder Formen aus Kunststoff oder Papier ausschneidet. Mit einer harten, schattenwerfenden Lichtquelle wird dann das Muster nur über den Körper des Modells projiziert. Gewebe kann man auch mit Transparentpapier hinterlegen und an einem Fenster im Hintergrund befestigen.

Perspektive durch Muster ▷
Zeitliches Ausnützen des Sonnenstands war für die Regelmäßigkeit der Schatten, die durch senkrechte Sonnenblenden zustande kamen, verantwortlich. Die Wirkung wurde erreicht, weil die Mittelschattenlinien zur Kamera wiesen und die seitlichen Linien nach außen strebten.
50 mm, 1/125 sec, Blende 5,6, Kodachrome 25

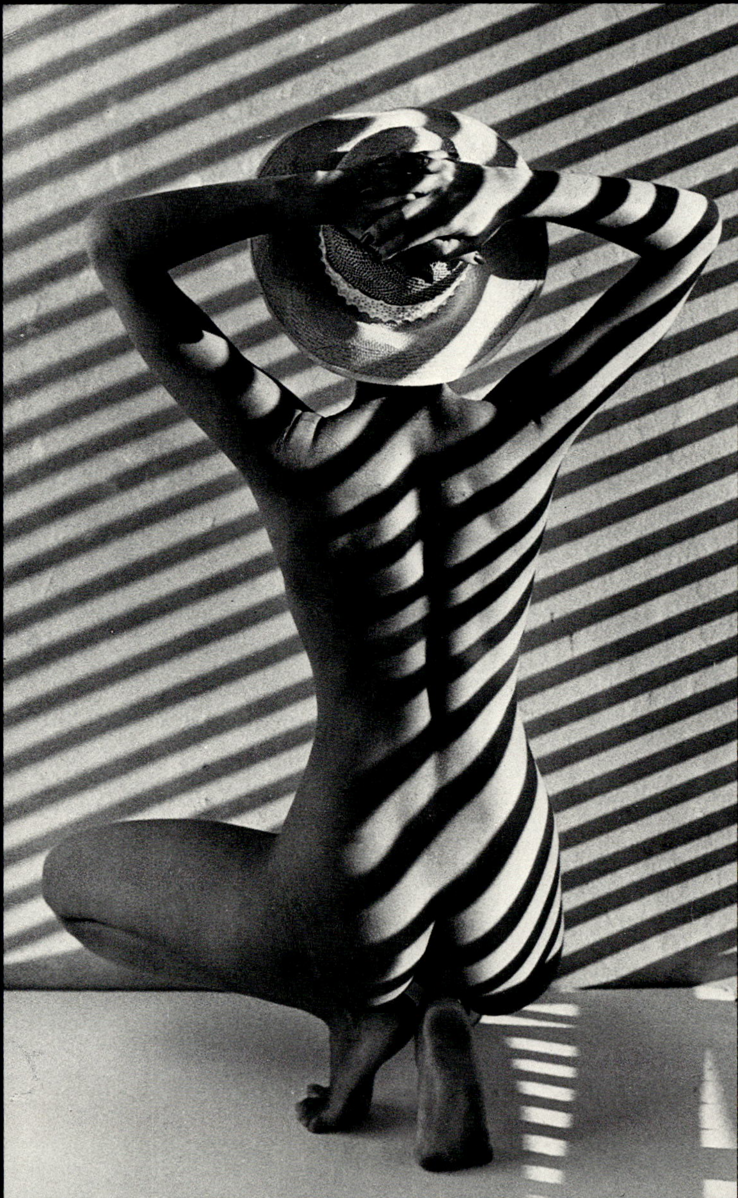

Gezielt eingesetztes Muster ▷
Späte Nachmittagssonne, die durch ein bodentiefes Fenster strömte, schuf ideale Bedingungen für Versuche mit Schattenmustern. Die Schattenlinien entstanden durch dünne Holzleisten, die auf einen einfachen Holzrahmen genagelt wurden (unten). Wesentlich war bei diesem Bild, daß ich die Aufnahme in den wenigen Minuten machte, in denen die Sonne schräg über die Wand fiel.
50 mm, 1/125 sec, Blende 8, FP4

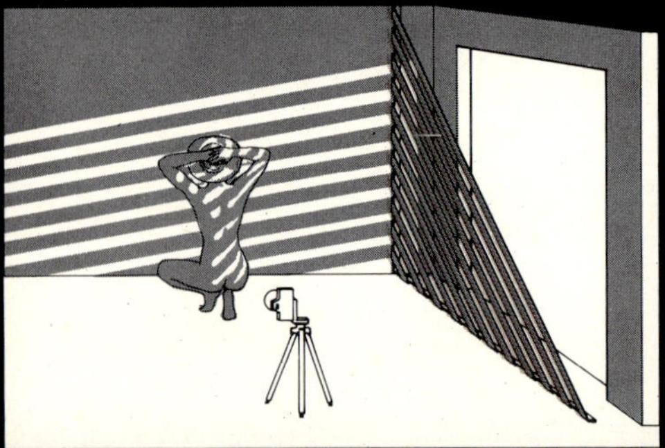

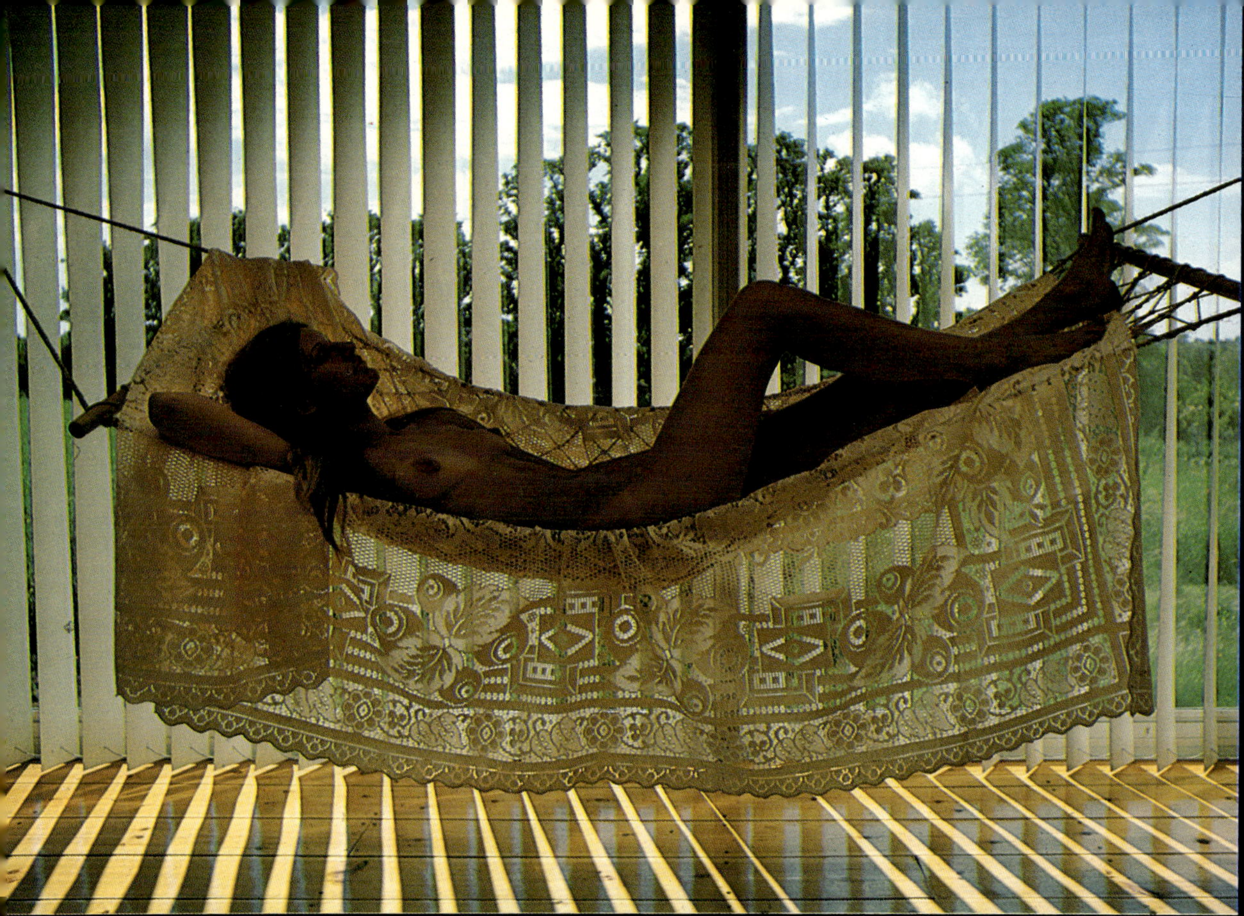

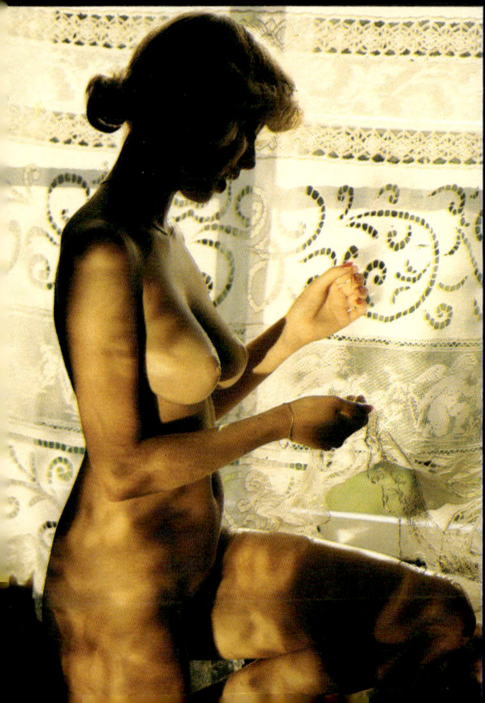

◁ **Musterprojektion**
Scharfe, flache Sonnenmuster, von einem großflächigen Spiegel reflektiert, übertrugen das Muster des Hintergrundvorhangs auf den Körper des Modells und lieferten gleichzeitig Aufhellicht.
50 mm, 1/60 sec, Blende 5,6, Ektachrome 64

Muster durch Requisiten ▷
Spitzengewebe, das über ein Fenster im ersten Stock gespannt wurde, unterstreicht die zarte Spitze des Leibchens und die durchbrochene Rückenlehne des Stuhls. Um die Entstehung einer reinen Silhouette zu vermeiden, entschied ich mich für Hintergrundbeleuchtung aus einem großen Fenster und Aufhellung durch einen weißen Reflektorschirm.
50 mm, 1/250 sec, Blende 4, Ektachrome 400, um 1 Blendenstufe forciert

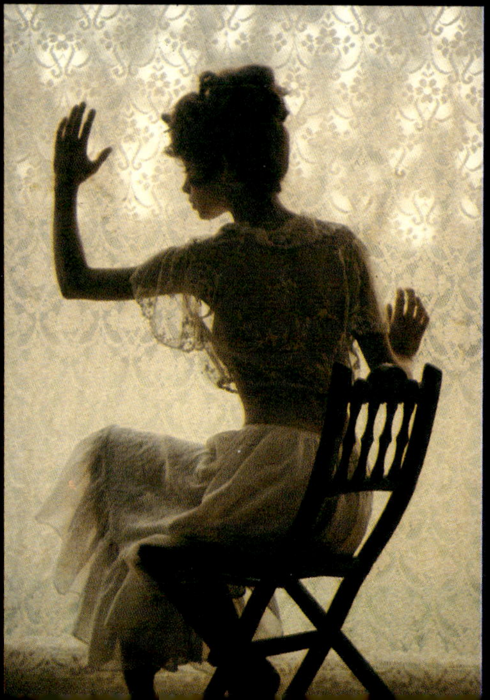

Komposition durch den Sucher

Der Aufbau eines Bildes geschieht durch das Arrangieren von Bildelementen im Sucher – indem man den eigenen Standort verändert, das Objektiv wechselt, das Modell bewegt, Requisiten oder Motivumfeld ändert. Die Komposition ist ein rein persönlicher Aspekt bei der Entstehung eines Bildes. Es sind Ihre Fotos, und an Ihnen allein liegt es, sie zu gestalten.

Denken Sie daran, daß der Ausschnitt, den Sie im Kamerasucher sehen, nur ein kleiner Bestandteil der Szene ist, die Sie mit dem Auge aufnehmen: Sie müssen daher immer berücksichtigen, wie der von Ihnen gewählte Bildausschnitt ohne seine Umgebung wirken wird. Überprüfen Sie Ihr Konzept noch einmal, bevor Sie mit der Bildzusammensetzung beginnen. Bringen Sie dann die Arme und Beine Ihres Modells in die richtige Stellung und versuchen Sie dabei, sich Ihre Linienwirkung auf dem fertigen Bild vorzustellen. Richten Sie anschließend die Beleuchtung nach der eingenommenen Körperhaltung. Überprüfen Sie jetzt, von oben nach unten vorgehend, das Bild im Sucher und begutachten Sie jedes Detail gründlich. So können Sie sicher sein, daß Sie später, wenn das Motiv auf zwei Dimensionen reduziert ist, zufrieden sein werden.

Sehen Sie sich an Ihren Aufnahmeorten möglichst immer nach Situationen um, die visuelle Spannung versprechen. Die Elemente innerhalb der Szene – Bäume, Büsche, Gebäude usw. – bezeichnet man als »vorgefundene« Komposition. Sie müssen Ihr Modell so darin einfügen, daß ein interessantes, fesselndes Bild entsteht.

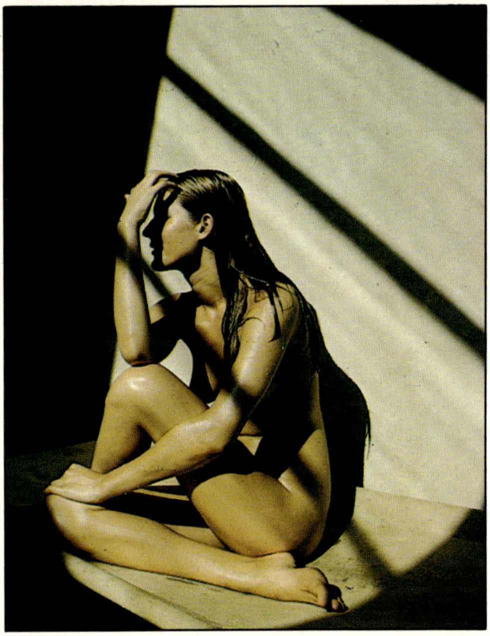

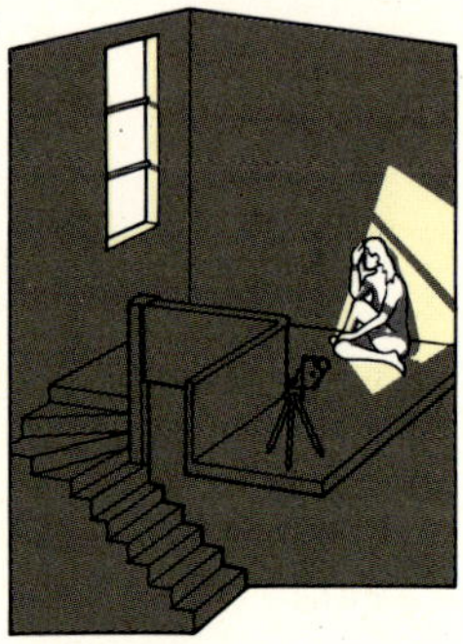

◁ **Berechnete Körperhaltung**
Glieder und Schatten wurden im harten Mittagssonnenlicht aus einem hohen Fenster im Winkel zueinander komponiert (siehe Zeichnung oben). Auf Aufhellschirme wurde verzichtet, und die Aufnahme wurde unterbelichtet, um Lichterdetails zu erhalten und Schatten zu vertiefen.
50mm, 1/125sec, Blende 5,6, Kodachrome 25, 81EF

Gegengewicht zu waagrechten Linien ▽
Die strengen Linien dieses Wandregals bilden einen starken Kontrast zu den weichen Körperkonturen des Modells. Um die Blickrichtung von der Waagrechten abzulenken, ließ ich das Modell seinen Arm nach unten hängen. Ein weißes Tuch auf dem Boden reflektierte das diffuse Licht aus einem hohen Fenster hinter der Kamera und betonte das grafische Element durch die Aufhebung aller ablenkenden Schatten.
50mm, 1/30sec, Blende 4, Kodachrome 64, 10 CC purpur

Exakter Standpunkt ▷
Hier erzeugte ich Spannung, indem ich das Modell zum Bildmittelpunkt machte. Überbelichtung hätte den Silhouetteneffekt zerstört.
50mm, 1/125sec, Blende 8, Kodachrome 64, 80B

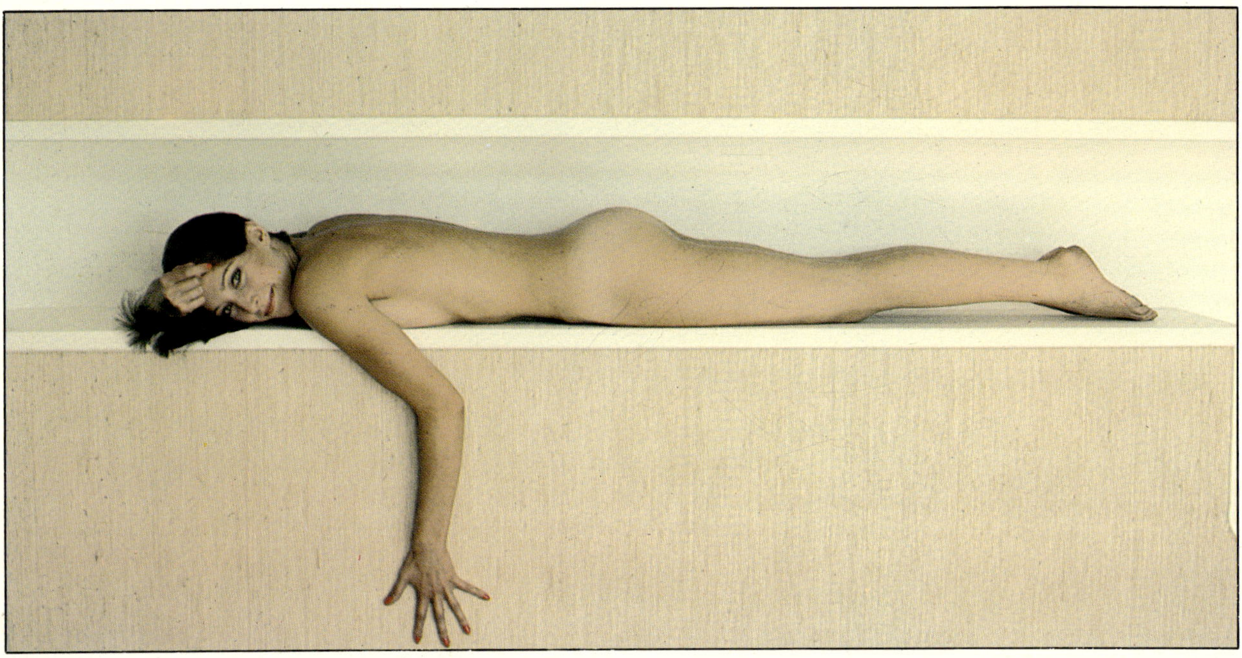

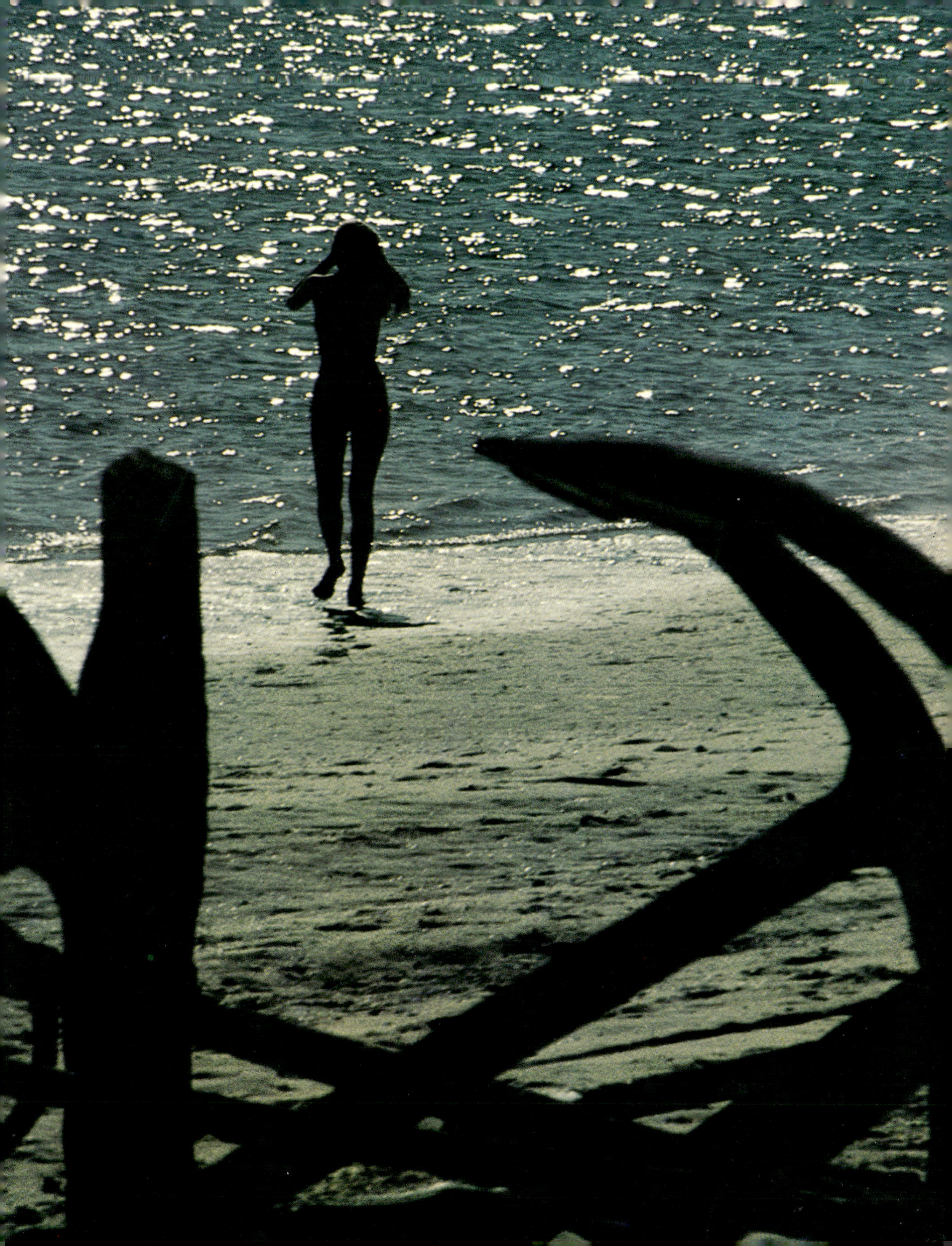

Szenenarrangement

Wenn Sie Elemente Ihrer Wahl in ein Foto einbringen wollen – »additive Komposition« – müssen Sie sie so auswählen, daß sie mit Modell und Aufnahmeort harmonieren. Ich selbst mache mich mit meinem Aufnahmeort immer schon einige Zeit vor dem Fototermin vertraut und stelle mir das Modell und seine wirkungsvollste Präsentation darin vor. Oft zeigt sich dabei, daß manche Bildbereiche zusätzliche Unterstreichung brauchen, was oft schon mit einem einfachen Gegenstand zu erreichen ist. Beschäftigen Sie sich ernsthaft mit der Auswahl dieses Gegenstands: Eine Vase oder ein Hut können sich durchaus eignen, aber nur, wenn sie zu Thema, Farbe und Stil der geplanten Aufnahme passen – denn wir beschränken uns jetzt nicht mehr auf das Arrangieren von »Mustern«, sondern fangen an, Stimmung zu kreieren. Zunächst unvereinbar erscheinende Elemente einer Szene kann man oft mit dem richtigen Requisit, das den Blick von einem Teil der Komposition zu einem anderen leitet, verbinden.

Die vorausgehende Konzipierung einer Aufnahme muß keine großen Kosten nach sich ziehen. Oft findet man geeignete Requisiten zu Hause oder bei Freunden. Bei der Wahl eines Gegenstands, der Ihrem Bild eine zusätzliche Bedeutung verleihen soll, müssen Sie auch an Ihr Modell denken und wie Sie es beschäftigen wollen. Ein Gegenstand, der der Position Ihres Modells einen Sinn geben soll, belebt zusätzlich das Bild.

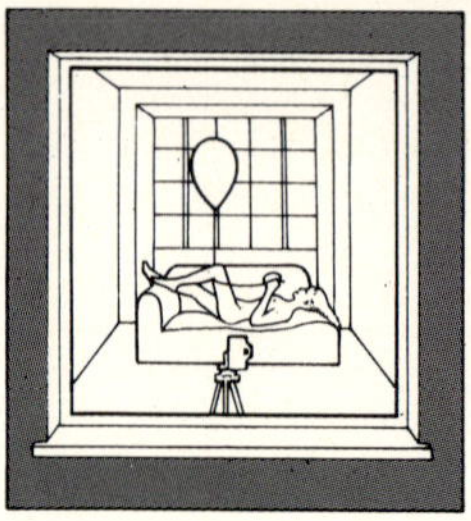

Vereinen von Bildelementen ▷
Durch den Ballon an einer Schnur wurden die beiden Hauptelemente des Bildes – Mädchen und Fenster – zusammengebracht. Licht aus einem Fenster hinter der Kamera hellte die Schatten auf.
50mm, 1/8sec, Blende 4, Kodachrome 64, 10 CC purpur

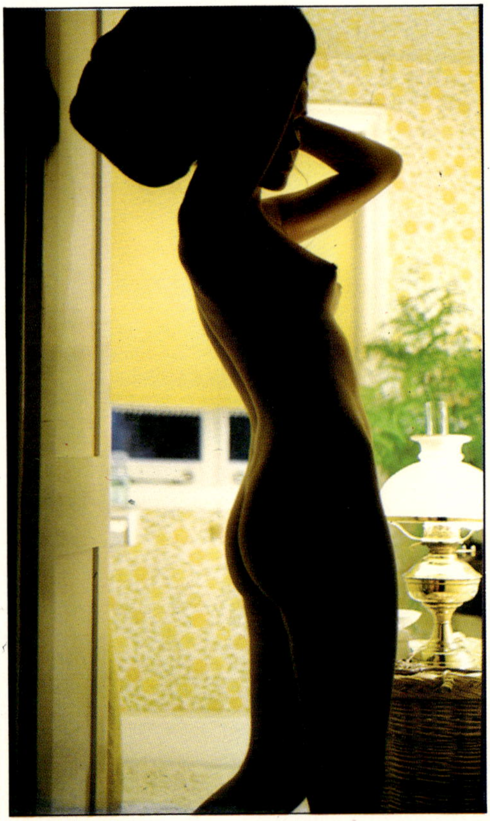

Unaufdringliche Requisiten △
Dieser vollkommene Körper verlangte nur nach leichter Unterstreichung, um dieser Szene Leben zu geben. Die Überbelichtung des unscharfen Hintergrunds verhinderte, daß die klaren Körperumrisse darin untergingen.
50mm, 1/10sec, Blende 2, Kodachrome 64, 80B

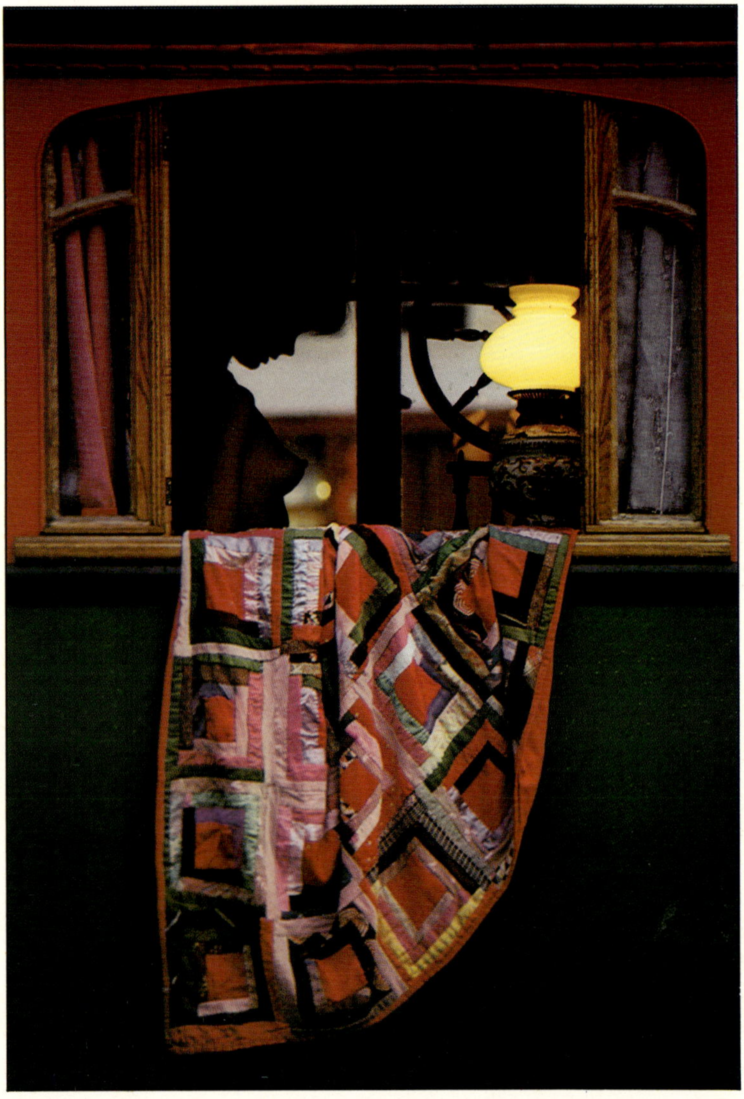

Leuchtend farbige Requisiten ▷
Da ich ein hochformatiges Bild von einem horizontalen Fenster machen wollte, nahm ich die Patchworkdecke mit in den Bildaufbau. Sie wurde dank ihrer Farbigkeit zum beherrschenden Element dieser Aufnahme.
50mm, 1/2sec, Blende 8, Kodachrome 25, 10 CC purpur

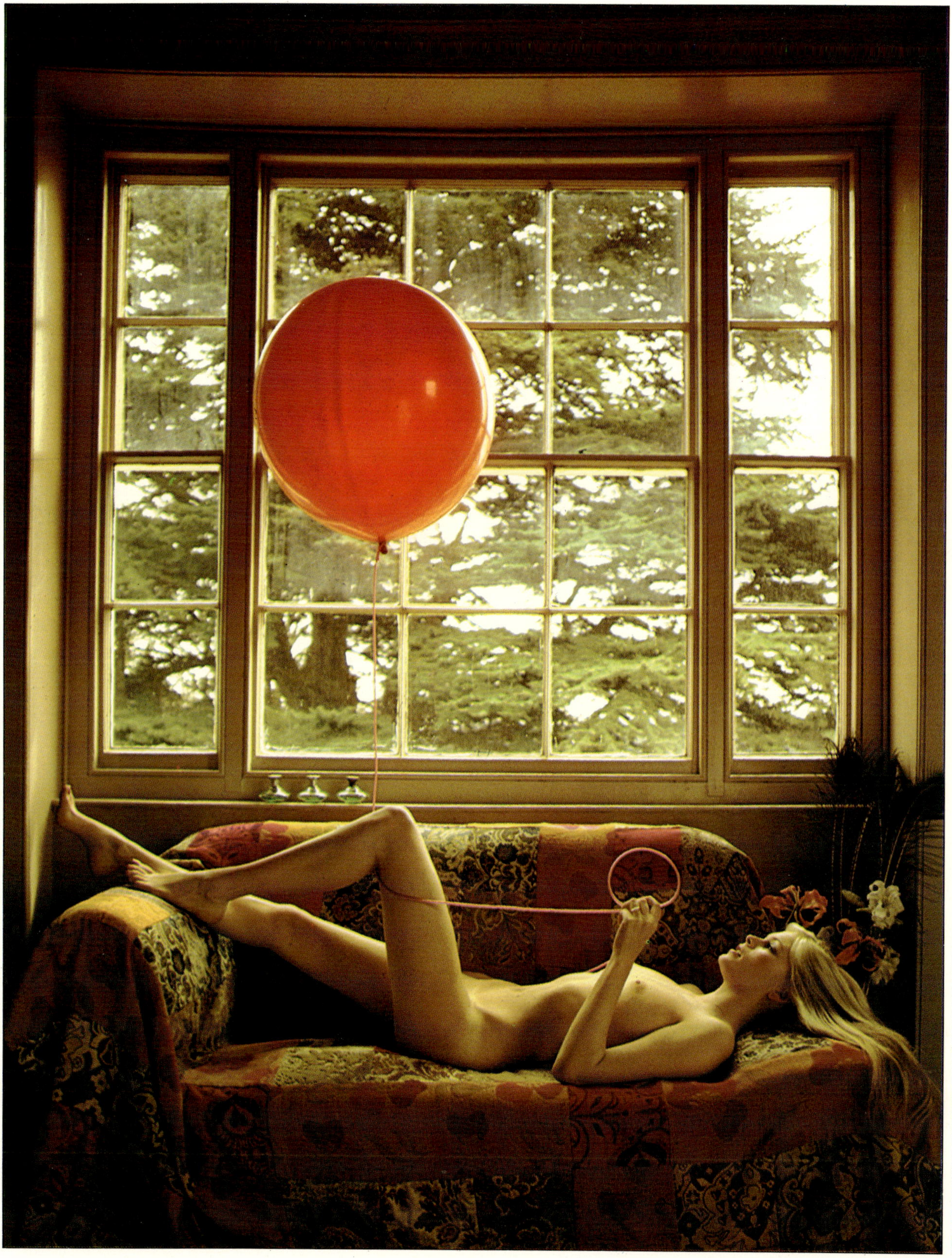

Rahmender Bildaufbau

Eine der befriedigendsten Lösungen für Kompositionsprobleme ist das Ausnutzen von rahmenden Möglichkeiten, die der Aufnahmeort bietet. Dazu gehören Spiegel, Fenster oder Türrahmen, praktisch alles, was die Aufmerksamkeit auf das Modell lenkt und ihm dadurch den Rest des Bildes unterordnet. Rahmen sind daher besonders hilfreich, wenn Sie zwar ein attraktives Modell haben, aber eine mangelhafte Aufnahmesituation vorfinden, denn damit können Sie das Mädchen auf einfache Weise in den Mittelpunkt stellen.

Nehmen Sie sich Zeit, den Standort von Kamera und Modell, bei dem der Rahmen zur Betonung des Motivs optimal ausgenützt wird, festzulegen. Wenn das Mädchen am besten aus der Ferne zur Geltung kommt, versuchen Sie es mit dem Rahmen in Kameranähe und unscharfer Einstellung; mit Blumen und Blättern kann man den Rändern ihre Schärfe nehmen (bei dieser unscharfen Einstellung kann man ohne weiteres künstliche Blumen verwenden). Auf solchen Aufnahmen müssen die Umrisse des Modells klar und einfach sein. Bei Nahaufnahmen kann man mit dem Rahmen einen bestimmten Körperteil hervorheben; dann muß der Rahmen schärfer abgebildet sein.

Denken Sie zum Schluß daran, daß es nicht unbedingt von Nachteil ist, wenn ein Teil des Rahmens über das Motiv verläuft, denn seine geraden Linien können sehr reizvoll mit den weichen Rundungen des Körpers kontrastieren.

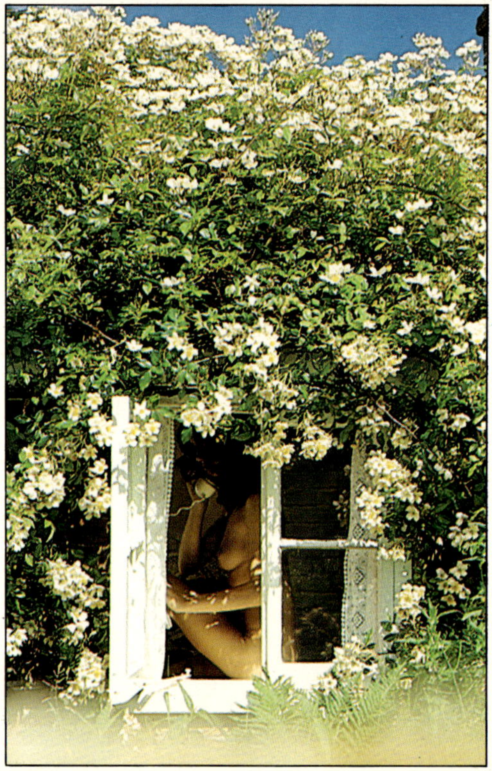

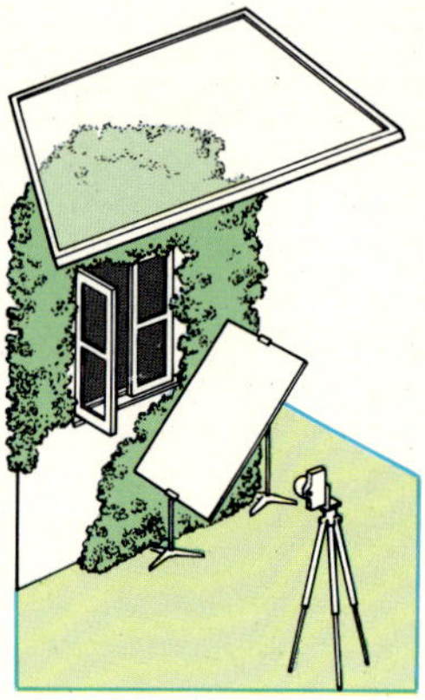

◁ **Das Einbeziehen der Umgebung**
Der festsitzende rechte Fensterflügel gab der Aufnahme unerwartet Kraft, da seine Linien die weichen Körperlinien des Modells zusätzlich betonten. Das harte Sonnenlicht wurde durch einen mit Nessel bespannten Rahmen und einen weißen Aufhellschirm gemildert (siehe Abbildung oben). Damit sich das Modell entspannt verhielt, sorgte ich für einen Telefonanruf, der es vorübergehend ablenkte.
50mm, 1/60sec, Blende 5,6, Kodachrome 25, 81A und Polarisationsfilter

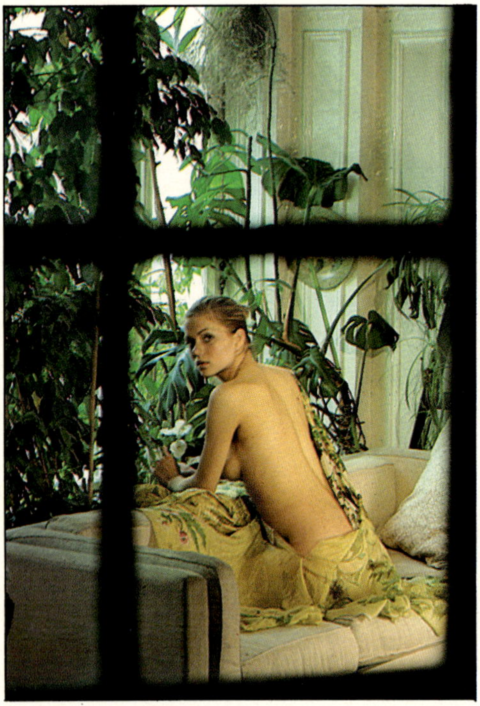

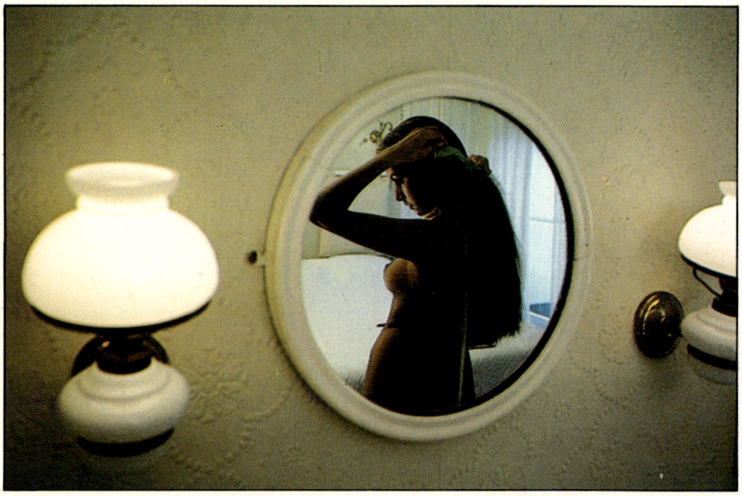

◁ **Unterdrücken einer unruhigen Umgebung**
Das Modell war von einer verglasten Innentür eingerahmt, so daß es nicht von der unruhigen Umgebung erdrückt wurde. Das Licht der untergehenden Sonne wurde von einem weißem Bettuch reflektiert, das über ein angrenzendes Fenster gehängt war. Denken Sie daran, daß Schärfe verloren gehen kann, wenn Sie durch Glas fotografieren.
50mm, 1/2sec, Blende 4, Kodachrome 25

Spiegel als Rahmen △
Ein zufälliger Blick nach hinten brachte diesen unerwarteten Ausblick in einen Spiegel zutage. Die Entfernungseinstellung muß sich nach dem Bild im Spiegel richten.
50mm, 1/4sec, Blende 4, Ektachrome 64, 50 CC blau

UMGANG MIT DER TECHNIK

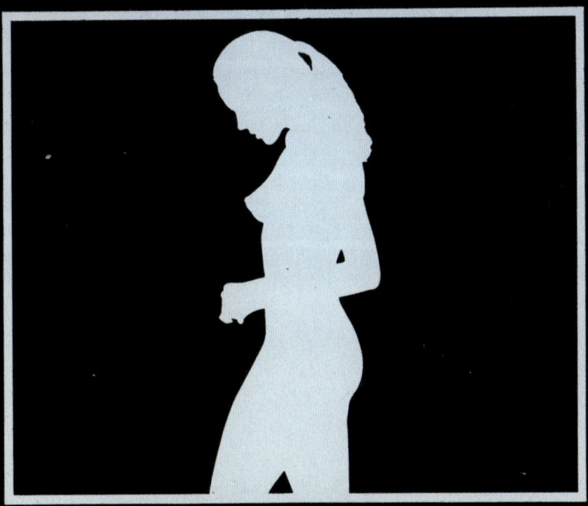

Weitwinkelobjektive

Wenn Sie kreative, gute Ideen, ein Modell und genügend Licht haben, können Sie mit jedem Objektiv gute Bilder machen. Das Standardobjektiv, das mit 35mm-Kameras üblicherweise mitgeliefert wird, ist in den meisten Fällen völlig ausreichend. Manchmal kann ein Spezialobjektiv jedoch entscheidend zur Qualität eines guten Fotos beitragen.

Wenn Sie unter begrenzten Raumverhältnissen fotografieren müssen und sich die Kamera in der Nähe des Modells befinden muß, oder wenn Sie wenigstens einen Teil der Szenerie einfangen wollen, aber aus Raummangel mit Ihrer Kamera nicht weit genug abrücken können, empfiehlt sich als Ausweg das Weitwinkelobjektiv. Die betonte Perspektive von kurzbrennweitigen Weitwinkelobjektiven (etwa von 15mm bis 24mm bei 35mm-Kameras) kann Beine verlängern oder eine interessante Blickrichtung in den Bildaufbau bringen. Aber überprüfen Sie durch den Sucher genau, ob die Verzerrung auch mit Ihren ästhetischen Vorstellungen vereinbar ist.

Um allzu starke Verzerrungen in beengten Raumverhältnissen zu vermeiden, sind mittlere Weitwinkelobjektive (von 28mm bis 35mm) ideal. Sie sind oft mit guter Bildschärfe und einer annehmbar großen Blendenöffnung ausgestattet, so daß man auch bei schlechten Lichtbedingungen arbeiten kann, und liefern aus der Hand bis zu einer Verschlußgeschwindigkeit von 1/30sec gute Ergebnisse. Wenn Sie das Weitwinkelobjektiv nicht bewußt wählen, um perspektivische Verzerrungen zu erzeugen, müssen Sie Ihr Bild extrem flach anlegen. Sie sollten sich Ihr Modell zweidimensional auf einem Stück Papier gezeichnet vorstellen und es der Kamera in flachem Winkel präsentieren. Wenn die Kamera höher oder tiefer als das Modell plaziert ist, muß dessen Körperhaltung so sein, daß sich die unteren Extremitäten und der Kopf etwa in gleicher Entfernung zur Kamera befinden. Auf die Weise gelingen auch mit kurzbrennweitigen Objektiven gute Bilder ohne allzu starke Verzeichnungen. Wenn das Modell sich in größerer Entfernung zur Kamera befindet und einen kleineren Teil der Bildfläche einnimmt, wird es von den verzerrenden Auswirkungen kurzbrennweitiger Objektive nicht betroffen; dies gilt natürlich nicht für die Perspektive des Raumes insgesamt und den Vordergrund.

Beschneiden des Bildes zur Bildverbesserung ▷
Da ich in einem winzigen Duschraum arbeiten mußte, fotografierte ich mit Weitwinkelobjektiv auf 6 x 4,5cm-Filmformat. Auf dem Dia zeigte sich eine sehr unschöne Verlängerung der Beine in Kamerarichtung. Das Problem wurde gelöst durch Beschneiden des Bildes auf 35mm-Format. Das helle Sonnenlicht aus einem Deckenfenster, zum Teil durch Transparentpapier gestreut, betonte den Kontrast von Wasser und Nagellack. Topfpflanzen verdeckten den Spiegel, damit die Kamera nicht reflektiert werden konnte.
Bronica ETRC, 40mm, 1/500sec, Blende 5,6, Ektachrome 64, um 1 Blendenstufe forciert, 81B

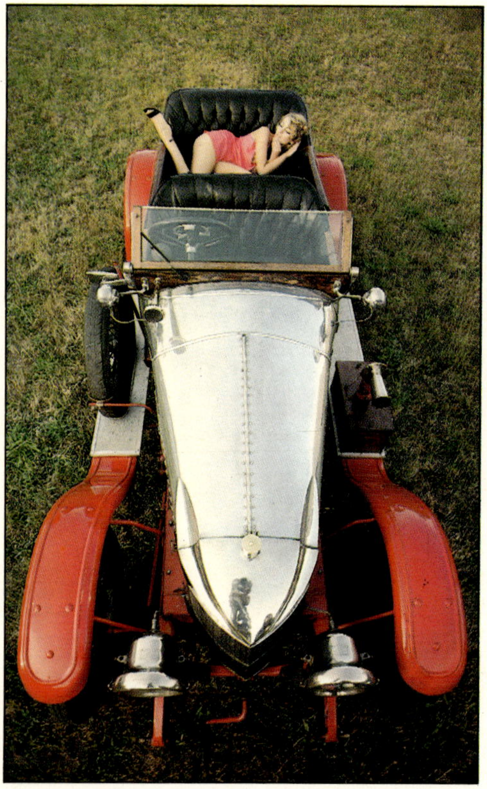

◁ Idealer Blickpunkt
Durch einen erhöhten Kamerastandpunkt betonte ich die Länge des Wagens, um damit die perspektivische Wirkung zu steigern und den Blick auf das Mädchen zu lenken. Die Bekleidung des Modells paßt zur Bemalung des Wagens.
24mm, 1/125sec, Blende 5,6, Kodachrome 25, 81A

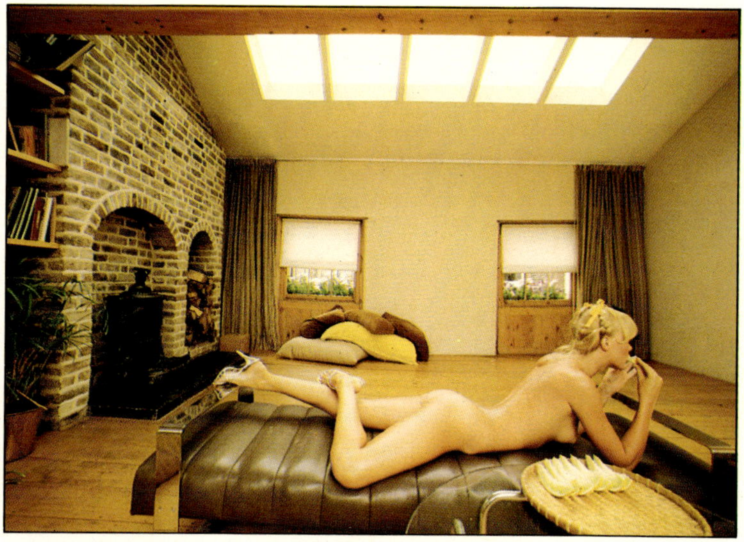

Korrekte Senkrechte △
Um ein Stürzen der Wände nach innen zu vermeiden, was bei ausgeprägten Weitwinkelobjektiven leicht passiert, stellte ich die Kamera so auf, daß ich auf waagerechte und senkrechte Linien Einfluß nehmen konnte. Dazu brachte ich sie nicht nur auf gleiche Höhe mit dem Modell, sondern auch in Parallelstellung zur hinteren Raumwand. Dann stellte ich die Möbel so, daß das Modell sich in einer Entfernung zur Kamera befand, in der die durch das extreme Weitwinkelobjektiv verursachte Vordergrunddehnung nicht zu augenfällig wurde.
15mm, Blende 8, Kodachrome 25, Doppel 81 EF

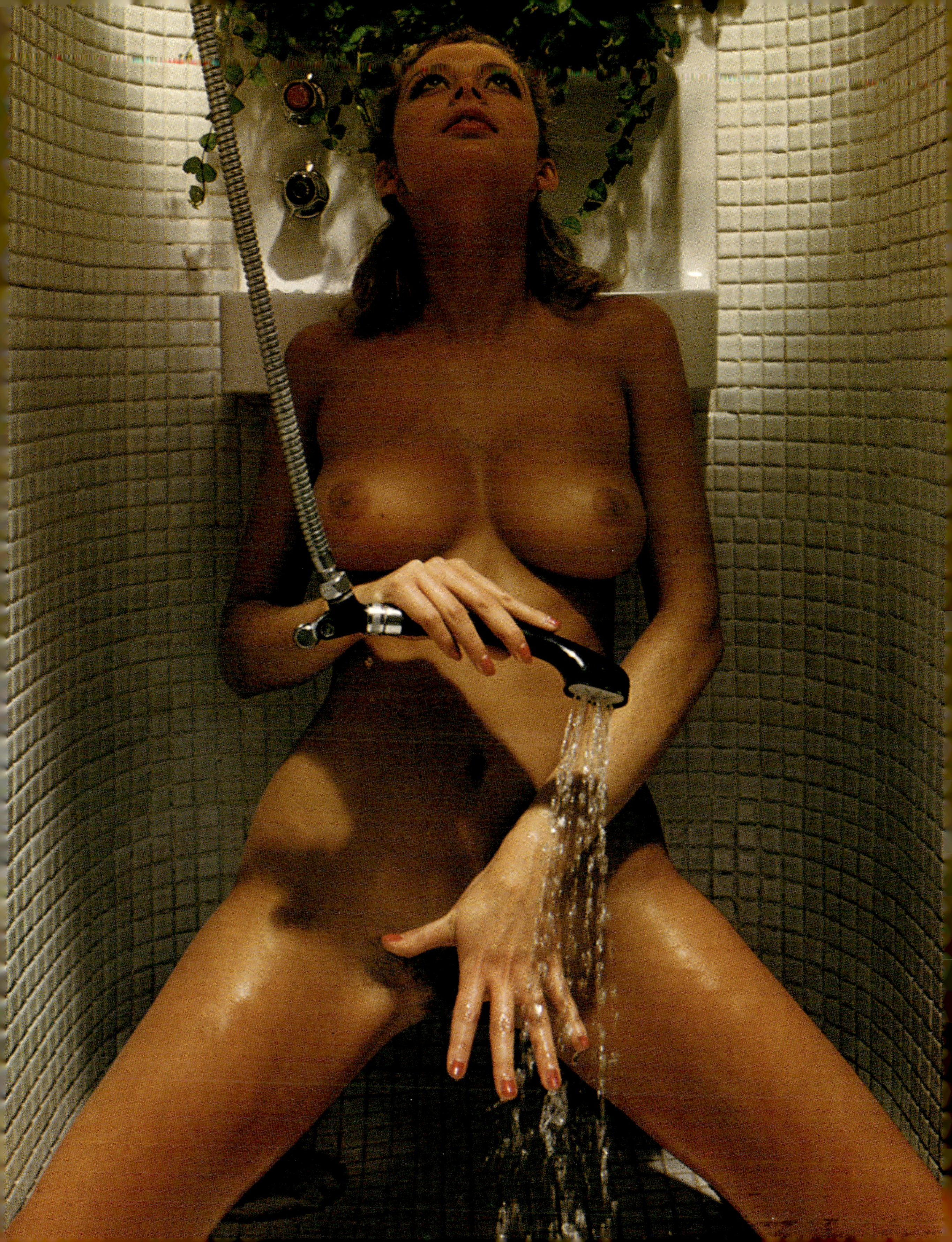

Teleobjektive

Teleobjektive (über 80mm) sind das Fernrohr des Fotografen, das ihm erlaubt, Nahaufnahmen aus der Ferne zu machen. Diese Objektive sind gerade in der Aktfotografie besonders wertvoll, denn bei Aufnahmen im Freien kann manchmal eine relativ große Entfernung zwischen Fotograf und Modell notwendig sein, um Bestandteile der Szene, die sonst zu stark auf das Bild einwirken, ausschalten zu können. In solchen Fällen kann man dem Modell natürlich vorher genaue Verhaltensregeln geben; auf der anderen Seite gestattet ihm das Arrangement, Bewegungen und Ausdrucksformen nach eigener Vorstellung einzusetzen, zugunsten einer spontanen Wirkung. Ein zusätzlicher Vorteil liegt darin, daß das Modell die Kamera nicht als aufdringlich empfinden wird, was bei kurzbrennweitigen Objektiven vorkommen kann. Denken Sie daran, daß Teleobjektive zwar die Umgebung ausschalten können, aber auch eine begrenzte Schärfentiefe besitzen.

Mittlere Teleobjektive (80mm bis 250mm) umgehen das Problem der Perspektive und Verzeichung, das bei kurzbrennweitigen Objektiven auftritt, da sie die Entfernung zwischen Fotograf und Modell vergrößern. In diesem Bereich gibt es noch ausreichend »schnelle« Objektive (das heißt, Objektive mit großen Öffnungen), die man auch bei schlechten Lichtverhältnissen einsetzen kann.

Um aus noch größerer Entfernung fotografieren zu können, sind stärkere Teleobjekive (250mm bis zu 1000mm oder darüber) erforderlich. Diese werfen jedoch gewisse Probleme auf, da ihre größte Blendeöffnung 5,6 oder 8 beträgt, wodurch der Einsatz eines Stativs und eine lange Belichtungszeit notwendig werden. Zusätzlich wird der Schärfentiefenbereich mit zunehmender Brennweite immer kleiner. Aber diese Beschränkungen können auch zu Vorteilen werden. Eine Gestalt in einer eher langweiligen Umgebung kann sehr aufregend wirken, wenn man sie, scharf umrissen, vor einen völlig unscharfen Hintergrund stellt.

Anstatt mit mehreren Teleobjektiven unterschiedlicher Brennweite kann man auch mit einem Zoom- oder Varioobjektiv arbeiten, dessen Qualität jedoch, vor allem wenn man gegen das Licht fotografiert, den Festbrennweiten oft unterlegen ist. Auf der anderen Seite ermöglichen Zoomobjektive spezielle Techniken (siehe Seite 132).

Geringe Schärfentiefe ▷
Durch Aufweichen der sonst störend wirkenden gebrochenen Schatten hinter dem Modell löste die für Teleobjektive charakteristische geringe Schärfentiefe das kompositorische Problem dieser bei Sonnenlicht entstandenen Aufnahme. Sorgfältige Farbregie von Hintergrundnuancen und roter Kirsche gab dem Bild mehr Kraft. Da optisch fehlerfreie Filter für sehr langbrennweitige Teleobjektive mit ihrer großen Frontlinse sehr teuer sind, benutzte ich einen Gelatinefilter vor der Hinterlinse des Objektivs.
300mm, 1/30sec, Blende 4, Kodachrome 25, 81A

Herauslösen des Motivs ▽
Der geringe Schärfentiefenbereich verstärkt den greifbaren Eindruck von Haar und Rücken des Modells. Die Aufnahme entstand an einem verlassenen Strand, und der Rücken des Mädchens war gegen die frühe Morgensonne ausgerichtet (aufgehellt durch Licht, das von einem weißen Bettuch reflektiert wurde), wodurch die gerundeten Körperlinien betont wurden.
300mm, 1/250sec, Blende 5,6, Kodachrome 25, 81B

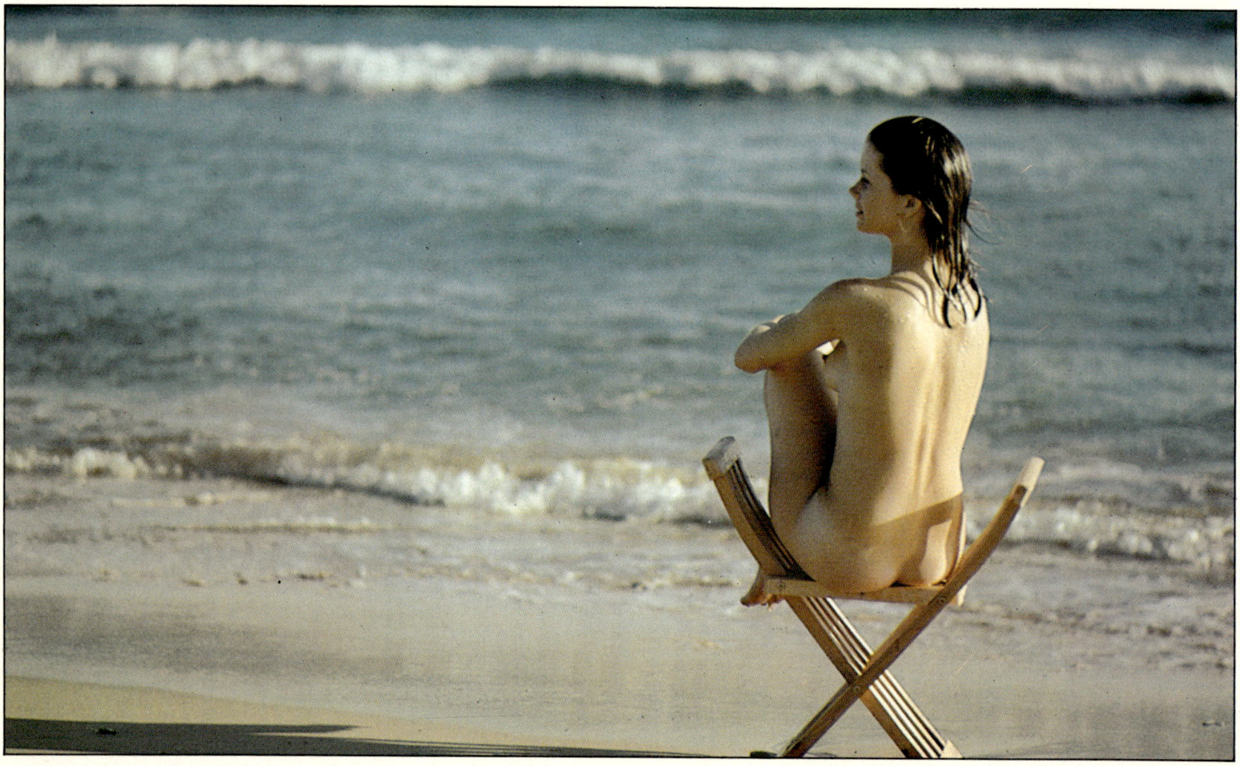

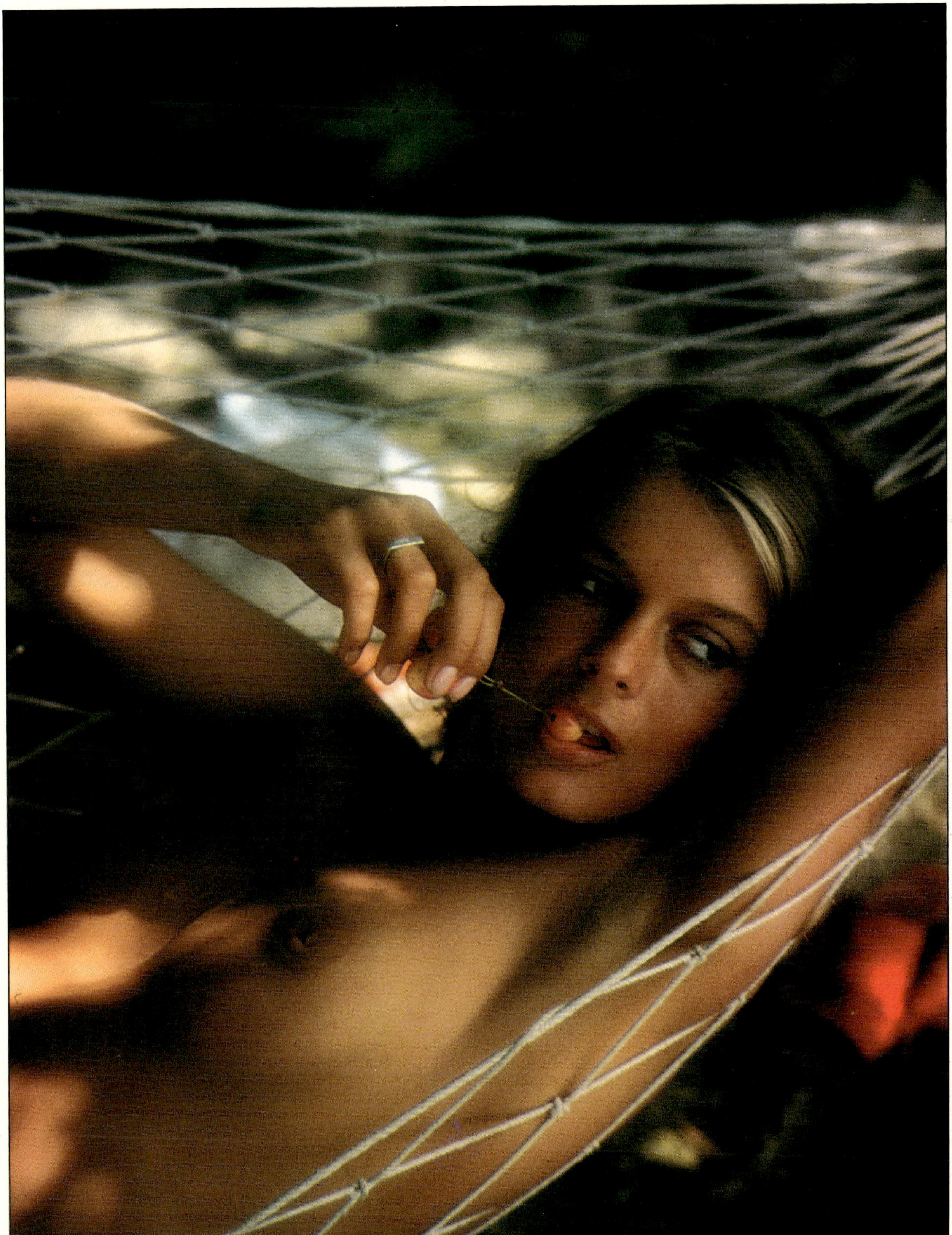

Grundfilter

Jeder Film hat seine besonderen Eigenschaften und reagiert unterschiedlich auf wechselnde Lichtbedingungen. Eine Möglichkeit, diese Besonderheiten auszugleichen, sind billige Gelatine- oder Kunststoff-Kompensationsfilter vor dem Objektiv, wenn Sie mit Diafilm fotografieren. Blasse Haut, bei kaltem Licht aus grauem Himmel aufgenommen, erfordert zum Beispiel ein hellbraunes Filter, wenn sie einen wärmeren Ton bekommen soll. Negativfilme in der Kamera können nicht so behandelt, sondern müssen in der Dunkelkammer korrigiert werden.

Die Empfindlichkeit auf Farbfilter vor dem Objektiv ist von Film zu Film sehr unterschiedlich, und ihre Auswirkung auf das Bild ist mit dem Auge oft nur schwer einzuschätzen. Am besten beschränkt man sich so lange auf eine Filmart, bis man ihre Eigenschaften und Grenzen kennt, und macht sich Aufzeichnungen, in denen man nachschlagen und auf die man später immer wieder zurückgreifen kann.

Aber nicht nur Kompensationsfilter spielen in der Aktfotografie eine wichtige Rolle. Ein Polarisationsfilter nimmt unerwünschte Reflexionen von der Haut und verbessert Farbe und Struktur, wenn man damit graues oder blaues Himmelslicht ausschaltet. Durch Drehen des Filters kann man zusätzlich gezielt reflektierende Elemente eines Bildes verdunkeln. Verlauffilter sind zur Hälfte klar, die andere Hälfte verläuft in abgestuften Tönen oder Farben von hell bis dunkel. Manchmal ist die Beschichtung grau oder blau, um den Himmel intensiver erscheinen zu lassen, manchmal braun, um einem Bild mehr Wärme zu geben. Verlauffilter wirken am besten in Verbindung mit Weitwinkelobjekiven (unter 40 mm Brennweite).

Himmel mit Polarisationsfilter ▽
Die Verdunkelung des klaren, blauen Himmels mit einem Polarisationsfilter bei dieser Mittagsaufnahme in der Sahara, ließ den Sand heller erscheinen und verhinderte unerwünschte blaue Reflexionen aus dem Himmel in die Körperfarbe. *28 mm, 1/250 sec, Blende 5,6, Kodachrome 25, Polarisationsfilter*

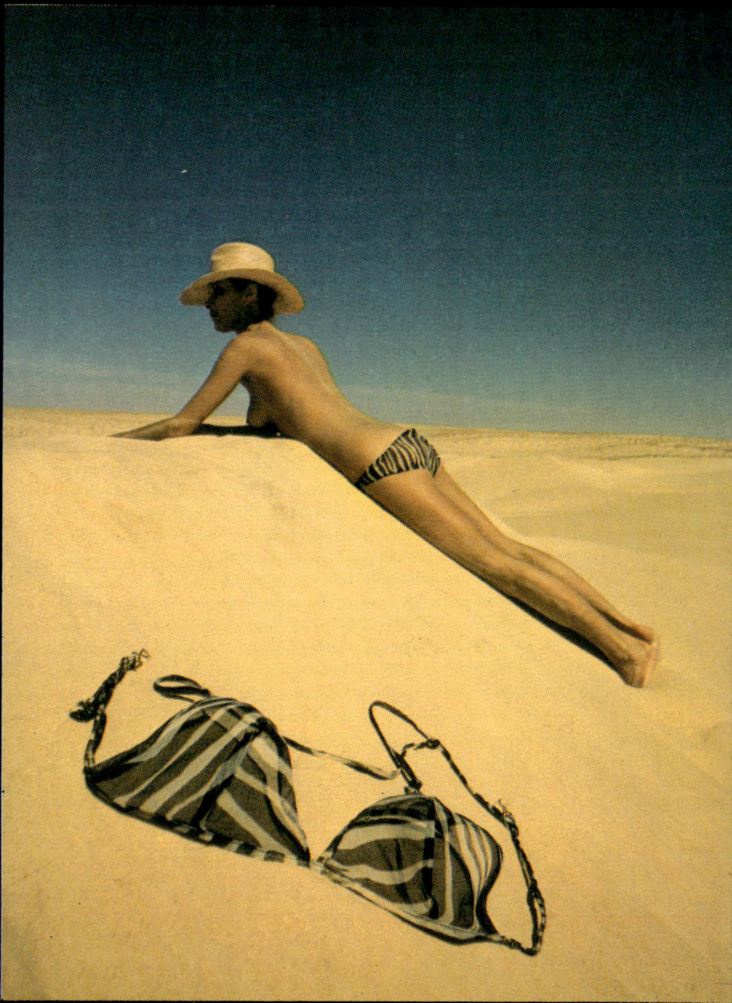

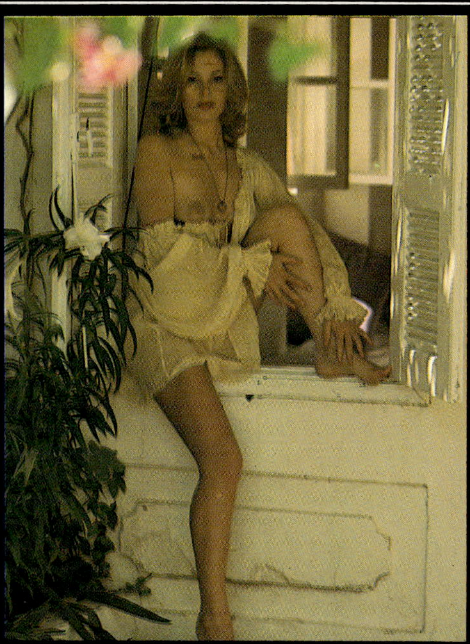

Farbvariationen
Unsicherheit über die korrekte Filterung machte zwei verschiedene Versionen dieses bei Tageslicht entstandenen Bildes notwendig. Um die ungebräunte Haut des Modells wärmer erscheinen zu lassen, erwies sich ein Filter 81C als ideal. Der Zusatz eines 10 CC-Purpurfilters (rechts) nahm den trüben Ton aus dem Licht.

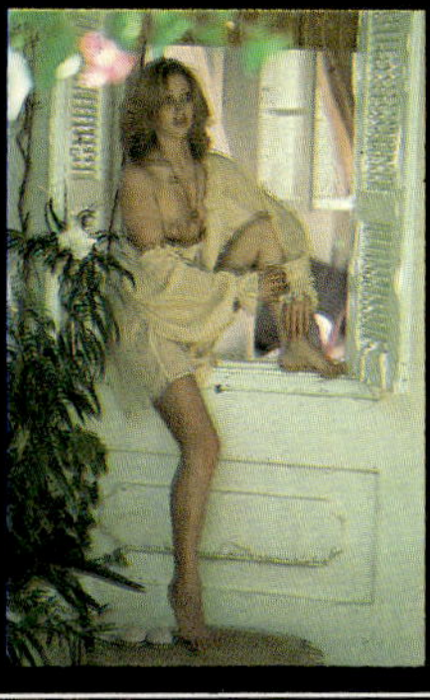

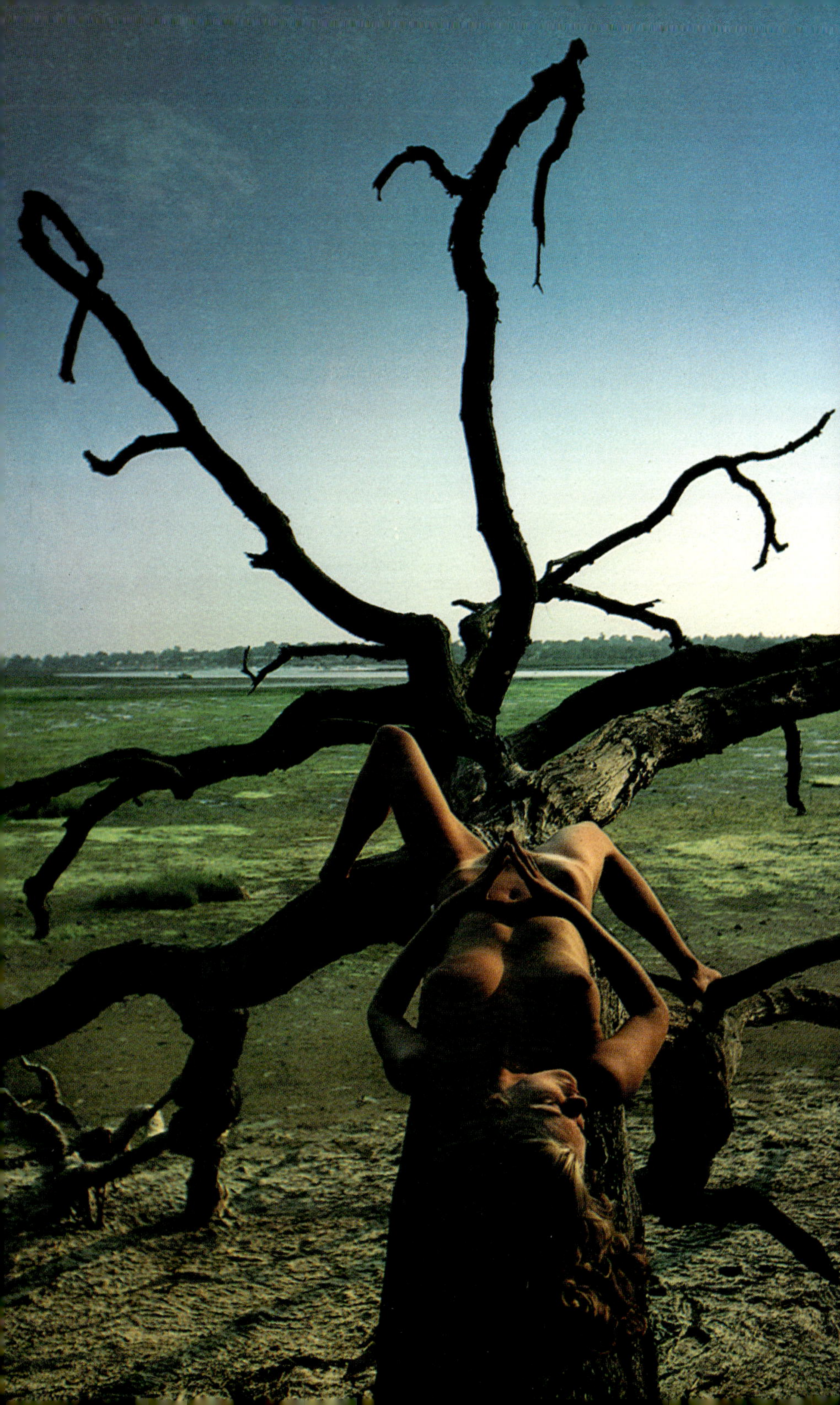

◁ **Verbesserter Himmel**
Ein Verlauffilter (halb blau, halb klar) ließ den farblosen Himmel in dieser trostlosen englischen Flußlandschaft, die nur durch einen Baum belebt wurde, intensiver heraustreten. Das Modell wurde durch die klare Hälfte des Filters aufgenommen und daher nicht beeinträchtigt. Ich fotografierte bei tiefstehender Nachmittagssonne, die quer über den Körper fiel, aber wegen der Höhe des Baums nicht in die Schatten hineinreflektiert werden konnte.
28 mm, 1/60 sec, Blende 5,6, Kodachrome 25

Perspektive

Die perspektivische Wiedergabe ist mit die beste Möglichkeit, dreidimensionale Objekte auf einem zweidimensionalen Bild darzustellen, und erzeugt einen realistischen Eindruck von Tiefe. Der behutsame Umgang mit der Perspektive gibt einem Bild Dynamik und Aussagekraft, denn Perspektive bringt Spannung, Bewegung und, wenn die Diagonalen genutzt werden, Richtung in ein Bild. Die zentrale Perspektive, bei der die Linien am Horizont zu einem Fluchtpunkt zusammenlaufen, ist die klassische Form der Perspektive und kann als fotografisches Mittel eingesetzt werden, um das Auge zum Mittelpunkt der Bildaussage zu lenken. Eine andere Möglichkeit ist, Perspektive im Bildvordergrund einzufangen, wozu das Modell selbst dienen kann. Diese Methode zur Darstellung von Perspektive ist vielleicht am schwierigsten, weil oft unschöne Verzerrungen entstehen; sie kann aber, wenn man sie zurückhaltend und bewußt einsetzt, Spannung erzeugen und eine extrem dramatische Wirkung haben.

Perspektive kann auch als scheinbar zurückweichender Hintergrund für das Motiv dienen. Landschaft eignet sich dafür meist gut.

Alle Objektive können die Zentralperspektive einfangen und abbilden, am wirkungsvollsten erscheint sie jedoch durch ein Weitwinkelobjektiv. Luftperspektive (»Fernrohrperspektive«), das Blaswerden von Lufttönen mit der Entfernung, wird besser mit längerbrennweitigen Objektiven festgehalten. Auch durch Verändern des Blickpunkts, von dem aus die Aufnahme gemacht wird, kann die perspektivische Aussage verstärkt werden, ebenso, wenn man die Aufnahmehöhe über oder unter Augenhöhe verlegt. Das kann sich vor allem bei kleineren Modellen empfehlen, denn ein Aufnahmestandpunkt erheblich unter Taillenhöhe streckt den Körper optisch.

Perspektivischer Bildaufbau
Bei dieser Aufnahme hielt ich die Kamera hoch über den Kopf und setzte das Modell als Blickfang ans Ende eines Bootstegs. So entstand mit sehr einfachen Mitteln ein schöner, perspektivischer Bildaufbau.
24 mm, 1/60 sec, Blende 8, Kodachrome 25, Polarisationsfilter

Hintergrundperspektive ▽
Der verlassene Lastwagen schien an diesem kalten, nassen Frühlingstag zunächst nicht sehr viele fotografische Möglichkeiten zu eröffnen. Aber ein Sonnendurchbruch am Spätnachmittag führte dann zu dieser perspektivischen Aufnahme.
15 mm, 1/60 sec, Blende 5,6, Kodachrome 25

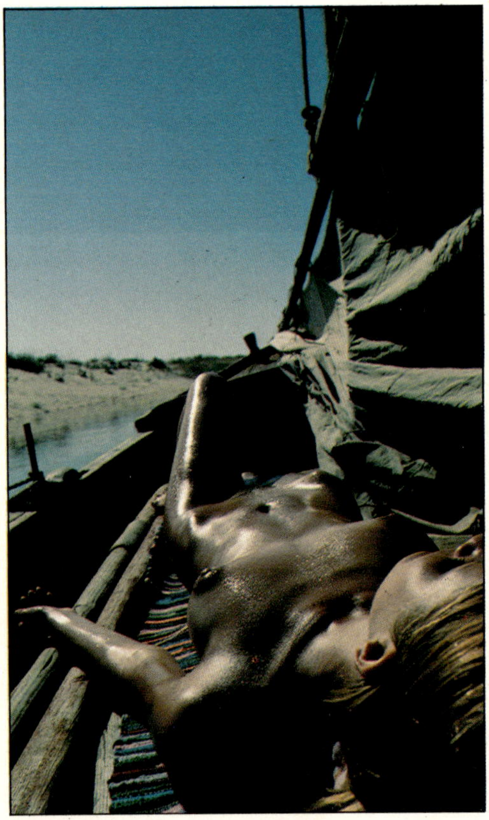

Beengter Raum △
Die Bootslinien sind mit den Körperlinien des Modells und der nach hinten verlaufenden Küstenlinie in Zusammenhang gebracht; so wird ein stark perspektivischer Eindruck vermittelt. Gegen die stark blendende Mittagssonne, die mit ihren tiefen Schatten die Zeichnung im Bild verstärkte, mußte das Modell die Augen schließen.
28 mm, 1/500 sec, Blende 8, Kodachrome 25, Polarisationsfilter

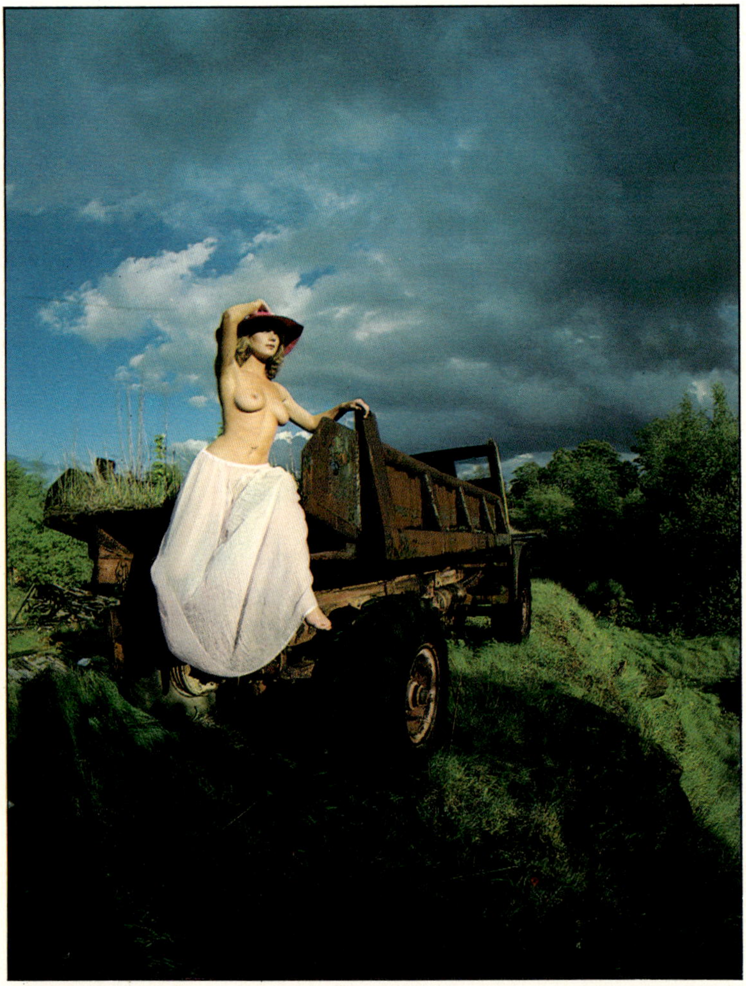

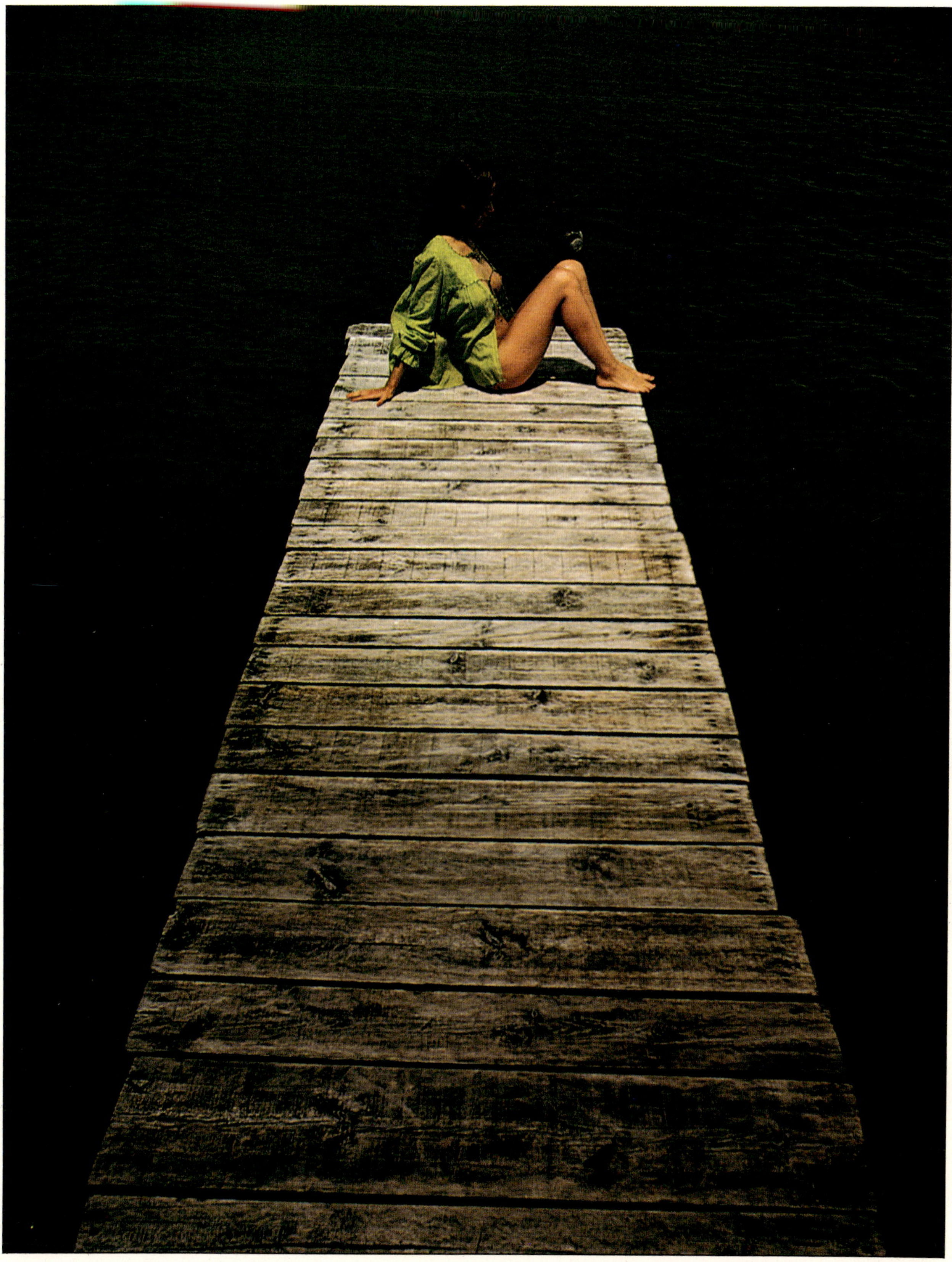

Größenverhältnisse

Die Kunst des Fotografierens besteht zum Teil darin, durch unerwartete, dramatische oder amüsante Aspekte Interesse zu wecken. Indem man die Größe des Modells in Beziehung zu seiner Umwelt einsetzt, kann man bildnerische Spannung in einem sonst eher einfachen Bildaufbau erzeugen. Verstärkt man den unterschiedlichen Maßstab von Modell und einem anderen starken Element im Bild, kann man den Eindruck von Tiefe herstellen.

Unterschiedliche Größenverhältnisse können durch die Verwendung verschiedener Objektive noch unterstrichen werden. Benutzt man zum Beispiel ein Weitwinkelobjektiv, wird das Motiv im Vordergrund überproportional groß erscheinen, während der Hintergrund durch die perspektivische Wirkung verkleinert wirkt. Auf der anderen Seite läßt ein Teleobjektiv Hintergrundelemente größer erscheinen und reduziert dadurch die Größenunterschiede von Vorder- und Hintergrundmotiven.

Ein großer Vorteil von Teleaufnahmen, bei denen gegensätzliche Größenverhältnisse ausgenutzt werden, liegt in ihrer voyeuristischen Wirkung, die das erzählerische Element im Bild verstärken kann. Dieser Aspekt fällt natürlich weg, wenn sich das Motiv im Vordergrund befindet, aber hier wiederum kann der Betrachter das Gefühl fast fühlbarer Vertrautheit mit dem Modell gewinnen.

Vogelperspektive ▷
Ein angrenzendes Dach ermöglichte diese Aufnahme der sonnenbadenden Frau. Obwohl sie für das Bild an sich unwichtig ist, sorgt der gut gewählte Aufnahmezeitpunkt dafür, daß sie Bildmittelpunkt wurde. Der Scheinwerfereffekt, der die Frau aus ihrer Umgebung löst, wäre verloren gewesen, hätte die Sonne, wie noch unmittelbar vorher, die weiße Wand neben ihr beschienen.
Bronica ETRC, 50mm, 1/125sec, Blende 5,6, Ektachrome 64, 81A und Polarisationsfilter

Beherrschende Gestalt ▽
Der Raum zwischen Modell und Haus betont die unterschiedlichen Größenverhältnisse und erzeugt die visuelle Spannung in diesem einfach aufgebauten Bild. Fotografiert man Akte in der Öffentlichkeit, ist es immer fraglich, ob man wirklich ungestört arbeiten kann. Ich bat das Modell, sich nackt in den Wagen zu legen, als wir zum Aufnahmeort fuhren – während der Fahrt war es natürlich zugedeckt. Am Ort nahm mein Assistent die Decke weg und blieb damit neben dem Wagen stehen, während ich schnell einige Aufnahmen machte.
28mm, 1/8sec, Blende 8, Tri-X, um 1 Blendenwert forciert

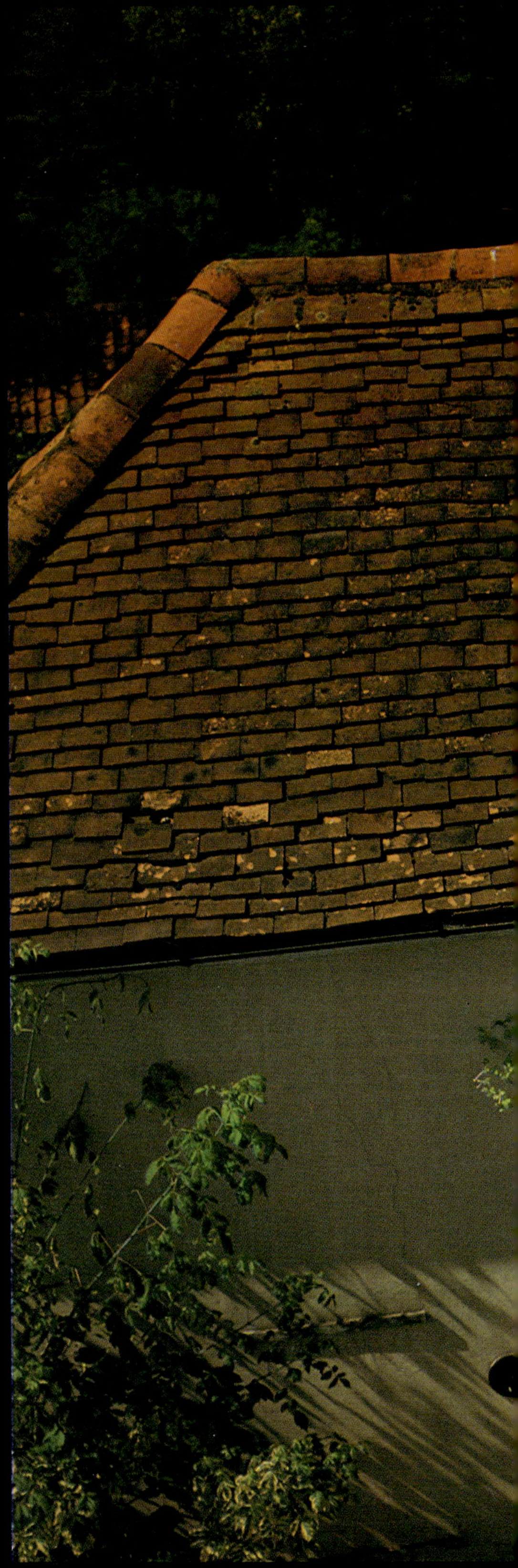

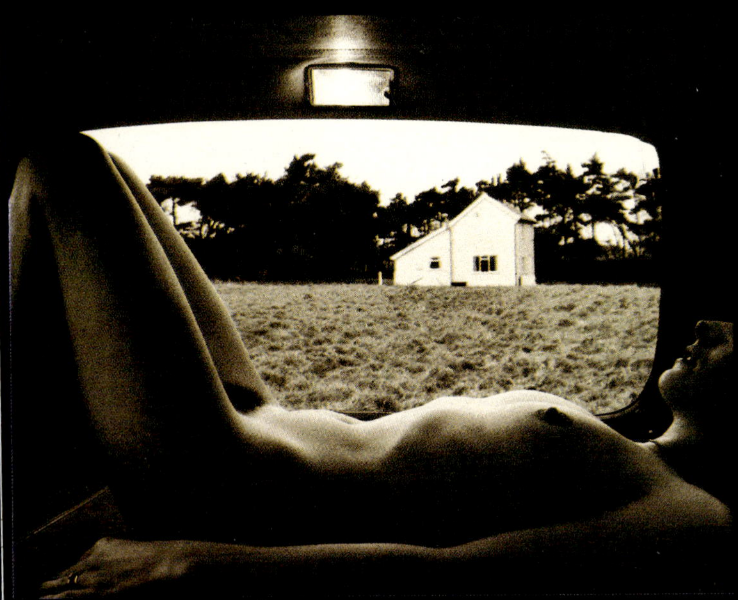

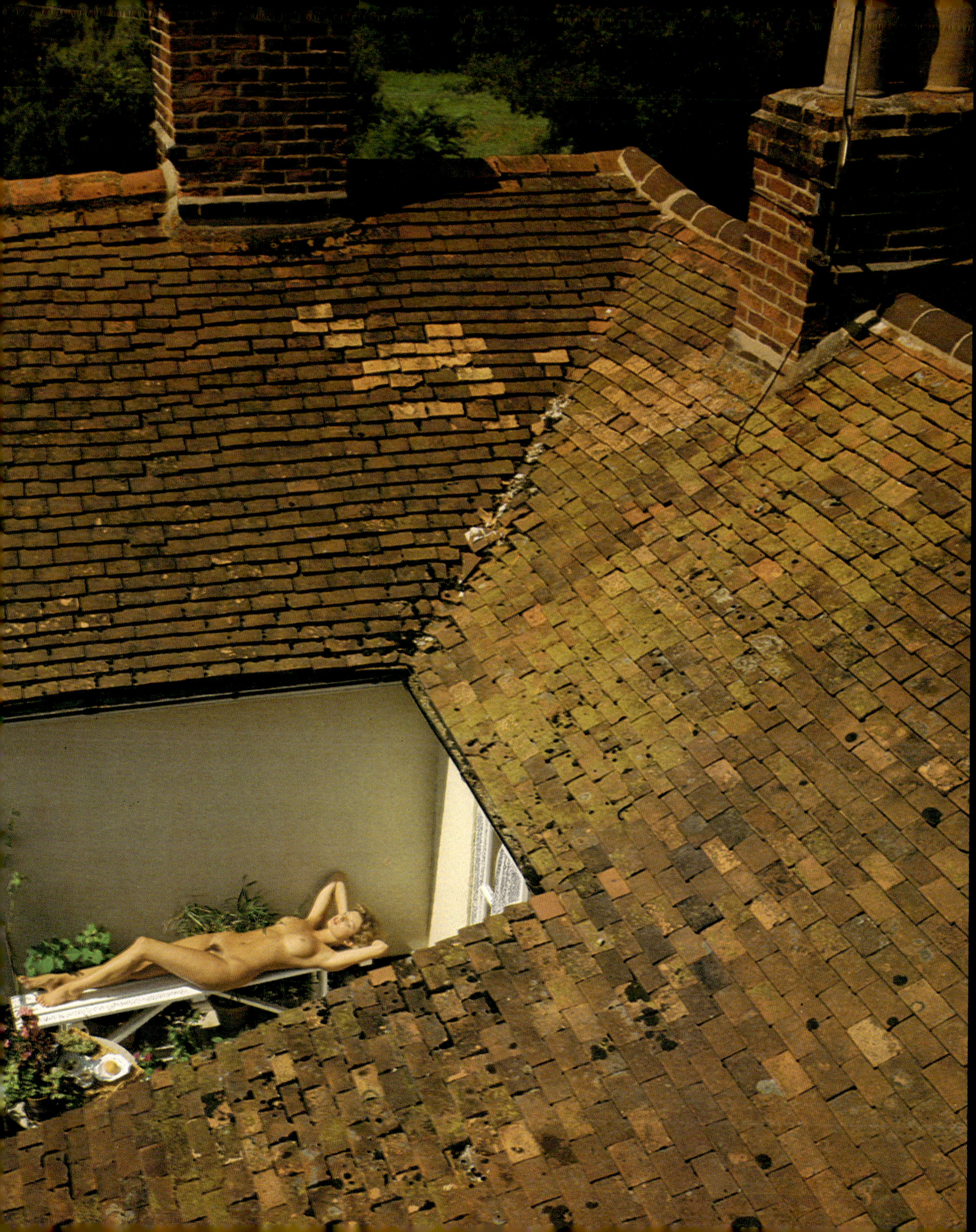

Umgang mit Tageslicht

Die wichtigste Fähigkeit für einen Fotografen, der die Schönheit eines nackten Körpers festhalten will, ist die Beherrschung des Lichts. Der Umgang mit Tageslicht ist einfacher als der mit Kunstlicht, aber um es beherrschen zu lernen, müssen Sie es verstehen.

Der erste Schritt ist die Unterscheidung zwischen weichem und hartem Licht. Weiches Licht ist gestreutes Licht, das sanfte Schatten wirft. Typisch dafür ist Licht, das durch eine offene Stelle fällt, wenn man an einem hellen aber bewölkten Tag unter dichten Bäumen arbeitet. Achten Sie einmal darauf, wie dieses Licht auf dem Gesicht des Modells kaum einen Schatten von Nase und Kinn wirft. Ich nenne es wegen seiner schmeichelnden Wirkung immer »Schönheitslicht«. Es geht mit Glanzlichtern aus anderen Lichtquellen hinter dem Motiv, die ihm Form und plastische Wirkung verleihen, eine harmonische Verbindung ein. Eine typische Quelle dieser Art von Hintergrundlicht ist von einer Wasserfläche reflektiertes Sonnenlicht.

Hartes Mittagssonnenlicht ist das Gegenteil von Schönheitslicht. Es erzeugt unschöne Schatten und starke Kontraste. In solchem Fall empfiehlt es sich, das Gesicht des Modells im Dunkeln zu belassen oder direkt zur Sonne zu drehen, damit die Nase kaum Schatten werfen kann. Die Augen müssen dabei natürlich geschlossen bleiben. Aggressives, hartes Sonnenlicht wird durch Wolken gemildert, doch bei klarem Himmel muß der Fotograf einen Rahmen mit mehreren Lagen Nylonnetz über das Modell halten. Aber trotz dieser Hilfsmaßnahme ist die Lichtrichtung von oben nicht ideal. Einfacher ist es, die Reflexion von einer sonnenbeleuchteten, weißen Wand oder einem aufgehängten Bettuch als Schönheitslicht zu nutzen. Auf diese Weise können Sie mit Ihrem Modell außerhalb des direkten Sonnenlichts arbeiten. Wenn die Beleuchtung entsprechend festgelegt ist, müssen Sie Ihren Kamerastandpunkt wählen und das Modell so lange drehen, bis das Licht am vorteilhaftesten auf Gesicht und Körper fällt.

Auch direktes Sonnenlicht kann als Schönheitslicht wirken, aber nur, wenn die Sonne tief steht und bereits einen Teil ihrer Kraft eingebüßt hat. Einen Großteil meiner Lieblingsbilder fotografierte ich um diese Tageszeit.

Bei hellem Sonnenschein muß das Modell oft die Augen zusammenkneifen oder schließen. Deshalb sollten Sie den grauen Himmel nördlicher Gegenden als Lichtquelle nicht geringschätzen. Sein kaltes Licht kann mit einem Filter der Serie 81 wärmer gemacht und mit einem großen, weißen Schirm oder überhängenden Ast zusätzlich beeinflußt werden. Dadurch wird von oben auffallendes Licht ausgeschaltet; mit einem weißen Aufhellschirm auf dem Boden können Sie den Lichtwinkel dann noch so steuern, daß Sie Schönheitslicht erhalten. Damit haben Sie eine weiche Lichtquelle, die die Struktur von Haut, Haar und Textilien wunderbar zur Geltung bringt.

Bisher habe ich beschrieben, wie man künstlich Schönheitslicht erzeugen kann; tatsächlich ist es jedoch ständig in alltäglichen Situationen vorhanden. Beobachten Sie die Gesichter von Menschen Ihrer Umgebung, und Sie werden diese gedämpfte, weiche Lichtquelle und ihre Wirkung entdekken. So lernen Sie allmählich, Bildgelegenheiten zu erkennen, in denen Sie dieses Licht verwenden können.

Gestreutes Tageslicht ▽
Weiches, schrägeinfallendes Tageslicht auf dieser Lichtung in einem schwedischen Wald an einem hellen, aber bewölkten Tag betonte die strukturellen Gegensätze in diesem Bild. Härteres Licht hätte die Intensität der Farben und die zarte Harmonie von Haar, Stoff und grünem Farn zerstört.
105 mm, 1/125 sec, Blende 5,6, Kodachrome 25, Polarisationsfilter

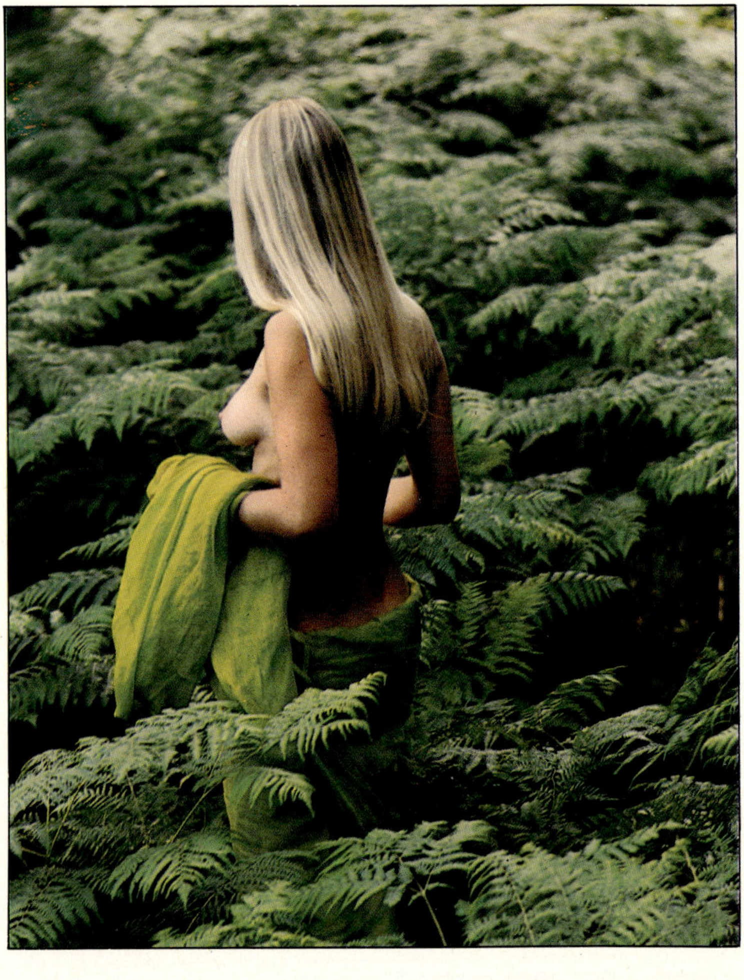

Mittagssonne ▷
Obwohl diese Halbsilhouette bei hartem Mittagssonnenlicht in der Sahara aufgenommen wurde, ist sie gelungen, da der größte Teil des Körpers und die Augen von direktem Sonnenlicht abgeschirmt waren. Der ruhige Hintergrund bringt die Figur gut zur Geltung, und der sandfarbene Hut und das Lederarmband betonen die farbliche Harmonie der Aufnahme zusätzlich.
105 mm, 1/250 sec, Blende 11, Kodachrome 25, Doppel-81EF

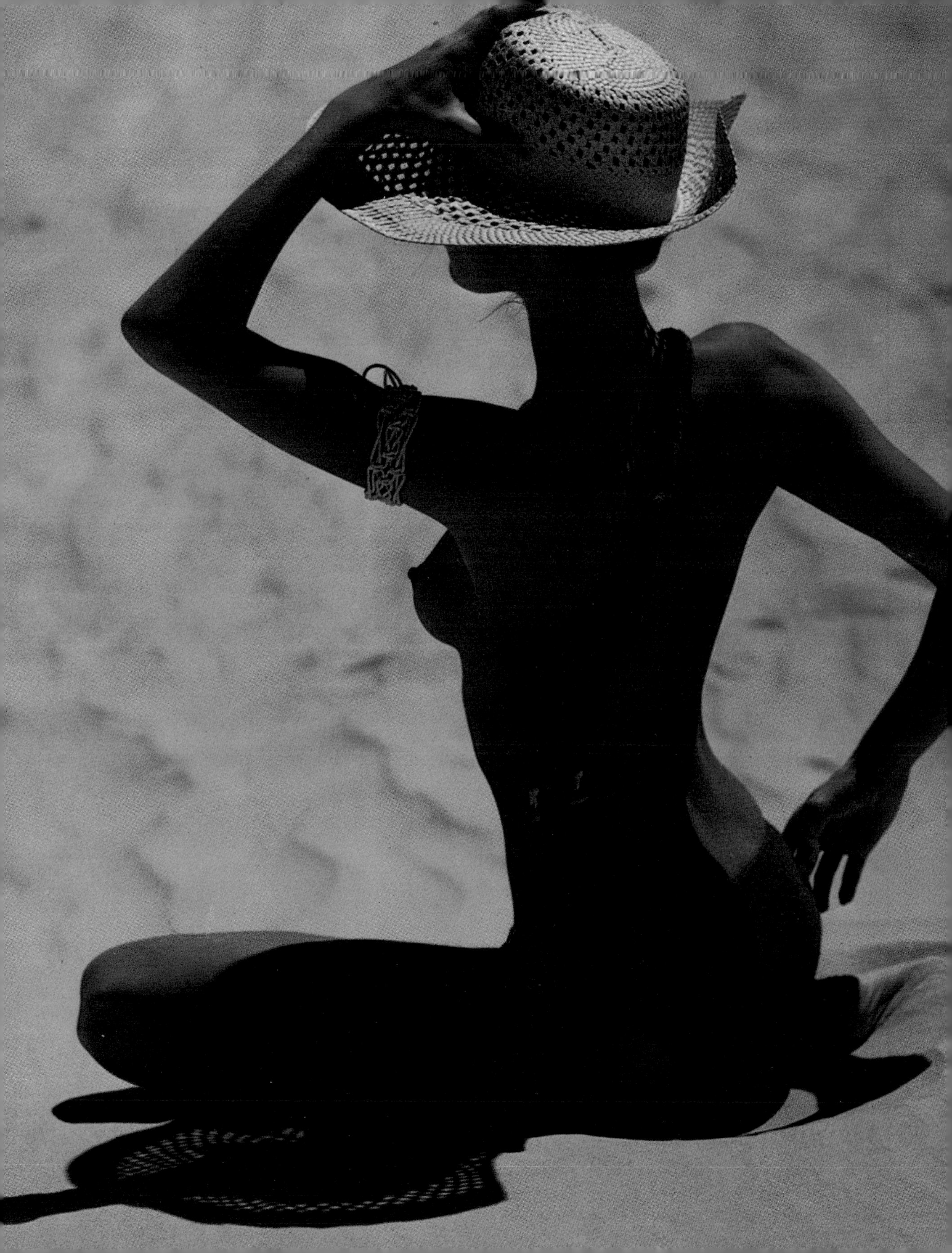

Tageslicht in Innenräumen

Haben Sie erst ein Gefühl für hartes und weiches Licht und seine Wirkung entwickelt, werden Sie die Tonwerte Ihrer Bilder stärker beeinflussen können. Suchen Sie sich ein Fenster, das zu der von Ihnen geplanten Aufnahme paßt. Wenn man mit einem sehr empfindlichen Schwarzweißfilm und einem ruhenden Motiv arbeitet, sind kleine Fenster mit ihrem leichter zu manipulierenden Licht ideal, aber für Bewegungsaufnahmen oder bei niederempfindlichen Filmen erlaubt das größere Lichtvolumen eines großen Fensters günstigere Arbeitsbedingungen. Denken Sie immer daran, daß Sie selbst und die gewählte Lichtposition, nicht der Aufnahmeort, darüber entscheiden, ob Sie eine helle Gestalt in eine dunkle Umgebung stellen wollen oder umgekehrt. Wenn Sie Ihre Entscheidung getroffen haben, können Sie die gewünschte Wirkung herstellen, indem Sie das Licht zu den verschiedenen Bereichen des Bildes lenken. Arbeiten Sie zum Beispiel mit einem hellhäutigen Modell vor einem dunklen Hintergrund, können Sie den Hintergrund beträchtlich aufhellen, wenn Sie den größten Anteil des Lichts ausschließlich darauf fallen lassen. Das erreichen Sie, indem Sie das Modell mit einem schwarzen Wandschirm von der Lichtquelle abschirmen. Um das Licht von anderen Bildteilen ebenso fernzuhalten, brauchen Sie zusätzlich einen Vorrat an schwarzem Papier oder Karton. Wie für den Bildaufbau selbst sollten Sie sich auch immer genügend Zeit nehmen, Einzelheiten im Bild zu verbessern. Denken Sie daran, daß der bewußte Einsatz von Licht unerwünschte Bildelemente unterdrükken kann, indem es sie in den Schatten verweist.

Das genaue Gegenteil ist das Setzen von Lichtern. Mit einem körpergroßen Spiegel in der Nähe einer hellen Lichtquelle können Sie den Lichtstrahl in dunkle Problembereiche lenken. Mit diesen Glanzlichtern sollten Sie vorsichtig umgehen und immer ein Stück Netzgewebe zur Hand haben, um das Licht aus dem Spiegel zu dämpfen, wenn seine Wirkung zu stark ist.

Das Ziel dieser Lichtregie ist ein Foto, das völlig natürlich wirkt, so als sei das Licht zufällig gerade richtig gewesen. Ihre Kunstfertigkeit sollte für den Betrachter niemals sichtbar werden, denn das wichtigste Kennzeichen guter Lichtführung in Innenräumen ist ihre selbstverständliche Wirkung.

Vermeidung von Silhouetten ▽
Bei diesem Bild wurde auf ein Fenster (das auf der Aufnahme gerade nicht mehr in Erscheinung tritt) hin fotografiert, wobei zwei kameranahe Aufhellschirme das diffuse Tageslicht reflektierten (Abbildung unten). Dadurch entstand ein ausgeprägtes, aber abgerundetes Bild mit klaren Lichtern und tiefen Schattenbereichen. Das graue Tageslicht wurde mit Filtern aufgebessert.
80–250 mm Zoom, 1/15 sec, Blende 5,6, Kodachrome 25, 81B und 10 CC purpur

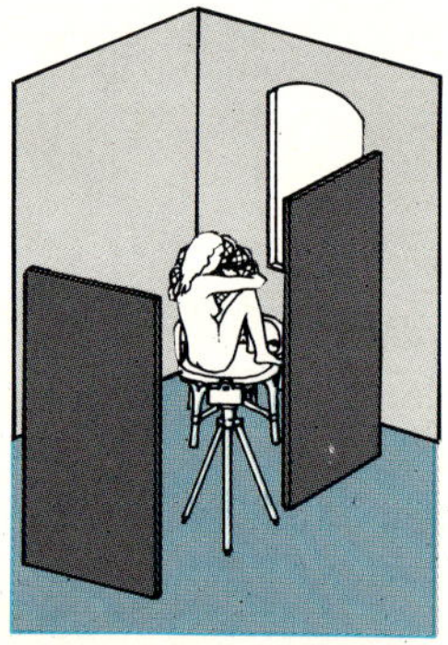

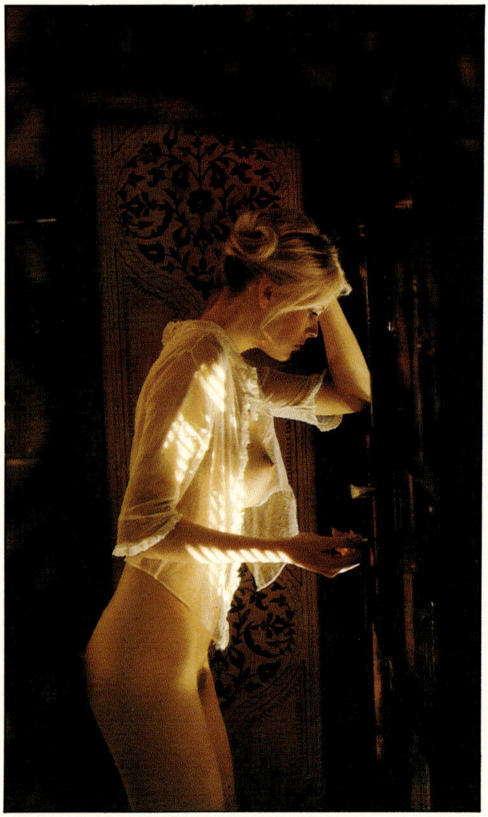

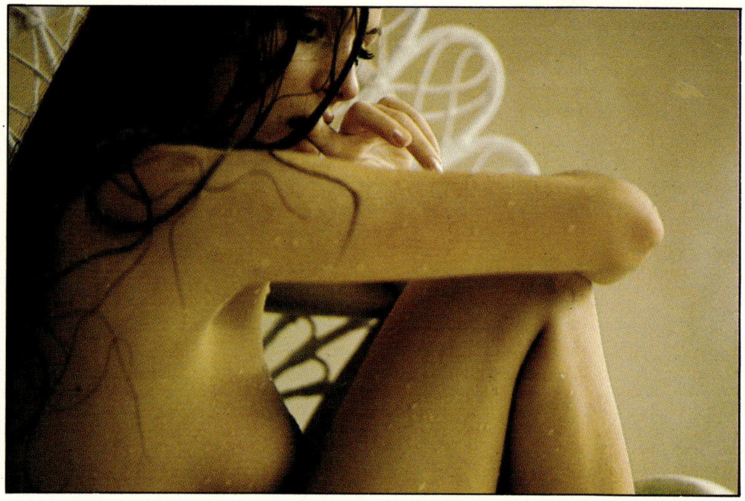

◁ **Licht aus dem Spiegel**
Das streifende, von unten kommende Licht auf dieser Aufnahme entstand mit Hilfe eines Spiegels, der das Sonnenlicht auf dem Balkon auffing und durch die Jalousien einer marokkanischen Tür warf (Abbildung rechts). Ein Aufhellschirm modellierte den Rücken des Modells.
50 mm, 1/15 sec, Blende 5,6, Kodachrome 25, 81B

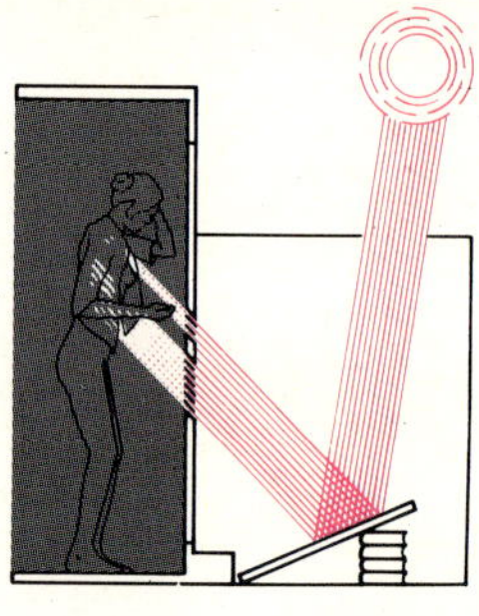

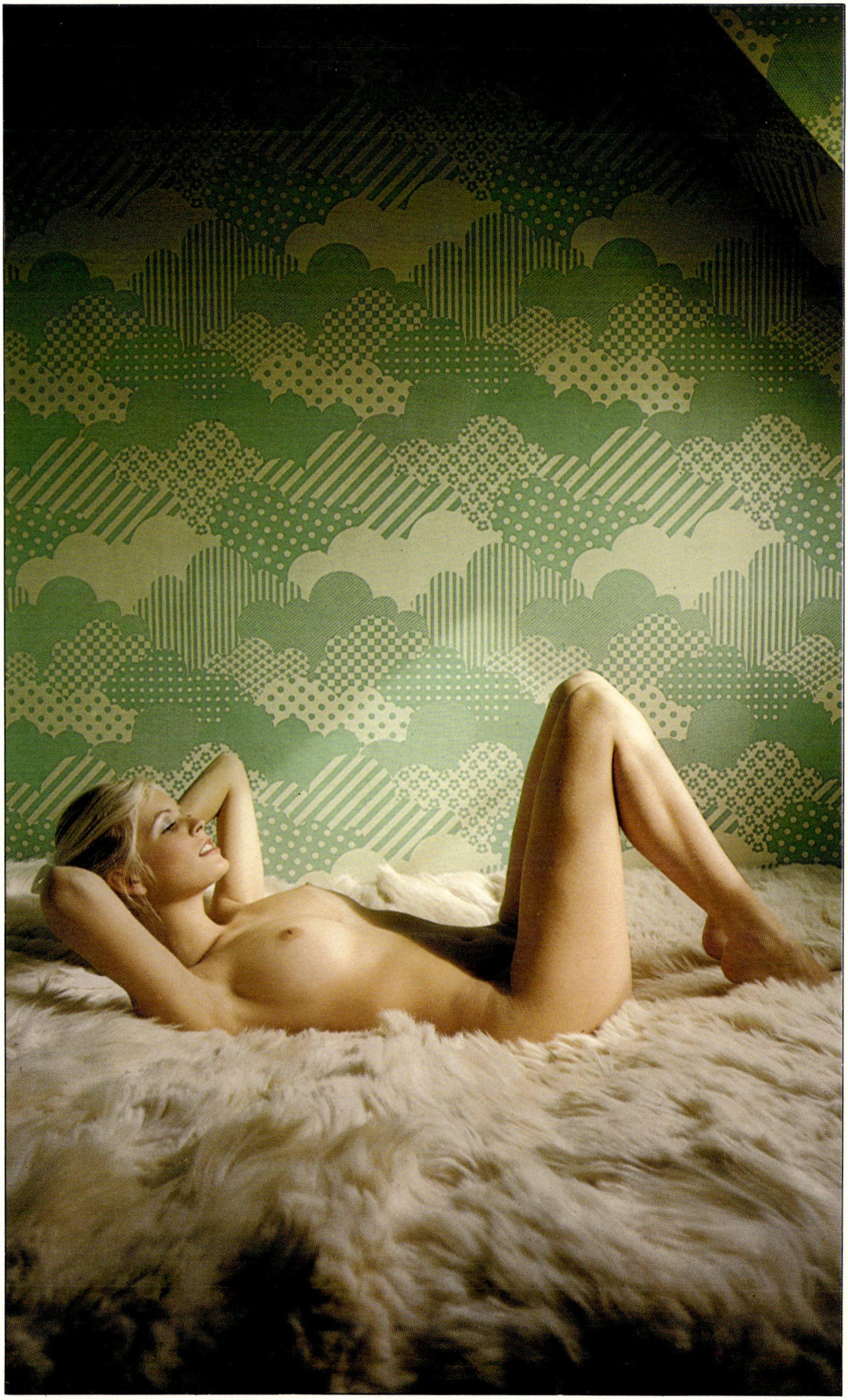

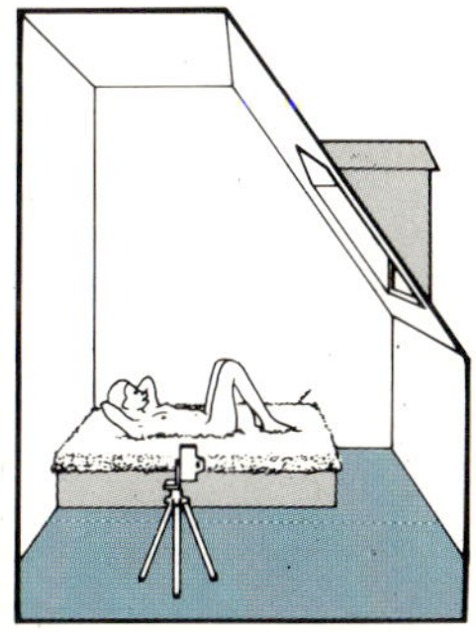

◁ **Unterstreichung des Motivs**
Durch Pauspapier gestreutes Sonnenlicht fiel durch ein Dachfenster und erzeugte einen Lichtteich, der allzu unruhige Details in Vorder- und Hintergrund dunkler erscheinen ließ und das Motiv hervorhob. Eine weiße Wand auf der linken Seite des Modells hellte die Körperschatten auf (Abbildung oben). Ein Purpurfilter wirkte grünen Reflexionen von der Tapete entgegen.
50mm, 1/30sec, Blende 5,6, Kodachrome 25, 10 CC purpur

Fotografieren gegen die Sonne

Schimmernde braune Haut, von tiefstehender, warmer Sonne beleuchtet, ist für die meisten Aktfotografen das ideale Motiv. Die abgeschwächte Kraft und der flache Winkel der Spätnachmittagssonne haben nicht nur eine ästhetische Wirkung, sondern beeinflussen auch die Stimmung des Modells vorteilhaft – man kann von niemandem erwarten, daß er Wärme und Frohsinn ausstrahlt, wenn es kalt und trüb ist. Dieselben günstigen Lichtbedingungen herrschen auch in der Stunde nach Sonnenaufgang, aber meist ist es morgens kälter als am Abend. Dazu kommt der Nachteil, daß Sie vor der Aufnahme sehr viel weniger Zeit für Planung und Ausarbeitung zur Verfügung haben.

Ich fange am liebsten etwa zwei oder drei Stunden vor Sonnenuntergang an und fotografiere zunächst gegen die Sonne. Dabei passe ich immer auf, daß das Objektiv gegen die direkten Sonnenstrahlen abgeschirmt ist. Um diese Zeit hat die Sonne noch genügend Kraft, um selbst bei Verwendung eines weniger empfindlichen Films Bewegungsaufnahmen zu ermöglichen. Ein oder zwei Aufhellschirme in Kameranähe können sanftes Schönheitslicht auf das Modell werfen. Gehen Sie mit diesem reflektierten Licht ruhig großzügig um, damit Ihre Bilder nicht nur aus Extremen von Hell und Dunkel bestehen. Da die Aufhellschirme sich am besten in der Nähe des Motivs befinden, sollten Sie auf langbrennweitige Objektive verzichten, sonst sind Ihnen die Schirme im Weg. Die Hauptumrißlinien eines so entstandenen Bildes werden von hellen Lichträndern gesäumt sein und Ihnen damit eine ideale Gelegenheit bieten, ein paar Aufnahmen mit einer weichzeichnenden Vorsatzlinse auszuprobieren (siehe Seite 128). Es ist nicht einfach, die richtige Belichtung für von hinten beleuchtete Motive zu berechnen, da die Glanzlichter eingebaute Belichtungsmesser beeinflussen und zur Verhinderung einer Unterbelichtung eine Belichtungskorrektur erforderlich ist.

Wenn ich meine Gegenlichtaufnahmen mache, warte ich auf den Augenblick, in dem die Sonnenstrahlen gerade so schwach geworden sind, daß das Modell in die Sonne schauen kann, ohne seine Augen zusammenkneifen zu müssen. Das ist auch genau der Zeitpunkt, in dem Sie am besten mit dem Fotografieren gegen die Sonne aufhören und anfangen sollten, mit der Sonne im Rücken zu arbeiten.

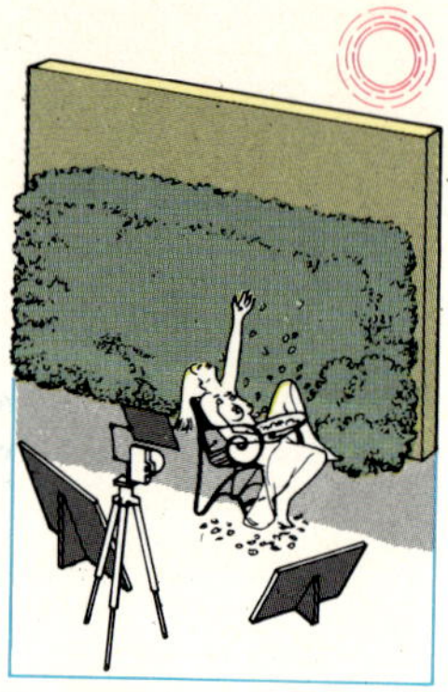

Bewegung im Gegenlicht ▷
Die Aufnahmerichtung in die späte Nachmittagssonne (mit gut abgeschirmtem Objektiv, um Einstrahlungen zu vermeiden) in Verbindung mit einem Spiegel und Reflektor zur Aufhellung der Schatten (Abbildung oben) lieferte genügend Licht für diese Bewegungsaufnahme in meinem Garten. Die Rosenblätter waren gerade zur Hand und beschäftigten das Modell.
105 mm, 1/250 sec, Blende 4, Ektachrome 200

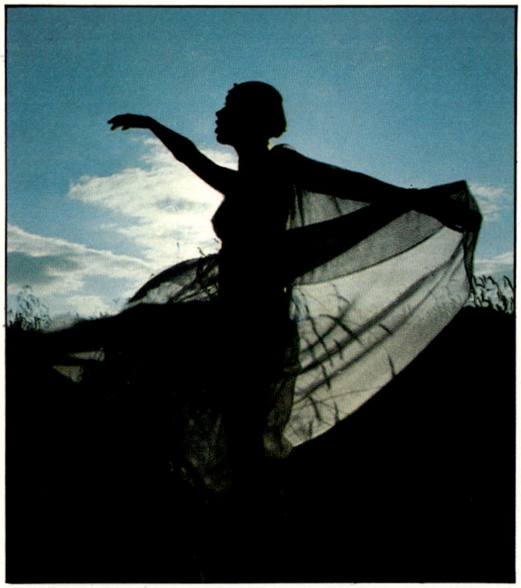

Gegensätzliche Blickpunkte
Durch Veränderung von Kamerahöhe und Belichtungszeit entstanden aus derselben Situation zwei verschiedene Bilder. Frühes Morgenlicht in einem Roggenfeld verführte mich zum rechten Foto. Während ich noch damit beschäftigt war, merkte ich, daß sich eine Wolke vor die Sonne schob. Ich ließ mich auf dem Boden nieder, um einen niedrigeren Kamerastandpunkt zu schaffen, wechselte auf ein Objektiv mit kürzerer Brennweite und stellte die Filmempfindlichkeit auf der Kamera um einen Wert höher ein, um den eingebauten Belichtungsmesser zu »täuschen«.
28 mm, 1/500 sec, Blende 11, Kodachrome 25, 81B (oben)
105 mm, 1/250 sec, Blende 5,6, Kodachrome 25, 81EF (rechts)

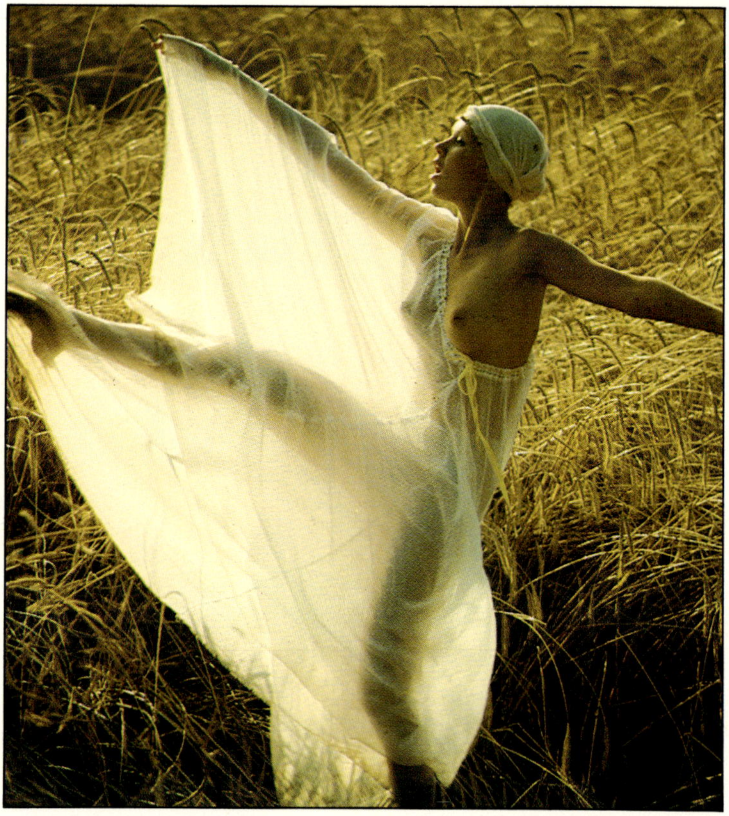

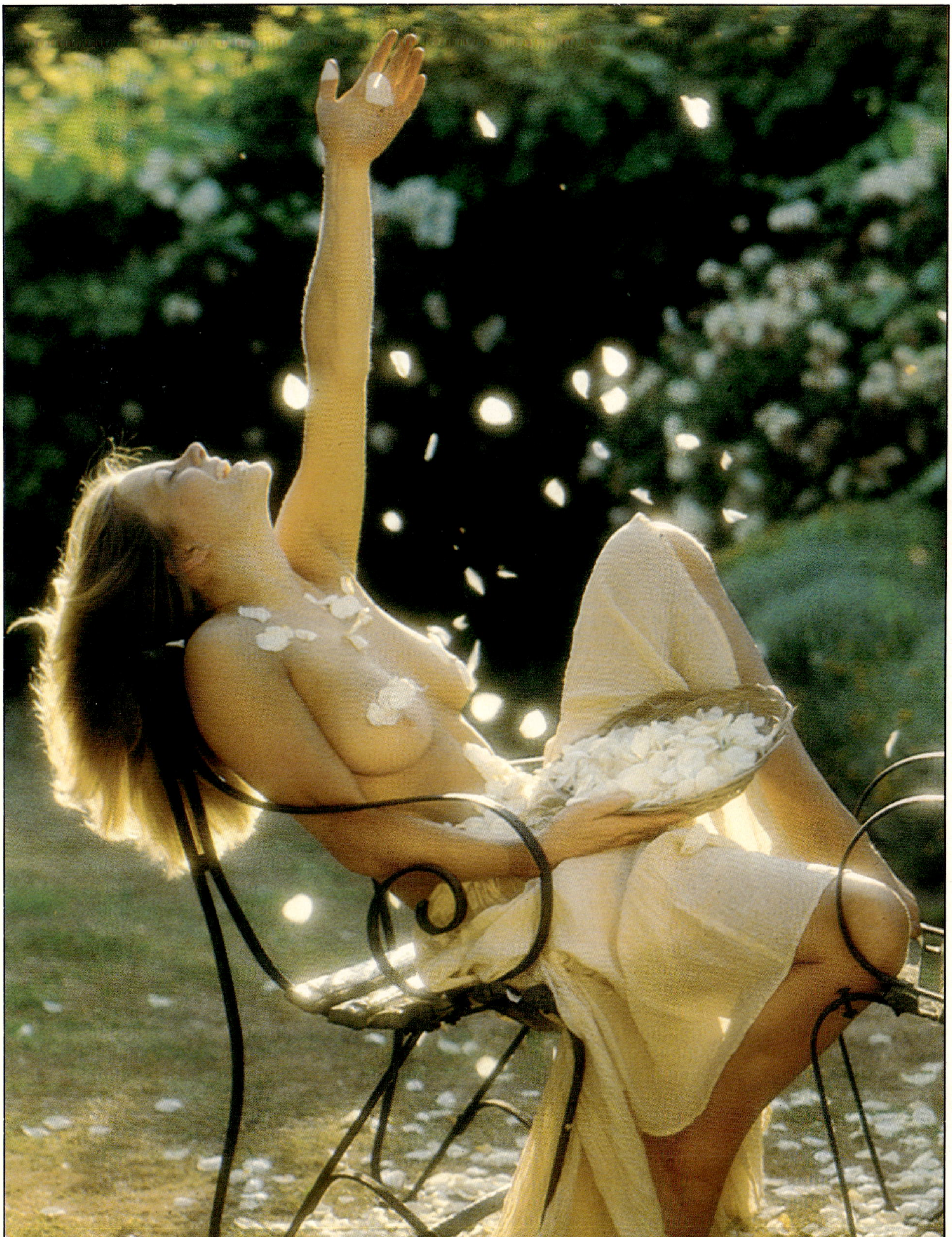

Fotografieren mit der Sonne

Das klare, flach einfallende, warme Licht in den Minuten vor dem Sonnenuntergang hebt Strukturen hervor, schafft mit langen Schatten Muster und verleiht Modell und Umgebung einen reizvollen Zauber. Wenn dem Modell das Licht zunächst etwas zu stark ist, kann es nötig sein, mit einem Hut, einer dunklen Brille oder einem anderen Gegenstand Schatten zu erzeugen. Selbst wenn dann die Augen des Modells im Dunkeln liegen, haben Sie damit vielleicht ein geheimnisvolles Element in das Bild eingebracht, und der Betrachter kann seine eigene Interpretation in die unsichtbaren Augen hineinlesen.

Wenn die Sonne sich dem Horizont zuneigt, verändern sich die Farben und werden wärmer. Um sie korrekt wiederzugeben, empfiehlt sich ein Satz blauer Korrekturfilter der Serie 82. Die Notwendigkeit der Farbkorrektur in dieser magischen Stunde ergibt sich zum Teil aus der gewünschten Farbgenauigkeit in der Wiedergabe und aus dem verwendeten Film.

Die Vorzüge der niedrig stehenden Sonne können Sie auch in Innenräumen mit großen, nach Osten oder Westen gehenden Fenstern nutzen. Aber der sich schnell verändernde Sonnenwinkel um diese Tageszeiten bedeutet, daß Sie sehr schnell arbeiten müssen, bevor sich das Licht wieder verändert.

Glanzlichter aus dem Himmel ▽
Durch die nachlassende Kra der Sonne um diese Tagesze wurde der blaue Himmel zum Hintergrundlicht und beleuchtete die Haut auf der Rücken. Da sich das Modell in der Sonne und der Hintergrund, abgemildert durch die Verwendung eine Teleobjektivs, im Schatten befand, bekam die Gestalt Vorrang im Bild.
300 mm, 1/60 sec, Blende 5,6 Kodachrome 25

Wechselndes Licht der Dämmerung
Diese Bilder wurden innerhalb von 5 Minuten aufgenommen. Das obere war vom hellen Himmel beleuchtet, bevor die Sonne über den Horizont stieg. Das untere Bild zeigt die veränderte Beleuchtung, nachdem die Sonnenstrahlen auf das Modell fielen.
50 mm, 1/4 sec, Blende 5,6, Kodachrome 25, 20 CC purpur (oben); 50 mm, 1/30 sec, Blende 5,6, Kodachrome 25 (unten)

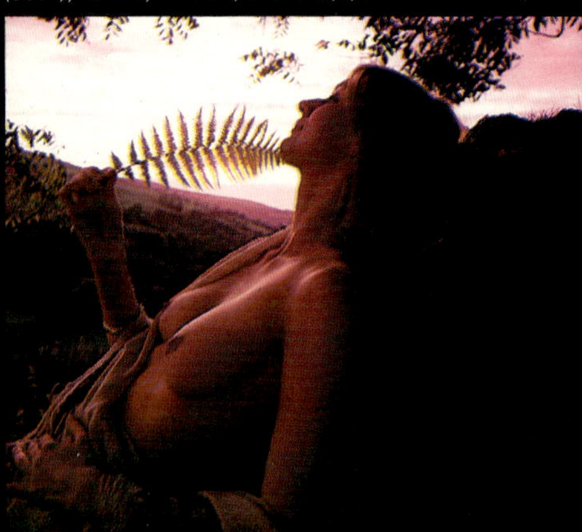

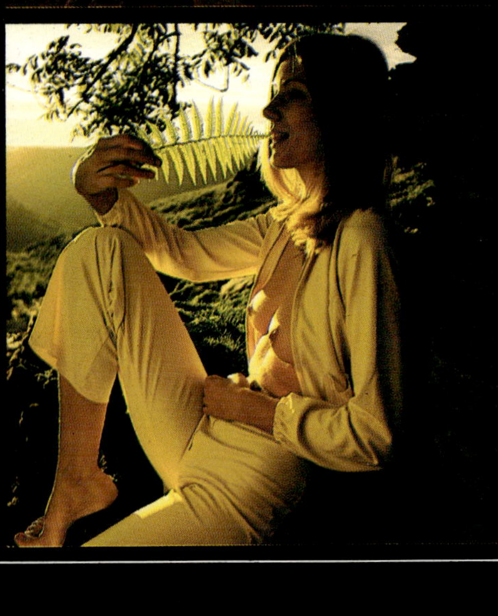

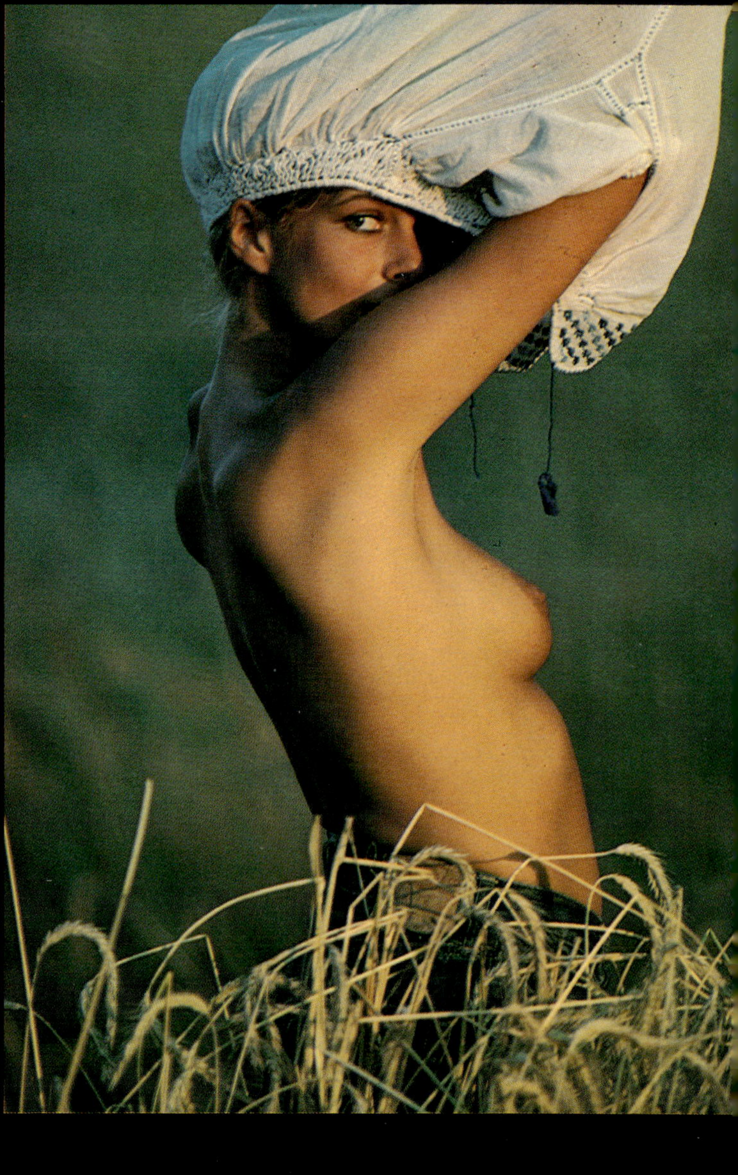

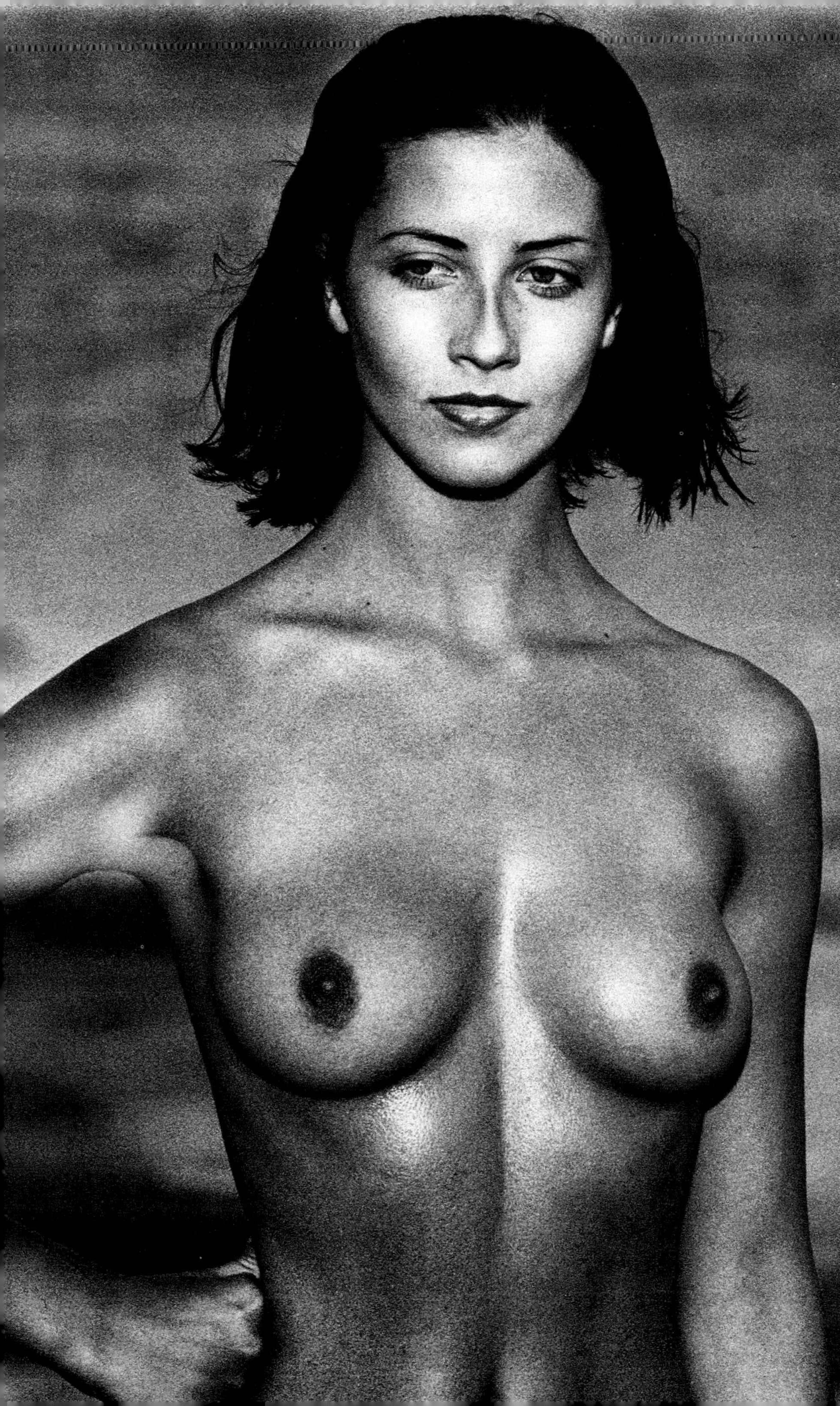

◁ »Schönheitslicht«
Die kräftige Hautstruktur in diesem Bild entstand durch leichte Unterbelichtung und Unterentwicklung. Dadurch kam es zu einem dünnen Negativ, das sich gut auf kontrastreiches Papier vergrößern ließ. Da das Modell genau in die untergehende Sonne blickte, entstand fast schattenloses Schönheitslicht für das Gesicht, aber es mußte die Augen senken, da es von der Sonne geblendet wurde. Die Haut wurde eingeölt und so ihre Struktur hervorgehoben; die einfachen mittleren Töne im entfernten Hintergrund verstärkten die Stimmung des Bildes.
300 mm, 1/250 sec, Blende 5,6, Tri-X, auf 21 DIN gedrückt

Aufnahmen von der Sonne

Die Sonne selbst als dramatischen Bestandteil eines Fotos einzusetzen, ist durch die Weiterentwicklung von Objektiven und Filmen heute möglich geworden, vorausgesetzt, Sie beachten einige wenige, grundlegende Regeln. Zunächst sollten Sie nur kurzbrennweitige Objektive (unter 40 mm) verwenden, um Überstrahlung und Streuung zu vermeiden, die im komplexeren System der längerbrennweitigen Objektive unweigerlich auftreten und dann ein verschwommenes Bild liefern. Achten Sie auf Mehrfach-Nebenbilder (Reflexionen im Objektivinneren), die gern auftreten, wenn sich das Abbild der Sonne in der Nähe des Bildrandes befindet. Diese Wirkung kann auf dem Dia selbst oft stärker sein, als sie durch den Sucher erscheint. Als nächste Regel müssen Sie immer im Sucher überprüfen, ob sich die Bildqualität verbessert, wenn Sie die Kamera mit einer Hand halten und mit der anderen die Sonne aus dem Bild ausblenden.

Genauso geht man vor, um bei eingebautem Belichtungsmesser die genaue Belichtung zu ermitteln; eine leichte Unterbelichtung (geringer als 1 Wert) des Vordergrundes wird jedoch nötig, wenn Sie die Sonne hell aus einem klaren Himmel scheinen lassen wollen. Diese Schwierigkeit läßt sich natürlich auch durch ein graues Verlauffilter (siehe Seite 32) überwinden, das die Sonne abschwächt. Verwendet man bei diesen Aufnahmen Gelatine- oder Kunststoffilter, ist das Risiko von Mehrfachreflexionen geringer, wenn Sie das Filter vor der Hinterlinse befestigen.

Diese Regeln treffen natürlich nicht für Bilder von der auf- oder untergehenden Sonne zu, deren Qualität von der Länge der Objektivbrennweite abhängt. Erfahrungsgemäß neigen wir dazu, die Größe der untergehenden Sonne zu überschätzen; sie kann aber mit Objektiven unter 200 mm Brennweite selten zufriedenstellend wiedergegeben werden. Wenn Sie über ein 500- oder sogar 1000 mm-Objektiv verfügen können – umso besser.

Wie bei Sonnenaufnahmen mit Weitwinkelobjektiven kann auch bei der Verwendung von Teleobjektiven eine Belichtungskorrektur notwendig werden, diesmal jedoch in umgekehrter Richtung. Man muß die Sonne um etwa 1 bis 1 1/2 Werte überbelichten, da sie meist auf die Meßzelle in der Mitte der Szene fällt und so den angezeigten Wert auf dem Belichtungsmesser hochtreibt. Auf diese Weise würde die umgebende Landschaft zu dunkel abgebildet.

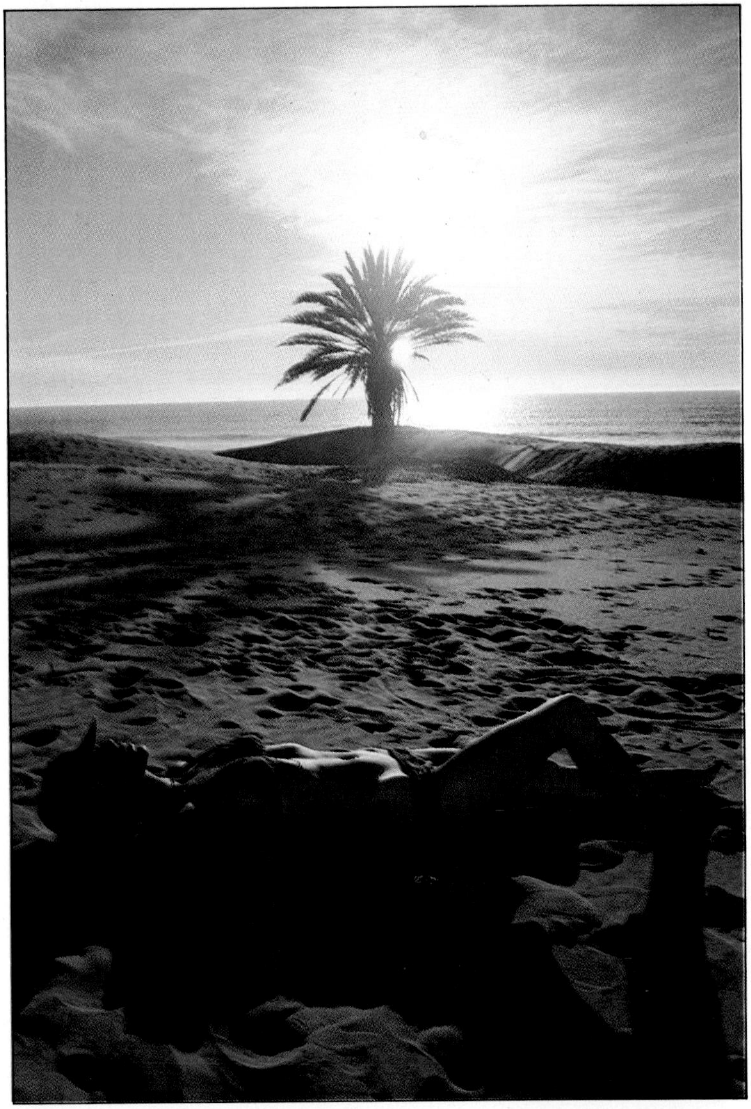

Gegen die Sonne bei Sonnenuntergang △
Als ich eines späten Nachmittags an der marokkanischen Atlantikküste entlangfuhr, entdeckte ich diese einzelstehende Palme. Da das Licht der untergehenden Sonne bereits diesig wurde, verließ ich mich auf die optischen Qualitäten meines 24 mm-Nikon-Objektivs, das mir ein klares Bild ohne Überstrahlung liefern würde. Der Gegensatz zwischen dunkler Gestalt und hellem Himmel hätte sich durch ein Verlauffilter oder ein Kamerablitzgerät verbessern lassen; dann hätte ich jedoch zum Wagen zurücklaufen müssen, und ich fürchtete, daß die Sonne in der Zwischenzeit hinter dem Horizont verschwinden und so mein Bild verloren sein könnte. Um eine durch die Helligkeit des Himmels verursachte Unterbelichtung zu vermeiden, stellte ich den Belichtungsmesser so ein, daß er um einen Wert überbelichtete.
24 mm, 1/50 sec, Blende 8, Kodachrome 25, 81EF

Hochstehende, harte Sonne ▷
Ich bezeichne das 15 mm-Objektiv wegen seiner Verzerrung innerhalb des 35 mm-Formats immer als viereckiges Fischauge. Es ist im Vergleich mit anderen Weitwinkelobjektiven sehr geduldig, denn es erzeugt keine strukturzerstörenden Regenbogenreflexe, wenn sich die Sonne am Bildrand befindet. In diesem Fall stellte ich eine großzügige Belichtungsreihe her.
16 mm, 1/500 sec, Blende 5,6, Kodachrome 25

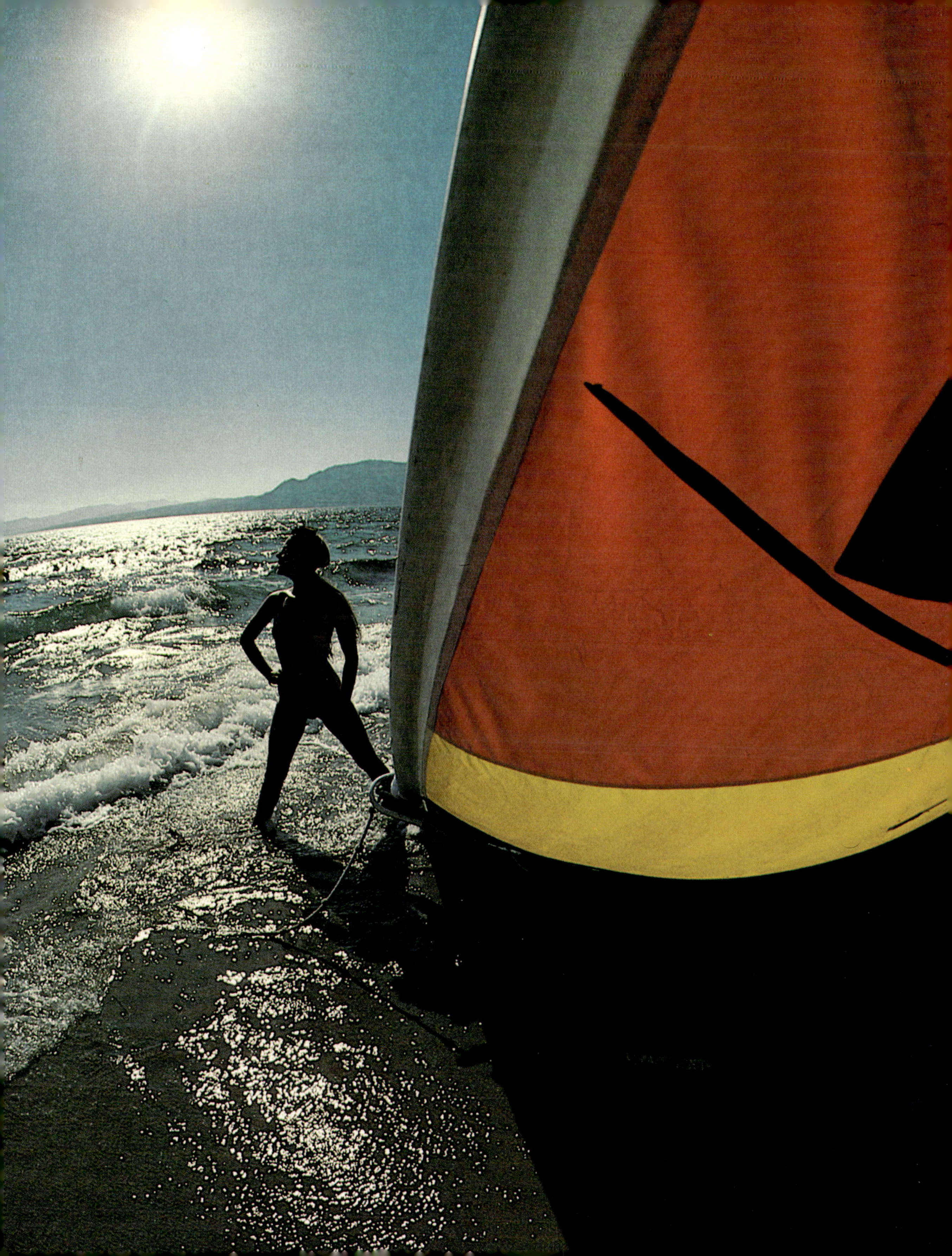

Umgang mit vorhandenem Licht

Aktfotografie und Schwarzweißfilm scheinen wie füreinander geschaffen. Die Dramatisierung von Körperformen und -tönen, losgelöst von verwirrenden Details, kann zu sehr schönen, einfachen Bildern führen. Weiches Licht in Innenräumen, von hellen Wänden reflektiert, ist die ideale Ergänzung für die weichen Formen eines nackten Körpers. Ob die Lichtquelle aus einem netzverhängten Fenster oder gestreutem künstlichen Licht besteht, ist dabei nicht wichtig.

Das ideale vorhandene Licht besteht aus einer einzelnen, weichen Lichtquelle, die weiche Schatten wirft. Eine Beleuchtung aus mehreren Lichtquellen schafft verwirrend viele Schatten und zerstört die klaren Körperlinien und den Eindruck von glatter, weicher Haut. Lassen sich mehrere Lichtquellen nicht vermeiden, richten Sie sie mit einer Ausnahme auf eine helle Wand oder die Zimmerdecke, von wo sie reflektiert werden. So hellen Sie die Schatten des verbliebenen harten »Schlüssellichts« auf. Eine wertvolle Hilfe bei elektrischer Beleuchtung ist ein Dimmer, mit dem man die Lichthelligkeit stufenlos herunterregeln kann, und der in jedem Elektrogeschäft erhältlich ist. Wenn Sie ihn mit einem Stecker und einer Steckdose versehen, können Sie die Lichtmenge jeder tragbaren Lichtquelle beliebig regeln.

Bei schlechten Lichtverhältnissen ist ein hochempfindlicher Film zu empfehlen, dessen Empfindlichkeit bei der Entwicklung ohne Schwierigkeit noch verdoppelt werden kann (siehe Seite 68). Die dabei entstehende Körnigkeit kann sich als vorteilhaft erweisen, denn durch das Auflösen von Einzelheiten werden kleine Hautmängel verdeckt und lassen sich Schwarzweißvergrößerungen leichter retuschieren. Denken Sie daran, daß sich der Kontrast von schwarz und weiß auf Filmen mit forcierter Empfindlichkeit deutlich verschärft. Deshalb müssen Sie bei flachen Beleuchtungsverhältnissen (das heißt, zwischen Licht und Schatten liegt nur ein Wert) arbeiten oder die Schattenbereiche so aufhellen, daß Sie ein vergrößerungsfähiges Negativ bekommen.

Bei der Schwarzweißfotografie können Sie ohne Bedenken Tageslicht mit künstlicher Zimmerbeleuchtung (Glühlampen oder Leuchtröhren) mischen, um weiches Licht und Glanzlichter zur Erzielung angenehmer Töne zu erhalten.

Sehr schwaches vorhandenes Licht ▽
Das Modell schirmte die Kerze, die sein Gesicht beleuchtete, mit der Hand ab, während schwaches Dämmerlicht aus einem seitlichen Fenster die Körperlinien sanft nachzeichnete. Eine kleine Leselampe, über einen Dimmer geregelt, wurde auf den Kopf gerichtet, damit er nicht mit dem Hintergrund aus bemalten Sackleinen (aus meinem Studio) verschmolz. Das Modell stützte den Kopf auf den Arm, um während der langen Belichtungszeit eine unbewegte Haltung einnehmen zu können.
50mm, 2sec, Blende 2, Tri-X

Glanzlichter in Innenräumen ▷
Das Tageslicht in diesem Raum stammte aus mehreren Fenstern und lieferte Glanz- und Aufhellicht für diese entspannte Schnappschußaufnahme gegen Ende der Fotositzung. Durch Unterbelichtung des empfindlichen Films wurden die Glanzlichter gut wiedergegeben, und die Atmosphäre blieb erhalten.
80–200mm Zoom, 1/30sec, Blende 5,6, HP5

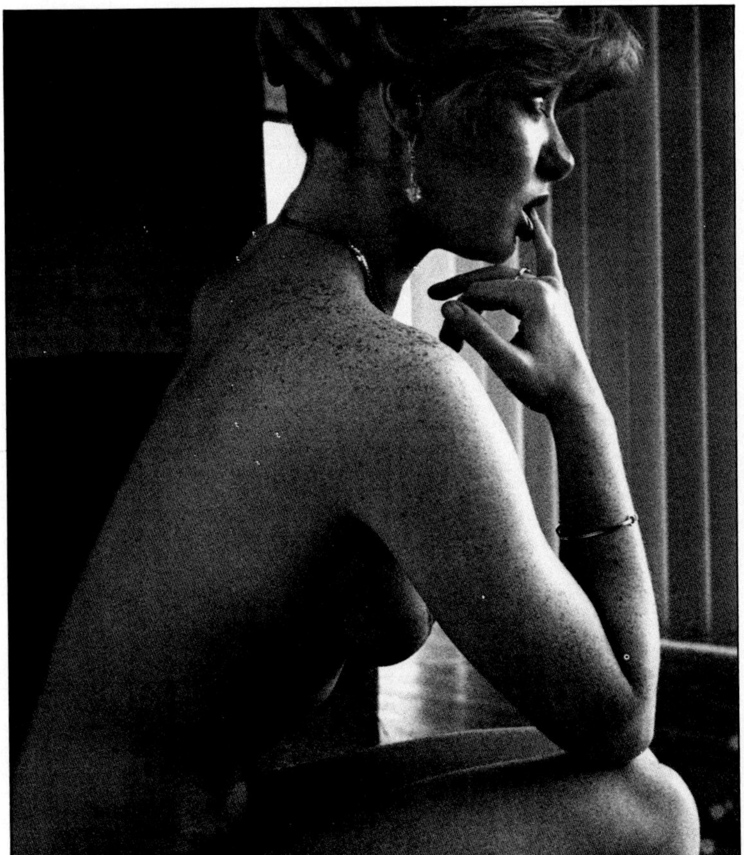

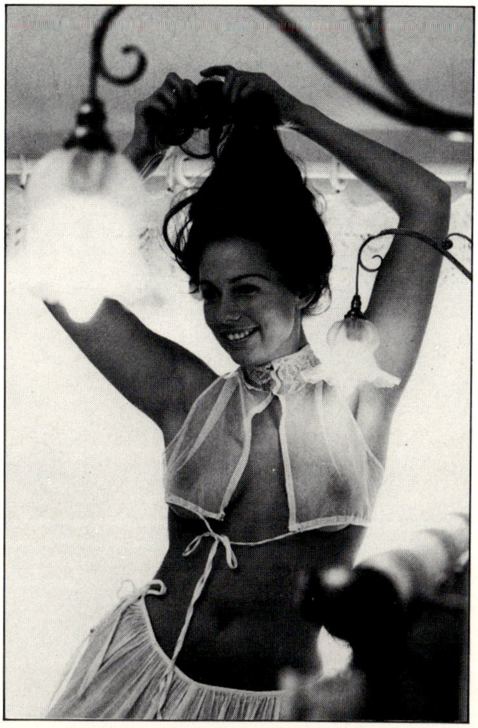

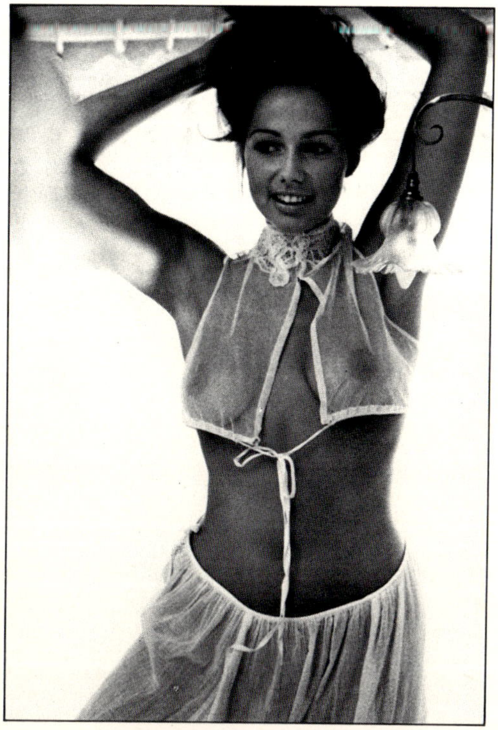

Kleinere Veränderungen
Das kräftige, mit weißen Schirmen aufgehellte Tageslicht wurde von der kleinen elektrischen Lampe nicht beeinträchtigt (ganz links). Aber der geschwungene Metallarm wurde zu einem beherrschenden Teil der Aufnahme. Bei ausgeschaltetem Licht (links) mußte die Belichtung verlängert werden, wodurch Details im Hintergrund unschärfer wurden.
50mm, 1/60sec, Blende 2, Tri-X (ganz links);
50mm, 1/30sec, Blende 2, Tri-X (links)

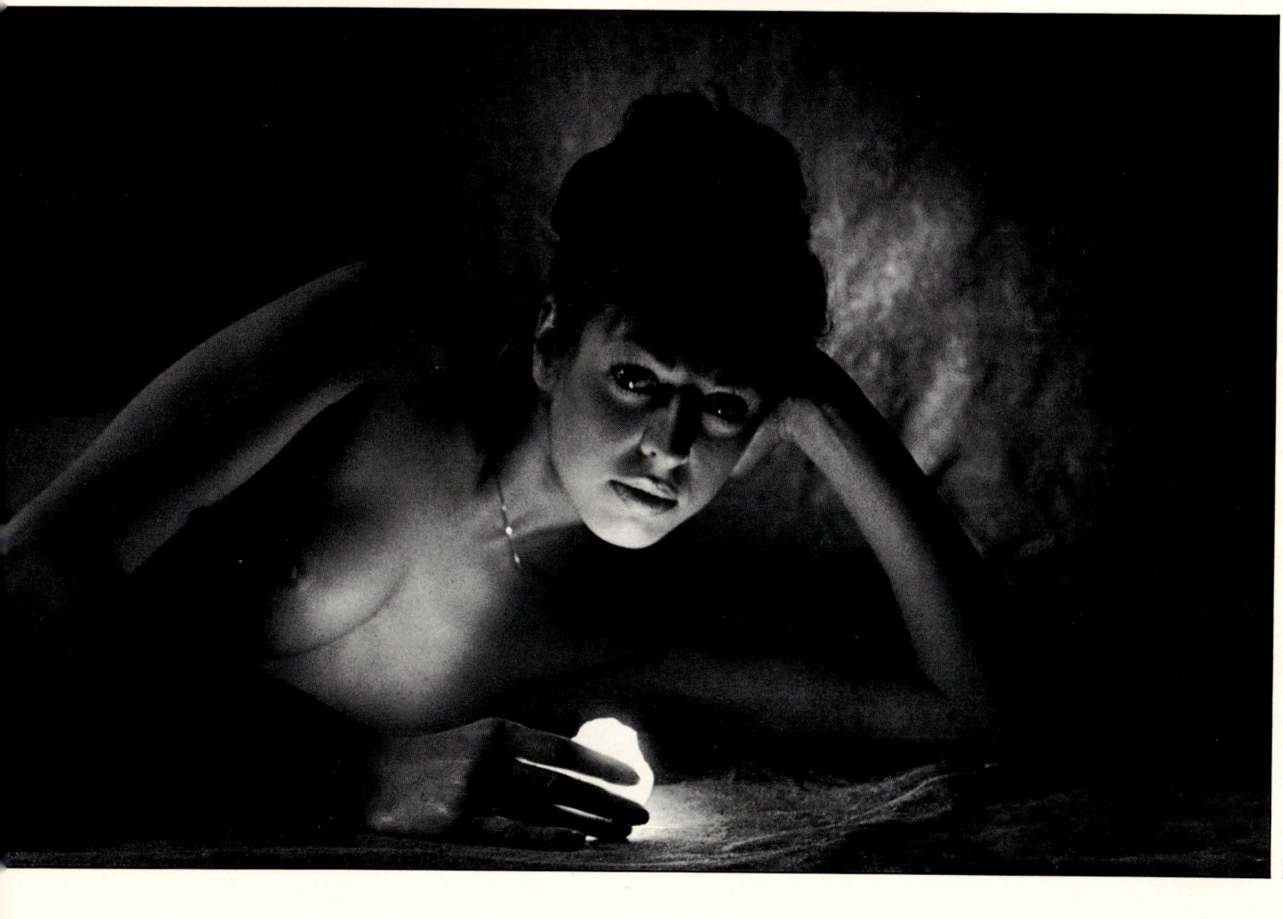

Gemischte Lichtquellen

Tages- und Kunstlicht gemeinsam auf einer Farbfotografie zufriedenstellend wiederzugeben, ist nicht leicht, aber sehr effektvoll, wenn es gelingt. Schwierigkeiten entstehen dann, wenn Sie tagsüber, vor allem in Innenräumen, fotografieren und mit elektrischem Licht Schatten aufhellen und Atmosphäre schaffen wollen. Die meisten Farbfilme sind entweder auf Kunstlicht oder auf natürliches Tageslicht abgestimmt, nicht auf beide Lichtarten. Wählen Sie Ihren Film nach der vorherrschenden Lichtquelle aus, aber nehmen Sie durch die Verwendung von blauen oder gelbbraunen Filtern Einfluß auf die Filmreaktion.

Die am einfachsten und leichtesten zu beeinflussenden Lichtquellen sind Fotolampen (Nitraphot). Diese beschichteten Glühbirnen, die man entweder in normalen Haushaltslampen oder mit einfachen Aluminiumreflektoren verwenden kann, erzeugen ein strahlendes Licht und werden in zwei Stärken geliefert, 275 und 500 Watt. Da sie beschichtet sind, haben sie eine Lebensdauer von nur wenigen Stunden und werden so extrem heiß, daß man sie ohne Kühlung nur einige Minuten brennen lassen kann. Obwohl ihr Licht etwas blaustichiger ist als normales Glühlampenlicht, wirkt es im Vergleich zu Tageslicht immer noch gelb. Sind Fotolampen Ihre einzige Lichtquelle, versuchen Sie, das Licht über einen weißen Schirm zu lenken und mit hochempfindlichen Kunstlichtfilm und 81A-Filter zu fotografieren, um den leichten Blauton wärmer zu machen. Das reflektierte Licht ist zwar nicht stark genug, um kurze Belichtungszeiten zu gestatten, verhindert aber harte Schatten und Lichter.

Um Ihren Bildern Tiefe und Authentizität zu geben, sollten Sie ein wenig Tageslicht von einer Position hinter dem Modell einfallen lassen. Das führt zu kalten, bläulichen Glanzlichtern, während der größte Teil des Bildes von warmem indirekten Licht aus Fotolampen beleuchtet ist. Mischlicht auf Kunstlichtfilm ist gut geeignet, Stimmung und Atmosphäre zu schaffen.

In geräumigen Innenraumsituationen, in denen sich indirektes Fotolicht gegenüber dem vorhandenen Tageslicht nicht durchsetzen kann, ist unter Umständen ein Blitz ratsam (siehe Seite 62). Wenn Sie jedoch die berechenbareren Fotolampen vorziehen, sollten Sie lieber bis zum Eintritt der Dämmerung warten. Dann wird Ihre künstliche Lichtquelle im Vergleich zum Tageslicht wieder stark. Fotografieren Sie zunächst auf Tageslichtfilm, bevor das von draußen hereinfallende Licht verblaßt ist. Dabei verwenden Sie am besten ein Blaufilter (82B oder C), um den Gelbstich zu mildern. Wenn das künstliche Licht die Aufnahme beherrscht, wechseln Sie zu einem Kunstlichtfilm und 81B- oder C-Filter über, damit der Tageslichtanteil keine zu kühlende Wirkung hat.

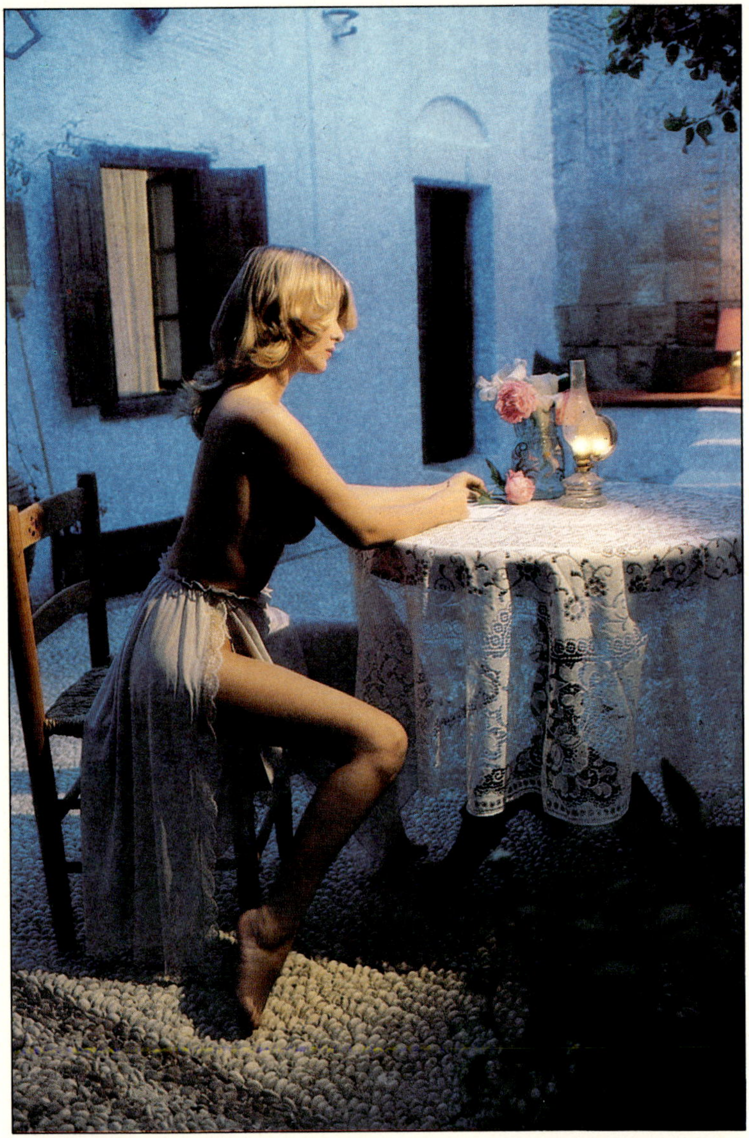

Mischlicht bei Dämmerung △
Weißgekalkte Wände im Hof eines alten griechischen Hauses lieferten den idealen Rahmen für diese schlichte Aufnahme bei Mischlicht. Ich fotografierte in den wenigen Minuten, in denen das Licht der Tischlampe und das blaue Dämmerlicht des Tages genau ausgewogen waren, und erzeugte so eine starke, stimmungsvolle Atmosphäre. Zusätzlich brauchte ich nur noch eine Fotolampe mit tubusförmigem Vorsatz. Der Standort der Fotolampe wurde von der Notwendigkeit bestimmt, die Richtung der Lampenbeleuchtung aufzunehmen. Zuerst versuchte ich die Aufnahme auf Tageslichtfilm mit 82B-Filter, um dem Gelbgehalt entgegenzuwirken und das Blau des Tageslichts zu verstärken, aber in der Dämmerung wechselte ich auf Kunstlichtfilm und 81 EF-Filter über.
Bronica ETRC, 50 mm, 1/8 sec, Blende 4, Ektachrome 160, 81 EF

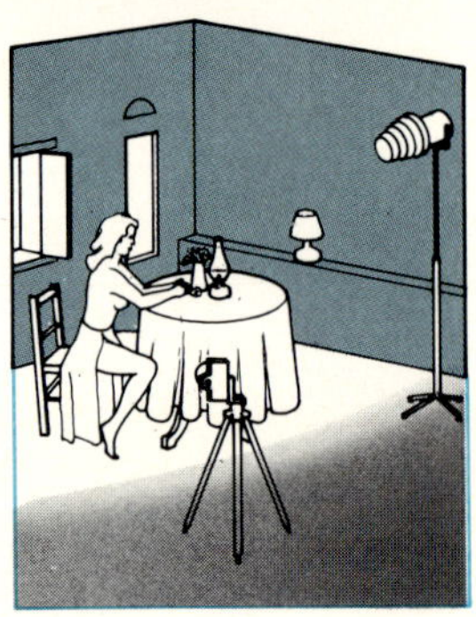

Das Simulieren von Raumbeleuchtung ▷
Zwei Fotolampen in Reflektoren, eine zur Beleuchtung des Raums, die andere auf die Kamera gerichtet, um Modell und Papierskulptur von hinten zu beleuchten (jedoch ohne daß Licht in die Kamera fiel) täuschten normale Raumbeleuchtung vor. Dieses Arrangement ermöglichte eine kürzere Belichtungszeit. Die Aufnahme wurde nachts von außen durch ein Fenster gemacht.
105 mm, 1/125 sec, Blende 5,6, Kodachrome 25, 82 C

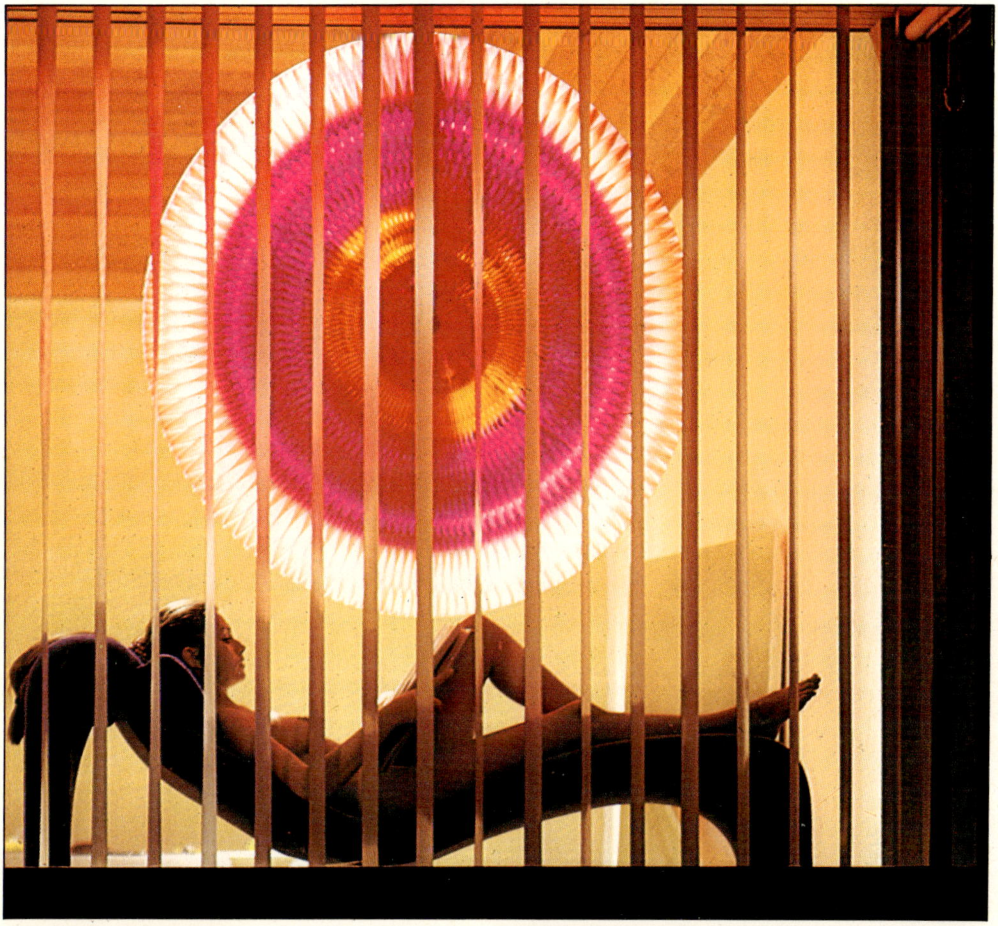

Haushaltslampen ▽
Zwei Nachttischlampen hinter dem Vorhang hätten wahrscheinlich ausreichend Licht für diese Aufnahme geliefert. Trotzdem ersetzte ich die Haushaltsglühbirnen durch kleine Fotoleuchten und nahm die Schirme ab, damit ich nicht mit höchstempfindlichem Farbfilm arbeiten mußte. Das in der Umgebung vorherrschende Gelb machte ein Filter zum Ausgleich der kalten Lichteigenschaften der Fotolampen überflüssig.
28 mm, 1/15 sec, Blende 4, Ektachrome 160

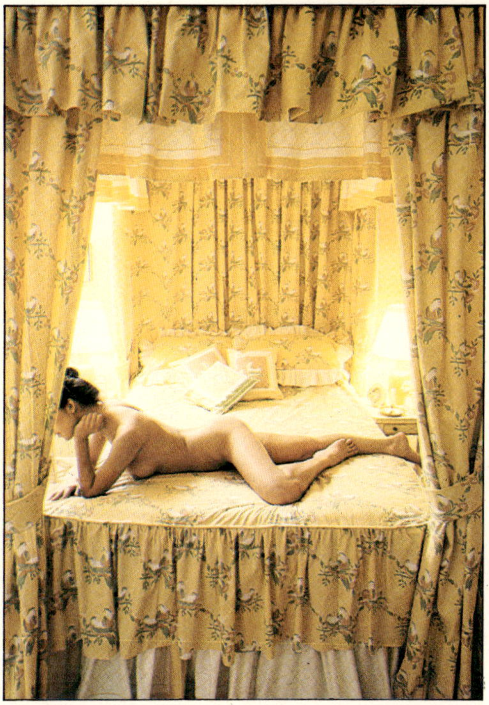

Motivierte Stimmung ▷
Eine Mischung aus drei Lichtquellen ergab die Beleuchtung für diese Innenaufnahme: schwaches Wintertageslicht aus einem Fenster, eine Fotolampe in einem Reflektor, die den Lichtkranz um den Kopf erzeugte und dem grauen Tageslicht die Kälte nahm, und schließlich die Öllampe, die ich mehr um der Stimmung willen als aus Beleuchtungsgründen dazunahm (unten).
105 mm, 1/8 sec, Blende 8, Kodachrome 25

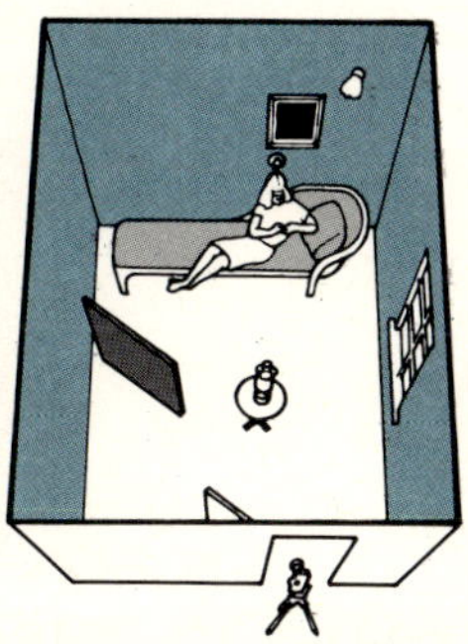

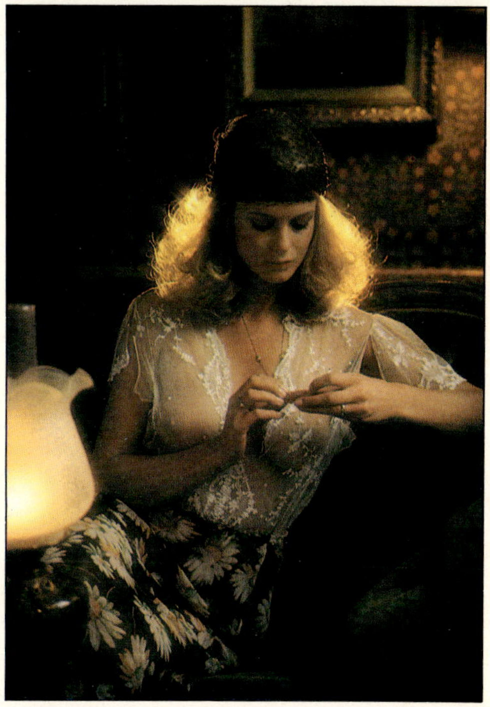

Spot- und Flutlicht

Eine ganz neue Welt der Fotografie wird sich Ihnen erschließen, wenn Sie einige Weichstrahler und vielleicht auch ein oder zwei Scheinwerfer besitzen. Aber denken Sie daran, daß eine größere Anzahl von Lichtquellen noch keine Garantie für bessere Bilder bietet; das Geheimnis liegt vielmehr in der größeren Einflußmöglichkeit, die man damit auf die Beleuchtung hat.

Selbst wenn Sie mehrere Lichtquellen zur Verfügung haben, ist es ratsam, das Bild zunächst mit einer einzelnen Lichtquelle und einem Aufhellschirm zu konzipieren, damit die Grundbeleuchtung stimmt, bevor Sie eine zweite oder dritte Leuchte für spezielle Effekte dazunehmen. Eine wichtige Regel lautet, daß jede Lampe eine eigene Aufgabe erfüllen muß und keinen Schatten in Bereichen erzeugen darf, die von einer anderen Lampe abgedeckt werden. Der Effekt eines indirekten Weichstrahlers zur Aufhellung der durch das Hauptlicht verursachten Schatten auf dem Motiv darf kaum spürbar sein. Wenn Sie den Hintergrund mit einer zusätzlichen Lampe beleuchten, sollten Sie darauf achten, daß sie nicht auf andere Bildteile leckt.

Von den neuerworbenen Leuchten bietet der Scheinwerfer (Spotlicht) mit seiner Fähigkeit, ähnlich der Sonne feine Lichtränder zu zeichnen, wenn man gegen ihn fotografiert, die größten Möglichkeiten zur Erzeugung von Spannung. Aus einer Position vor dem Modell kann er dramatische Schatten werfen; mit einem zusätzlichen Tubus- oder Klappenvorsatz können Sie bestimmte Bildteile herausholen und betonen.

Viele Hersteller verkaufen Leuchten mit zu spärlichem Zubehör. Sie sind daher besser beraten, wenn Sie eine Leuchte weniger und dafür einen kompletten Satz von Streuscheiben, Klappen, Tuben und Schirmen kaufen. Damit besitzen Sie die Beleuchtungsgrundausrüstung für Aktaufnahmen. Sinnliche Wirkung erreicht man eher durch ein Zuwenig als durch ein Zuviel. Allgemein kann gelten, daß ein halb im Schatten liegender Akt aufregender wirkt als ein voll ausgeleuchteter.

Beleuchtungszange ▷
Durch das Aufstellen zweier Strahler mit Tuben zu beiden Seiten des Hintergrunds (Zeichnung rechts) wurde ein Lichtkranz geschaffen. Die Pose des Modells war bewußt einfach gehalten, und die Art der Beleuchtung löste die Gestalt aus dem Hintergrund. *Bronica ETRC, 50 mm, 1/15 sec, Blende 4, HP5*

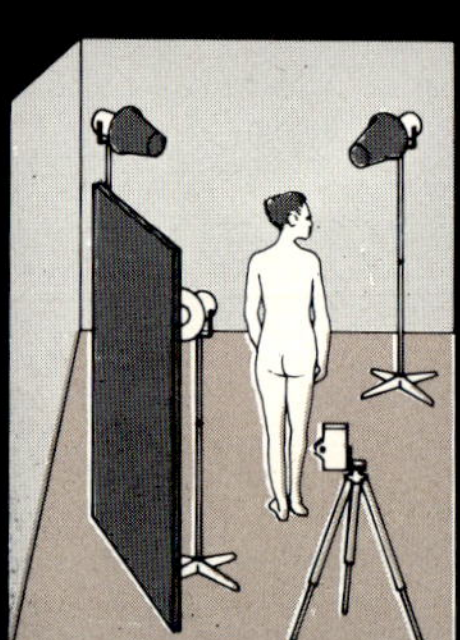

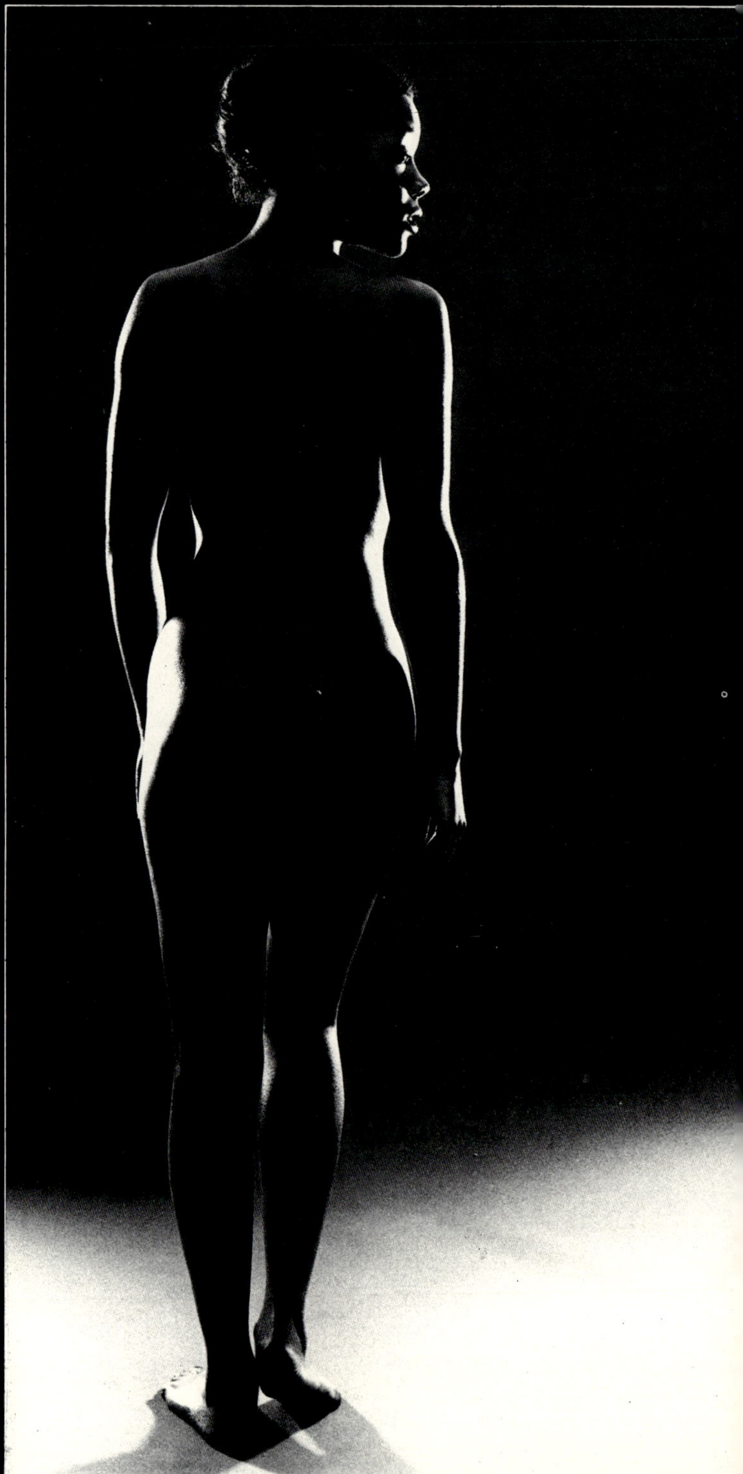

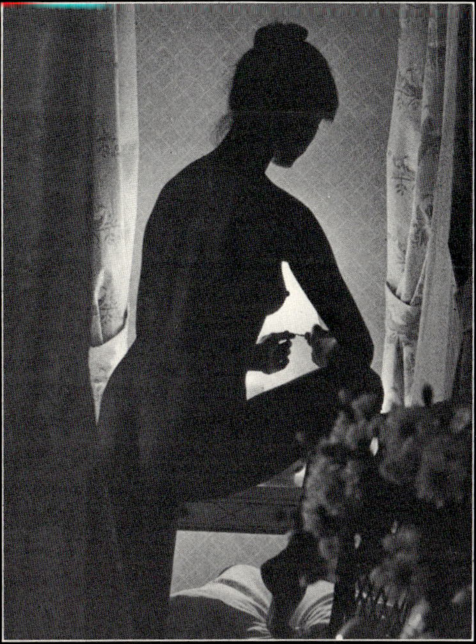

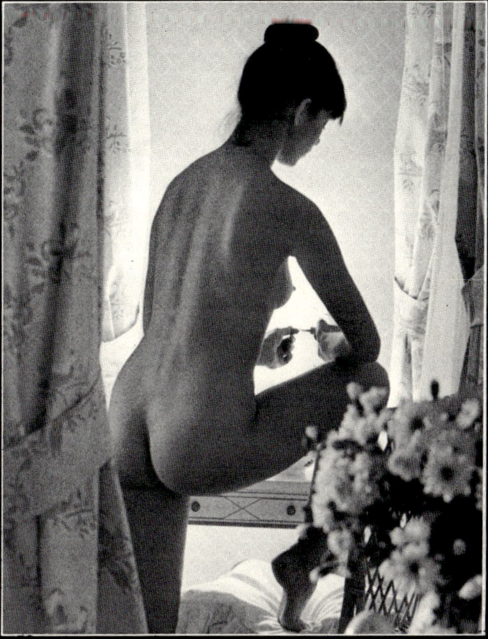

Aufhellicht
Die linke Version dieser Rückenaufnahme machte ich mit einer Fotolampe, die ich in eine Haushaltstehlampe geschraubt hatte. Eine zweite Lampe, vor der Schlafzimmerwand reflektiert, hellte den Schattenbereich im Rücken auf und brachte die Rundungen auf dem Bild rechts zum Vorschein.
105 mm, 1/30 sec, Blende 5,6, HP5 (beide Bilder)

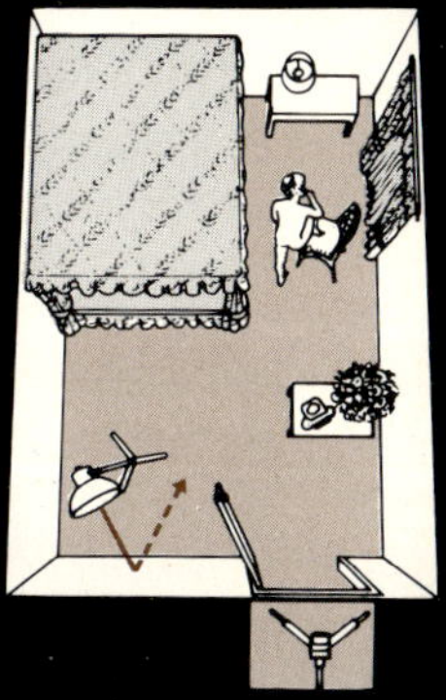

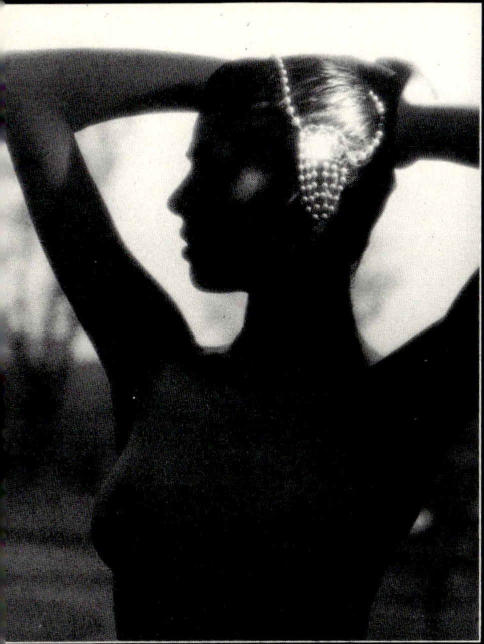

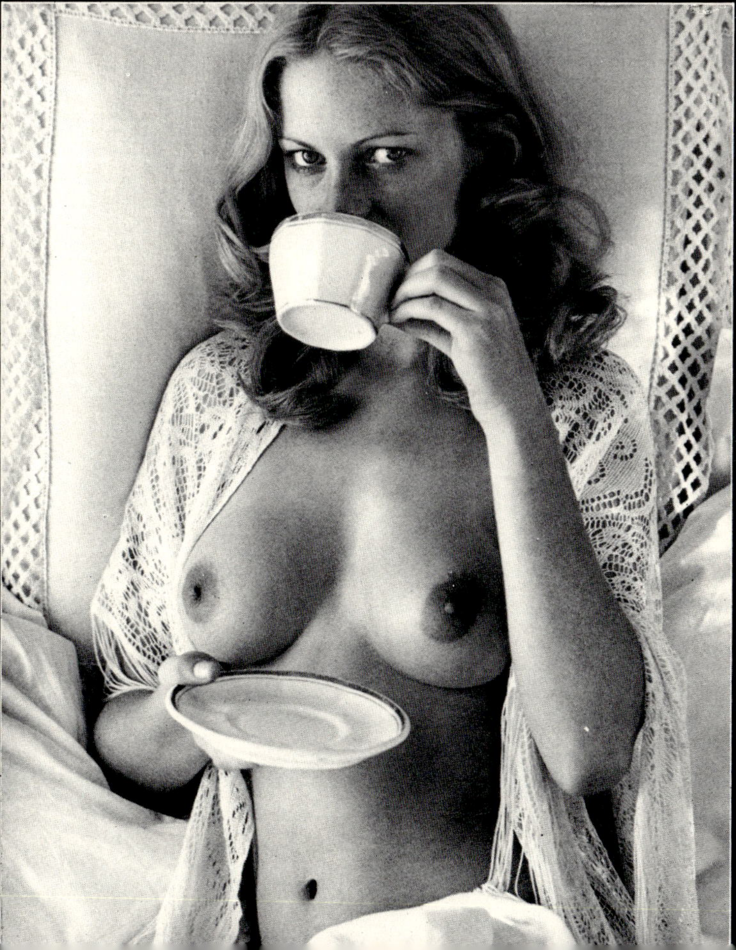

ilhouette im Spotlicht △
in Scheinwerfer rechts über lem Modell beleuchtete nur las Haar. Diese ilhouettenaufnahme ntstand in der späten Dämmerung. Der cheinwerfer bekam lappen, die das Licht zu inem schmalen Strahl ohne treuanteil zusammenfaßten.
ronica ETRC, 150 mm, /15 sec, Blende 4, HP5, Veichzeichner

Simuliertes Tageslicht ▷
Die Tageslichtwirkung wurde durch weiße Kartonschirme um das Modell erreicht, die weiches Licht reflektierten. Ein Scheinwerfer erzeugte den Sonnenlichteffekt, der durch den Schattenwurf am rechten Rand des Bildes erkennbar wird.
105 mm, 1/30 sec, Blende 4, Tri-X

Vielseitiger Kleinblitz

Meinen kleinen, batteriebetriebenen Kamerablitz habe ich in meiner Fototasche immer bei mir. Ich verwende ihn zwar selten als einzige Lichtquelle, aber er macht mir manche Aufnahme möglich, die sonst nicht zustandekommen könnte. Alle kleinen Blitzgeräte sind dazu geeignet, unabhängig von ihrer Energieversorgung und davon, ob sie über den Sucherschuh oder ein Kabel mit dem Kamerasystem synchronisiert werden.

Wenn Ihr Blitzgerät mit optischen Linsen zur Verbreiterung oder Verengung des Lichtstrahls und einer Filtervorrichtung ausgestattet ist, so daß Sie das Licht wärmer, kälter oder weicher machen können, sind Sie für viele Situationen gerüstet. Ein zusätzlicher Vorteil ist es, wenn das Blitzgerät den Lichtausstoß selbst mißt oder, noch besser, wenn die Belichtung durch den Belichtungsmesser der Kamera gesteuert wird, denn dann brauchen Sie keinen Belichtungsausgleich zu errechnen, wenn Sie Filter verwenden.

Ohne weitere Lichtquelle ist der Anwendungsbereich des Kamerablitzgeräts in der Aktfotografie auf Szenen beschränkt, bei denen sich der Hintergrund in Reichweite des Modells befinden muß. Aber selbst dann führt der rapide Lichtabfall (siehe Abnahme der Lichtstärke mit dem Quadrat der Entfernung, Seite 32) oft zu trüben Tönen in den Bereichen, die am weitesten vom Blitz entfernt waren, es sei denn, die Gestalt ist sehr flach gezeichnet (siehe Weitwinkelobjektive, Seite 32). Erst wenn eine zweite Lichtquelle vorhanden ist, kann das Blitzgerät richtig ausgenützt werden.

Häufig hellt man mit Blitzen die harten Schatten auf, die bei Nahaufnahmen in hellem Sonnenschein entstehen. Bei Dämmerlicht, im Freien oder bei Innenaufnahmen kann man mit dem Blitz das Modell im Vordergrund sanft modellieren, während man die Belichtung so einstellt, daß die Hintergrundfarben gut wiedergegeben werden. Bei solch stimmungsvollen Lichtverhältnissen muß man wegen des Gelbstichs des späten Nachmittagslichts die Farbfilter zur Anpassung des Blitzlichts an die vorhandene Beleuchtung sehr sorgfältig auswählen. Wenn Sie ein leistungsstarkes Batterieblitzgerät oder eine Blitzsynchronisation für Geschwindigkeiten über 1/125 sec haben (bei Zentralverschluß), dann eröffnet sich Ihnen eine ganze Welt von Einzelblitzaufnahmen. Wenn Sie zum Beispiel bei Tageslicht und mit verringerter Belichtung arbeiten, um Himmel und Hintergrund zu verdunkeln, können Sie einem Akt Spannung und eine geheimnisvolle Ausstrahlung verleihen. Ein Blitzgerät, aus der Hand gezündet und mit der auf einem Stativ befestigten Kamera durch ein Synchronisationskabel verbunden, kann zur Hauptbeleuchtung einer Aufnahme werden, während dem Tageslicht die Rolle des Hintergrund- und Aufhellichts zufällt.

Zusätzliche Blitzgeräte mit eigenen Ständern, oder mit Klemmen an Türen und Möbelstücken befestigt, bieten weitere Möglichkeiten.

Partielles Aufhellicht ▷
Fotografiert man mit Weitwinkelobjektiv, erscheint der Strahl eines Kamerablitzgerätes so schmal wie ein Scheinwerferstrahl (Abbildung unten). Diese Eigenschaft wurde für die Aufnahme rechts bewußt eingesetzt, ohne daß die Stimmung des Sonnenuntergangs zerstört wurde. Die zarte Wirkung kam durch die Verwendung eines blassen bernsteinfarbenen Kunststoffilters zustande, das das Blitzlicht an das Licht der untergehenden Sonne anpaßte, sowie durch Verstellung der Filmempfindlichkeit am Gerät, was zur Unterbelichtung der aufgehellten Bereiche führte.
16 mm, 1/125 sec, Blende 4, Kodachrome 25

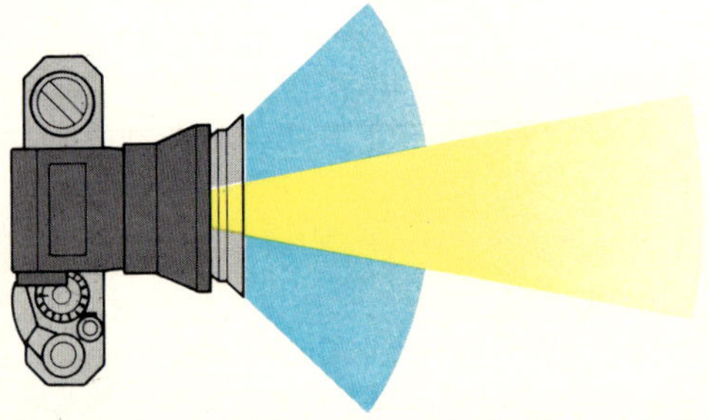

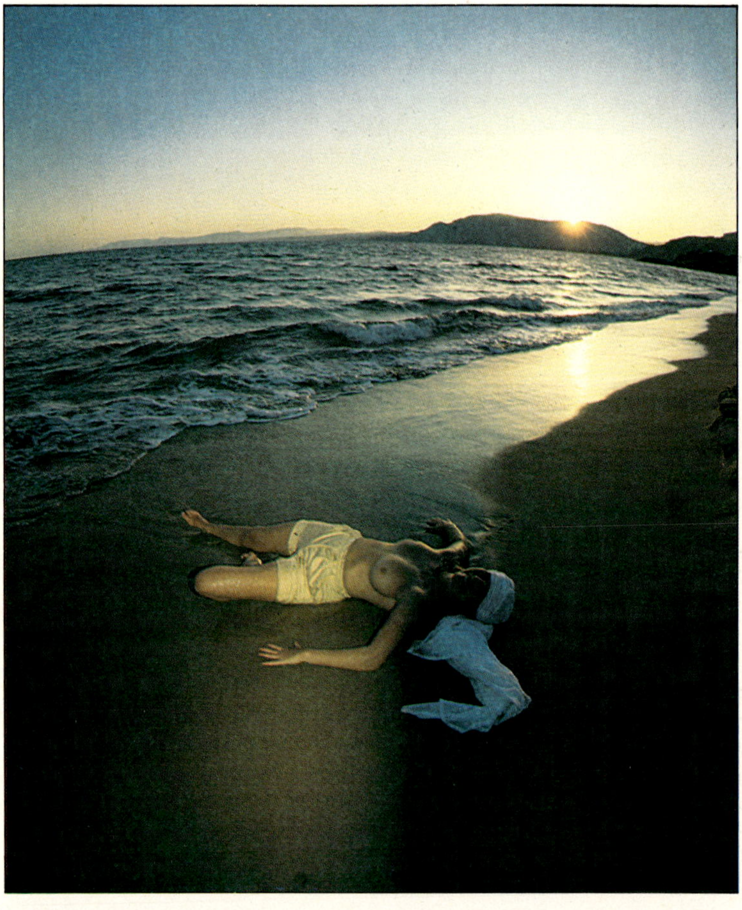

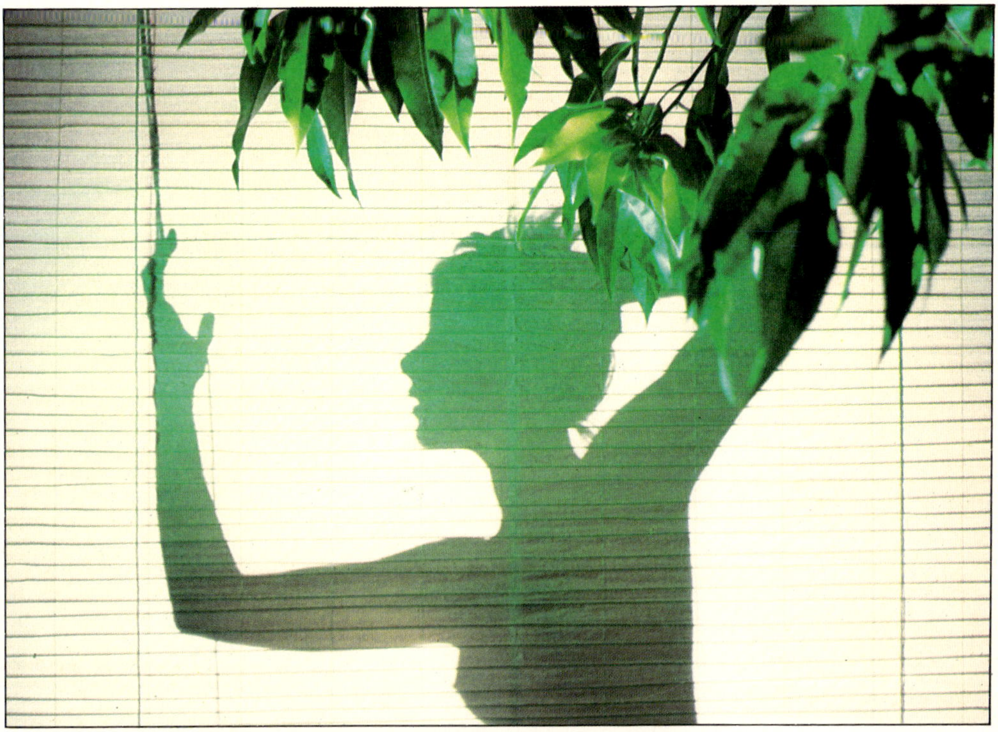

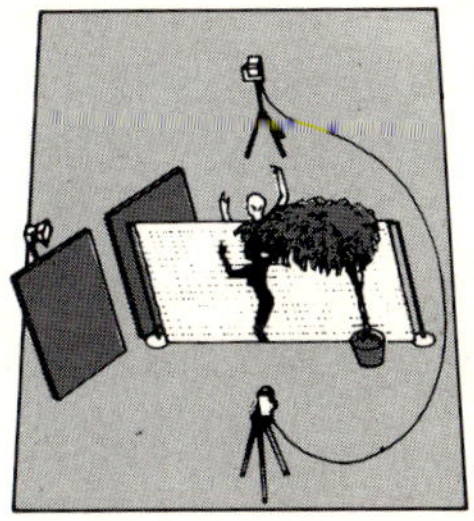

◁ Mehrfach geblitzte Silhouette
Diese Silhouette entstand mit zwei kleinen Batterieblitzgeräten, von denen eines durch eine Fotozelle ausgelöst, das andere mit einem grünen Kunststoffilter versehen wurde. Eine Lampe erzeugte die Silhouette, deren scharfe Ränder durch die Position des Modells unmittelbar hinter dem Schirm entstanden. Eine zweite Lampe beleuchtete die Blätter, die ohne den grünen Filtervorsatz farblos erschienen wären. Setzt man in ähnlichen Arrangements Blitzlicht ein, muß man das Licht entsprechend dämpfen.
50 mm, 1/125 sec, Blende 8, Ektachrome 200

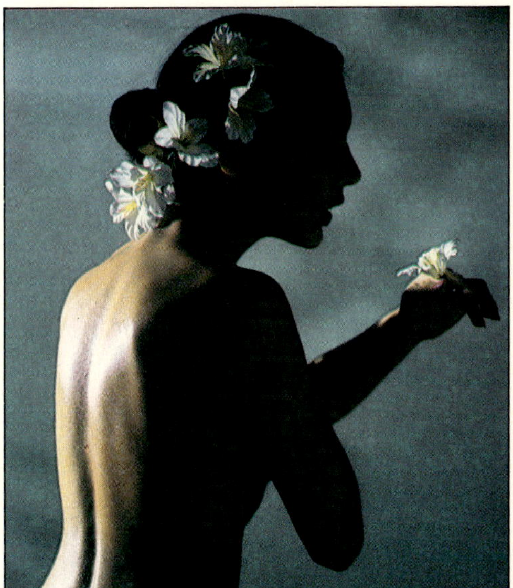

Einzelnes Hintergrundlicht △
Nur ein kleines Blitzgerät, auf Kamera und Modell gerichtet, aber vom Objektiv abgeschirmt, lieferte das Licht dieser Studioaufnahme. Die Hintergrundstruktur wurde durch einen Spiegel geschaffen (Abbildung rechts).
105 mm, 1/125 sec, Blende 4, Kodachrome 25, Polarisationsfilter

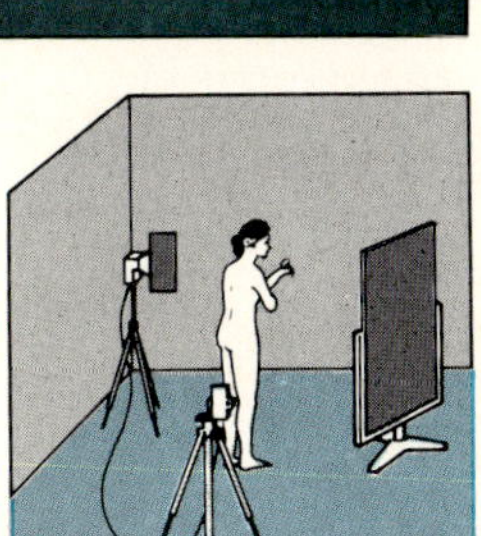

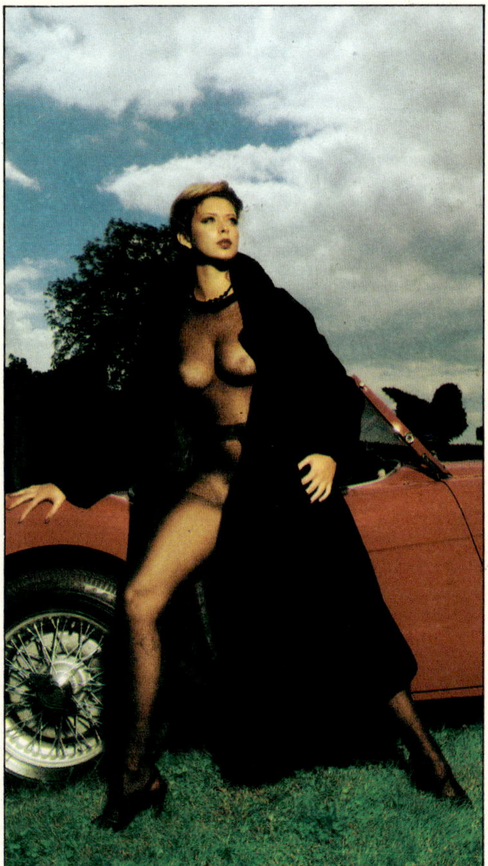

◁ Beherrschender Blitz
Mit einem stärkeren Batterieaggregat oder kürzerer Synchronisationszeit bei Zentralverschluß kann man die Leistung des Blitzes so verstärken, daß sein Licht im Bild vorherrscht. Dadurch werden Himmel und Umgebung dunkler, und das Motiv wird in den Vordergrund gerückt. Hier erhöhte ein einzelnes Blitzgerät unter und über der Kamera die Lichtausbeute; bei stärkerer Tageslichtbelichtung hätte das Ergebnis nicht so befriedigt.
Bronica ETRC, 50 mm, 1/125 sec, Blende 8, Ektachrome 64, 81 C auf Blitzgerät

Ringblitz

Wenn Sie die Modefotos in Zeitschriften genauer ansehen, werden Sie feststellen, daß der vorherrschende Beleuchtungsstil für Schönheitsfotos relativ schattenloses Licht aus einer Position in Kameranähe ist. Für eine solche Beleuchtung brauchte man früher ein aufwendiges Arrangement von großflächigen weißen Aufhell- oder Streuschirmen. Durch eine neue Entwicklung, den Ringblitz, ist dies überflüssig geworden. Zunächst für Makroaufnahmen im Bereich der Medizin und Industrie gedacht, wurde er immer mehr von Modefotografen übernommen. Ein Ringblitz ist extrem leicht zu transportieren, benötigt nur ein kleines Netzgerät und besteht aus einer ringförmigen Blitzröhre, die an der Kamera befestigt ist und das Objektiv umschließt. Er spendet klares Licht, das seine eigenen Schatten aufhellt. Da sich die Lichtquelle in Objektivnähe befindet, geschieht es häufig, daß das Augeninnere des Modells aufleuchtet und der sogenannte »Kaninchenaugeneffekt« erzeugt wird, der vor allem bei Farbaufnahmen problematisch werden kann. Ich umgehe das Problem, indem ich aus einer kameranahen Position starkes Licht auf das Modell richte, wodurch sich seine Pupillen zusammenziehen.

Auch wer keinen Ringblitz besitzt, kann prinzipiell mit dieser Beleuchtungsart experimentieren. Dazu brauchen Sie nur vier halbverspiegelte Haushaltsglühlampen in Aluminiumreflektoren, die Sie um das Objektiv herum anordnen.

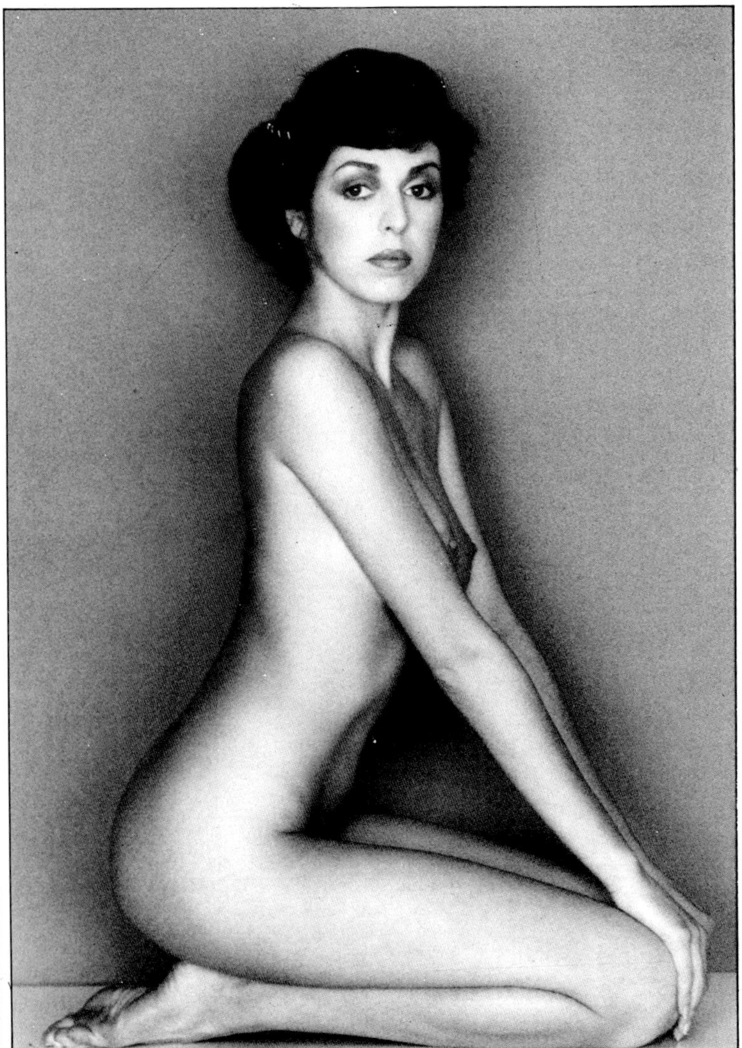

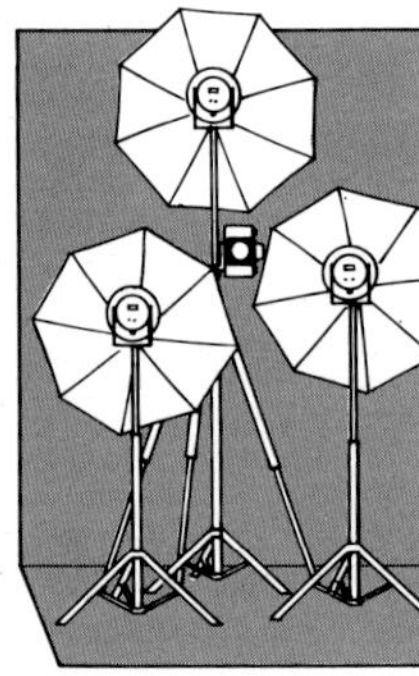

◁ **Ring aus Schirmen**
Die dichte Gruppierung dreier Lichtschirme, durch deren Mitte ich hindurchfotografierte, erzeugten den Ringlichteffekt bei dieser Kunstlichtaufnahme. Ich forcierte einen empfindlichen Film um eine Stufe und entwickelte ihn länger, wodurch der Kontrast verstärkt wurde.
135 mm, 1/125 sec, Blende 5,6, HP5, Weichzeichner

Kameraringblitz ▷
Für diese Aufnahme benützte ich einen professionellen Ringblitz. Da ich mit Weitwinkelobjektiv aus geringer Bodenhöhe fotografierte, wurde die Größe des Modells übertrieben dargestellt. Die Struktur in den Lichtern auf Haut und Ziegelmauer war durch ein schwaches, weichzeichnendes Filter gemildert. Das Negativ wurde leicht unterbelichtet und unterentwickelt, damit die Details in den Glanzlichtbereichen nicht verlorengingen.
Bronica ETRC, 50 mm, 1/125 sec, Blende 8, FP4, Weichzeichner

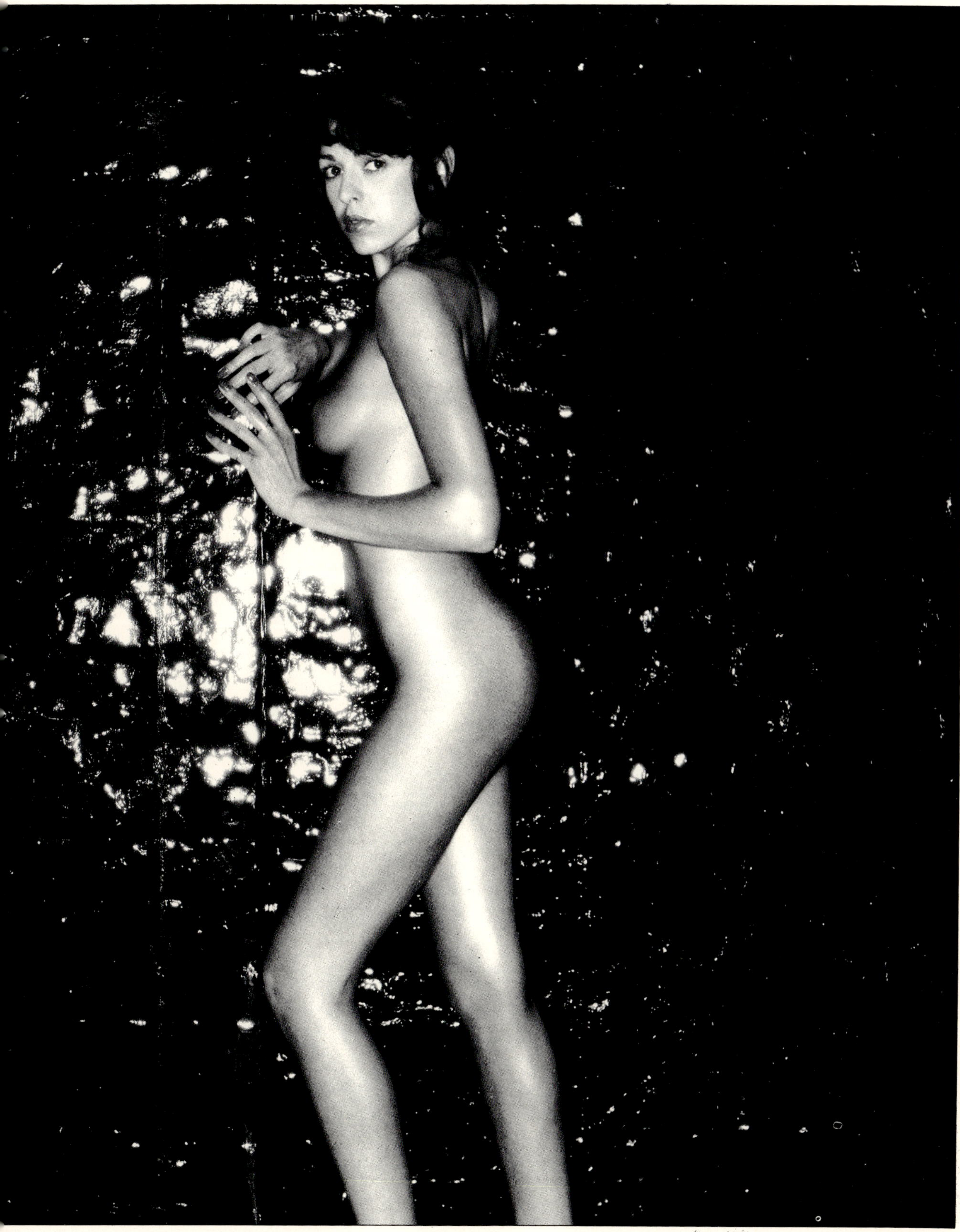

Studioblitz-Technik

Damit die scheinbar so einfachen Studiobilder, die man oft in Modezeitschriften findet, gelingen, braucht man in Wahrheit eine recht vielseitige Ausrüstung. Am wichtigsten ist ein Studioblitzgerät mit sehr hoher Leistung, mit dem man weite Bereiche abdecken kann und das weiches Dauerlicht und gleichbleibende Farbtemperatur liefert.

Wenn Sie ein Aktmodell zu Hause oder unter verhältnismäßig beschränkten Platzverhältnissen fotografieren, empfiehlt sich ein Netzblitzgerät mit zwei Reflektoren von jeweils etwa 500 Joule Leistung und einem Einstellicht, das proportional zur Reflektorleistung geregelt werden kann. An dem Gerät sollte man auch einen Streuschirm und einen Tubusvorsatz für Scheinwerfereffekte befestigen können. Persönlich ziehe ich kleinere Geräte vor, bei denen sich der Blitzgenerator im selben Gehäuse befindet wie die Blitzröhre und nicht getrennt in einem Kasten auf dem Boden untergebracht ist. Doch für welchen Gerätetyp Sie sich auch entscheiden, Sie werden den großen Einsatzbereich von Studioblitzgeräten schätzen lernen – angefangen mit weichem Aufhellicht bei starkem Sonnenschein bis hin zu stroboskopischen Bildern mittels Mehrfachblitztechnik.

Simulierte Natur ▽
Drei starke Netzblitzgeräte (Abbildung unten) schufen bei dieser Studioaufnahme den Eindruck, als sei sie im Freien entstanden. Nahtloser Papierhintergrund, schattenfrei beleuchtet, simuliert den Himmel, und die kräftigen Schatten der Palme erwecken den Eindruck von Sonne.
105 mm, 1/125 sec, Blende 8, Kodachrome 25, 81C

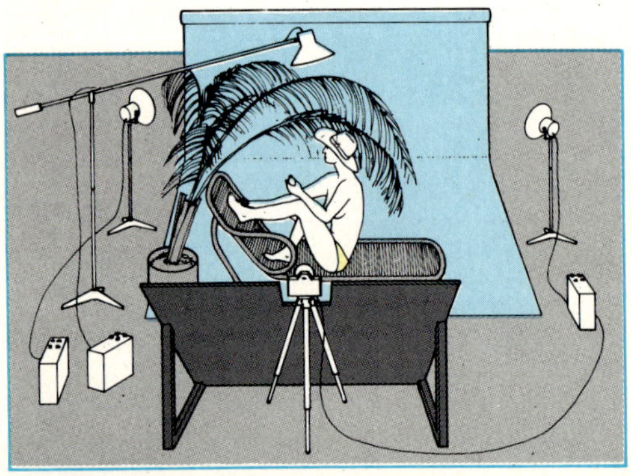

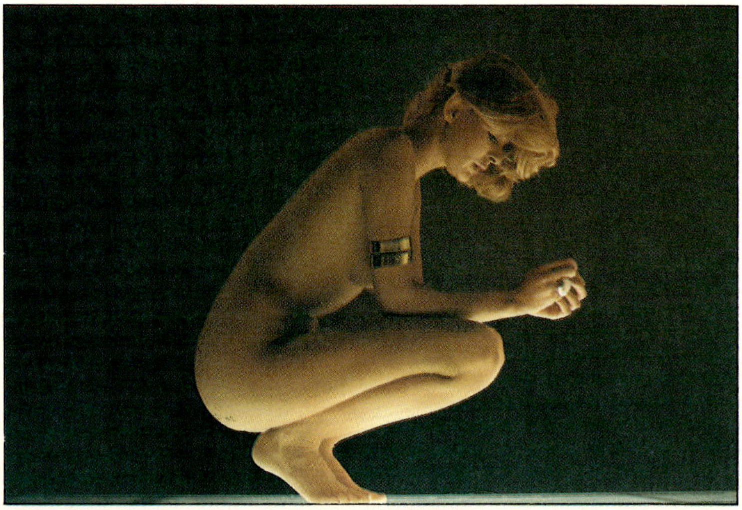

Lichttisch △
Zuerst wurde die Glasplatte eines modernen Tisches mit Transparentpapier unterlegt, dann ein Studioblitzgerät daruntergestellt und nach oben auf das Modell gerichtet; von der Kamera wurde es durch schwarzen Karton abgeschirmt. Zusätzliches schwaches Aufhellicht aus einem Schirmblitz beleuchtete Hintergrund und Schattenbereiche des Körpers.
50 mm, 1/125 sec, Blende 8, Kodachrome 25, 81EF

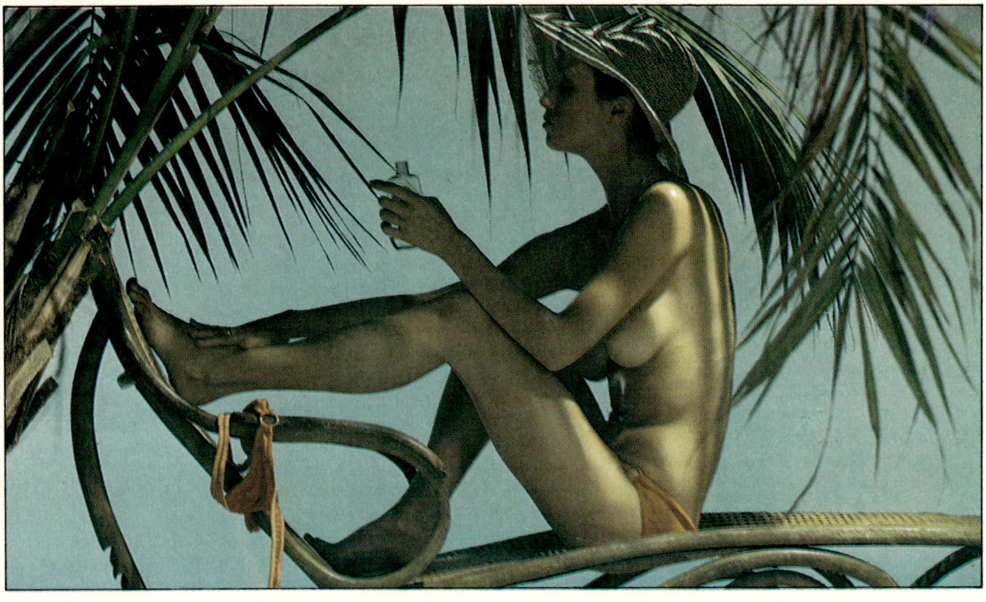

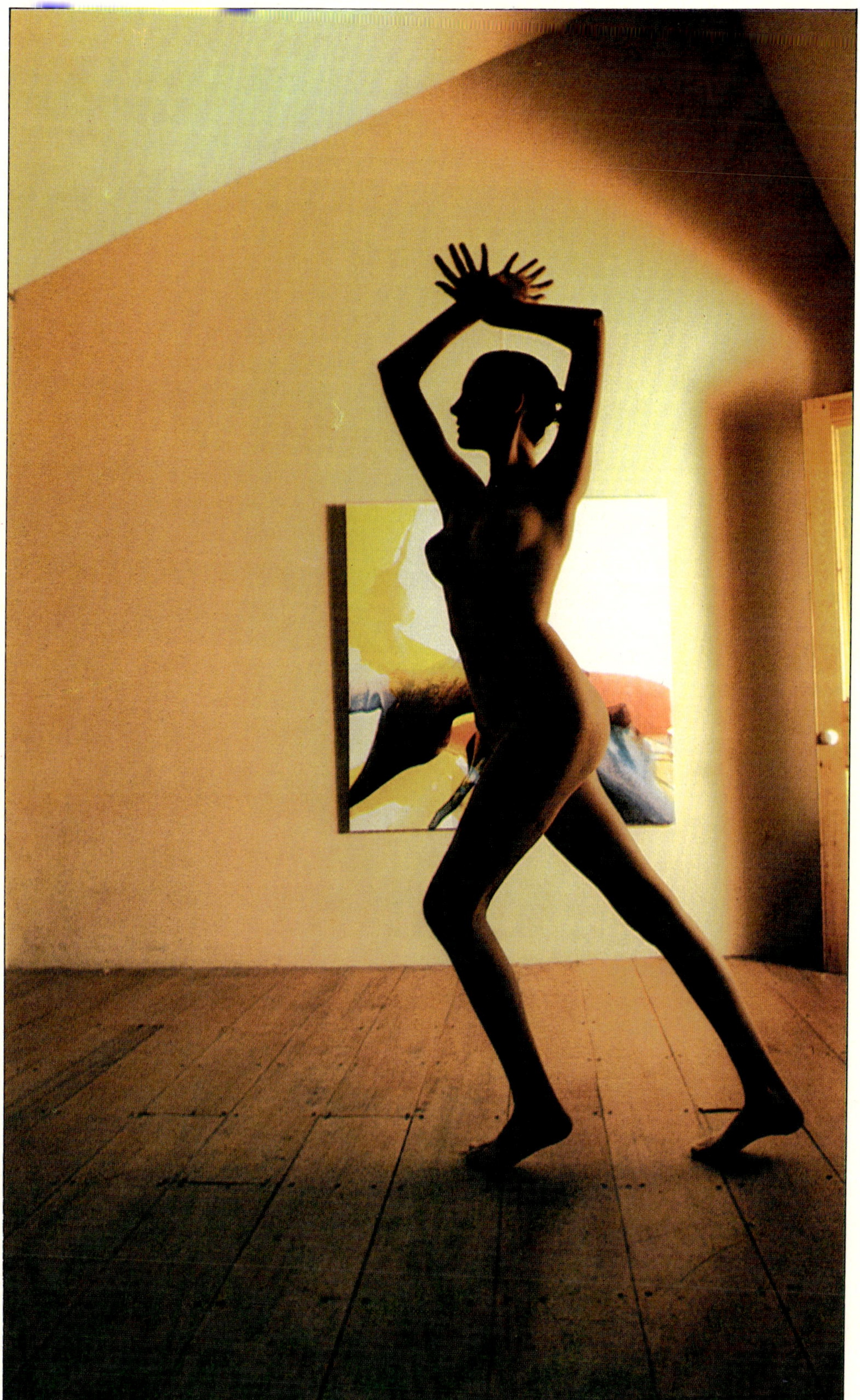

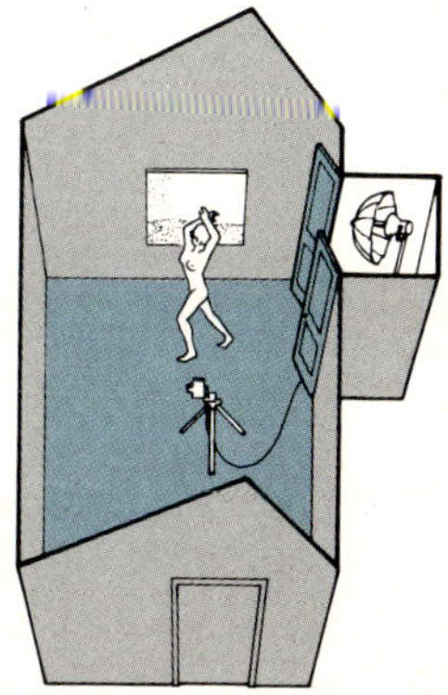

◁ **Weicher Blitz**
Die hohe Leistung eines Schirmnetzgeräts machte es mir möglich, die Lichtquelle in einem Wandschrank aufzustellen. Das von seinen weißen Wänden in den Raum reflektierte Licht setzte dem Gemälde Lichter auf und beleuchtete das Modell von hinten (Abbildung oben). Die Schranktüren steuerten den Lichtstrahl und ließen so das Modell als Silhouette erscheinen, was die Spannung im Bild verstärkt. *28 mm, 1/125 sec, Blende 5,6, Kodachrome 25, 81A, 10 CC purpur*

Sprache des Schwarzweißbildes

Aktmotive und Schwarzweißfotografie passen ideal zusammen, denn sowohl Beleuchtung als auch Vergrößerung können verhältnismäßig leicht künstlerisch manipuliert werden. Wenn Sie Zugang zu einer Dunkelkammer haben oder selbst eine besitzen, können Sie mit Vergrößerungstechniken das Bild Ihrer Auffassung entsprechend weitgehend beeinflussen.

Schwarzweißakte sind kein kümmerlicher Abklatsch von farbigen Akten – im Gegenteil. Entscheidend ist jedoch, daß Sie ein Bild im Hinblick auf seine Tonwerte aufbauen. Es ist nicht schwierig, durch die Steuerung von Ton und Kontrast während des Fotografierens und bei der Weiterverarbeitung gewünschte Effekte herzustellen. Stimmungen kann man durch unterschiedliche Betonung von Tonwerten – hell, mittel oder dunkel – wiedergeben. Wenn Sie Ihren Film nicht selbst entwickeln und vergrößern, können Sie Ihrem Fotolabor genaue Anweisungen geben, wie er zu behandeln ist.

Meist empfiehlt es sich, den Tonaufbau vor der Aufnahme festzulegen. Trotzdem sollte man nach Zufallskonstellationen Ausschau halten. Insgesamt helltonige Bilder bezeichnet man als »high key«-, dunkeltonige als »low key«-Aufnahmen. Wenn Sie ein Bild in hellen Grautönen und weiß halten, größere Dunkelbereiche vermeiden und mit relativ schattenlosem Licht und großzügiger Belichtung arbeiten, wird es eine beinahe duftige Qualität bekommen. Die Stimmung von »low key«-Bildern ist schwerer; oft genügen dafür schon ein oder zwei nicht abgeblendete Hintergrund- oder Seitenleuchten, die so aufgestellt sind, daß die Figur von Glanzlichtern umrahmt, der Hintergrund jedoch kaum mitbeleuchtet wird. Auch ein gewisses Maß an Unterbelichtung kann die Atmosphäre verdichten.

Kontraste wirken sich ebenfalls auf die Stimmung aus. Harmonische, nuancenreiche Grautöne erzeugen eine ruhigere Stimmung als spannungsvolle, dramatische Gegensätze von schwarz und weiß. Entscheiden Sie sich für die Stimmung, die in Ihrem Bild vorherrschen soll, und wählen Sie dann Licht und Bildinhalt entsprechend den beabsichtigten Kontrasten aus. Wollen Sie starke Kontraste, verwenden Sie hartes Licht aus einer Punktlichtquelle nicht zu nahe der Kamera, um die Unterschiede der verschiedenen Töne stärker herauszuarbeiten. Dagegen wird weicheres, reflektiertes Licht in Kameranähe die Kontraste mildern. Filmwahl, Belichtungseinstellung, Filmentwicklung und Vergrößerungspapiere können zusätzlich Einfluß auf den Kontrast nehmen. Ein Anfänger der schwarzweißen Aktfotografie sollte vor allem daran denken, daß die Töne im Bild dem Betrachter sofort die Stimmung vermitteln sollen, sei sie leicht und fröhlich, düster oder geheimnisvoll. Alle Arten von Beeinflussung sind zugelassen – nur überlassen Sie es nie der automatischen Kamera, ein zwar technisch korrektes, aber langweiliges Bild zu machen, das weder Ihre Absicht, noch Ihre Gefühle erkennen läßt.

»High key« ▽
Diese »high key«-Stimmung fotografierte ich in einem weißgestrichenen Landhausschlafzimmer mit weißem Boden und reichlich weichem reflektierten Licht aus Fotolampen. Das Modell trug ein weißes Tuch um den Kopf, um sein dunkles Haar zu verbergen.
28 mm, 1/60 sec, Blende 5,6, HP5

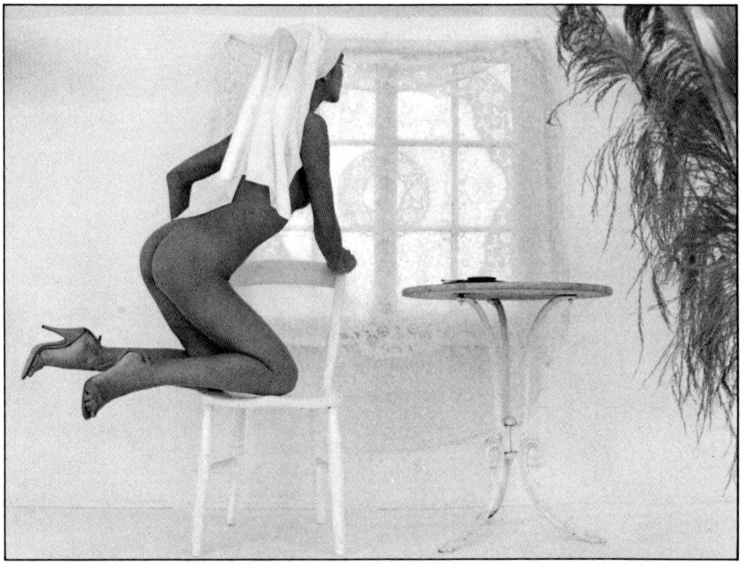

»Low key« ▷
Ich stellte meine Hauptlichtquelle hinter dem Modell auf und richtete sie abgeblendet auf die Kamera. Bei solchen Glanzlichtaufnahmen darf nicht überbelichtet werden, damit die Feinabstufungen innerhalb der Lichter erhalten bleiben.
Bronica ETRC, 150 mm, 1/8 sec, Blende 5,6, FP4, Weichzeichner

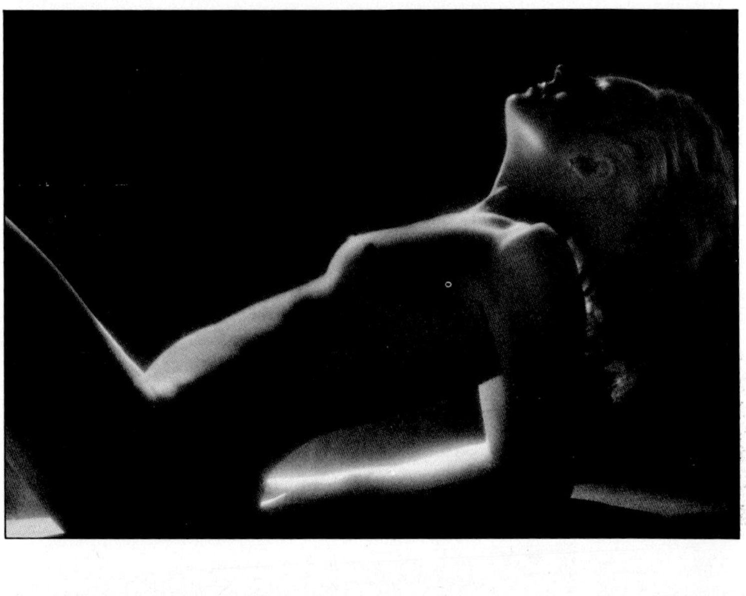

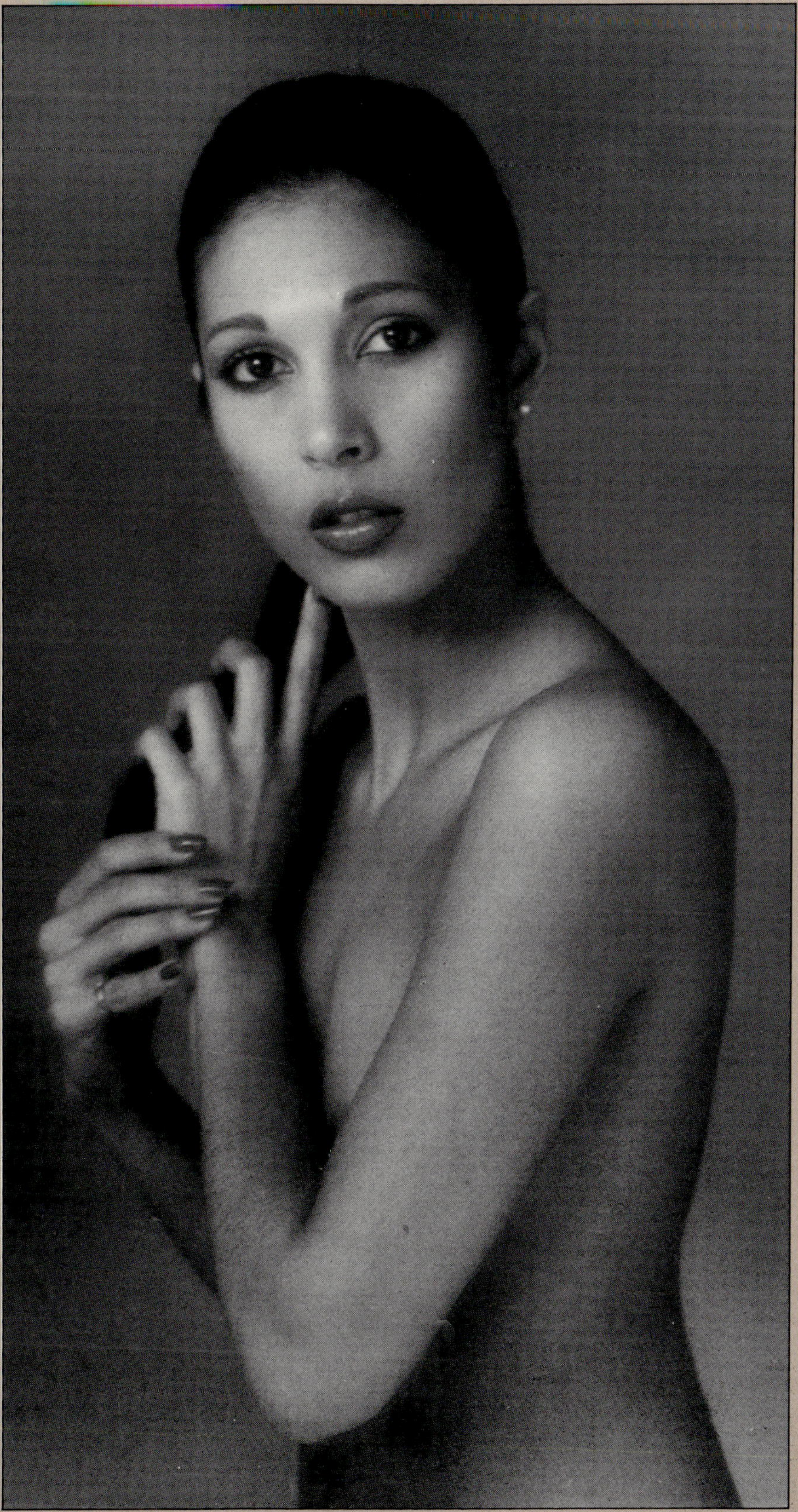

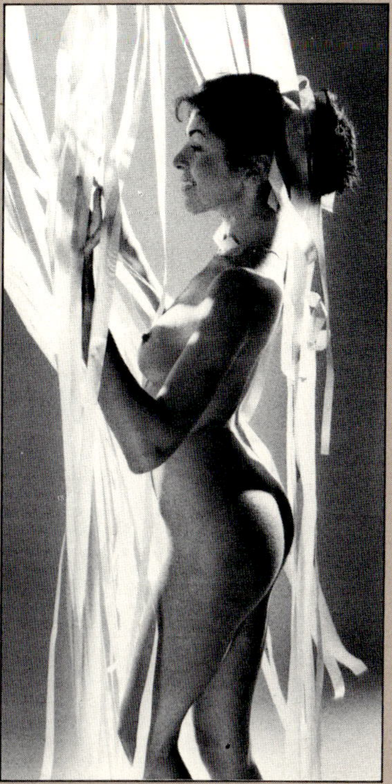

Kontrastierende Töne △
Weiße Satinbänder, hell beleuchtet und durch Blitzlicht vor dem dunklen Hintergrund »eingefroren«, sorgten für diesen natürlichen Kontrast. Leichte Unterbelichtung und Überentwicklung führten zu dem betonten Gegensatz von hellen Lichtern und Schatten.
150 mm, 1/125 sec, Blende 4, HP5

◁ **Mittlere Grautöne**
Die ruhige Ausstrahlung des Mädchens verlangte nach einer Aufnahme in Grautönen, die diese Ruhe unterstrichen. Die Beleuchtung kam aus einem Breitstrahler, der auch den weißen Papierhintergrund mitbeleuchtete. Ich entschied mich für eine großzügige Belichtung und verkürzte die Negativentwicklung geringfügig, um den Kontrast zu drücken. Dann vergrößerte ich auf weiches Papier, um die mittleren Tonwerte noch zu unterstreichen.
Bronica ETRC, 150 mm, 1/15 sec, Blende 5,6, HP5

Sprache der Farbe

Farbe in der Aktfotografie hat einen emotionalen Wert, den man gar nicht hoch genug einschätzen kann. Durch gezieltes Einsetzen von Farbelementen kann man aus einfachem Grundmaterial aufregende Bilder machen, indem man die oft sehr komplexe Mischung der in der Wirklichkeit auftretenden Farben vereinfacht. Kräftige Kombinationen von Grundfarben oder auch eine sensible Zusammensetzung von Nuancen und Tönen einer einzigen Farbe können sehr effektvoll sein. Überlegen Sie sich vorher, auf welche Art Sie Ihre Aussage besser vermitteln können. Als Faustregel kann gelten, daß die meisten Aktfotos von einer vorherrschenden Hauptfarbe (im Höchstfall zwei), die durch kleine Tupfer einer kontrastierenden Farbe zusätzlich Gewicht bekommt, profitieren.

Heute sind extrem genaue Farbaufnahmen möglich, aber in der Aktfotografie, in der sich eher Gefühle als exakte Wirklichkeit wiederspiegeln sollen, geht es um die durch die Farbe vermittelte Stimmung, weniger um wissenschaftliche Genauigkeit. Wenn ich ein Foto konzipiere, gilt eine meiner ersten Überlegungen dem »Farbgefühl«. Der Farbauswahl sind oft praktische Grenzen gesetzt, aber durch die Beleuchtung kann man vieles ausgleichen. Taucht man zum Beispiel eine Farbe in helleres Licht, wird sie schwächer, ähnlich wie der Zusatz von Weiß eine Farbe heller macht. Entsprechend wird eine Farbe dunkler, wenn man weniger Licht darauf fallen läßt.

Eine weitere Auswirkung auf Ihre Bilder hat die Intensität, mit der ein Farbfilm Farbe wiedergibt. Das bezeichnet man als den Sättigungsgrad; er ist bei höherempfindlichen Filmen geringer als bei niederempfindlichen.

Kontrastierende Grundfarben ▷
Der Schirm auf diesem Bild ist mehr dem Zufall als vorheriger Planung zu verdanken – mein Assistent gab ihn dem Modell als Sichtschutz, als sich uns ein Lastwagen näherte. Mir gefiel die Wirkung so gut – das blendende Weiß bricht die aggressive Farbmischung – daß ich den Schirm mit aufs Bild nahm.
50 mm, 1/125 sec, Blende 8, Kodachrome 25, Polarisationsfilter

Harmonisierende Farben ▽
Mit dem braunen Sofa als Hintergrund für das Modell in seinem hellroten Slip kam es, aufgrund der Vermittlung zwischen beiden Farben durch die warme, späte Nachmittagssonne, zu einer harmonischen Wirkung, die durch die sanfte Farbwiedergabe des empfindlichen Films noch verstärkt wurde.
105 mm, 1/125 sec, Blende 8, Ektachrome 200

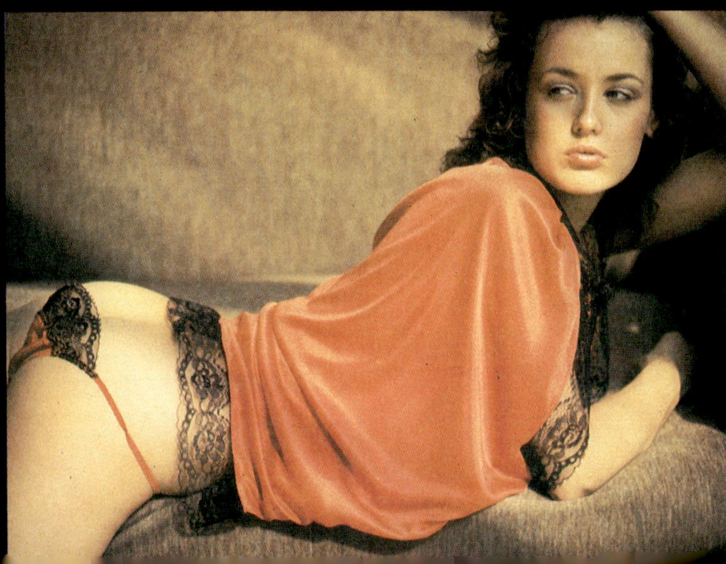

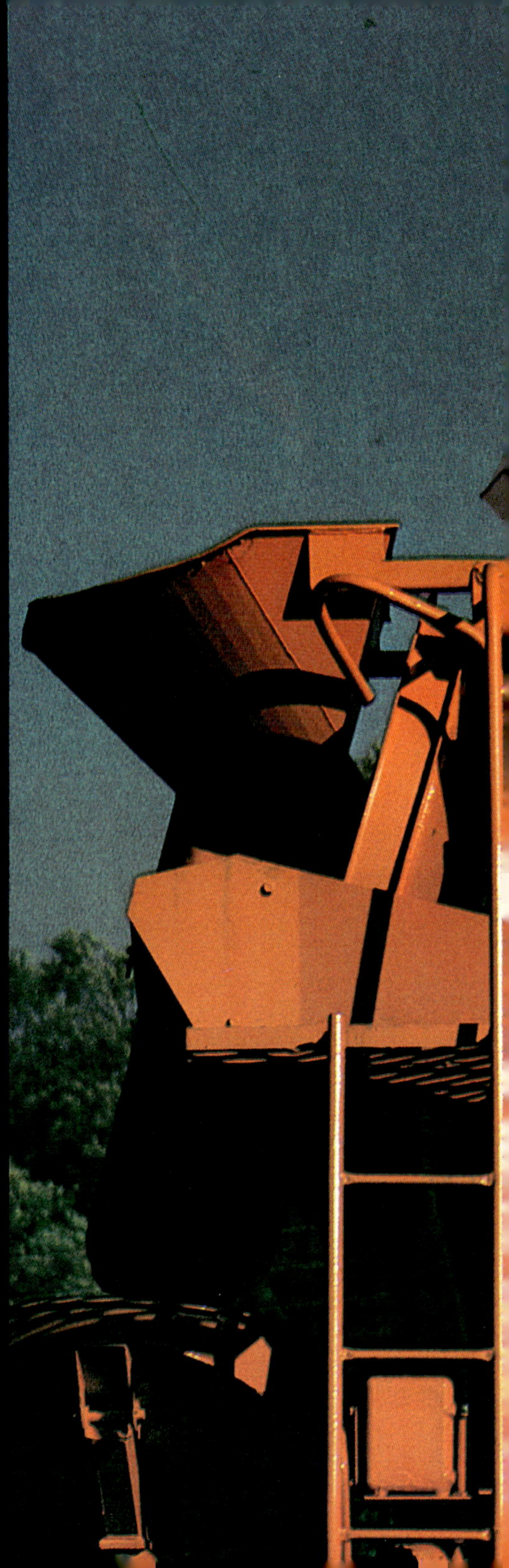

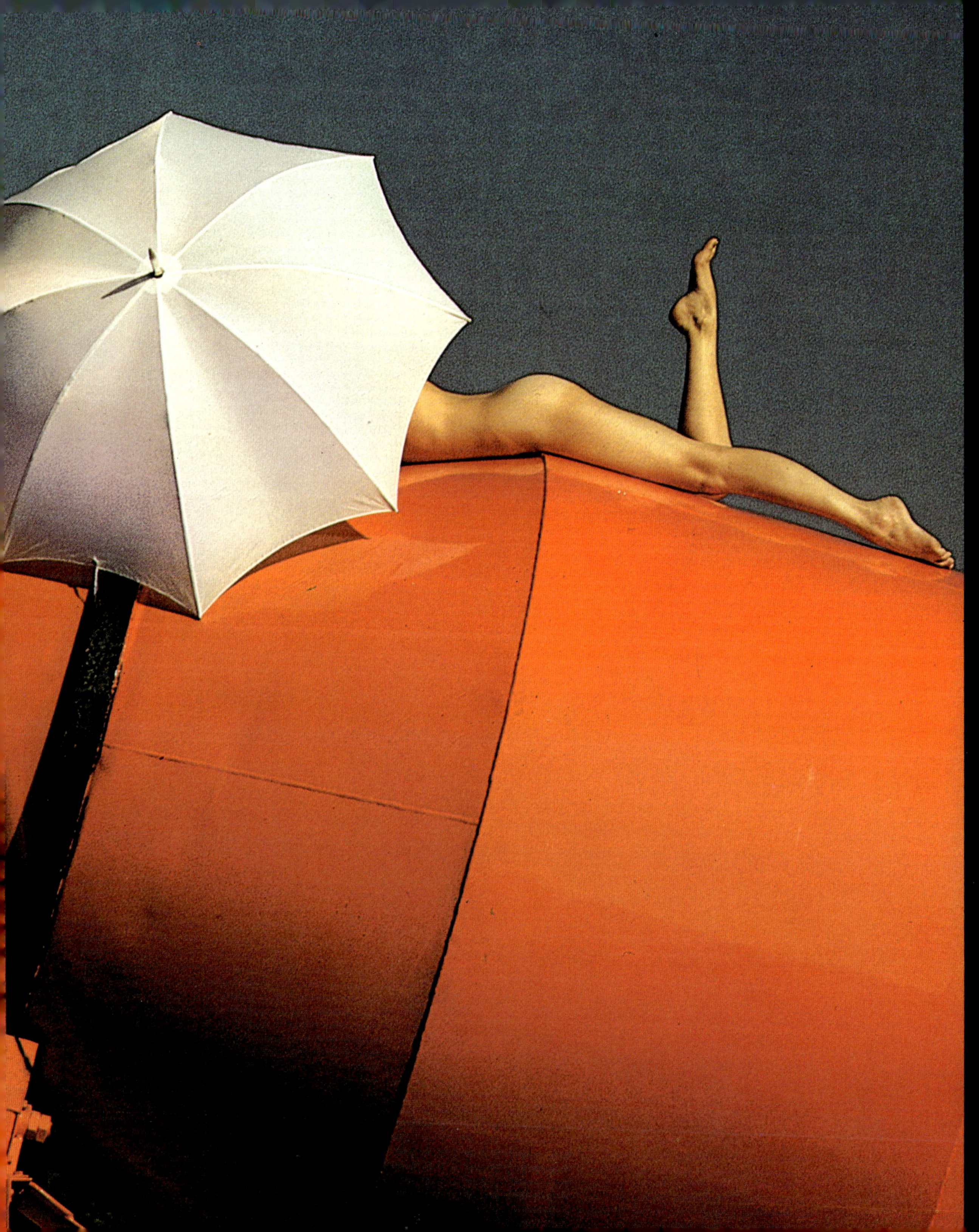

Möglichkeiten in Schwarzweiß

Wenn Sie mit Ihrem Modell eine fotografische Sitzung besprechen, sollten Sie bereits Ideen und Vorstellungen mitbringen. Manche Bildideen ergeben sich aus Beschränkungen durch äußere Umstände, die Sie in einen Vorteil verkehren können. Zum Beispiel kann es sich bei der Vorbereitung von Innenaufnahmen zeigen, daß Sie die Lebhaftigkeit Ihres Modells nur mit empfindlichem Film bei kurzen Belichtungszeiten einfangen können. Arbeiten Sie in diesem Fall bei weichem, gleichmäßigen Licht und entwickeln Sie Ihren Film in verdünntem Papierentwickler; er erhöht den Kontrast und erlaubt forcierte Entwicklung um zwei oder drei Werte, was wiederum zu größerem Korn führt.

Bei niederempfindlichen Schwarzweißfilmen ist der Kontrast extrem hoch und das Korn nahezu unsichtbar, während empfindliche Filme meist geringere Kontraste, dafür ein gröberes Korn aufweisen. Zusätzlich gibt es noch die Gruppe der neuen silberfreien Filme mit ihrem extrem hohen Belichtungsspielraum.

Machen Sie sich mit den Eigenschaften von ein oder zwei verschiedenen Schwarzweißfilmen vertraut, indem Sie Ihre Erfahrungen und Versuchsergebnisse notieren. Verlängern Sie zum Beispiel die vom Hersteller empfohlenen Entwicklungszeiten (vor allem bei Bildern, die bei extremen Licht- und Schattenverhältnissen entstanden sind) und schaffen Sie so harte Schwarzweißflächen. Diese hochkontrastigen Bilder ohne Mitteltöne wirken immer dann gut, wenn die Motivzeichnung einfach ist und das Bild insgesamt aus Tonblöcken besteht. Es kann später noch in der Dunkelkammer verändert werden, wenn man ungewöhnliche Effekte wünscht.

Improvisiertes Korn ▽
Technische Verbesserungen selbst der empfindlichsten modernen Schwarzweißfilme haben dazu geführt, daß grobes Korn eine nur noch selten anzutreffende Eigenschaft ist. Hier habe ich »geschwindelt« und ein im Handel erhältliches Kornraster mit einem stark kontrastreichen Foto zusammenmontiert und dann auf hartes Papier vergrößert.
50 mm, 1/15 sec, Blende 5,6, Tri-X

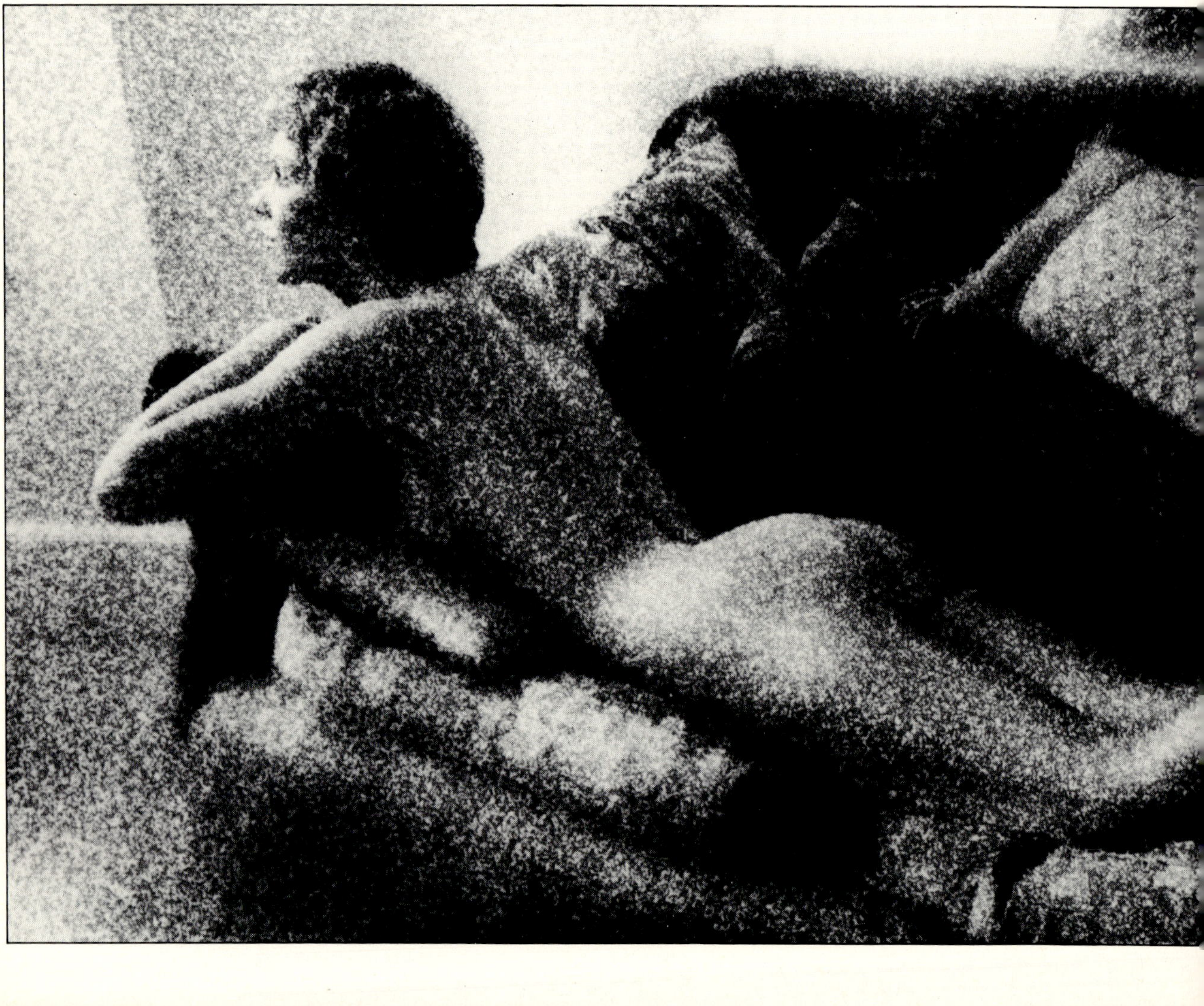

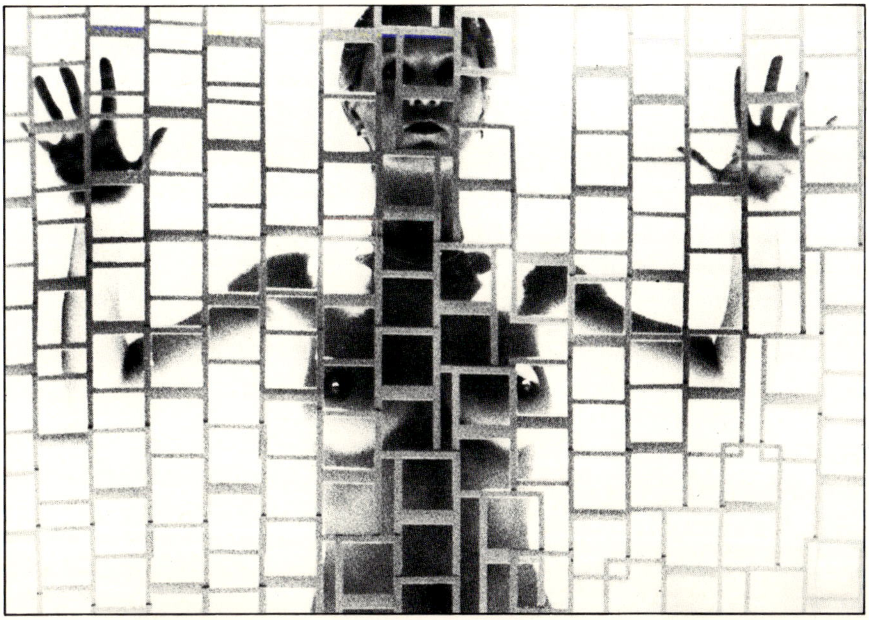

◁ Geheimnisvolle Tongebung
Eine größere Palette an Grautönen hätte dieser Studioaufnahme einen Teil ihrer Atmosphäre und Spannung genommen. Ich belichtete das Negativ nur kurz und verlängerte die Entwicklungszeit, damit ich ein sehr kontrastreiches Bild mit noch einigen Mitteltönen erhielt. Dadurch wirkten die Kartonrahmen, die ich zu einem Vordergrundgitter für das Modell zusammengesteckt hatte, noch stärker.
105 mm, 1/60 sec, Blende 5,6, HP5

Keine Mitteltöne ▽
Eine fein abgestufte Palette mittlerer Grautöne mag zwar technisch korrekt sein, aber darüber darf man nicht die Aussagekraft tiefschwarzer und weißer Bildbereiche, vor allem in der Aktfotografie, übersehen. Hier ließ ich helles, sonniges Tageslicht von vorne auf das Modell fallen und über einen Spiegel auf seinen Rücken reflektieren. Da ich keinen Aufhellschirm in Kameranähe benutzte, blieben die Schattenbereiche schwarz.
105 mm, 1/125 sec, Blende 11, HP5

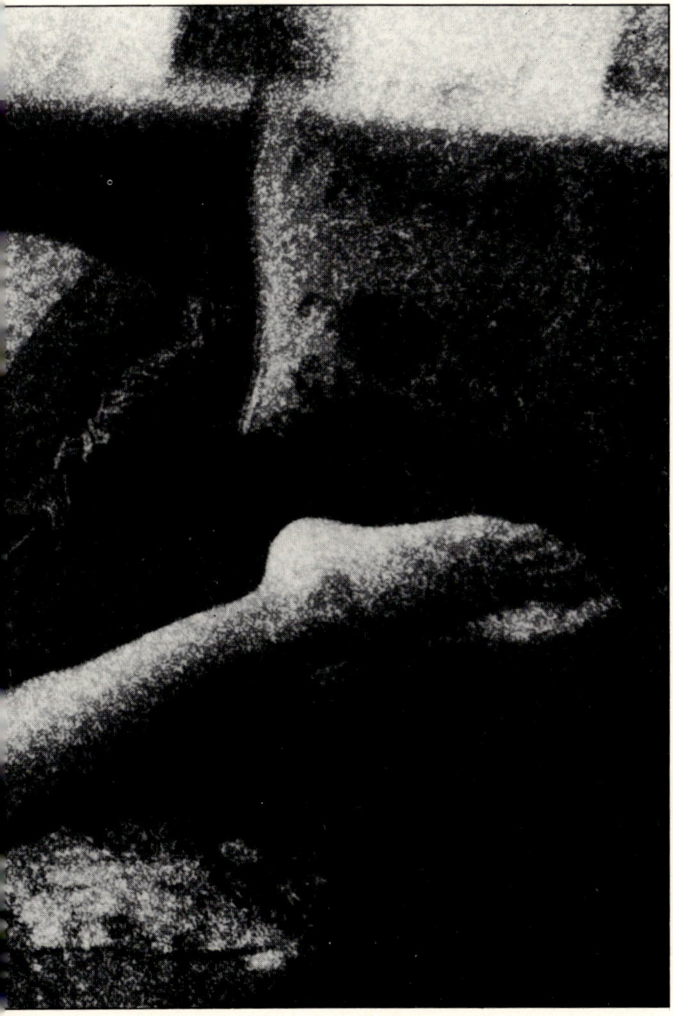

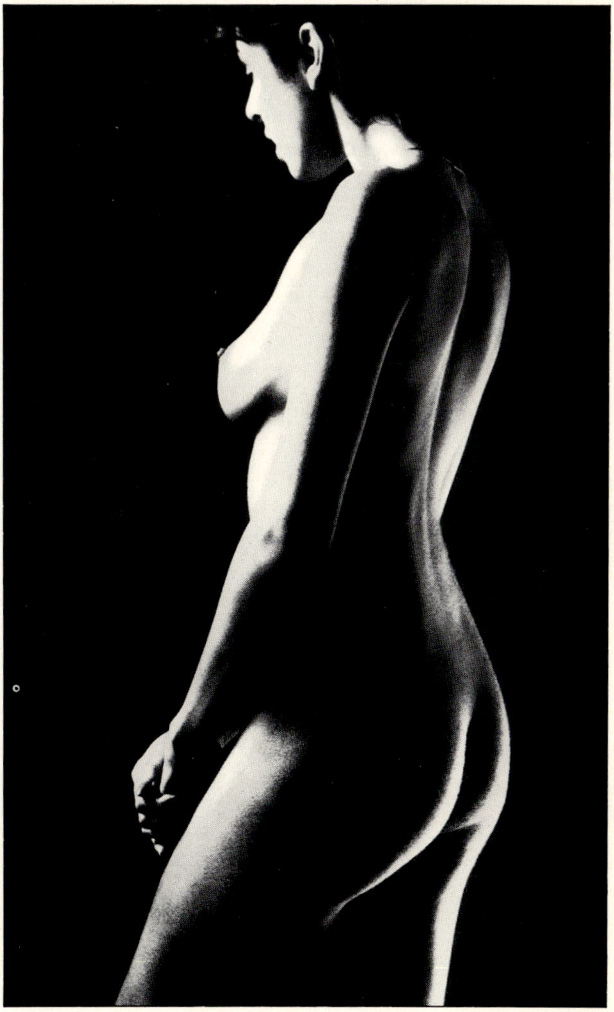

Gezügelte Farbe

Der Aktfotograf erschafft nicht, er zeichnet auf. Jedoch kann er im Rahmen seines gewählten Motivs und auf die Weise, wie er es in Beziehung zu seiner Umgebung setzt, sein Farbgefühl durch den bewußten Einsatz von Licht, Filmart und Requisiten ausdrücken. Die zurückhaltenden Farben auf diesen Seiten sind das Ergebnis zweier ganz unterschiedlicher Techniken. Aber beiden gemeinsam ist die sorgfältige Planung des Farbgehalts vor der tatsächlichen Aufnahme. Wenn ich mir ein Bild vorstelle, achte ich immer sehr darauf, Farben und Töne mit dem vorhandenen Licht und dem verwendeten Filmtyp in Beziehung zu setzen.

Filme haben je nach Lichtempfindlichkeit und Fabrikat ein sehr unterschiedliches Farbverhalten, und die richtige Filmauswahl wird die zurückhaltende Farbgebung in Ihrem Bild unterstreichen. Ich fotografiere meist mit Kodachrome 25, der sich nicht durch gedämpfte Farbwiedergabe auszeichnet. Deshalb muß ich auf Requisiten und Umgebung besonders großen Wert legen.

Ich beginne mit ein oder zwei Gegenständen, die die richtige Farbe haben, und bitte dann das Modell oder meinen Stylisten, Kleider und andere Accessoires in harmonisierenden Farben zu suchen. Farbe ist jedoch nicht der einzige Gesichtspunkt, wenn man eine gedämpfte Bildwirkung beabsichtigt. Ich versuche, die im Bild auftretenden Töne zu begrenzen, indem ich sie entweder auf hellere oder dunklere Nuancen oder, noch besser, auf einen mittleren Tonbereich beschränke. Dadurch werden harte Kontraste vermieden, die die Stimmung zerstören würden.

Der Lohn dieser Sorgfalt sind eine ruhige, harmonische Bildatmosphäre und feine Farbbeziehungen, die jetzt noch ebenso sorgsam auf Film aufgezeichnet werden müssen. Dabei ist vor allem die Auswahl des Farbkorrekturfilters wichtig.

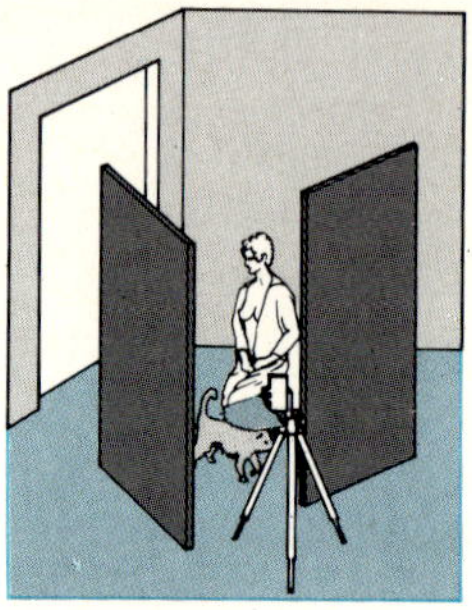

Farbe durch Filterung ▷
Da dieser Szene ursprünglich jeder positive Farbton fehlte, setzte ich eine kräftige gelb/braune Filterkombination vor mein Objektiv. Dadurch wurden vor allem die Mitteltöne im Bild, von Haut und Katze, berührt, während das weiße Negligé und der schwarze Hintergrund schwächer gefärbt wurden. Das Aufnahmelicht war Tageslicht aus einem Fenster, verbunden mit zwei Aufhellschirmen (Abbildung oben).
105 mm, 1/125 sec, Blende 8, GAF 400, Doppel 81EF

Abstimmung von Farben ▽
Ich suchte zuerst Material und Farbe für die Kissen auf diesem bei Tageslicht aufgenommenen Bild und danach die passende Bekleidung und Lidschattenfarbe des Modells aus. Da das graue Tageslicht aus einem bedeckten Himmel durch ein doppelverglastes Oberlicht fiel, entschied ich mich für ein 81A-Filter, um dem Licht mehr Wärme zu geben, und ein 10CC-Purpurfilter, um die Rosatöne im Bild zu verstärken und einem eventuellen Grünstich durch das Doppelfenster entgegenzuwirken.
50 mm, 1/60 sec, Blende 5,6, Kodachrome 25, 81A und 10CC purpur

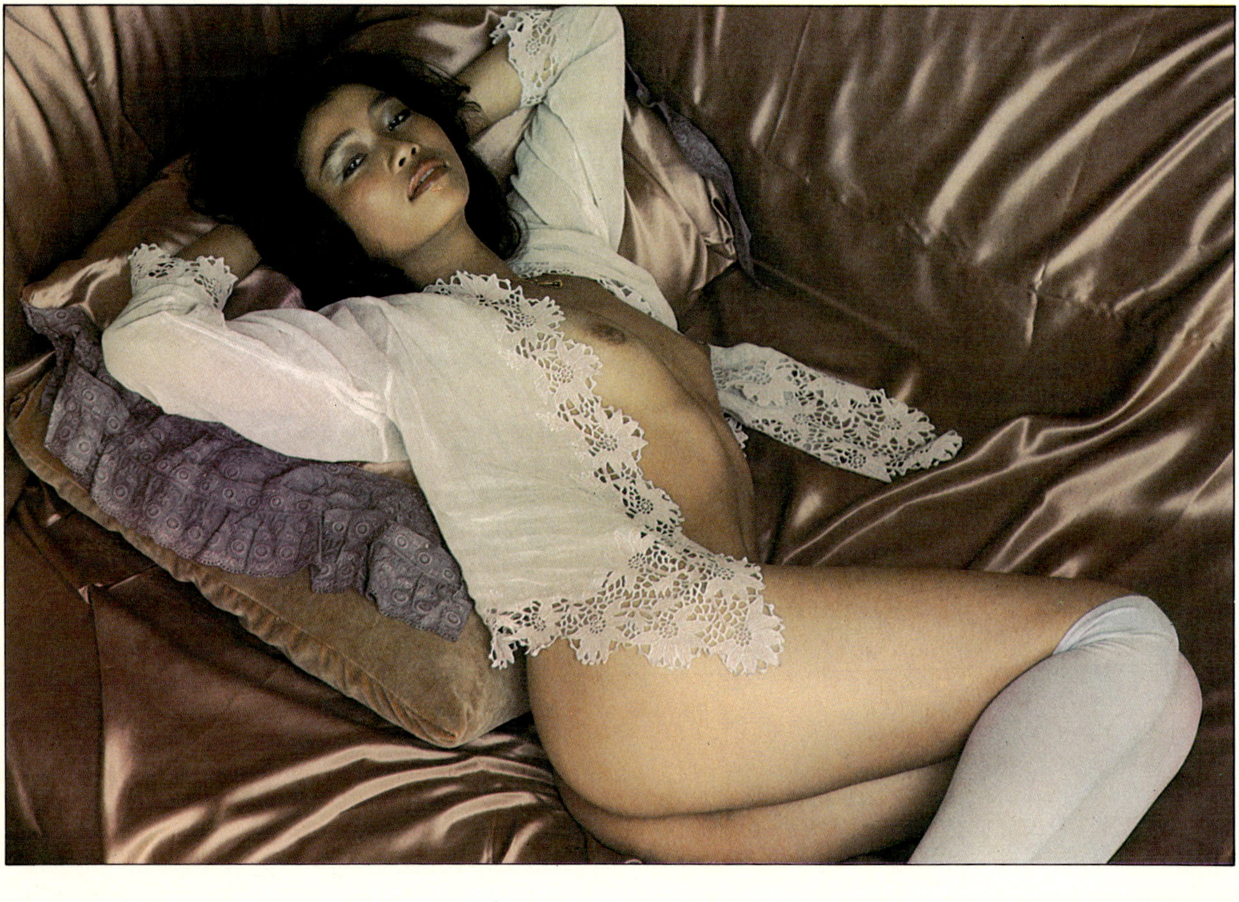

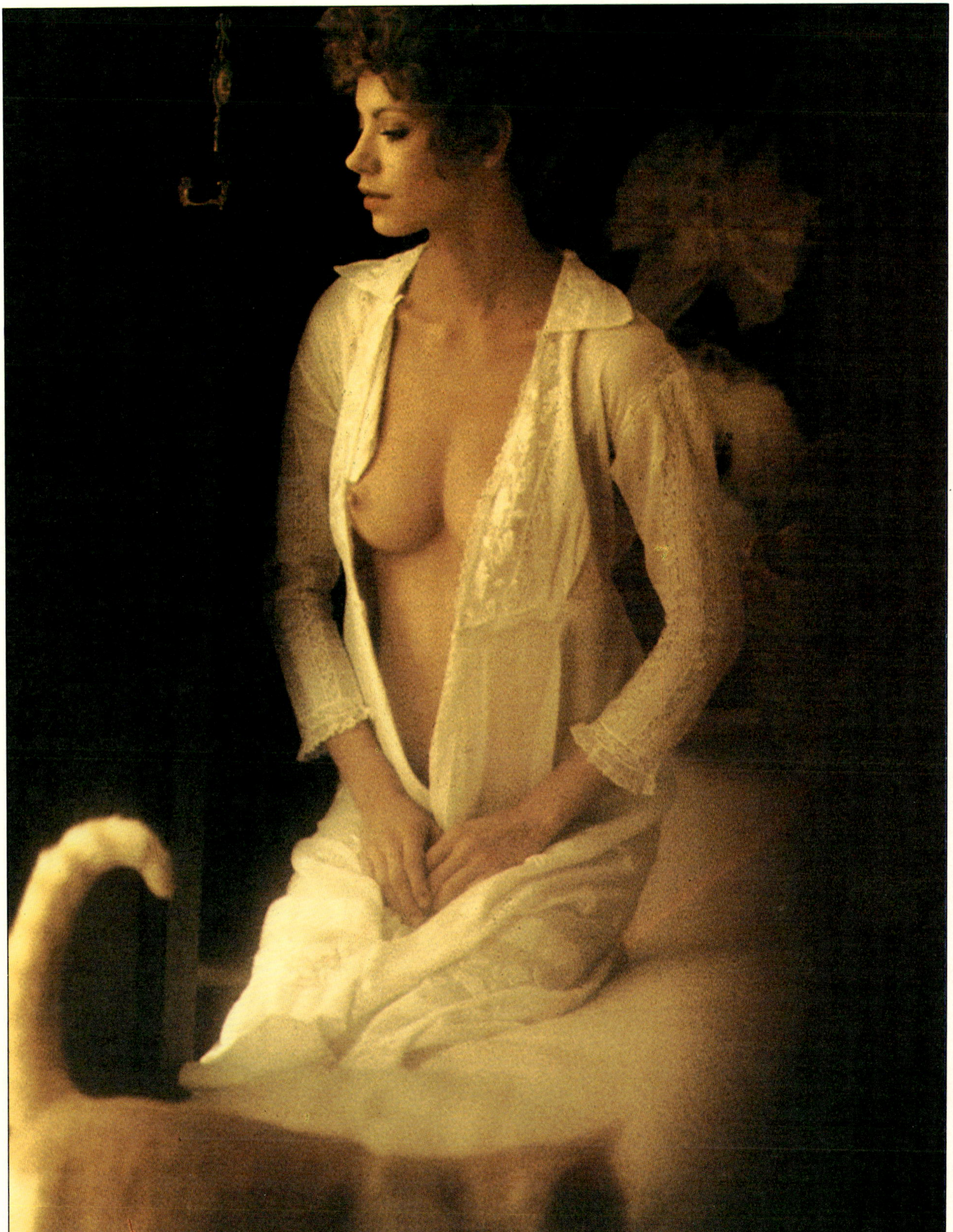

Töne einer Farbe

Frühere Farbfilme konnten die helleren Farben des Farbspektrums nicht wiedergeben; seither wurde der Übertragungsbereich von Filmen stark erweitert. Über dieser jetzt möglichen Farbbrillanz vergißt man jedoch nur zu leicht, daß klare, exakte Farben nicht für jedes Motiv ideal sind. In der Aktfotografie trifft der Spruch »weniger ist mehr« besonders häufig zu, daher sollte man den Wert gedämpfter Töne und eines begrenzten Farbspektrums nicht unterschätzen.

Kommt es auf die Vermittlung von Stimmung und nicht so sehr auf Farbgenauigkeit an, kann man dieses Ziel verwirklichen, indem man sich auf Töne nur einer Farbe beschränkt. Relativ farblose, mitteltonhaltige Motive mit einfachem Hintergrund ergeben oft gute monochromatische Bilder, die von der Beschränkung auf eine einzelne Farbe profitieren. Dazu sind starke Filterung entweder an den Lichtquellen oder der Kamera und eine großzügige Belichtungsreihe notwendig. Ein zusätzliches Nebelfilter oder ein starker Weichzeichner verstärken die Atmosphäre, jedoch muß man dabei unvermeidlich Detailverluste in Kauf nehmen. Wie bei jeder anderen Technik auch, liegt auch hier das Erfolgsgeheimnis darin, die Filter in der richtigen Situation anzuwenden.

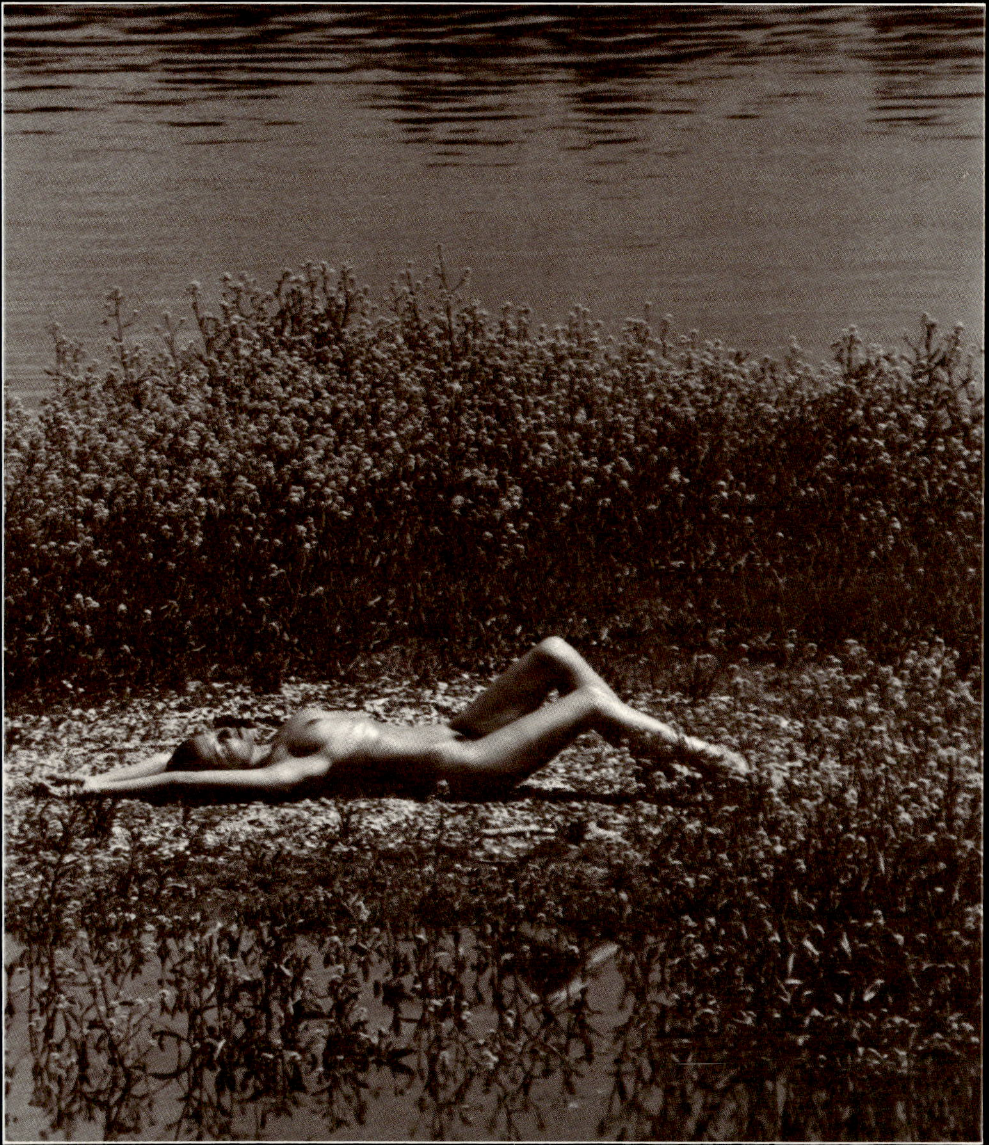

◁ **Friedliche Tonstimmung** Manche Schwarzweißfotos, meist solche mit einfach präsentierten Motiven und einem breiten Mitteltonbereich mit sparsamen Glanzlichtern und tiefen Schatten, eignen sich wunderbar für Farbtonungen in einem der vielen erhältlichen Tonbadverfahren. Dieses Bild, auf dem sich das Model auf einer Insel in der Seine sonnt, wäre nicht gelungen, hätten andere grafische Elemente Unruhe hineingebracht.
300 mm, 1/125 sec, Blende 8, HP5, Polarisationsfilter

Aufgelegte Farbe ▷ Einfache Arrangements mit einem Akt in einem kahlen Innenraum eignen sich oft gut zur Aufnahme und Ausführung in Tönen einer Farbe. Hier gelang mir mit einer Filterfolie an der Kamera eine ausdrucksvollere Wirkung als durch die Wiedergabe der vollen Farbtonskala. Der Hintergrund, ein an die Wand projiziertes Bild, harmonisiert farblich mit dem Motiv (Zeichnung unten).
50 mm, 1/4 sec, Blende 2, GAF 400, Blaufilter

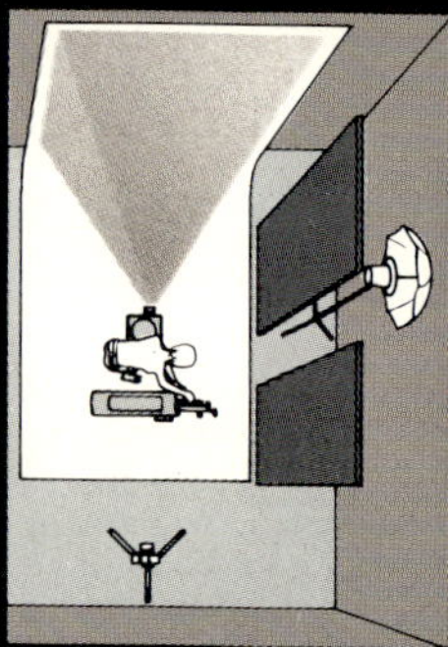

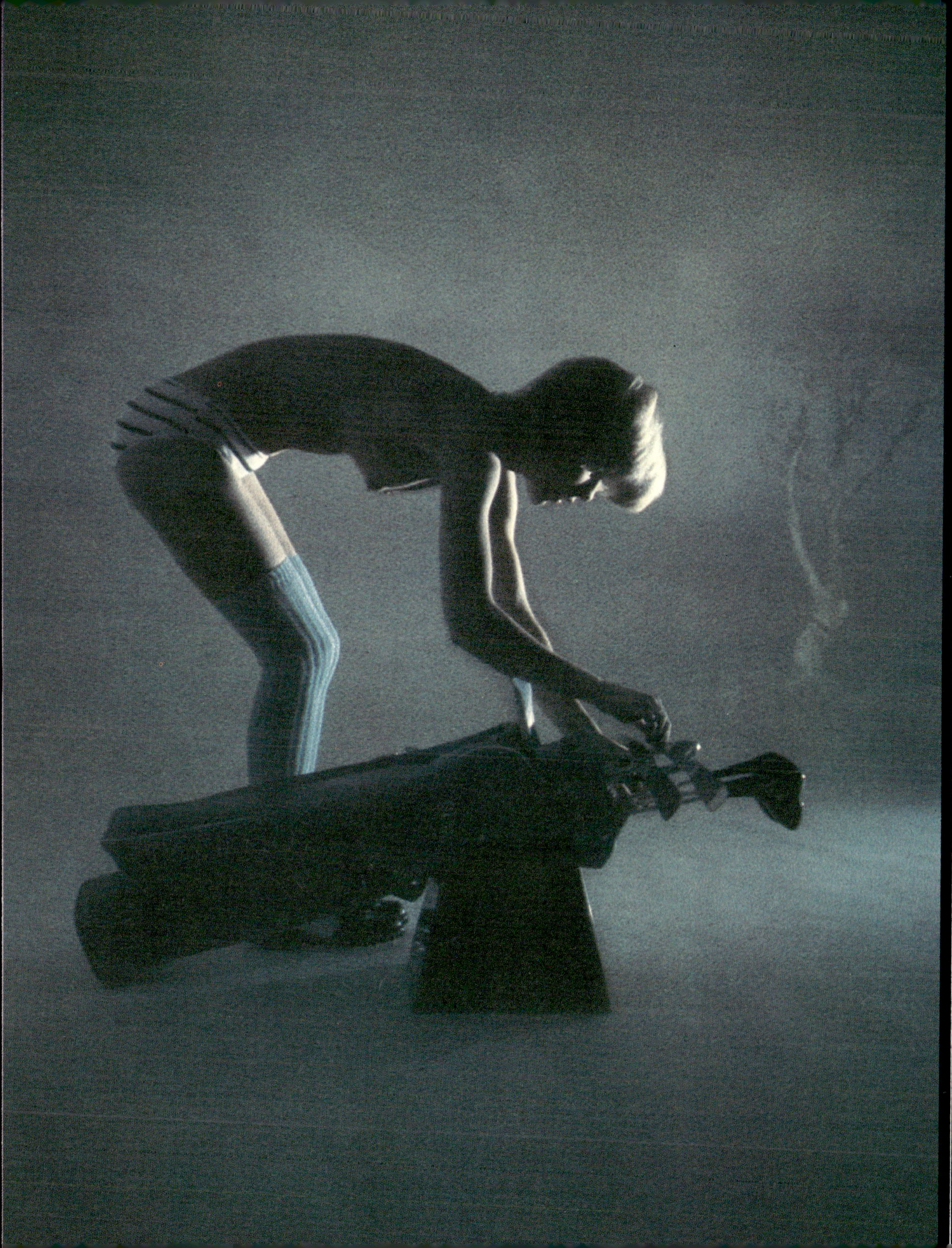

Professionelle Schwarzweißfotos

Berufsfotografen betonen immer, es sei nicht schwierig, gute Schwarzweißbilder zu machen; nötig sei nur genügend Geduld, jeden einzelnen Schritt mit größter Sorgfalt auszuführen. Man müsse Aufnahmeort, Modell, Beleuchtung und Film natürlich sehr sorgfältig wählen und auf die Art der Vergrößerung, Ausführung und Präsentation des Bildes achten. Das alles ist für einen Berufsfotografen gewohnte Routine. Er wird zum Beispiel am Ende jedes Schwarzweißfilms zwei oder drei Aufnahmen unter den gleichen Bedingungen wie die vorhergehenden Bilder machen; diese können dann von der Filmrolle abgeschnitten und als Testbilder verwendet werden, bevor der restliche Film entwickelt wird. Mit diesen Testnegativen bestimmt der Fotograf die ideale Entwicklungszeit (ein wichtiger Faktor für die Bildqualität) und nimmt entsprechende Veränderungen vor. Auch während des Vergrößerungsvorgangs belichten Berufsfotografen dasselbe Negativ manchmal auf zwei oder drei Papiere unterschiedlicher Gradation, um den gewünschten Kontrast zu bestimmen.

Zusätzliche Qualitätsverbesserung bringt auch die Sorgalt, mit der ein Fotograf das vergrößerte Foto mit Farbe – zur Bildfarbe passend – austupft, um die weißen Flecken, verursacht durch Staubkörnchen oder kleine Kratzer auf dem Negativ, auszufüllen. Für hochwertige Vergrößerungen verwenden viele Fotografen immer noch Papier auf Papierfilzbasis (Barytpapier), auf dem sie mit einem Retuschiermesser unerwünschte dunkle Bereiche, zum Beispiel Schatten unter den Augen des Modells, wegschaben können.

Schließlich ziehen Profis ihre Bilder auf steifen Karton auf oder schweißen sie zusätzlich zwischen zwei Kunststoffolien ein, um sie vor Beschädigung zu schützen.

Verwirklichung einer Vorstellung ▷
Die Intensität der Bilder in der Vorstellung des Berufsfotografen führt dazu, daß er von all seinen Mitarbeitern die Verwirklichung genau dieser Vorstellung fordert. Als ich die beiden idealen Modelle für mein Bild gefunden hatte, arrangierte ich das Licht, führte die fotografische Regie und stellte die Vergrößerung her, ohne das Bild, das ich schaffen wollte, ein einziges Mal aus den Augen zu verlieren. Wenig überließ ich dem Zufall, denn selbst die geringste Abweichung von meiner Vorstellung hätte das Endergebnis ruinieren können.
50mm, 1/125sec, Blende 5,6, FP4

Qualität durch Zurückhaltung ▽
Ein Berufsfotograf kennt, wie ein guter Küchenchef, die lebenswichtige Bedeutung seiner Grundstoffe. Selbst das einfachste Bild wirkt, wenn sein Inhalt gut dargestellt wird. Bei diesem Modell brauchte ich nichts weiter zu tun, als nahtlosen Hintergrundkarton so anzubringen, daß er das Tageslicht aus zwei Fenstern günstig aufnahm, einen Weichzeichner vor das Objektiv zu setzen und Negativ und Vergrößerung mit größter Sorgfalt zu belichten und weiter zu verarbeiten.
Bronica ETRC, 50mm, 1/4sec, Blende 8, HP5

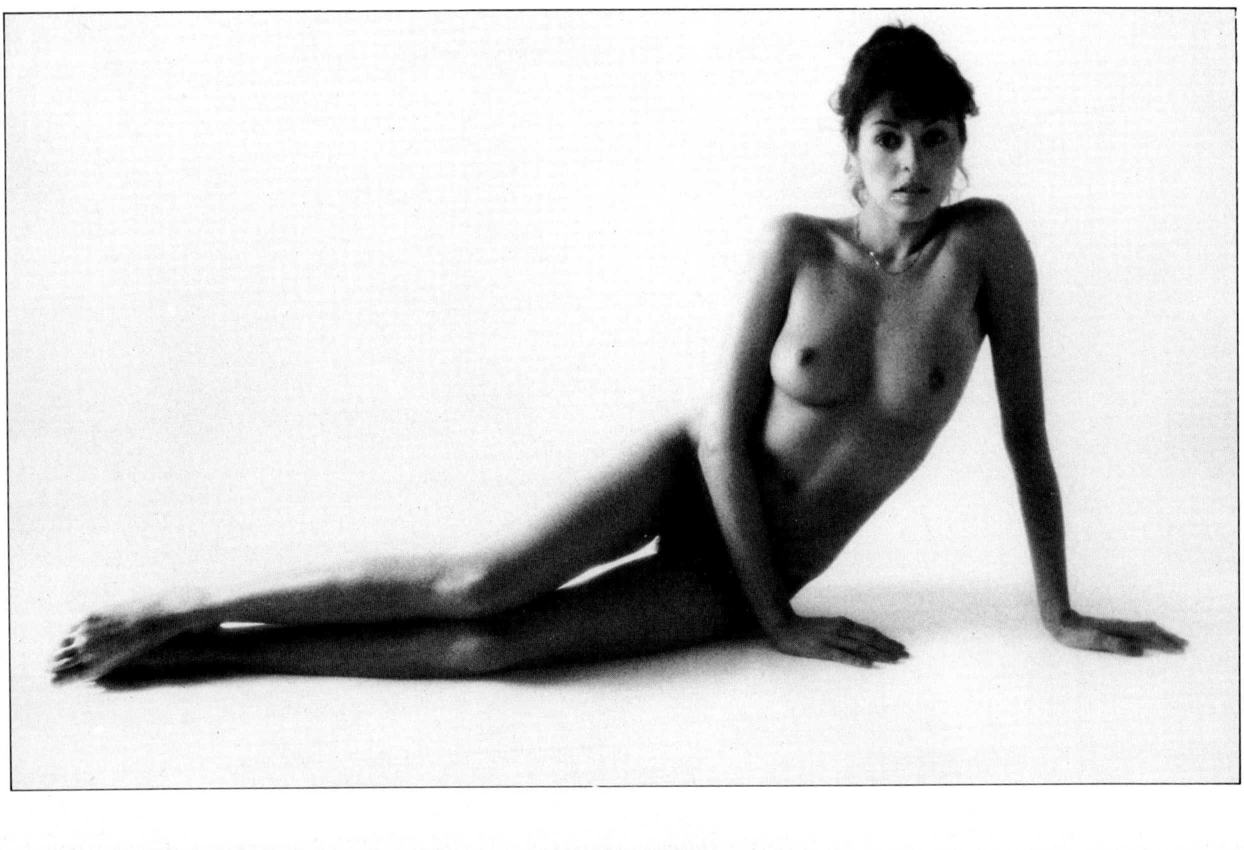

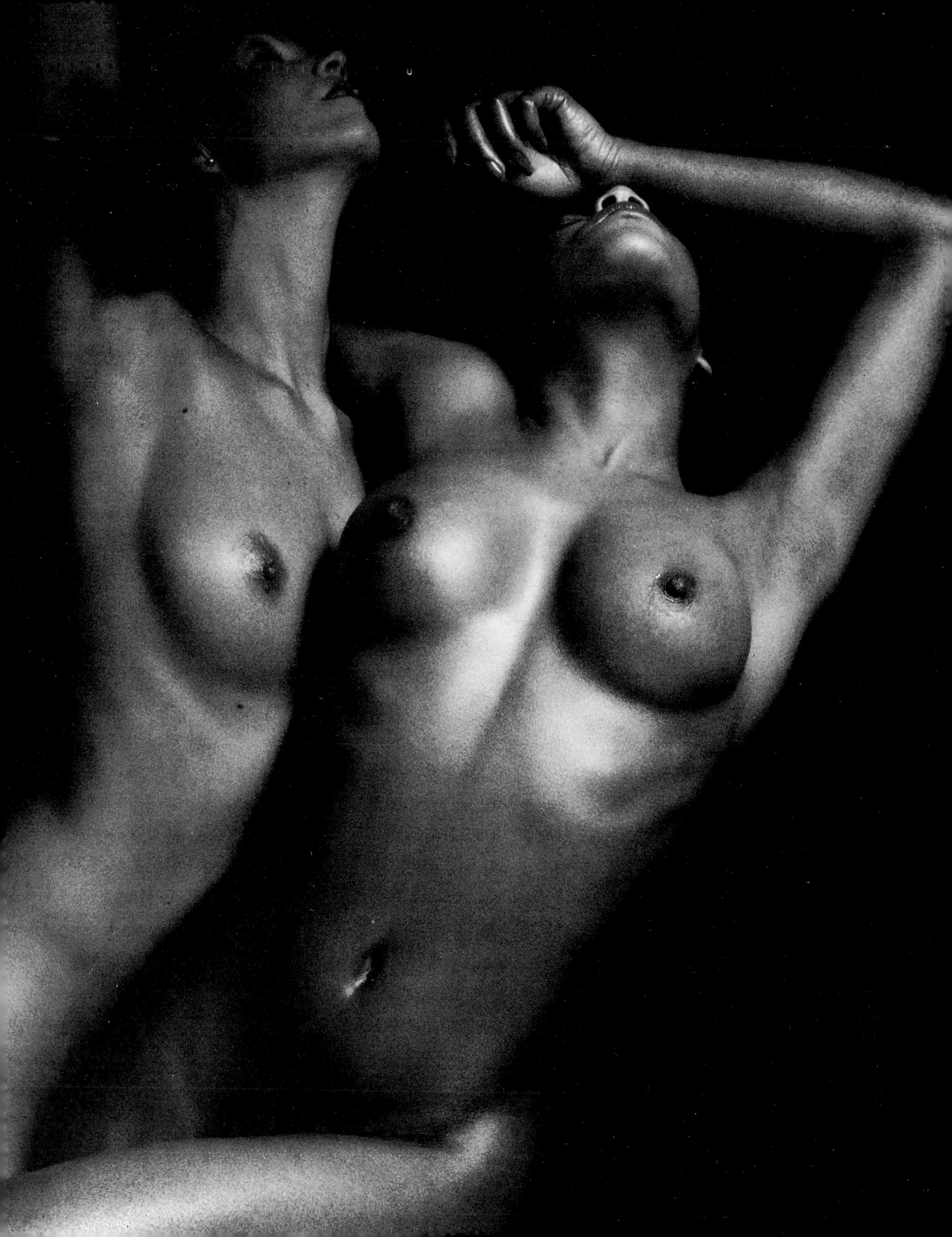

Wirkung durch Farbe

Selbst die hübschesten Modelle wirken noch besser, wenn sich in den Bildern ein Farbempfinden ausdrückt, das der Stimmung des Fotos entspricht. Manchmal wird der Farbgehalt lange vor der tatsächlichen Aufnahme festgelegt, wobei kontrastierende Tupfer in Requisiten und Kleidung zur Bereicherung der Hauptfarbe auf dem Bild sehr genau ausgewählt werden. Bei spontanen Aufnahmen, denen keine Planung vorausgeht, müssen Farbschwerpunkt und kontrastierende Farbtupfer meist der Inspiration des Augenblicks überlassen bleiben – wie es zum Beispiel bei der roten Blume der Fall war, die das Grün des Grases auf dem Foto ganz rechts brechen sollte. Obwohl solche Farbtupfer im Vergleich zum Gesamtbild winzig sind, lassen sie die Hauptfarbe klarer erscheinen.

Ich habe die Erfahrung gemacht, daß Aktbilder in warmen Farben aufgenommen werden sollten. Wenn ich in einer kalten, graublauen Umgebung arbeite, füge ich zum Beispiel eine gelbe Petroleumlampe als Farbtupfer hinzu, um die Bildstimmung wärmer zu machen und zugleich einen Anlaß für die Plazierung eines Glanzlichts auf dem Modell zu schaffen. Wenn es dagegen warm und das Modell in ausgeglichener Stimmung ist, kann man auf solche Farbtupfer verzichten.

Ideale Bedingungen ▽
Wenn die Sonne im Meer versinkt und Sie und Ihr Modell den Strand für sich haben, dann ist Ihnen der Erfolg so gut wie sicher. Aber vergessen Sie nicht, daß Sonnenuntergänge in Wirklichkeit nicht so rot sind, wie sie erscheinen, und daß erst ein Rotfilter vor der Kamera diese Stimmung erzeugt.
105mm, 1/250sec, Blende 5,6, Ektachrome 200, 50 CC rot

Graues Tageslicht ▷
Bei dieser experimentellen Aufnahme benutzte ich einen durch ein Fenster beleuchteten, aufgespannten Nylonstore über einem Kunststoffspiegel. Dadurch entstand ein kalter, zeltähnlicher Hintergrund, in dem die warme Lampe wie ein Leuchtfeuer wirkte. Ein exakt ausgerichteter 300-Watt-Scheinwerfer beleuchtete das Modell, und die Kamerafilterung verhinderte, daß das blaue Tageslicht zu beherrschend wurde.
Bronica ETRC, 150mm, 1/4sec, Blende 4, Ektachrome 160, 81EF

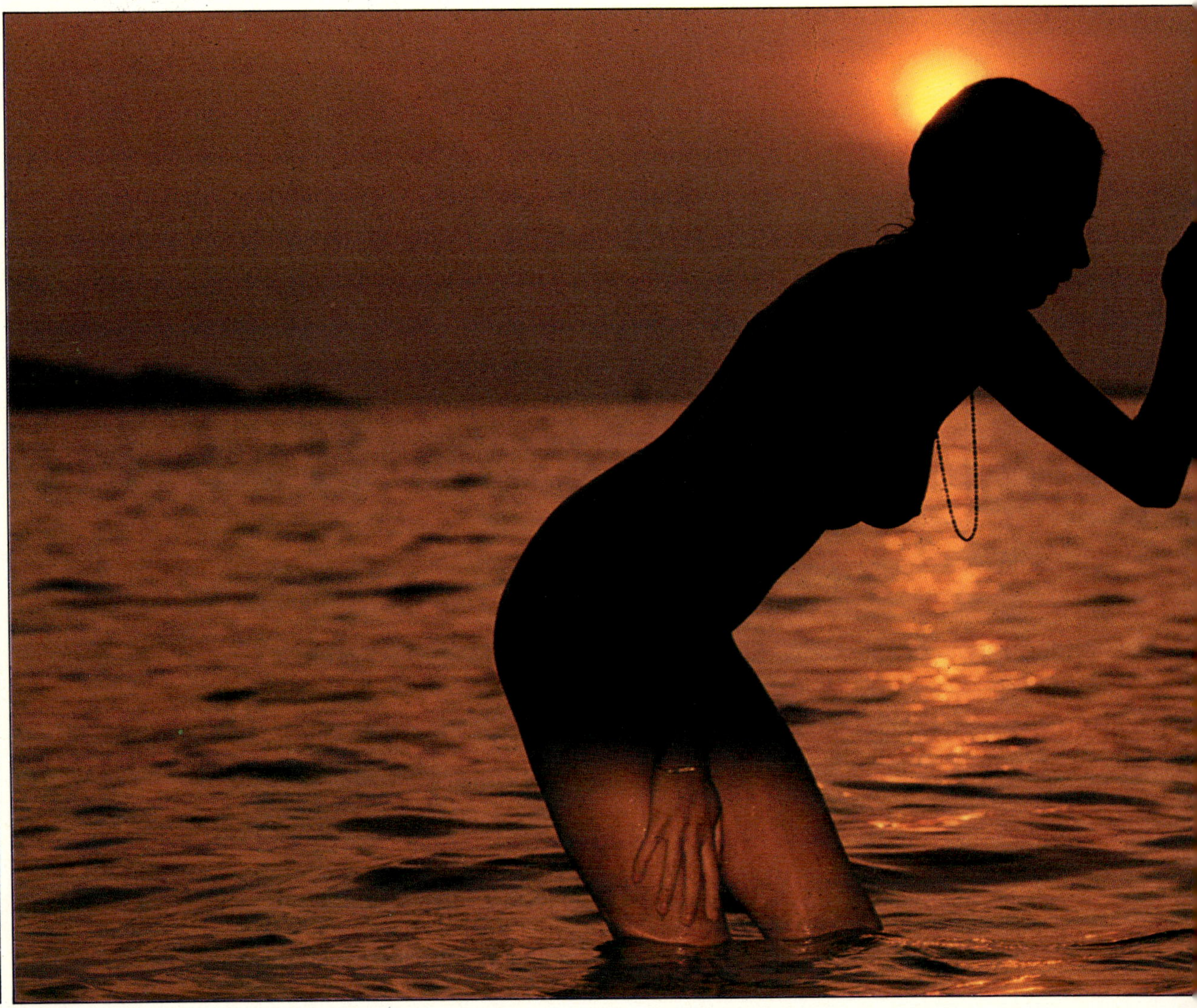

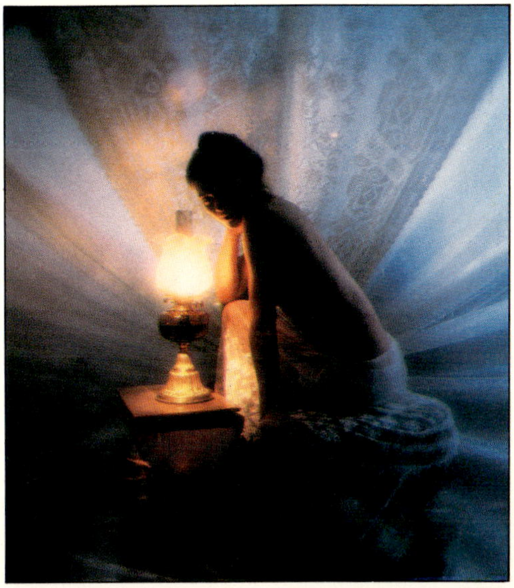

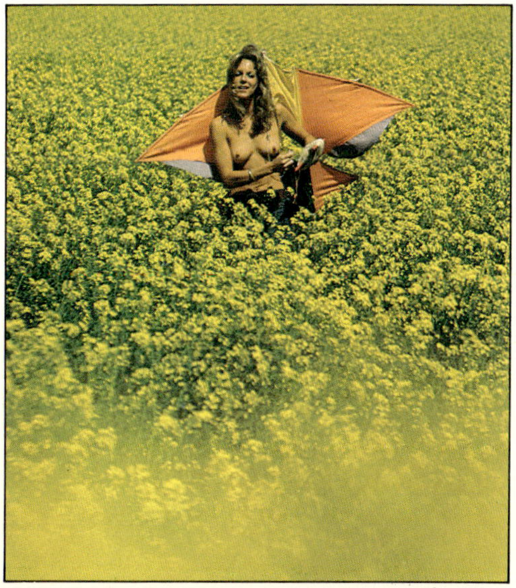

◁ **Vorgeplante Farbgebung**
Ich hatte das gelbe Blumenfeld in der Nähe meines Wohnorts schon einige Tage beobachtet und auf Sonnenschein gewartet. Als es dann so weit war, lieferten mir die kräftigen Farben meines Drachens genau den richtigen Farbkontrast zu der weiten, gelben Fläche.
28 mm, 1/125 sec, Blende 5,6, Kodachrome 25, 81A und Polarisationsfilter

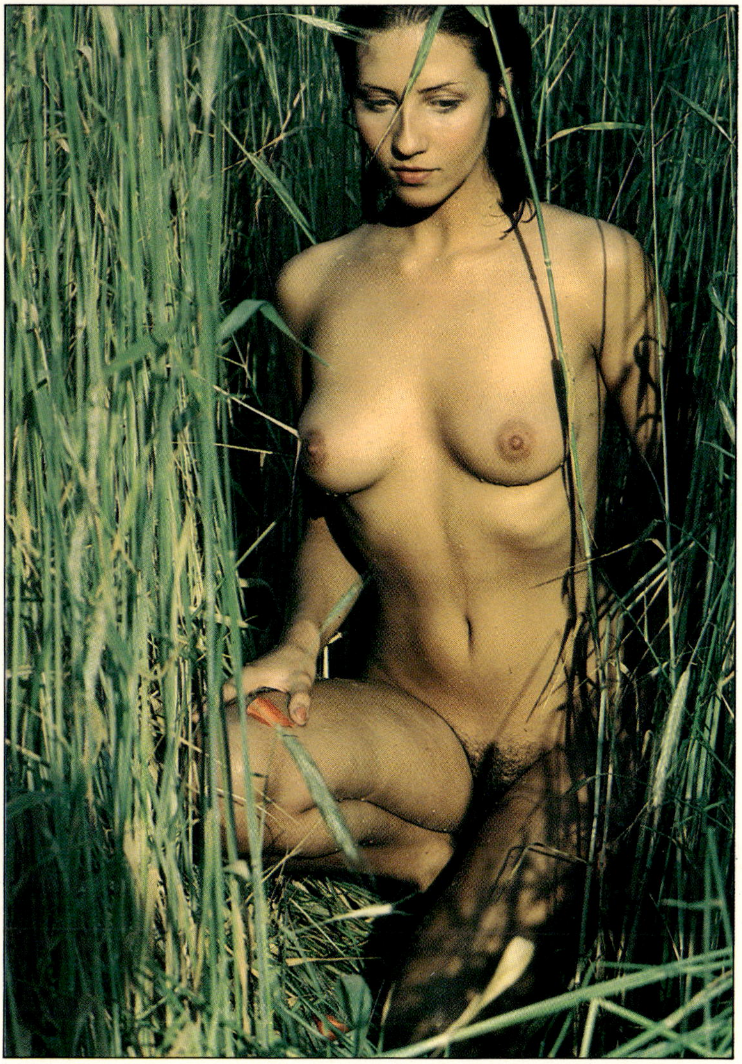

◁ **»Flower power«**
Das Roggenfeld eines Nachbarn kurz vor Sonnenuntergang verschaffte mir den grünen Rahmen, der mit der roten Mohnblume, die die Farbvorherrschaft brach, noch stärker wirkte. Ich bat das Modell, sich so niederzuhocken, daß die Ähren nicht zu sehen waren, und vereinfachte so den Bildaufbau.
50 mm, 1/125 sec, Blende 8, Kodachrome 25, 81B

Qualitätsverbesserung

In der Aktfotografie haben Schwarzweißnegative einen sehr großen Vorteil gegenüber Farbdiapositiven: Ist das Negativ gut und verfügt man über ein gewisses Geschick und Kreativität beim Vergrößern, eröffnen sich eine Vielzahl von möglichen Dunkelkammertechniken. Wenn Sie Ihre Negative nicht selbst vergrößern, können Sie in einem Fotolabor Ihren Wünschen und Vorstellungen entsprechend arbeiten lassen.

Auf der einfachsten Stufe bieten sich Lichtstreuung beim Vergrößern wie Sepiatonung und Solarisation (siehe Seite 138) sowie eine Anzahl anderer Techniken an. Bevor Sie mit dem Vergrößern beginnen, sollten Sie sich Ihre besten Schwarzweißnegative objektiv ansehen und sich dann für die Art und den Stil der Weiterbehandlung entscheiden, die am besten ausdrücken, was Sie mit Ihrem Bild aussagen wollen. Scheuen Sie sich nicht, in der Dunkelkammer zu experimentieren. Verwenden Sie Ihr bestes Aktnegativ als Ausgangspunkt für eine Entdeckungsreise, und wenn Sie eine Technik gefunden haben, die Ihnen zusagt, können Sie damit vielleicht auch bisher verschmähten Aufnahmen neues Leben geben.

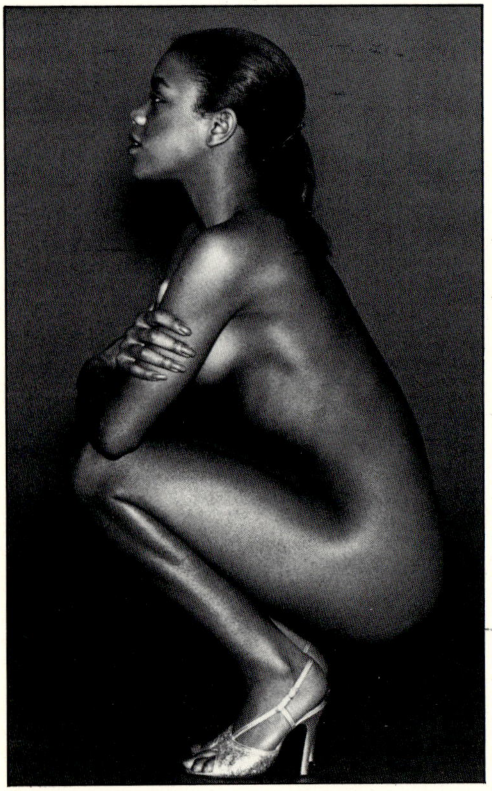

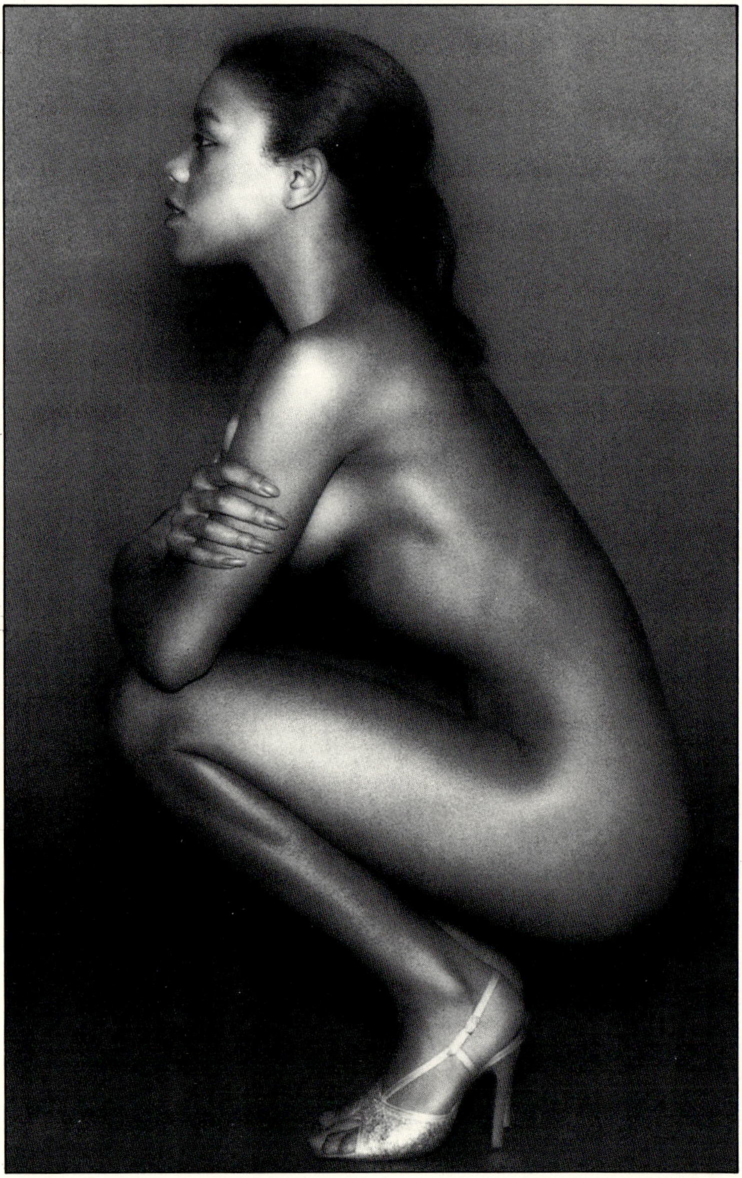

Lichtstreuung beim Vergrößern
Ich versuche grundsätzlich, qualitativ hochwertige Arbeit zu leisten, aber nicht immer ist eine scharfe, gestochene Aufnahme für einen Akt auch die schönste Form der Präsentation. Das einwandfreie Foto oben ließ durch seinen Kontrast und seine Schärfe die Haut unschön wirken. Um die rechte Version herzustellen, vergrößerte ich dasselbe Negativ auf Papier derselben Gradation, benützte aber während des größten Teils der Belichtung einen auf einen Rahmen gespannten Nylonstrumpf zwischen Vergrößerungslinse und Papier als Diffusor. Dadurch wurde der Kontrast gemildert und das Bild weicher.
105 mm, 1/125 sec, Blende 8, FP4

ERWEITERTE ARRANGEMENTS

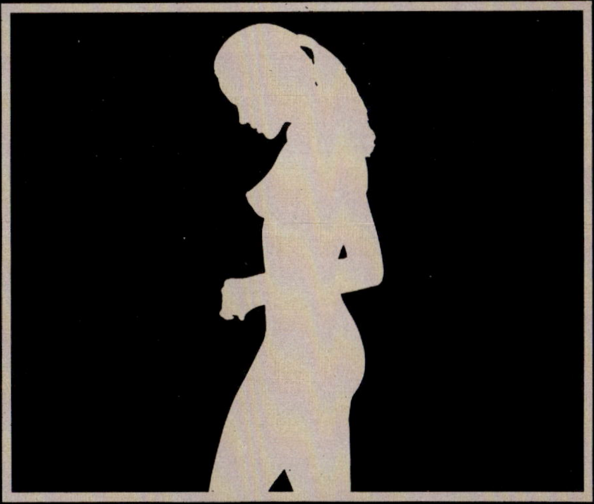

Sensible Gruppierungen

Ein Fotograf muß die Persönlichkeit seines Modells einfangen. Der Erfolg hängt dabei zu einem großen Teil von der Beziehung zwischen beiden ab. Wenn Sie mehrere Modelle gleichzeitig möglichst natürlich fotografieren wollen, entsteht jedoch eine neue Situation. Jetzt ist es die Beziehung zwischen den Modellen selbst, die von vorherrschender Bedeutung wird. Eine überzeugende Studie von Vater und Kind, aus der Vertrauen und Liebe spricht, entsteht zum Beispiel nicht, wenn ein dominanter Fotograf dem Bild seinen eigenen Stempel aufdrückt. Der Erfolg hängt hier von sorgfältiger Planung, guten Beleuchtungsverhältnissen und einer angenehmen Umgebung ab, die erst die richtige Atmosphäre schaffen.

Bei solch intimen Aufnahmen arbeiten Sie am besten mit einer Ihnen vertrauten Ausrüstung und Techniken, die Sie im Schlaf beherrschen. Es ist auch vorteilhafter, bei Tageslicht, im Freien oder in Räumen und mit großzügigem Aufhellicht (über Schirme reflektiert) zu fotografieren.

Romantische Gruppe ▷
Um die romantische Stimmung zu verstärken und die tupfenartige Wirkung der Margeriten vor ihrem dunkelgrünen Hintergrund zu dämpfen, entschied ich mich für weiße und grüne Kleider der Modelle und fotografierte durch einen Weichzeichner. Ich bat eines der Modelle, einem zweiten das Haar zu richten und das dritte, dabei zuzusehen. Damit erhielt ich die gewünschte Stimmung, und die Modelle hatten eine Beschäftigung.
50 mm, 1/125 sec, Blende 4, Ektachrome 200, 81EF, Weichzeichner

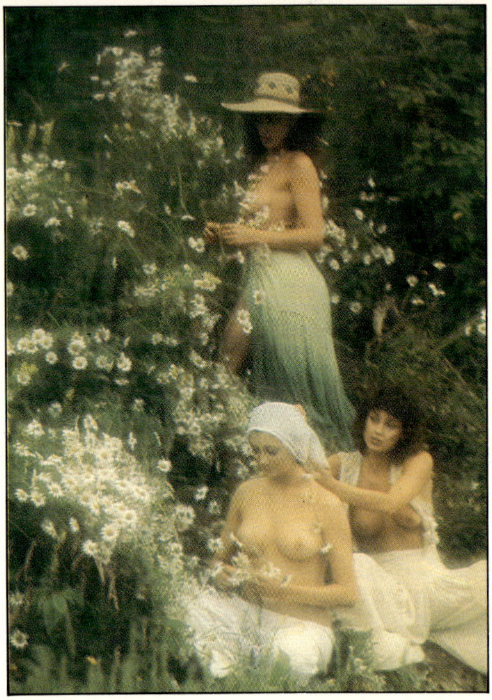

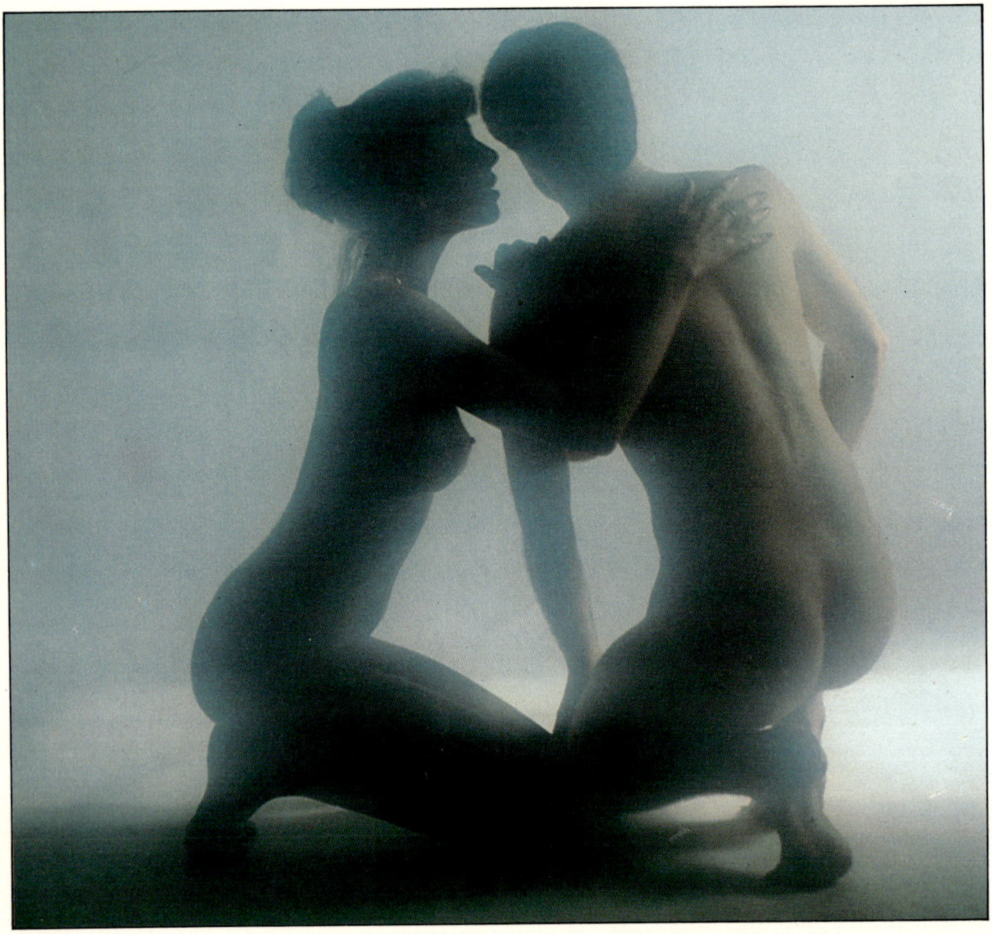

◁ Einfacher Bildaufbau
Dünn verteilte Vaseline auf einem Skylight-Filter erzeugte die weiche Wirkung dieser bei Tageslicht entstandenen Innenaufnahme. Da die Formen so einfach waren, wurde die Bildaussage durch die Weichzeichnung nicht zerstört; starke Lichtkontraste verstärkten die Stimmung zusätzlich. Dazu plazierte ich das Paar auf weißen, nahtlosen Karton in einem Raum, der nur Sonnenlicht durch ein großflächiges Fenster erhielt. Das Licht fiel auf den weißen Karton unmittelbar hinter den Modellen und schuf diese Halbsilhouette.
105 mm, 1/8 sec, Blende 8, Ektachrome 200, 50 CC blau, Weichzeichner

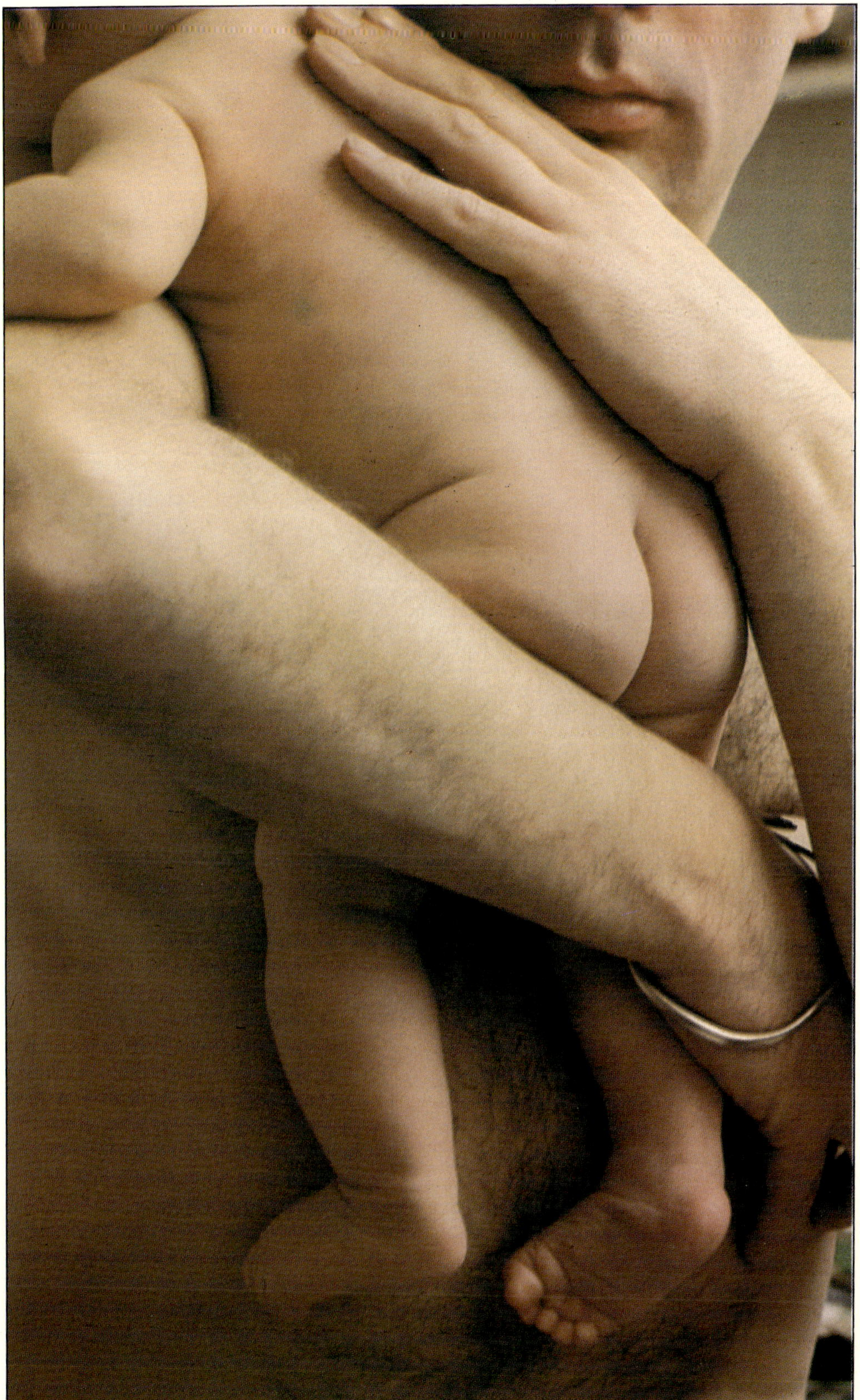

◁ **Entspannte Atmosphäre**
Um die für dieses Bild von Vater und Baby notwendige Ruhe zu schaffen, stellte ich an einem hellen Tag, an dem das Sonnenlicht durch einen dünnen Wolkenschleier gebrochen wurde, einen großen, weißen Aufhellschirm neben einem Fenster auf. Fotoleuchten hätten unter Umständen das Baby gestört. Aber dieses einfache Arrangement machte es mir möglich, schnell und sicher zu fotografieren.
105 mm, 1/50 sec, Blende 4, Ektachrome 200, 81B

Grafische Gruppen

Gruppenaufnahmen können sehr unterschiedlich sein – sie können Ruhe und Harmonie ausstrahlen wie auf den vorhergehenden Seiten; oder direkter sein und sich mehr an grafischen Möglichkeiten orientieren wie auf diesen Seiten.

Aussagekräftige Bilder von Erwachsenengruppen brauchen häufig einen verbindenden Faktor. Dieser kann durch den Aufnahmeort oder Requisiten geschaffen werden – eine überlegte Auswahl dieser Requisiten wird die Bildregie erheblich vereinfachen, denn es ist nicht leicht, zwei oder drei Modelle gleichzeitig bildwirksam zu beschäftigen. Deshalb muß zwischen Fotograf und Modellen eine Wechselbeziehung und ein gemeinsames Verständnis der geplanten Aufnahmen bestehen.

Planen Sie Gruppenfotos, bei denen vor allem eine grafische Wirkung erwünscht ist, geht es weniger um die Beziehung zwischen den Modellen. Der Erfolg ist bei solchen Aufnahmen meist stärker von der überlegten Plazierung der Modelle und der dadurch entstehenden grafischen Wirkung als von der zwischen ihnen bestehenden Vertrautheit abhängig. Die Bilder auf diesen Seiten entstanden zum Beispiel mit Modellen, die sich vorher nie gesehen hatten, sondern die ich nur um ihr Einverständnis für die geplanten Aufnahmen gebeten hatte.

Gruppenaufnahmen bei künstlichem Licht können Schwierigkeiten bereiten. Wenn Sie jedoch eine klare Vorstellung haben und Ihre Modelle entsprechend führen, können trotzdem sehr schön aufgebaute Bilder entstehen. Spannung ist das wichtigste Element bei der Arbeit, deshalb sollten Sie möglichst schnell und unter Druck arbeiten und den Modellen keine Möglichkeit zur Entspannung geben. So bleiben die Linien fest und klar. Ich persönlich bevorzuge einen Beleuchtungsstil, der die plastische Wirkung des Motivs unterstreicht. Das bedeutet tiefe, reiche Schatten und eine stark sinnliche Qualität, die manchmal durch das Einölen der Haut unterstützt wird. Mit diesen Stimmungsspannungen schalte ich Unklarheiten bei der Aufnahme selbst wie auch beim fertigen Bild aus.

Ich finde auch, daß Schatten Dramatik in ein Bild bringen. Deshalb arbeite ich gern mit anonymem, dunklem Hintergrund und ordne die Figuren auf verschiedenen Ebenen an, um Komposition von Gliedern und Körpern zu erleichtern. Dazu verwende ich Kisten, die ich mit dunklem Teppichstoff überzogen habe; sie sind unbequem und nehmen den Modellen nicht die bewußt angelegte Spannung.

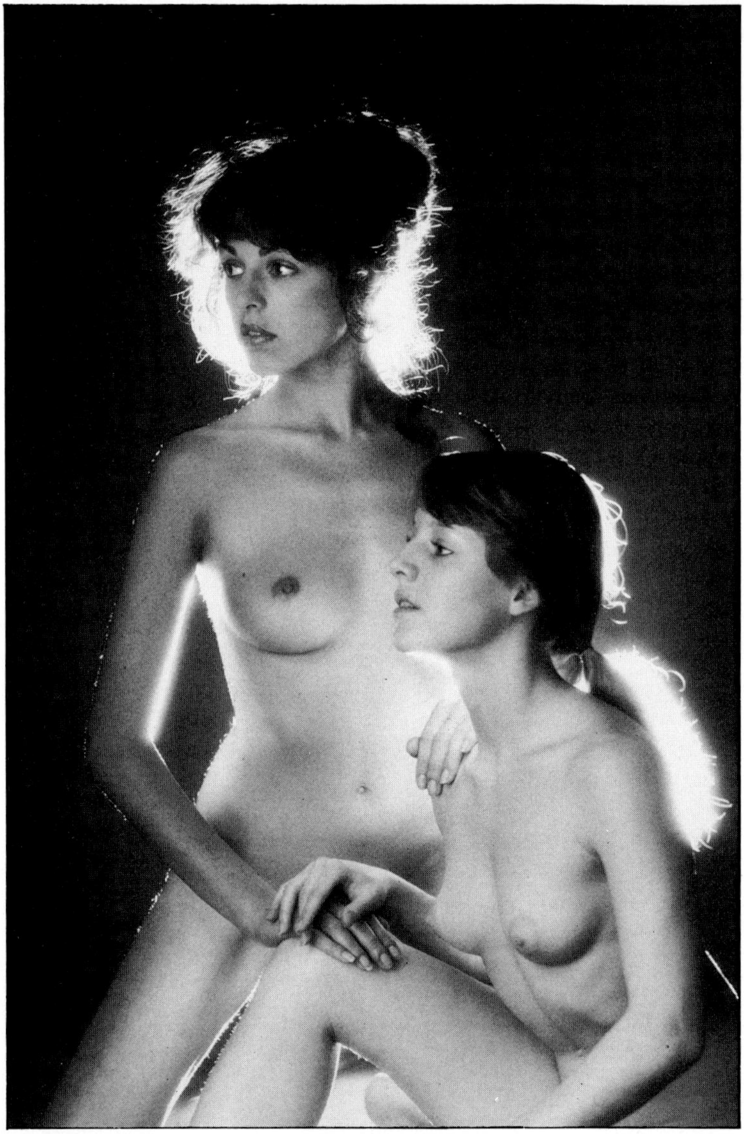

Stimmungsvolle Beleuchtung △
Eine 500-Watt-Spotlampe hinter den beiden Modellen lieferte das gesamte Licht für diese Studioaufnahme. Das Modell links wurde hauptsächlich durch das Licht beleuchtet, das vom Körper des rechten Modells reflektiert wurde. Neben der Kamera standen zwei Aufhellschirme (Abbildung rechts).
Bronica ETRC, 1/15 sec, Blende 5,6, HP5

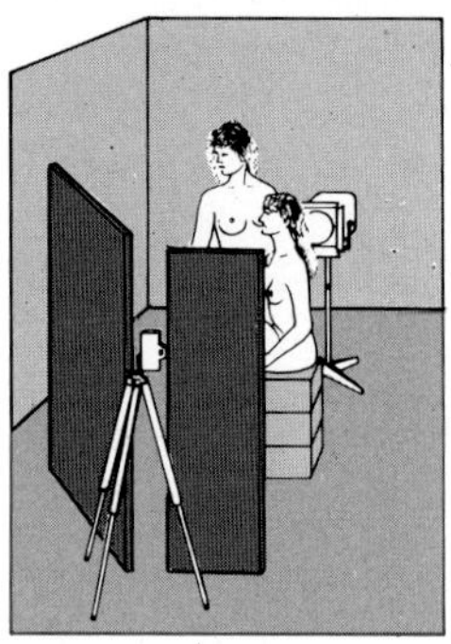

Spannungsreiche Dynamik ▷
Ich fotografierte mit indirektem Blitz über eine helle Zimmerdecke und verwendete einen großen, weißen Reflektor, um die Schatten unter den Modellen aufzuhellen. Die bewegungseinfrierende Eigenschaft des Blitzes machte es mir möglich, die Modelle mitten in ihren Streckbewegungen zu fotografieren.
40–80 mm Zoom, 1/125 sec, Blende 11, HP4

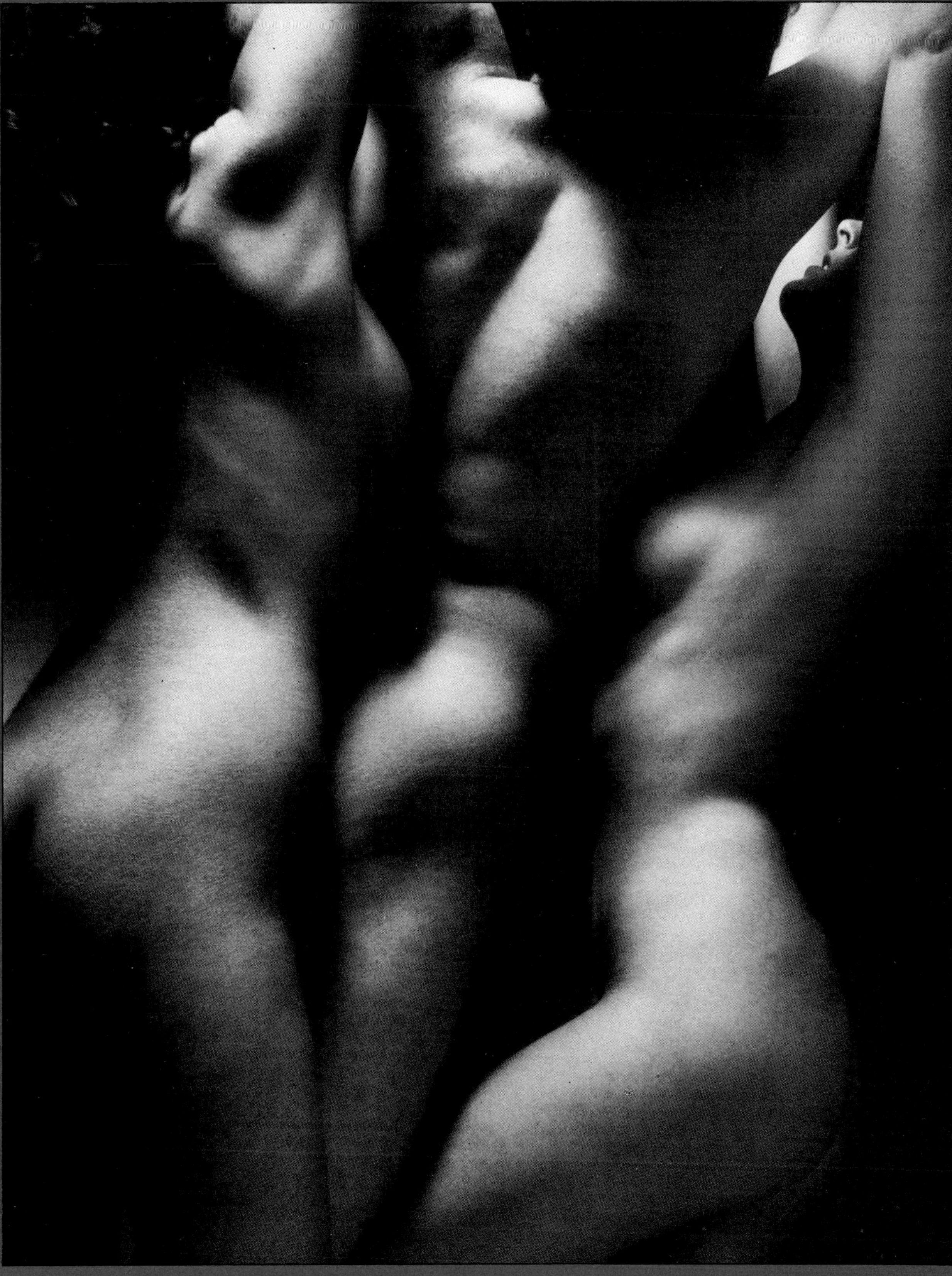

Außenaufnahmen

So wie Sie die guten und weniger vorteilhaften Seiten eines Modells einschätzen und am bildwirksamsten einsetzen können, sollten Sie auch Aufnahmeorte für Aktaufnahmen betrachten. Zu diesem Zweck habe ich mir eine Punktliste zusammengestellt. Ist der Ort abgeschieden? Bietet er Schutz vor Wetterunbilden wie Regen und Wind? Bietet er dem Modell die Möglichkeit, sich ungestört umzuziehen und macht seine Entfernung die Fotositzung in Hinblick auf Kosten und Zeitaufwand lohnend?

Natürlich müssen nicht alle diese Fragen positiv beantwortet werden können, denn viele gute Bilder sind schon unter den ungünstigsten Bedingungen entstanden. Trotzdem sollte Ihr Aufnahmeort wenigstens einige dieser Kriterien erfüllen, wenn Ihre Arbeit erfolgversprechend sein soll.

Das Bildpotential steht oft viel weiter unten auf meiner Liste als eine Reihe anderer Punkte. Mit guten Ideen, durchdachter Planung, geeigneten Requisiten, einer freundlichen Witterung und ungestörter Ruhe können häufig auch an uninteressanten Aufnahmeorten ohne weitere Hilfsmittel gute Bilder gelingen.

Ich halte einen provisorischen Umkleideraum mit einem weißen Tuch auf dem Boden für Requisiten und Kleider für sehr hilfreich. Ein kleiner Spiegel an einem Baum oder einer Mauer erleichtert dem Modell das Erneuern von Make-up und Frisur. Wenn die Idylle eines langen Tages an einem warmen, einsamen Strand mit einem wunderschönen Modell nicht in der Wirklichkeit zu einem Alptraum von Sonnenbrand und Sandkörnchen in der Kamera werden soll, müssen Sie für eine Art Operationsbasis sorgen, von der aus Sie arbeiten.

Wenn Kosten bei der Entscheidung über die Entfernung zum Aufnahmeort keine Rolle spielen, dann sollte es zumindest der gesunde Menschenverstand tun. Mit anderen Worten, Fahrzeit ist verlorene Fotografierzeit. Es ist wenig sinnvoll, wenn Sie müde an Ihrem Ziel ankommen und dann feststellen müssen, daß die Sonne bereits hinter einem Hügel verschwunden ist. Deshalb müssen Sie sich um solche Dinge vorher kümmern. Suchen Sie Ihre Aufnahmeorte aus und legen Sie dann die Aufnahmezeit entsprechend den Lichtverhältnissen fest, bei denen Sie das meiste herausholen können. Denken Sie daran, daß Sie nicht unbedingt auf eine ländliche Umgebung angewiesen sind. Vielleicht haben Sie die Möglichkeit, gute Aufnahmen auf einem abgeschirmten Balkon mitten in der Stadt zu machen.

Wenn Sie Aktmodelle im Freien fotografieren, müssen Sie sich, wo immer Sie arbeiten, an die geltenden Gesetze halten. Überflüssig zu erwähnen, daß Sie andere Mitmenschen nicht belästigen sollten. In manchen Ländern gilt sogar gemäßigte Freizügigkeit nicht nur als anstößig, sondern kann bestraft werden.

Weitwinkel-Hintergrund ▷
Nachdem ich eine Weile erfolglos versucht hatte, ein gutes Radfahrbild zu machen, stürzte das Modell plötzlich, und ich ergriff sofort die Gelegenheit zu dieser ungestellten Aufnahme. Das Weitwinkelobjektiv machte es möglich, die meisten Blumen in annehmbarer Schärfe wiederzugeben, allerdings mußte ich darauf achten, Verzerrungen der Figur zu vermeiden.
24 mm, 1/125 sec, Blende 4, Kodachrome 25, 81B und Polarisationsfilter

Zufälliger Aufnahmeort ▽
Diese Kieshaufen neben einer Schnellstraße gaben mir die unerwartete Möglichkeit und gleichzeitig die nötige Abgeschiedenheit zu einem spontanen Bild zwischen zwei Aufnahmeorten. Dazu mußte ich nur das Modell in die richtige Position bringen und auf einen Sonnendurchbruch in den Wolken warten.
28 mm, 1/125 sec, Blende 5,6, Kodachrome 64, 81B

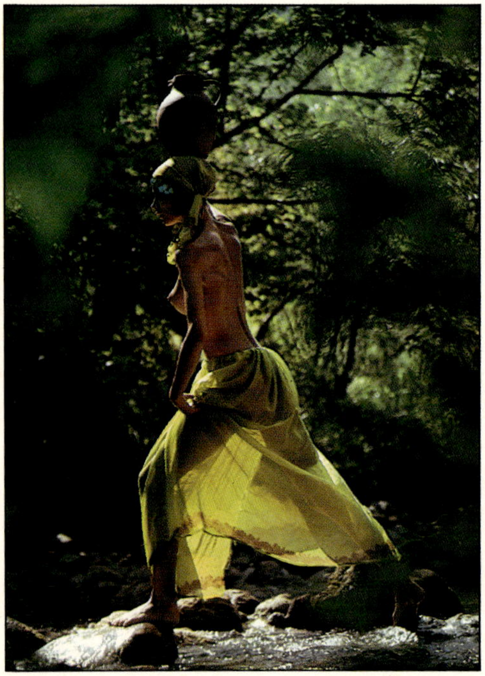

Ausnutzen von Situationen
Dieser französische Gebirgsbach besaß ein solches Bildpotential, daß ich dort mehrere Tage mit verschiedenen Modellen, nach verschiedenen Bildideen und bei unterschiedlichsten Lichtverhältnissen arbeitete.
105 mm, 1/60 sec, Blende 5,6, Kodachrome 25, 10 CC purpur (beide Bilder)

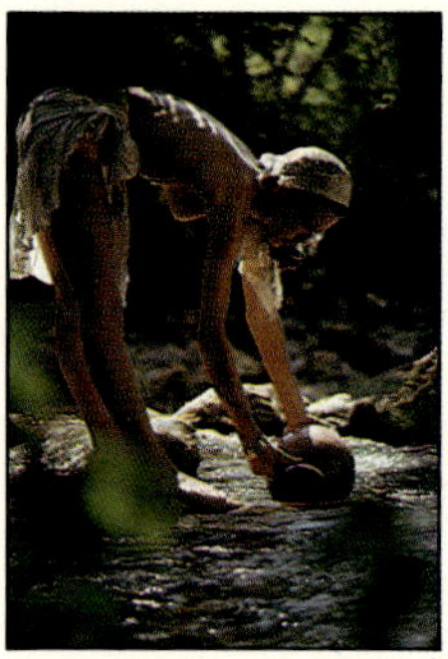

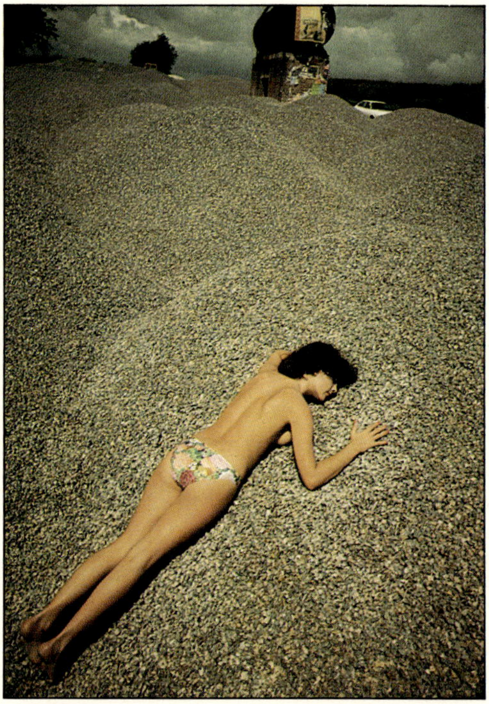

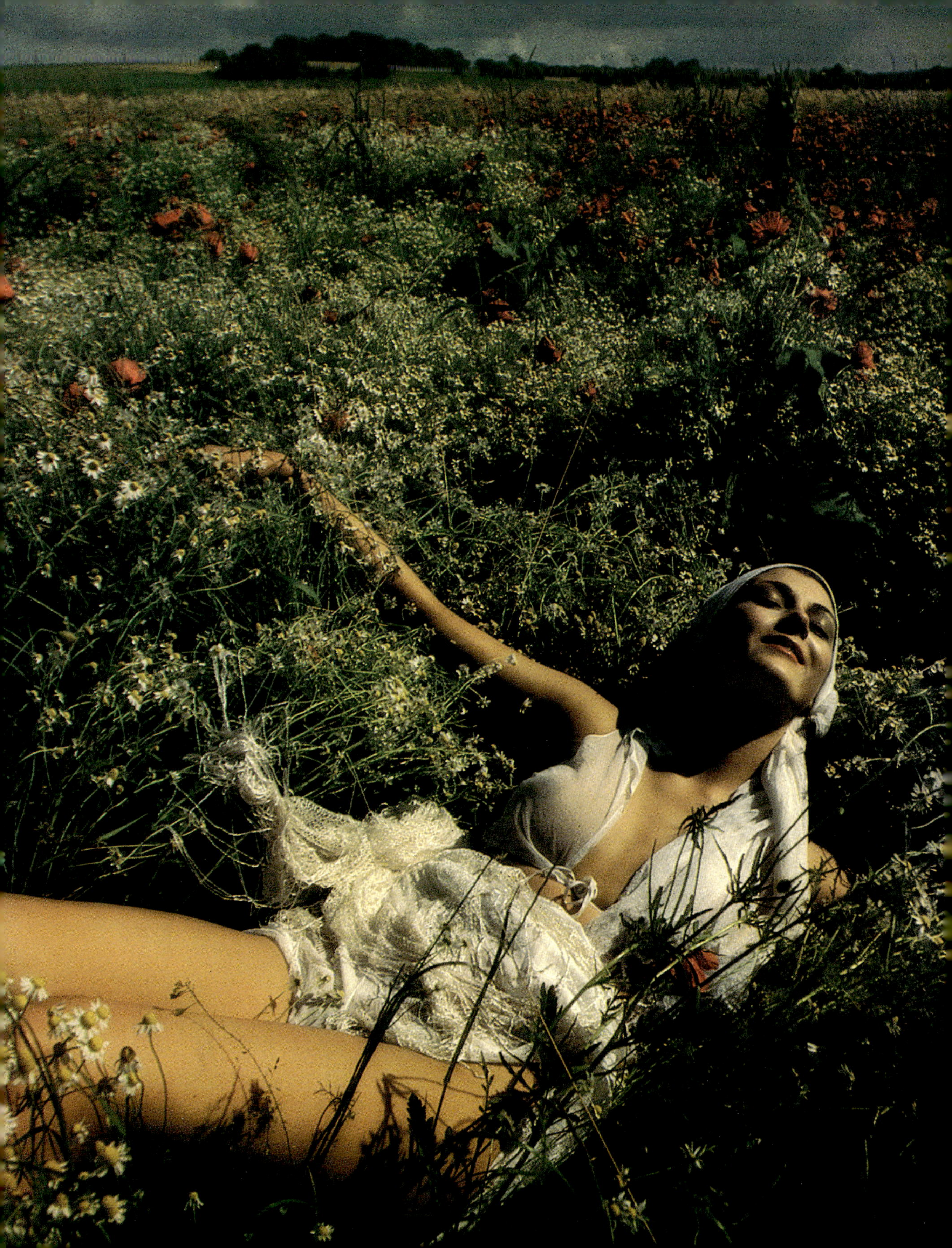

Schwierige Innenräume

Ein kleiner Raum kann den Bildaufbau oft sogar günstig beeinflussen und muß kein Nachteil sein. Die rahmende Eigenschaft eines leeren Schranks kann zum Beispiel eine stark bildhafte Wirkung besitzen. Solange Sie Möbel verrücken und sich etwas Freiraum verschaffen können, ist die Größe Ihres Aufnahmeorts von untergeordneter Bedeutung.

Viel wichtiger ist die Beleuchtung. Kleine Räume brauchen weniger Licht; ein durchschnittlich großes Fenster und ein paar Lampen reichen völlig aus. Wenn zusätzlich die Wände weiß sind, brauchen Sie auch nicht viele Aufhellschirme. (Bei Farbaufnahmen haben die Lichtreflexionen von nicht-weißen Wänden naturgemäß einen Farbstich.)

Große oder überladene Innenräume können eine bildhafte Atmosphäre ausstrahlen. Hier müssen Sie jedoch darauf achten, daß das Modell nicht von Dekorationen und Möbeln erdrückt wird. Das erreichen Sie ganz einfach, indem Sie es aus seiner Umgebung lösen und darauf achten, daß das Licht, das auf den Körper fällt, heller als das Licht im übrigen Raum ist.

Innenaufnahmen haben gegenüber Aufnahmen im Freien einen großen Vorteil: Sie sind nicht von Naturkräften abhängig. Aber aus demselben Grund ist es umso wichtiger, daß Ihre Bildideen phantasievoll sind und die Fotos frisch wirken.

Unruhiger Aufnahmeort ▷
Das Bildpotential dieses überladenen Künstlerateliers wurde durch einen flachen Aufnahmewinkel und ein extremes Weitwinkelobjektiv ausgenutzt. Kamerastandpunkt war die rückwärtige Wand. Ich entschied mich für eine Aufnahmeposition an einer dunklen Ecke des Raums in Richtung auf die Fenster, wobei die Figuren sich in einem besser beleuchteten Bereich aufhielten. Die schwachen Lichtverhältnisse erforderten eine lange Belichtungszeit, aber jede zusätzliche künstliche Lichtquelle hätte meinem Gefühl nach die Atmosphäre zerstört.
15mm, 1/4sec, Blende 5,6, HP5

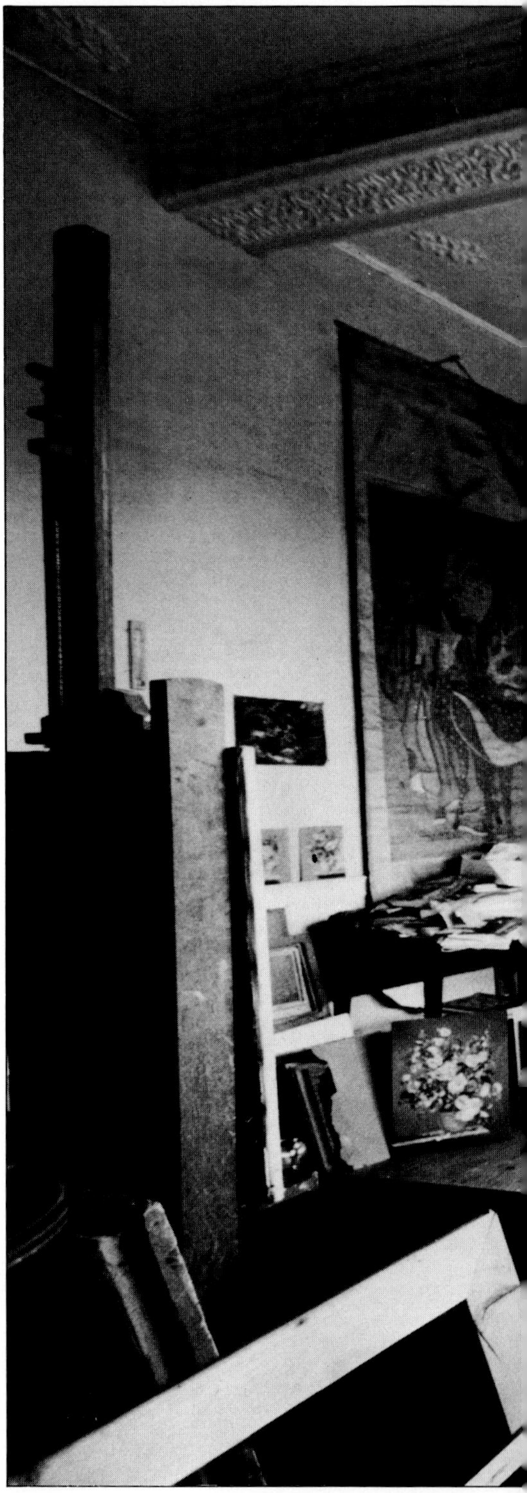

◁ **Beengter Raum**
Die Begrenzungen dieses Schlafzimmerschranks stellten sich für Aufnahmepose und Beleuchtung tatsächlich als Vorteil heraus. Die weißen Wände reflektierten das weiße Licht großzügig und schufen eine »Schönheitsbeleuchtung«. Ein alter Küchenstuhl, weiß gestrichen, paßte genau in den Raum und erleichterte dem Modell die Arbeit. Die Ringelstrümpfe unterstreichen die Nacktheit des Körpers und geben dem eher monotonen Arrangement Gewicht.
28mm, 1/30sec, Blende 4, HP5

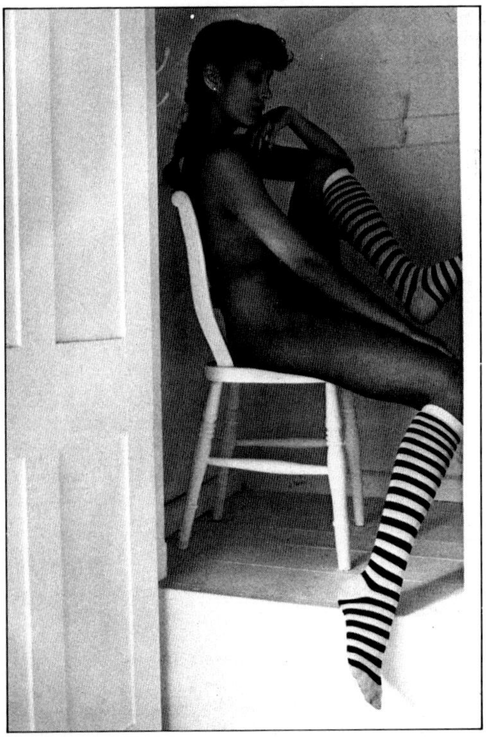

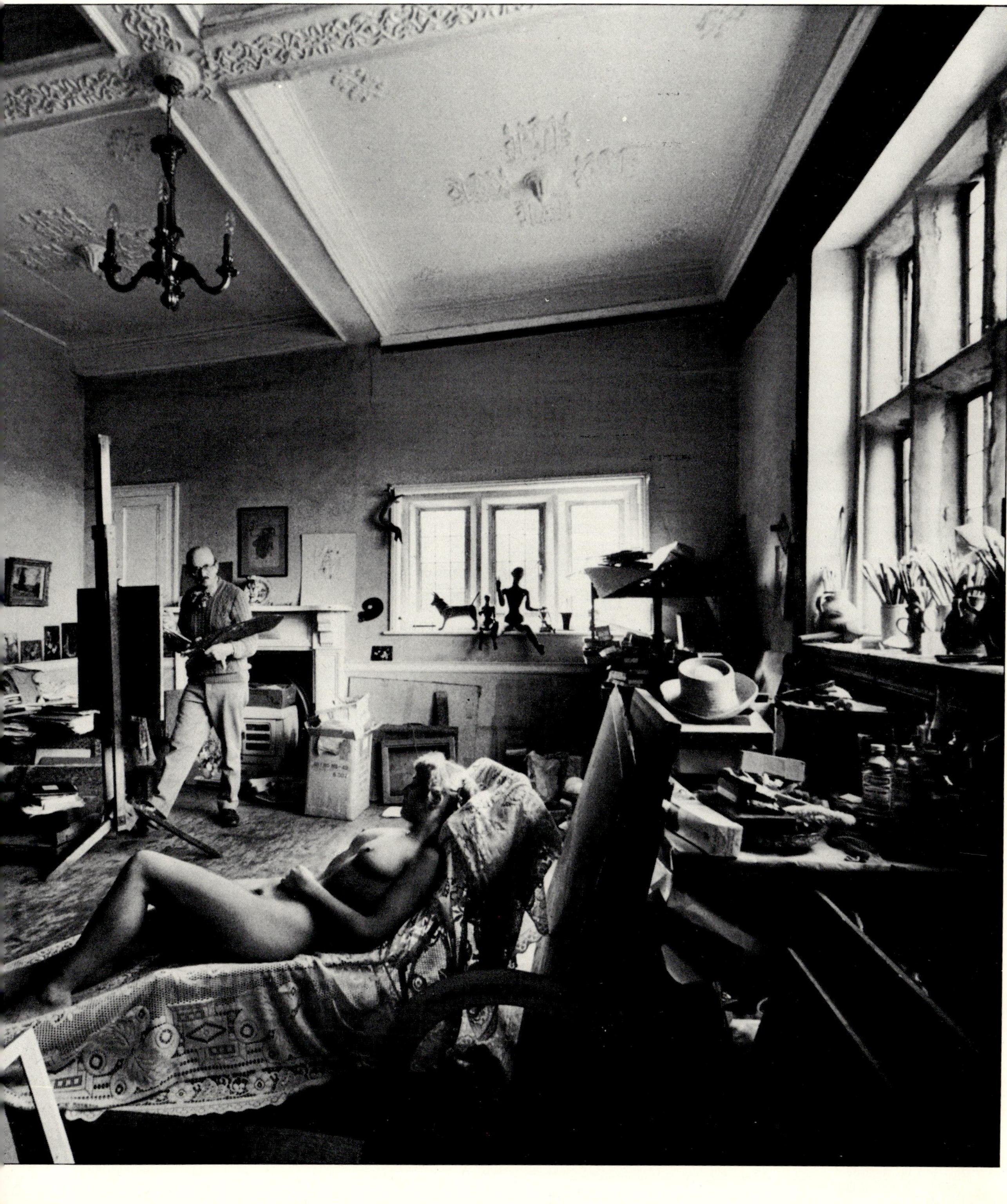

Die richtigen Requisiten

Der Ausdruck Requisit kommt eigentlich aus der Theaterwelt und bezeichnet Gegenstände, die die Schauspieler benutzen. Man kann Requisiten ähnlich in der Aktfotografie einsetzen, um die Modelle zu beschäftigen. Auch wenn man den Begriff Requisit auf Autos, Lokomotiven oder sogar kleine Flugzeuge und Boote ausdehnt, geben Sie Ihrem Modell immer noch etwas, das es halten oder berühren kann und das einen Arbeitsrahmen schafft.

Am besten eignen sich Requisiten, die einfach, möglichst mit einer Hand, zu handhaben sind. Braucht das Modell dazu zwei Hände, kreuzt es unter Umständen seine Körperumrisse mit den Armen und schafft damit kompositorische Probleme, die manchmal schwer zu lösen sind. Besonders gut geeignet sind alltägliche Gegenstände in ungewöhnlichem Zusammenhang. Komplizierte Requisiten können sich nachteilig auswirken und lassen das Modell leicht unsicher und befangen wirken. Das ideale Requisit rundet die Bildidee ab, unterstützt die Bildstimmung und beschäftigt das Modell.

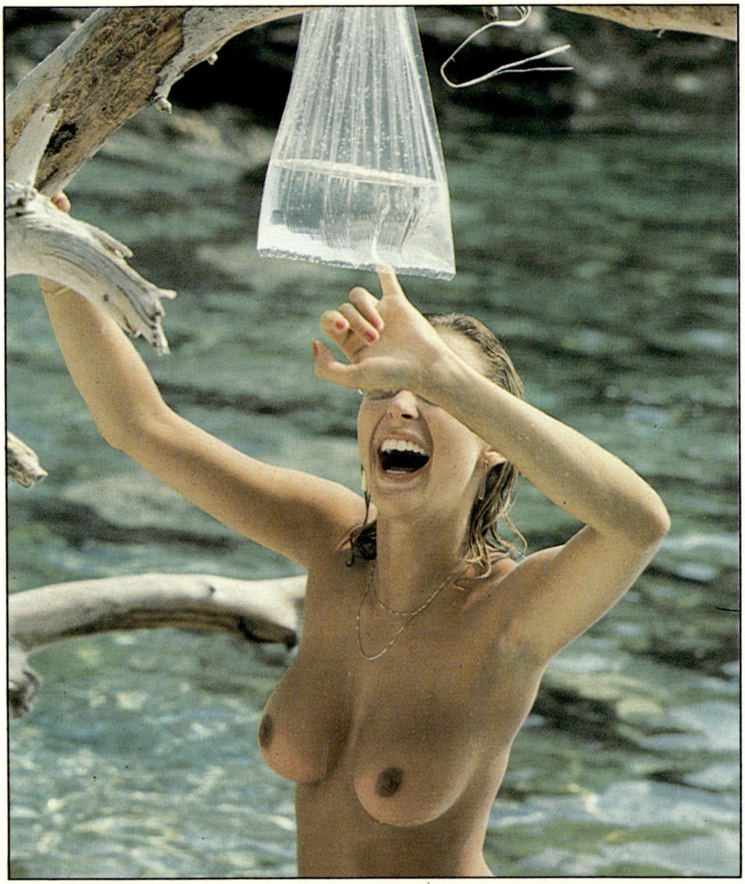

Beeinflussung von Requisiten ▽
Ein Schleusenwärter in Frankreich lieh mir sein Boot und ein paar junge Enten. Da es sehr kalt war, verknipste ich schnell einen ganzen Film, nachdem das Modell Körner verstreut hatte, um die Entchen am Herausspringen zu hindern.
50mm, 1/60sec, Blende 4, Kodachrome 25, 81EF

Einfaches Requisit ▷
Selbst der einfachste Haushaltsgegenstand kann zum Ausgangspunkt einer Bildidee werden, vor allem, wenn er auf unübliche Weise eingesetzt wird. Diese Plastiktüte wurde mit Wasser gefüllt und so zu einem nützlichen Requisit.
50mm, 1/125sec, Blende 8, Kodachrome 25, 81A und Polarisationsfilter

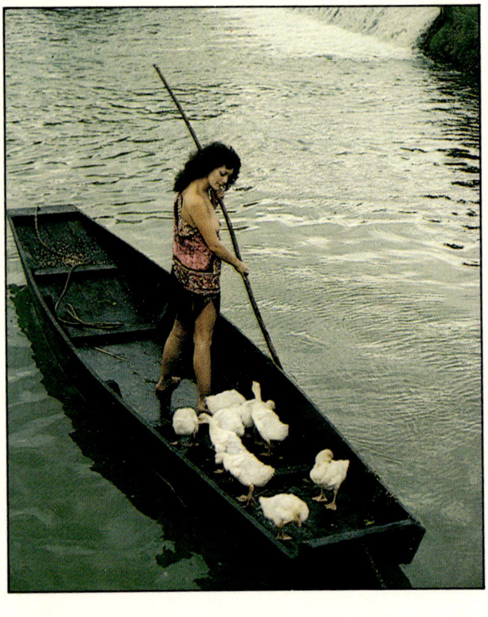

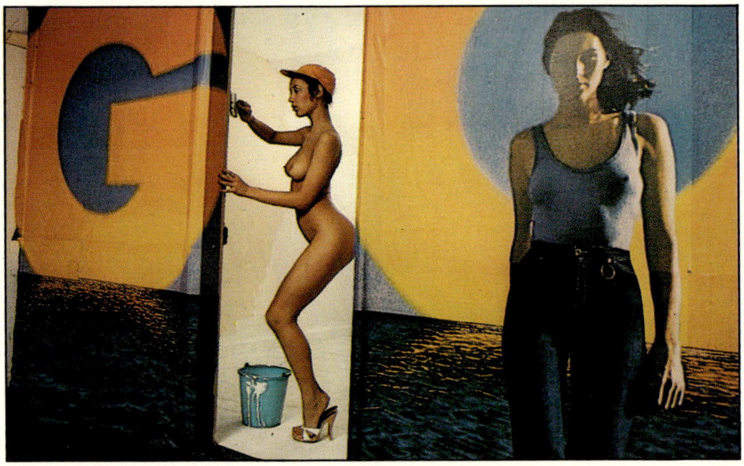

Aus dem Zusammenhang genommene Requisiten △
Die mit Werbeplakaten beklebten Wände in einer Wohnung gaben mir die Idee für dieses Foto. Eimer und Pinsel boten sich als Requisiten an, um den witzigen Bildrahmen zu vervollständigen.
28mm, 1/125sec, Blende 8, Kodachrome 25, 81B

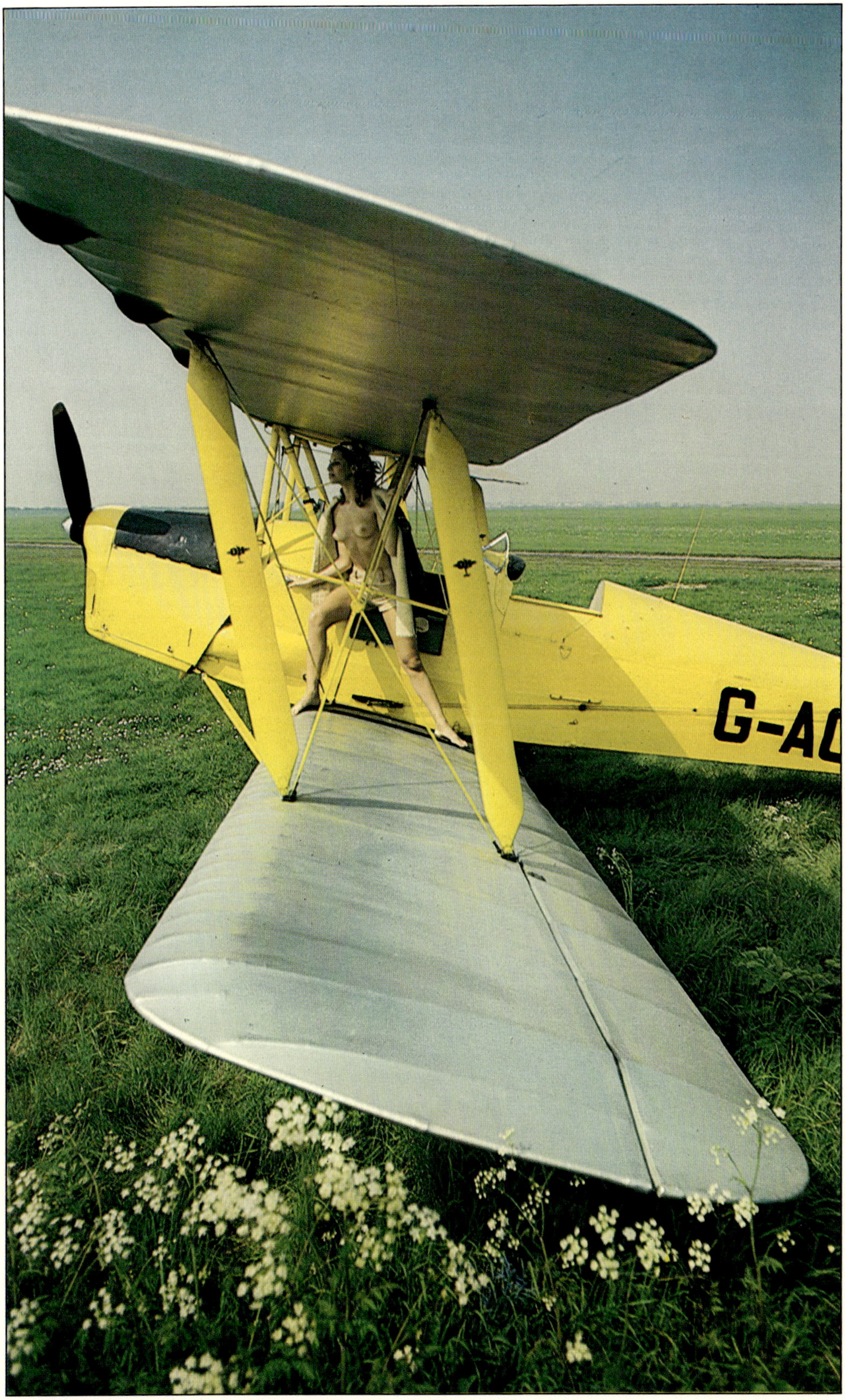

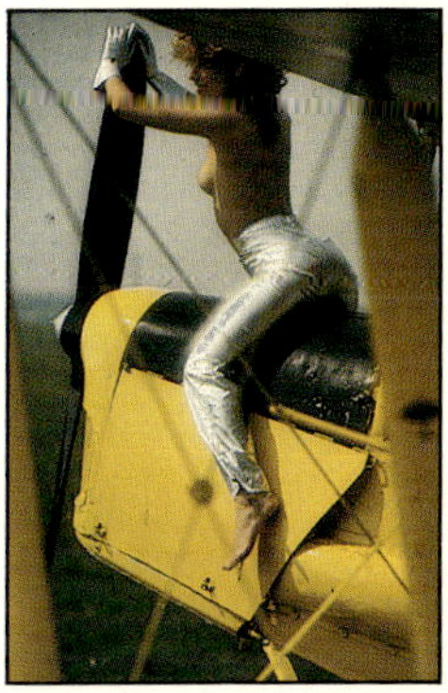

Requisit am Aufnahmeort
Dieses Flugzeug mag als sehr teures Requisit erscheinen, aber es wurde mir von einem Fliegerclub leihweise zur Verfügung gestellt und freundlicherweise auf eine Blumenwiese in einen abgelegenen Flugplatzbereich gebracht, wo ich diese stark perspektivebetonte Aufnahme machte (links). Der Standort des Modells wurde von der empfindlichen Flugzeugoberfläche bestimmt, die den Arbeitsbereich stark einschränkte. Da ein Teil der Flügelstreben den Körper überdecken, wird der Blick sehr viel stärker auf ihn gezogen, als hätte sich das Modell in völlig freier Position befunden. Das kleinere Bild (oben) entstand während der gleichen Fotositzung und ist so aufgebaut, daß die Betonung noch mehr auf dem Modell liegt.
24 mm, 1/125 sec, Blende 8, Kodachrome 25, 81 B (links); 105 mm, 1/60 sec, Blende 8, Kodachrome 25, 81 B und Polarisationsfilter (oben)

Ausschöpfen eines Requisits

Wenn Sie ein gutes Requisit gefunden haben, das die Stimmung eines Bildes unterstützt und dem Modell Beschäftigung gibt, machen Sie soviel Gebrauch davon, wie Zeit und andere Umstände es zulassen. Nehmen Sie alle Bildideen auf, die Ihnen und Ihrem Modell einfallen, denn es ist oft einfacher, sich nach der Weiterverarbeitung des Films für die beste Idee zu entscheiden.

Abgesehen von der naheliegenden Empfehlung, daß man eine wertvolle Gelegenheit niemals ungenutzt verstreichen lassen sollte, hat dieses Verfahren auch psychologische Vorteile. Wenn Sie sich zum Beispiel eine Stunde oder länger auf ein einziges Arrangement konzentrieren, werden Sie und Ihr Modell nur müde und einfallslos. Andererseits lockern Bewegung und verlagerte Schwerpunkte, die sich ergeben, wenn man ein Requisit auf verschiedene Arten fotografiert, die Sitzung auf und regen zu guten Einfällen an.

Denken Sie nicht zu lange über verschiedene Möglichkeiten nach, denn die Zeit ist begrenzt. Es ist besser, mehr Film zu verbrauchen und jede fotografische Möglichkeit der Szene zu nützen. Ihre Entscheidung können Sie dann treffen, wenn Sie die fertigen Bilder vor sich liegen haben.

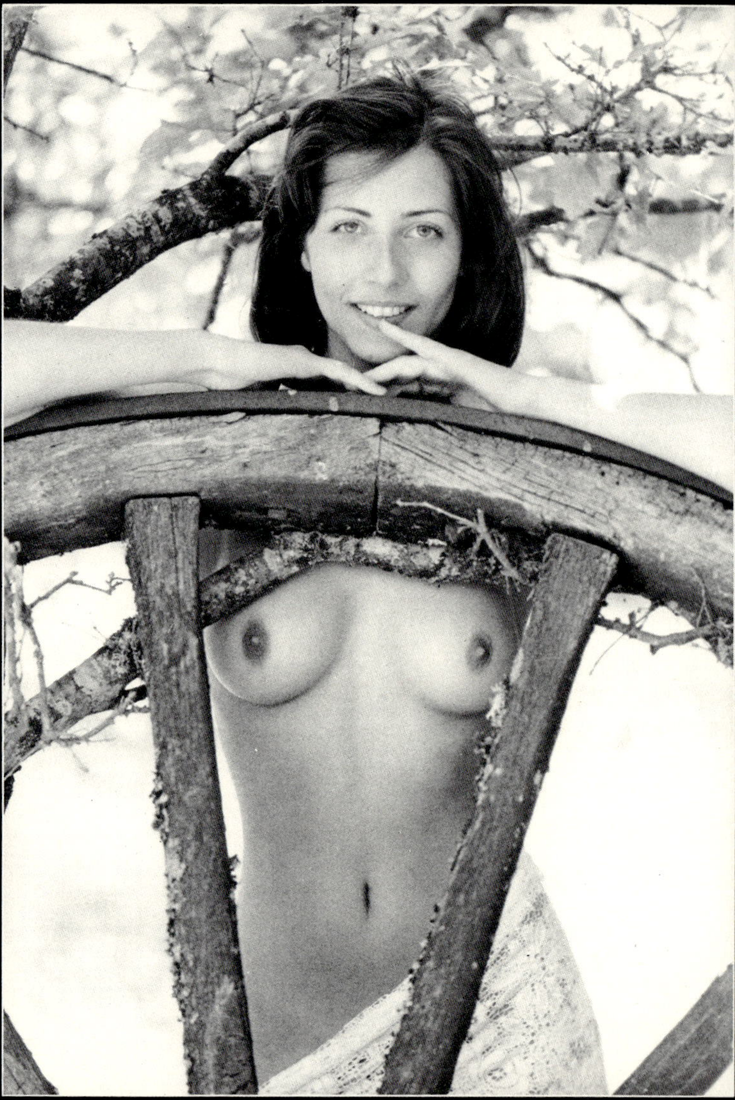

Rad als Hintergrund ▽
Hier wurde das Requisit als Hintergrund verwendet, um die Körperrundungen zu betonen. Ich bat das Modell, sein Kopftuch neu zu arrangieren; so wirkte die Szene natürlich, und gleichzeitig wurde das harte, senkrechte Sonnenlicht auf den Schultern gemildert.
105 mm, 1/150 sec, Blende 8, Tri-X

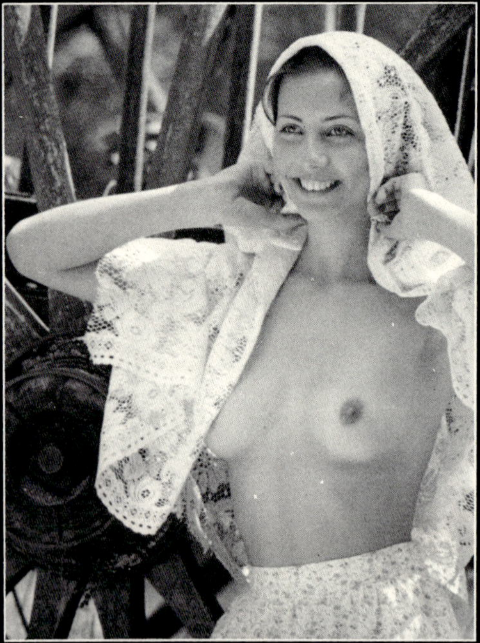

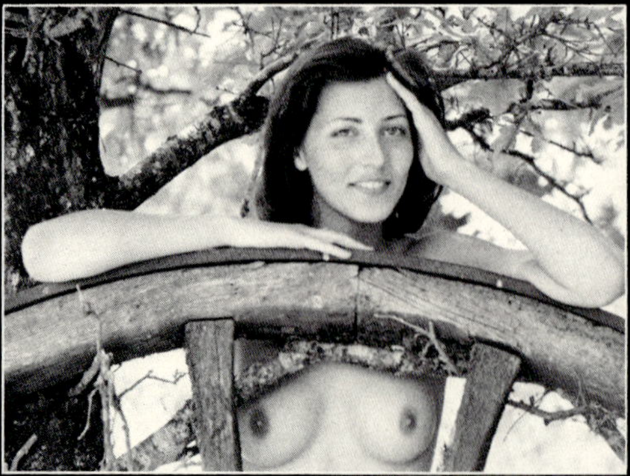

Ausnutzen des grafischen Potentials
Die beiden Radspeichen betonen durch ihre geraden Linien die Körperrundungen. Für eine andere Aufnahme wurde die Form des Radreifens ausgenützt und den Armen des Modells mehr Platz eingeräumt. In beiden Fällen stand das Rad unter einem Baum, wodurch das harte Licht von oben gemildert wurde und nur reflektiertes Licht für die Beleuchtung sorgte.
50 mm, 1/125 sec, Blende 5,6, Tri-X (beide Bilder)

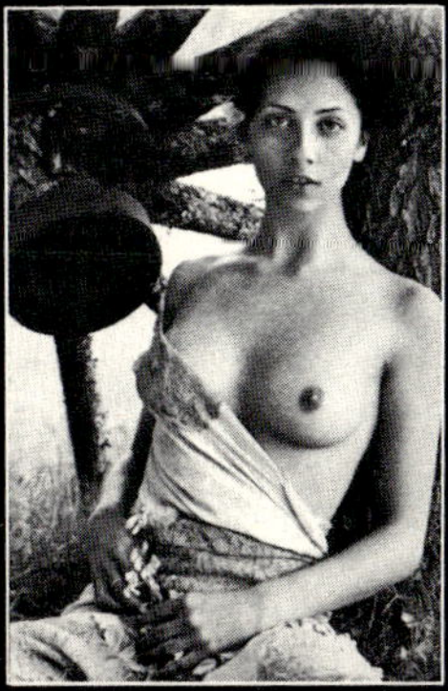

Untermalen der Szene
Nachdem das Modell sich umgezogen und anders frisiert hatte, wurde das Wagenrad zurückhaltender eingesetzt. Es wurde so mehr zu einem ländlichen Symbol als zu einem aktiven Requisit. Ursprünglich hatte ich eine Weitwinkelaufnahme geplant, auf der das Modell züchtig die Augen niederschlägt (rechts), aber da ich mir über das Endergebnis unsicher war, machte ich mit einem längerbrennweitigen Objektiv auch ein direktes Porträt (oben), bei dem das Modell in die Kamera sah. *28 mm, 1/125 sec, Blende 5,6, Tri-X (rechts); 105 mm, 1/125 sec, Blende 5,6, Tri-X (oben)*

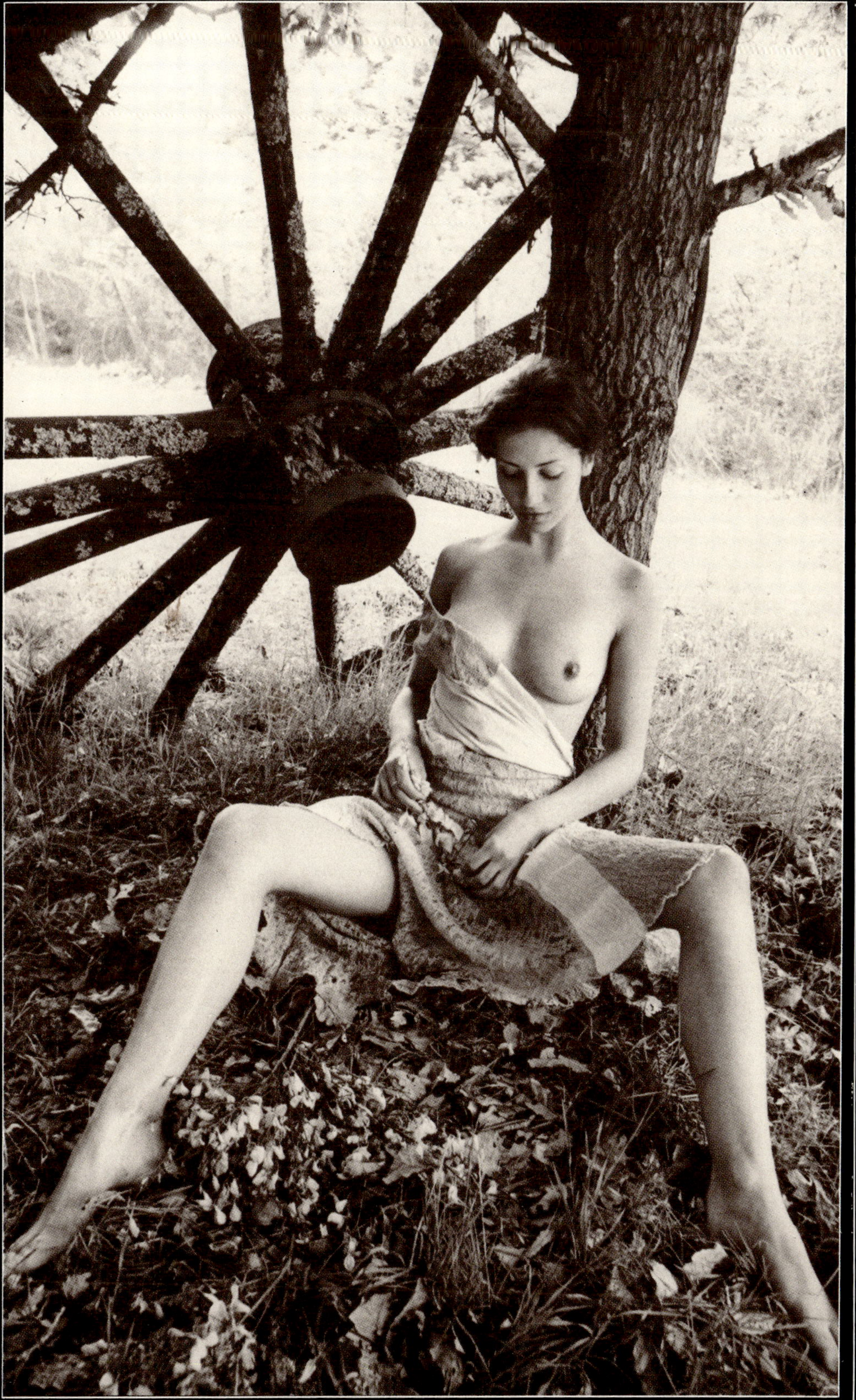

Ein Tag mit dem Modell

Die Fähigkeit, sich ein Bild vorher vorzustellen, ist in der Aktfotografie unerläßlich. Ebenso wichtig ist, den Termin zusammen mit Ihrem Modell zu planen und fotografische und persönliche Ausrüstungsgegenstände im voraus vorzubereiten (siehe Seite 154).

Ein vorheriger Besuch am Aufnahmeort ohne Zeitdruck ist immer von Vorteil. Nehmen Sie einige Bildideen, wie herausgerissene Zeitschriftenseiten, ein Skizzenbuch und eine Liste von Requisiten mit, die zu Aufnahmeort und Modell passen. Gehen Sie mögliche Bildsituationen durch und ziehen Sie dabei die Unsicherheit des Wetters am Aufnahmetag in Betracht. Sehen Sie sich nicht nur nach offensichtlichen, sondern auch nach verborgenen Bildmöglichkeiten um. Durch minimale Änderungen oder Ergänzungen können Sie sich viele erfolgversprechende Situationen schaffen. Achten Sie gleichzeitig auf grundlegende Bildelemente – Strukturen, Muster, Perspektive – die Sie in Ihrem Bildaufbau verwenden können.

Wenn Sie sich den Aufnahmeort genau angesehen haben, versuchen Sie, einige Ihrer Ideen mit den Möglichkeiten des Orts in Einklang zu bringen. Das ist ohne Hilfe nicht immer einfach, und es empfiehlt sich, entweder das Modell selbst oder einen Freund mitzunehmen, um Möglichkeiten durchzusprechen. Das Ziel sollte eine Liste von (visuellen) Bildideen sein, die von Aufnahmeort und Modell entsprechend den vorhandenen Möglichkeiten vollen Gebrauch machen. Stellen Sie die vorteilhaftesten Körperteile Ihres Modells fest und setzen Sie sie bestmöglich ein. Wenn zum Beispiel die Beine schön sind, sollten Sie sich nach Möglichkeit Bilder vornehmen, die von diesen Beinen profitieren; stellen Sie die Beine in den Mittelpunkt des Interesses. Setzen Sie sich Bilder zum Ziel, die Ihre Fähigkeiten und die des Modells voll herausfordern. Verändern Sie Stimmung und Atmosphäre und experimentieren Sie mit unterschiedlichen Maßstäben, selbst mit verschiedenen Stilarten, wo Ihnen dies möglich ist. Mit der Erfahrung wird sich Ihr persönlicher Stil entwikkeln, und Sie werden bei sich eine Vorliebe für bestimmte Bilder feststellen. Am Anfang ist es jedoch besser, wenn Sie möglichst vielseitig arbeiten und Aktionsfotos wie auch Nahaufnahmen des Kopfes machen. Wenn Ihre Bilder fertig sind, suchen Sie sich die besten heraus und bauen darauf auf.

Wenn Sie vier oder fünf Bildideen haben, planen Sie in der praktischsten Reihenfolge. Sie können zum Beispiel mit einer attraktiven, natürlichen Bewegungsaufnahme beginnen, bei der sich das Modell entspannen kann und die Ihnen beiden Sicherheit gibt. Wenn Sie Aufnahmen mit Wasser planen, sollten Sie diese möglichst vormittags machen, damit das Modell während der Mittagspause seine Haare trocknen kann.

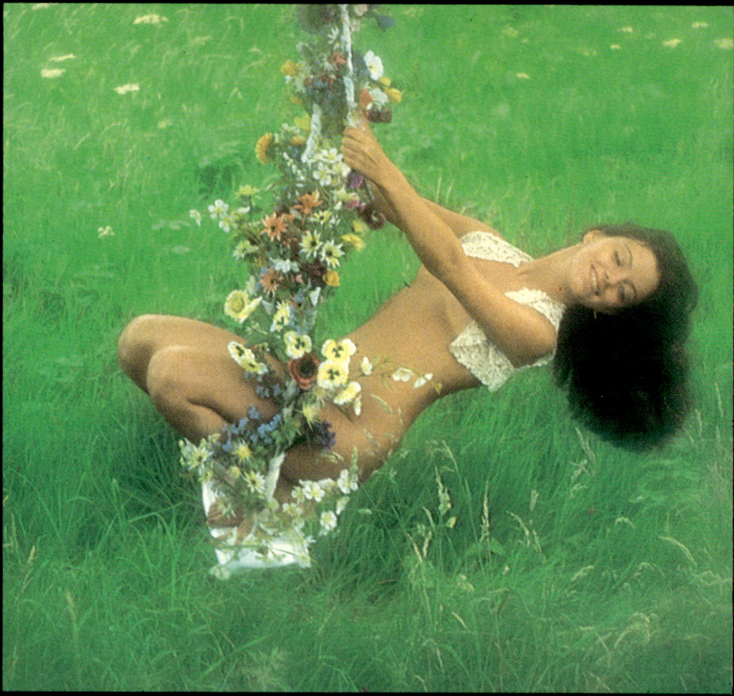

Natürliche Bewegungsaufnahmen am Morgen – 8.30 Uhr △
Bei dieser einfachen Pose konnte sich das Modell entspannen, und das hübsche Motiv wirkt in der weichen frühen Morgensonne sehr gut. Die Plastikblumen wurden mit Bändern an den Seilen befestigt, dann wurde die Schaukel in einem Baum aufgehängt und ausprobiert.
50 mm, 1/500 sec, Blende 2, Ektachrome 200, 100 CC Purpur, Weichzeichner

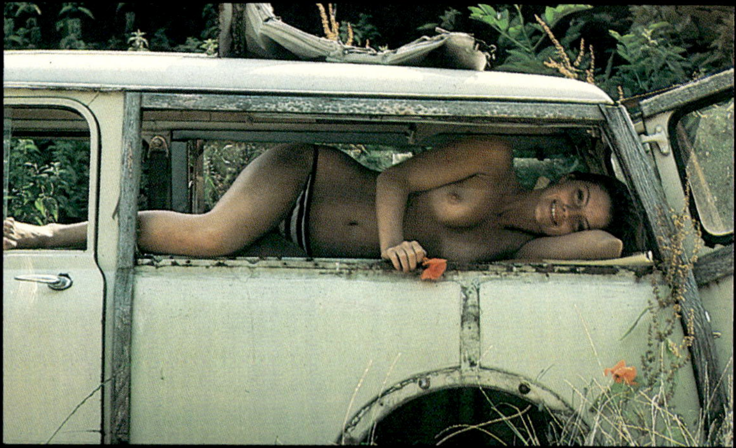

Wetterfest – 10.00 Uhr △
Der Bildaufbau mit dem alten, verlassenen Wagen als Rahmen für das Modell sieht einfach aus. In Wirklichkeit wurden im Wageninnern Kisten und eine lange Schaumgummimatte ausgelegt. Der Dachschatten gab ein angenehmes Licht, das durch einen weißen Aufhellschirm auf dem Boden verstärkt wurde.
105 mm, 1/125 sec, Blende 4, Kodachrome 25, 81B

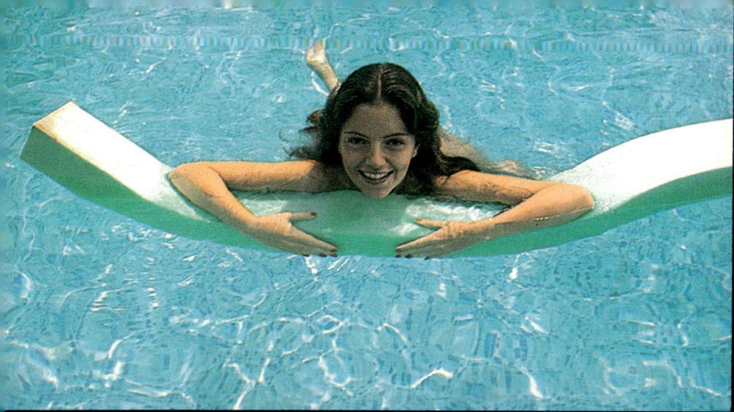

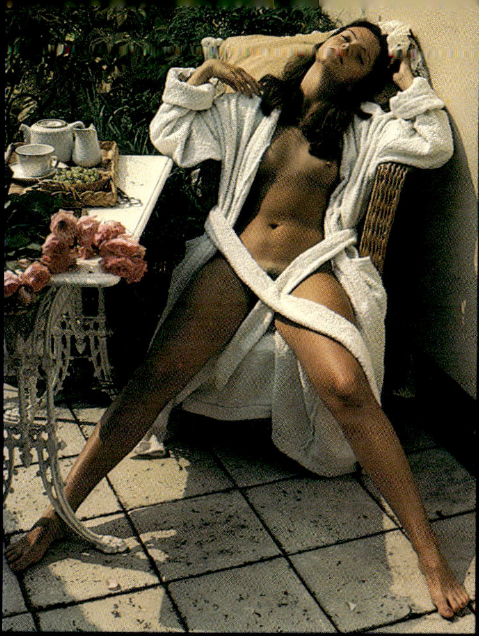

bkühlung – 12.00 Uhr △
chmutz und Hitze bei der
orausgegangenen
ufnahme legten ein
nschließendes kühles Bild
ahe. Der Schaumgummi
virkte gestaltend und trug
las Modell.
05 mm, 1/125 sec, Blende 4,
odachrome 25,
olarisationsfilter

Entspannung – 14.00 Uhr ▷ Ein Modell, das sich nach dem Mittagessen auf einem Balkon ausruht, nimmt ganz natürlich eine entspannte Pose ein; zu einer früheren Tageszeit wäre sie unnatürlich erschienen. Die rosa Rosen und der weiße Bademantel betonten die Körperbräune, und die grünen Blätter lieferten einen kontrastierenden Hintergrund.
28 mm, 1/60 sec, Blende 5,6, Kodachrome 25, 81A

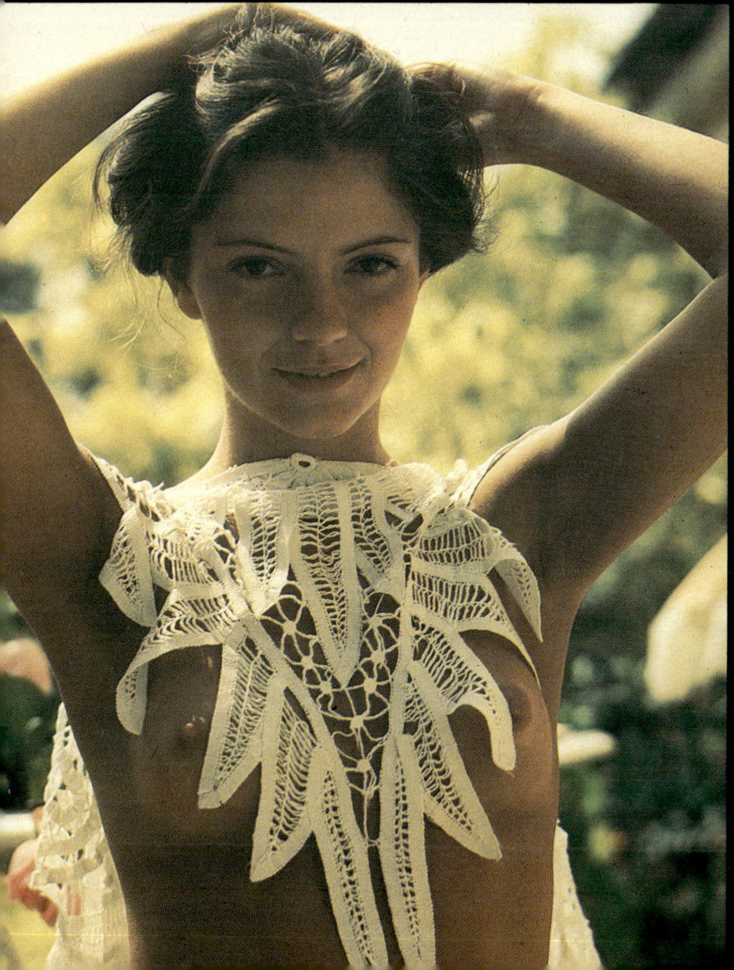

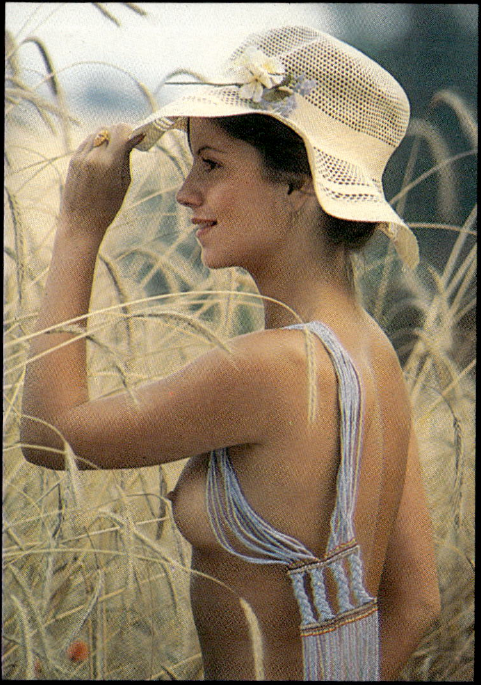

◁ **Improvisiertes Requisit – 15.00 Uhr**
Das Bild entstand bei Tageslicht, während sich das Modell die Haare für die nächste Aufnahme hochsteckte. Ein Zwischenring ermöglichte eine sehr kurze Aufnahmeentfernung.
150 mm, 10 mm Zwischentubus, 1/60 sec, Blende 4, Ektachrome 64, 81B

Gerahmtes Profil – 16.00 Uhr △
Um den flachen Winkel des klaren, gestreuten Sonnenlichts auszunutzen, verlegten wir die letzte Aufnahme in ein Feld. Der Hut paßte wunderbar zum Getreide. Ich bat das Modell, ihn über die Augen zu ziehen, so daß der Arm einen Rahmen bildete.
105 mm, 1/60 sec, Blende 5,6, Kodachrome 25

Das unvollkommene Modell

Nur wenige Fotomodelle sind für alle Stile und Arten der Aktfotografie gleich gut geeignet. Aber die meisten Personen, die sich bereiterklären, Ihnen Modell zu stehen, haben irgendwelche Vorzüge, und es gehört zu den Aufgaben des Fotografen, diese herauszufinden (siehe Beurteilung eines Modells, Seite 152) und durch die Auswahl und Anlage seiner Bildideen hervorzuheben.

Es mag wie ein Widerspruch erscheinen, aber die Einschränkungen, die Ihnen die »Mängel« des Modells auferlegen, können durchaus eine Hilfe sein. Ich habe die Erfahrung gemacht, daß mich ein vollkommenes Modell manchmal eher einschüchtert, da ich dabei oft Schwierigkeiten bei der Entscheidung habe, womit ich bei dieser großen Zahl von Möglichkeiten anfangen soll. Wenn andererseits die Vorzüge des Modells etwa auf eine schöne Haut oder einen wohlgeformten Rükken begrenzt sind, dann haben Sie einen einfachen »Einstieg« und können Ihren Rhythmus finden, ohne das Gefühl haben zu müssen, daß Ihnen die Sitzung entgleitet.

Für Fotograf und Modell ist das Gefühl eines leichten, erfolgsicheren Anfangs gleichermaßen wichtig. Die Komplimente, die Sie Ihrem Modell zu Recht für seinen Beitrag zum Bild aussprechen, werden sein Selbstvertrauen stärken und damit gleichzeitig von seinen weniger vorteilhaften Punkten ablenken. Denken Sie immer daran, daß Sie neben dem Körper des Modells auch seine Persönlichkeit auf dem Foto festhalten. Je besser die Stimmung, umso besser ist die Atmosphäre, und umso besser werden Ihre Aufnahmen.

Wenn die Probleme Ihres Modells eher im psychischen als im körperlichen Bereich liegen, kann es helfen, wenn Sie es in die Planung der Bilder miteinbeziehen. Zeigen Sie ihm Ihre Skizzen und Ideen, damit es sehen kann, was Sie sich vorgestellt haben.

Erklären Sie anhand von Bildern, wie wichtig Grundelemente, etwa Strukturen und Muster, sind. So schaffen Sie eine partnerschaftliche Arbeitsatmosphäre, in der sich das Modell nicht ausgebeutet und zum Gegenstand gemacht fühlen wird. Das kann nämlich leicht passieren, wenn es einfach nur posieren soll, ohne weiter am Ergebnis des Bildes beteiligt zu sein. Falls Sie ein bestimmtes Requisit brauchen, können Sie Ihr Modell bitten, Ihnen bei der Suche oder Herstellung zu helfen und es auf diese Weise ebenfalls aktiv am Bildgelingen beteiligen. Ermutigen Sie es, mit Make-up und verschiedenen Frisuren zu experimentieren, raten Sie aber (in den meisten Fällen) nicht zu extravaganten Veränderungen, die die Persönlichkeit des Modells erschlagen könnten. Mit anderen Worten, seien Sie rücksichtsvoll und erfinderisch und verhelfen Sie Ihrem Modell zur »Vollkommenheit«.

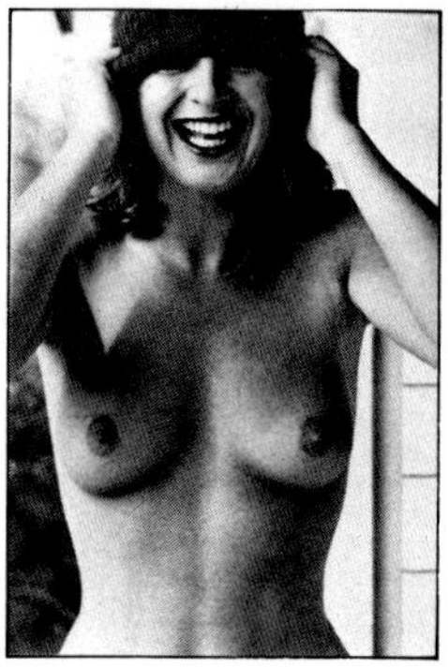

Überwinden von Schüchternheit △
Ein Mädchen, das zum erstenmal für ein Aktfoto Modell steht, ist unweigerlich nervös. Ich bat mein Modell, die Mütze über den Kopf zu ziehen und zu lachen. So konnte es seine Scheu verbergen und strahlte gleichzeitig unbeschwerte Stimmung aus.
105 mm, 1/125 sec, Blende 5,6, HP5

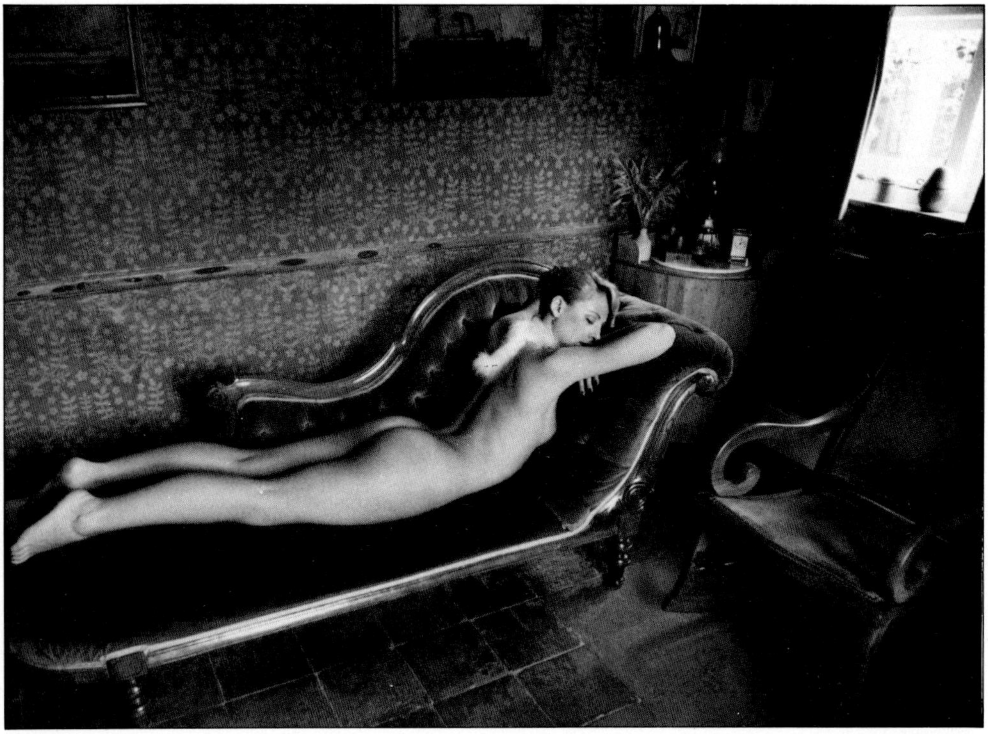

◁ **Gestreckter Körper**
Das Weitwinkelobjektiv verbarg kleinere Mängel der Figur, und die Pose mit geschlossenen Augen und zum Teil verdecktem Gesicht ließ das Modell entspannt wirken. Da ich nicht den gesamten Bildbereich mit der Figur ausfüllte, konnte ich die Eigenschaft des Weitwinkelobjektivs, die Beine zu strecken, voll nutzen.
28 mm, 1/30 sec, Blende 4, HP5

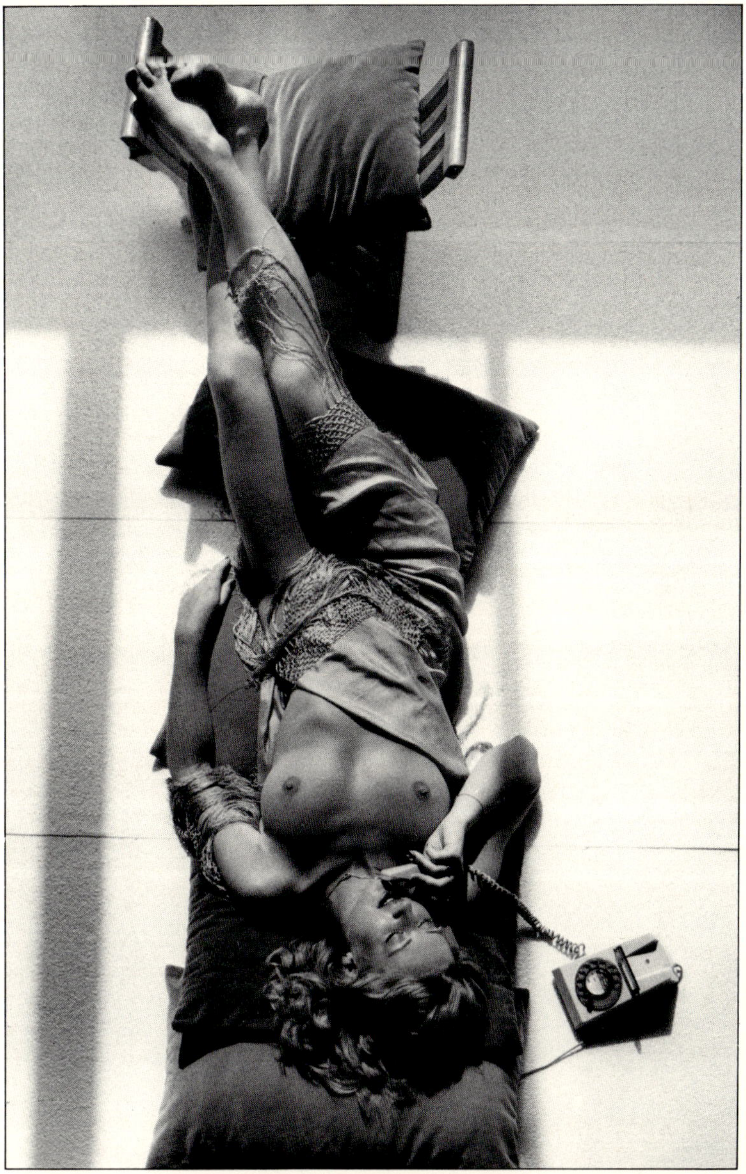

◁ **Zielgerichtete Betonung**
Umkehrung kann einem Bild zusätzlichen Reiz verleihen. Bei dieser Aufnahme, die ich von einer Leiter herunter machte, lenkte ich das Interesse auf das schöne Haar des Modells, indem ich es ausbreitete und in Kameranähe brachte. Die Beine wurden so arrangiert, daß sie länger wirkten, die relativ breiten Hüften wurden drapiert.
50 mm, 1/250 sec, Blende 8, HP5

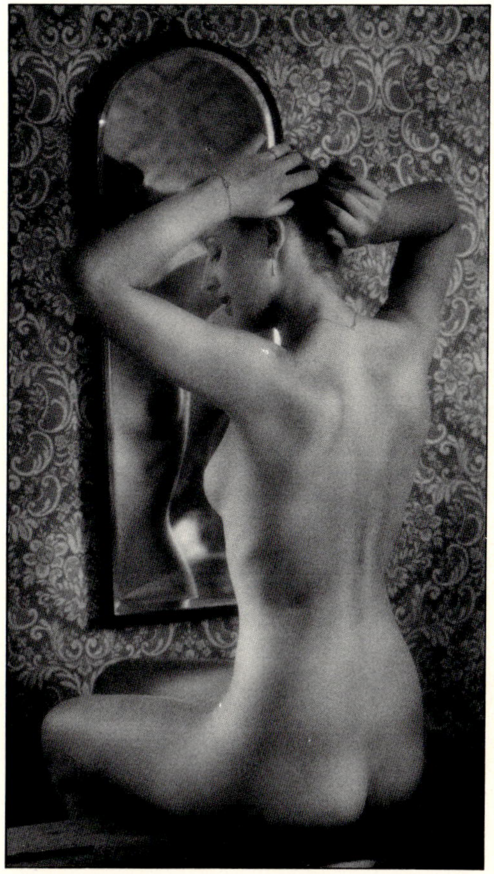

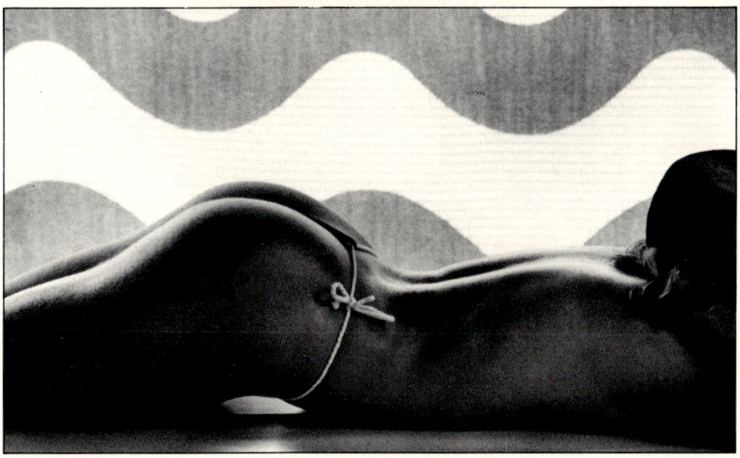

◁ **Sicherer Anfang**
Ich hatte dieses Motiv mit Absicht an den Anfang gesetzt, da mir bekannt war, daß das Modell eine wohlgeformte Rückenpartie hatte, die vor diesem speziell dazu ausgewählten Stoffhintergrund sehr effektvoll wirken würde. Der Hut wiederholte die Hintergrundwellen und verdeckte das Gesicht des Modells, wodurch es sich ganz auf seine Körperhaltung konzentrieren konnte.
105 mm, 1/60 sec, Blende 4, HP5

Nützliche Standardmotive △
Die Aufnahme vor einem Spiegel, vor dem sich das Modell frisiert, gehört zu den beliebtesten Standardmotiven, denn sie erfolgt in einer vertrauten Situation, in der sich das Modell entspannt bewegen kann. Auf diesem Bild betonte weiches Tageslicht aus entgegengesetzten Richtungen die Körperrundungen, während die gestreckte Körperhaltung des Modells sich vorteilhaft auf die Umrisse auswirkte.
105 mm, 1/15 sec, Blende 4, HP5, Weichzeichner

Zu Hause fotografieren

Die Schwierigkeit, einen guten Aufnahmeort und ein entsprechendes Modell zu finden, bringt mich oft in Versuchung, meine Bilder zu Hause aufzunehmen, denn eine vertraute, gemütliche Umgebung kann das Fehlen eines attraktiven Aufnahmerahmens im Freien oft ausgleichen. In meiner gewohnten Umgebung verhalte ich mich meist auch entspannter, was sich auf das Modell und seine Arbeit auswirkt. Ein warmer, ungestörter Raum von etwa jeweils fünf Schritt Seitenlänge ergibt einen wunderbaren Arbeitsplatz. Der Idealfall ist natürlich, wenn Sie über Ihre ganze Wohnung verfügen und damit die Bildmöglichkeiten vervielfachen können. Nach Studiomaßstäben sind die meisten Wohnungen überladen, und das größte Problem besteht daher gewöhnlich darin, genügend Freiraum zu schaffen, in dem Sie arbeiten und einen einfachen Hintergrund aufbauen können. Nahaufnahmen verringern diese Schwierigkeiten natürlich.

Ein weiterer Vorteil der Arbeit zu Hause besteht darin, daß Sie mit der Wanderung des Sonnenlichts von Fenster zu Fenster vertraut sind. Dadurch können Sie sonnenbeleuchtete Aufnahmen viel leichter als in einem unbekannten Gebäude planen.

In den meisten Wohnungen und Häusern finden sich nützliche Bildrequisiten; denken Sie aber immer daran, daß Requisiten, die eine Handhabung erfordern, besser sind als solche, die einfach nur gehalten werden.

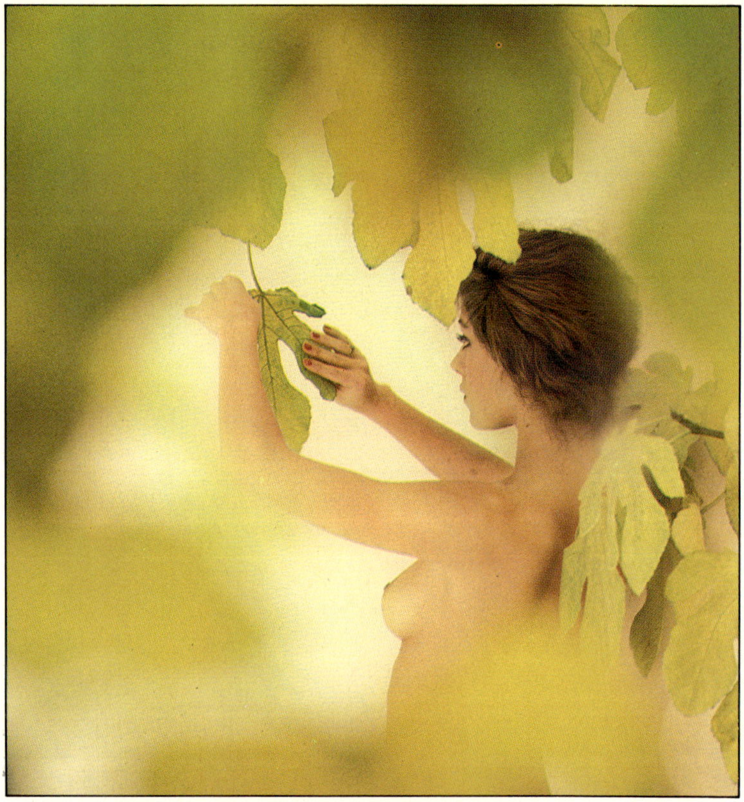

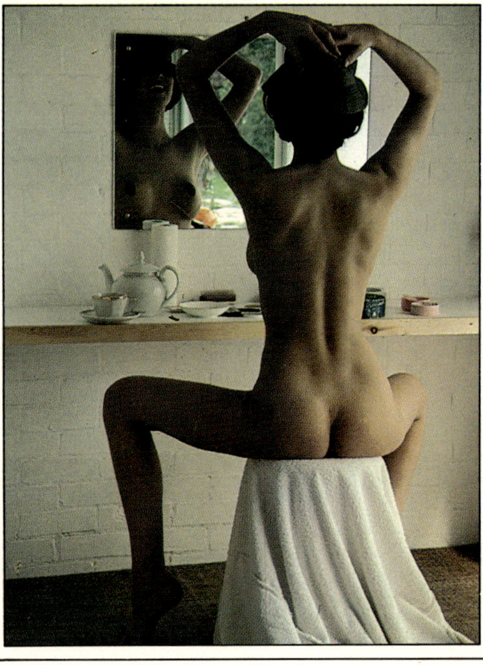

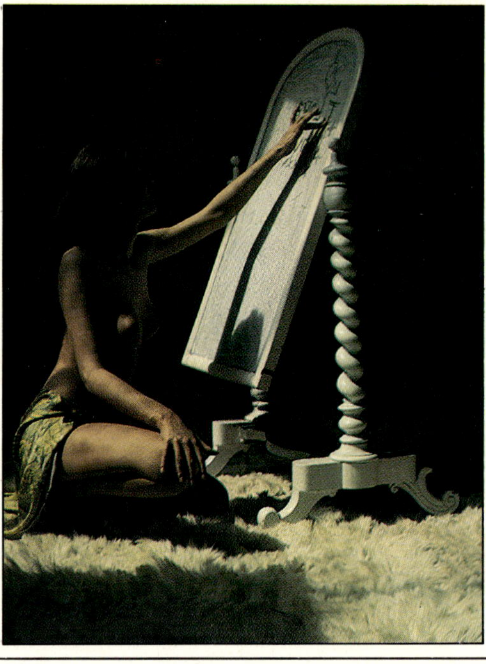

Vorhandene Requisiten
Auf diesen beiden Bildern wurde das Bildpotential von Spiegeln voll ausgeschöpft. In beiden Fällen beschäftigte sich das Modell intensiv damit und achtete so weniger auf die Kamera. Streckbewegungen geben den Modellen die Möglichkeit, ihre Körper vorteilhaft zur Schau zu stellen.
50 mm, 1/30 sec, Blende 4, Kodachrome 25, 81 B (ganz links); 105 mm, 1/125 sec, Blende 5,6, Kodachrome 25, 81 EF (links)

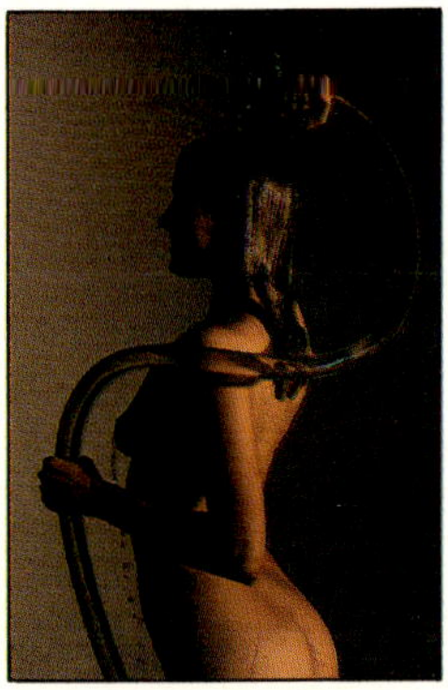

Gefundene Requisiten
Diese beiden Bilder wurden durch einen Wasserschlauch und einen Hahn angeregt, die ich in meiner Garage fand. Obwohl ich ursprünglich das Foto oben geplant hatte, gefällt mir inzwischen die Nahaufnahme (rechts), die am Ende der Fotositzung mehr aus Spielerei entstand, besser.
50 mm, 1/125 sec, Blende 5,6, Kodachrome 25, 81B(oben); 105 mm, 1/125 sec, Blende 5,6, Kodachrome 25, 81B (rechts)

◁ **Vorgetäuschte Außenaufnahme**
Diese Aufnahme scheint zwar im Freien entstanden zu sein, wurde aber tatsächlich bei Tageslicht in einem Raum vor einer einfachen Wand gemacht. Der Zweig eines Feigenbaums war Requisit.
Bronica ETRC, 150 mm, 1/15 sec, Blende 5,6, Ektachrome 200, 81B

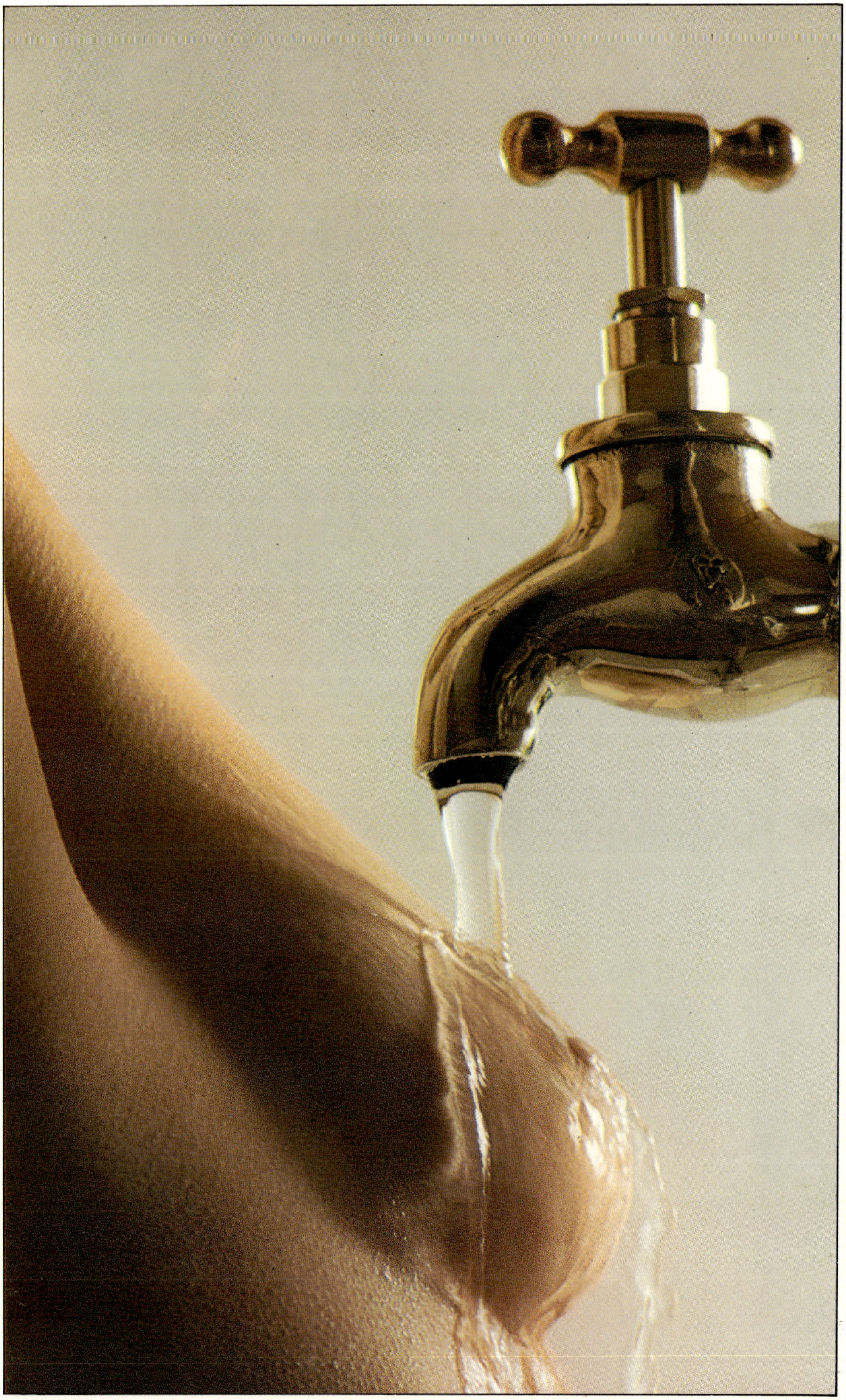

Detailaufnahmen

Im Gegensatz zu Ganzaktaufnahmen, die meist viel Platz, einen geeigneten Aufnahmeort und eine sorgfältig ausgearbeitete Bildidee erfordern, sind Detailaufnahmen relativ einfach zu verwirklichen und haben für den Anfänger den zusätzlichen Vorteil, daß die Augen des Modells darauf meist nicht zu sehen sind.

Da Nahaufnahmen sehr schlicht sind, ist ihre Qualität noch stärker vom bewußten Einsatz der Struktur, Form und, vor allem, des Lichts abhängig. Auf Nahaufnahmen müssen meist die charakteristischen Eigenschaften der Haut festgehalten werden, und die Beleuchtung soll vermitteln, wie weich sie ist.

Die Wahl zwischen lang- oder kurzbrennweitigen Objektiven bei Nahaufnahmen gehört zu den schwierigsten technischen Entscheidungen eines Fotografen. Ein Objektiv mit langer Brennweite scheint sich für Detailaufnahmen anzubieten, aber seine geringe Schärfentiefe zwingt zu einer kleinen Blendeneinstellung, wenn der gesamte Tiefenbereich der Aufnahme scharf sein soll. Bei Aktdetailaufnahmen ist Schärfe in den meisten Fällen erwünscht, so daß lange Belichtungszeiten, die den Einsatz eines Stativs nötig machen, unvermeidlich sein können. Man kann dem Modell helfen, regungslos zu verharren, indem man ihm einen Tisch oder Stuhl gibt, an den es sich lehnen kann. Selbst die geringste Bewegung des Modells beeinträchtigt die Schärfe der Aufnahme, so daß Sie sich, wenn Sie nicht bei sehr hellem Licht arbeiten, bei Nahaufnahmen für ein Objektiv mit kürzerer Brennweite entscheiden müssen, um einen größeren Schärfentiefenbereich und damit schärfere Details zu bekommen. Denken Sie daran, daß Sie beim Fotografieren mit Weitwinkelobjektiven Zeichnung und Perspektive genau ausrichten müssen, indem Sie eine Kameraposition wählen, bei der Verzeichnungen vermieden werden.

Zwischenringe zwischen Kamera und Objektiv ermöglichen Ihnen kürzere Arbeitsabstände; für Detailaufnahmen sind sie oft unerläßlich. Zwischenringe arbeiten oft präziser als ihre billigeren Alternativen, die Vorsatzlinsen, allerdings unterbrechen sie bei einigen Kameras die automatische Belichtungsmessung. Wenn Sie kein Zubehör für Nahaufnahmen besitzen, können Sie aus größerer Distanz fotografieren und andere Elemente in den Bildaufbau einbeziehen. Diese können die Hautfarbe ergänzen und mehr Tiefe und Formenvielfalt ins Bild bringen. Dadurch erhält ein abstraktes Detail eine stärkere Beziehung zu seiner Umgebung.

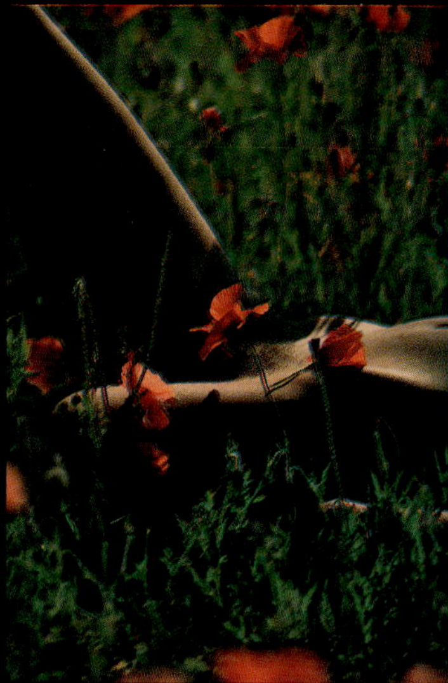

»Low key« △
Mit einem Polarisationsfilter und durch leichte Unterbelichtung gelangen mir die Wiedergabe der Schärfe der Hautstruktur und Farbintensität. Die Aufnahme entstand in der Mittagssonne. Ein Objektiv mit kurzer Brennweite verbesserte die Schärfentiefe.
50 mm, 1/125 sec, Blende 5,6, Kodachrome 25, Polarisationsfilter

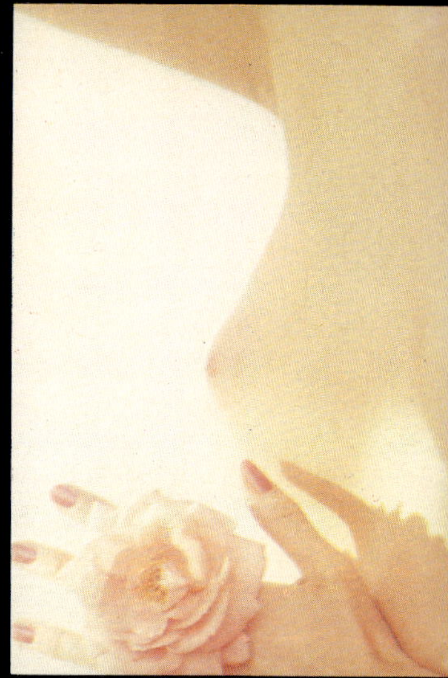

»High key« △
Weicher »high-key«-Beleuchtungsstil in Verbindung mit einer Rose gab dieser, bei stark gestreutem Tageslicht entstandenen Aufnahme eine abstrakte Schönheit, die bei einer härteren Technik verlorengegangen wäre.
50 mm, 1/30 sec, Blende 5,6, Kodachrome 25, 10 CC purpur

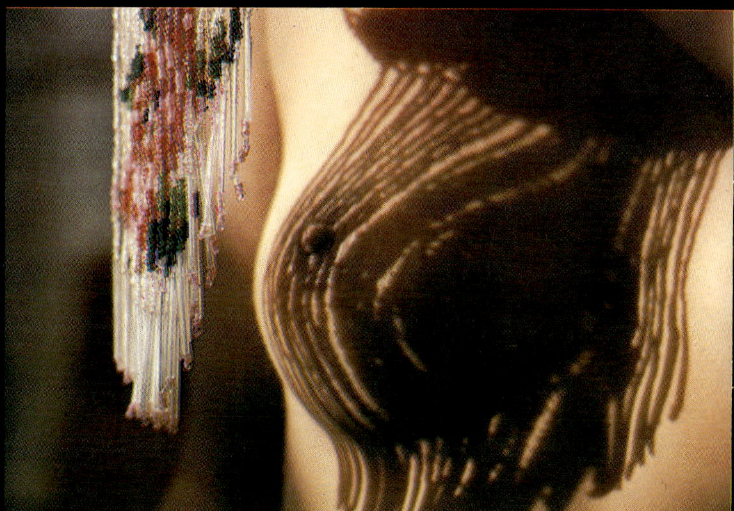

Schattenmuster △
Das starke Licht ermöglichte eine ausreichend kurze Belichtungszeit bei dieser Aufnahme mit Teleobjektiv, um Bewegungen der Perlenschnüre einzufrieren, während eine kleine Blendenöffnung Schärfentiefe lieferte.
105 mm, 10 mm Zwischenring, 1/125 sec, Blende 8, Kodachrome 64

Schattenloser Blitz ▷
Großzügiges Licht aus einem Studioblitzgerät mit großem Diffusor und einem auf dem Boden liegenden Aufhellschirm vereinfachten die Aufnahme dieses scharfen, strukturbetonten Detailfotos.
Bronica ETRC, 150 mm, 1/125 sec, Blende 8, Ektachrome 64, 81B

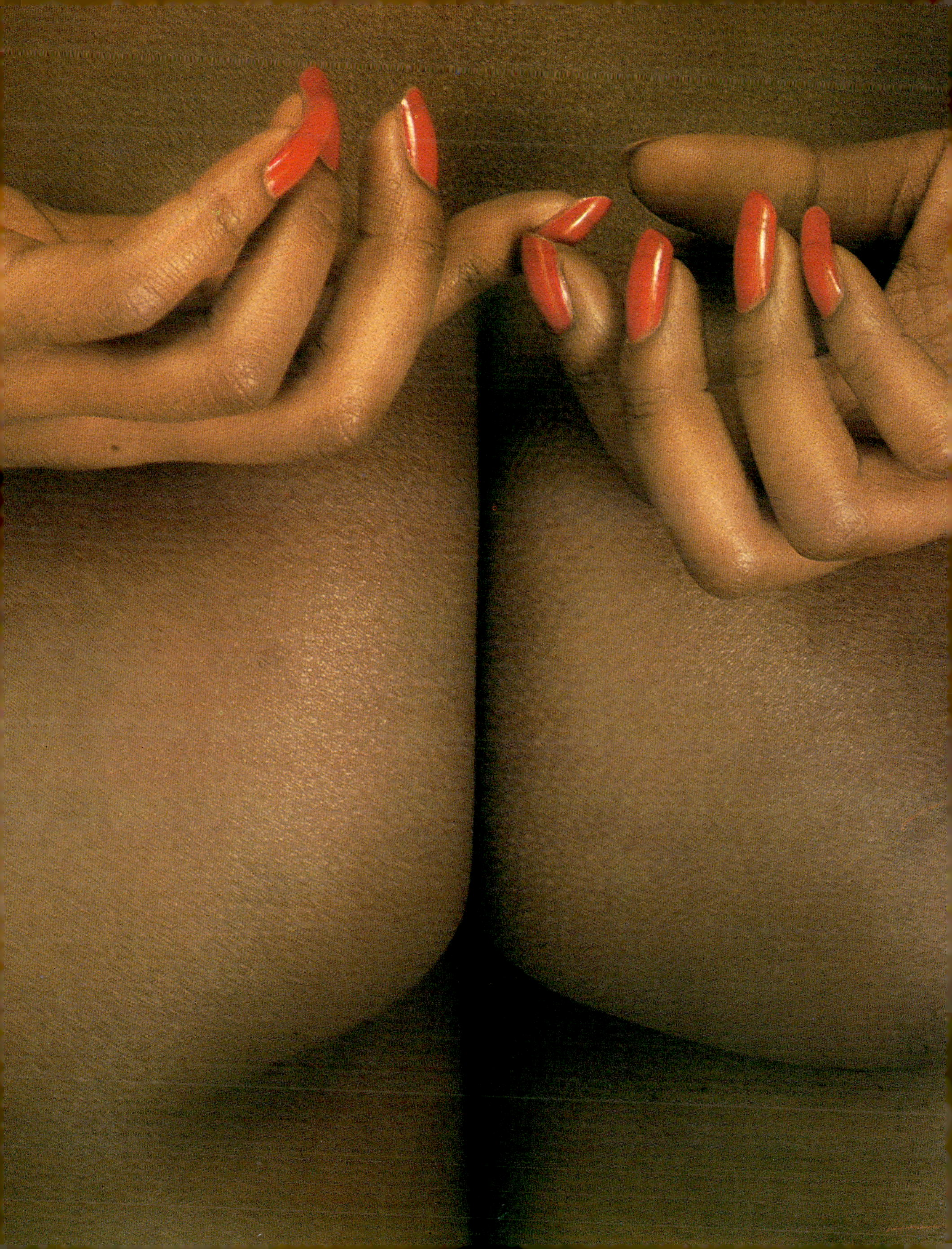

Wasseratmosphäre

Wasser in Verbindung mit einem nackten Körper ist das fotografisch wirkungsvollste natürliche Element und liefert unerschöpfliche Bildmöglichkeiten. Nasse Haut und Wasser müssen extrem scharf fotografiert werden, wenn Sie Struktur und sinnliche Qualität hervorheben wollen.

Detailaufnahmen von einzelnen Körperteilen mit nasser Haut sind nicht schwierig und für den Anfänger ein guter Beginn. Ein ganzer Körper im Wasser kann sehr viel komplizierter aufzunehmen sein, denn die Körperhaltung des Modells im Wasser und auf dem Bild gleichzeitig unter Kontrolle zu behalten, kann sich als sehr schwierig erweisen. Bewegungsaufnahmen eines nackten Schwimmers oder Tauchers wirken gut, aber hier zerstören Wasserunruhen die Körperzeichnung. Ich arbeite lieber bei ruhigem Wasser und verwende dabei stützende Elemente für das Modell – entweder als sichtbares Requisit oder durch den Körper verdeckt. Sie erleichtern es, den Körper in einem Schwebezustand zu halten, so daß Sie Ihre Aufmerksamkeit darauf konzentrieren können, ihn innerhalb des Bildrahmens zu arrangieren. Das ist vor allem dann wichtig, wenn Sie mit einem eher kurzbrennweitigen Objektiv fotografieren, um, zum Beispiel, die Beine des Modells zu verlängern, indem Sie aus kürzerem Abstand arbeiten. Wollen Sie von oben fotografieren, bringen Sie die Kamera hoch über das Wasser – auf ein Sprungbrett, zum Beispiel – und füllen Sie den Bildbereich mit Wasser. Dadurch werden andere Hintergrundelemente, die nur vom Körper ablenken würden, ausgeschlossen.

Alle Wasseraufnahmen sollten zur wärmsten Tageszeit gemacht werden; aber zu diesem Zeitpunkt können die helle Sonne und der blaue Himmel Beleuchtungsprobleme aufwerfen. Das Modell muß zum Beispiel die Augen schließen oder eine Sonnenbrille tragen, wenn es direkt ins Licht schaut.

Schnelle Wasserströmung ▷
Ich mußte diese Aufnahme sehr schnell machen, denn der rauschende Bergbach in Wales war extrem kalt, und ich wollte das Modell nicht unnötig lang dieser unbehaglichen Situation aussetzen. Ich ließ es sein Gesicht von der Kamera abwenden, damit seine verfrorene Stimmung nicht sichtbar wurde. Ein Polarisationsfilter ließ das Wasser auf dem Körper noch greifbarer wirken.
105 mm, 1/500 sec, Blende 4, Kodachrome 25, 81A und Polarisationsfilter

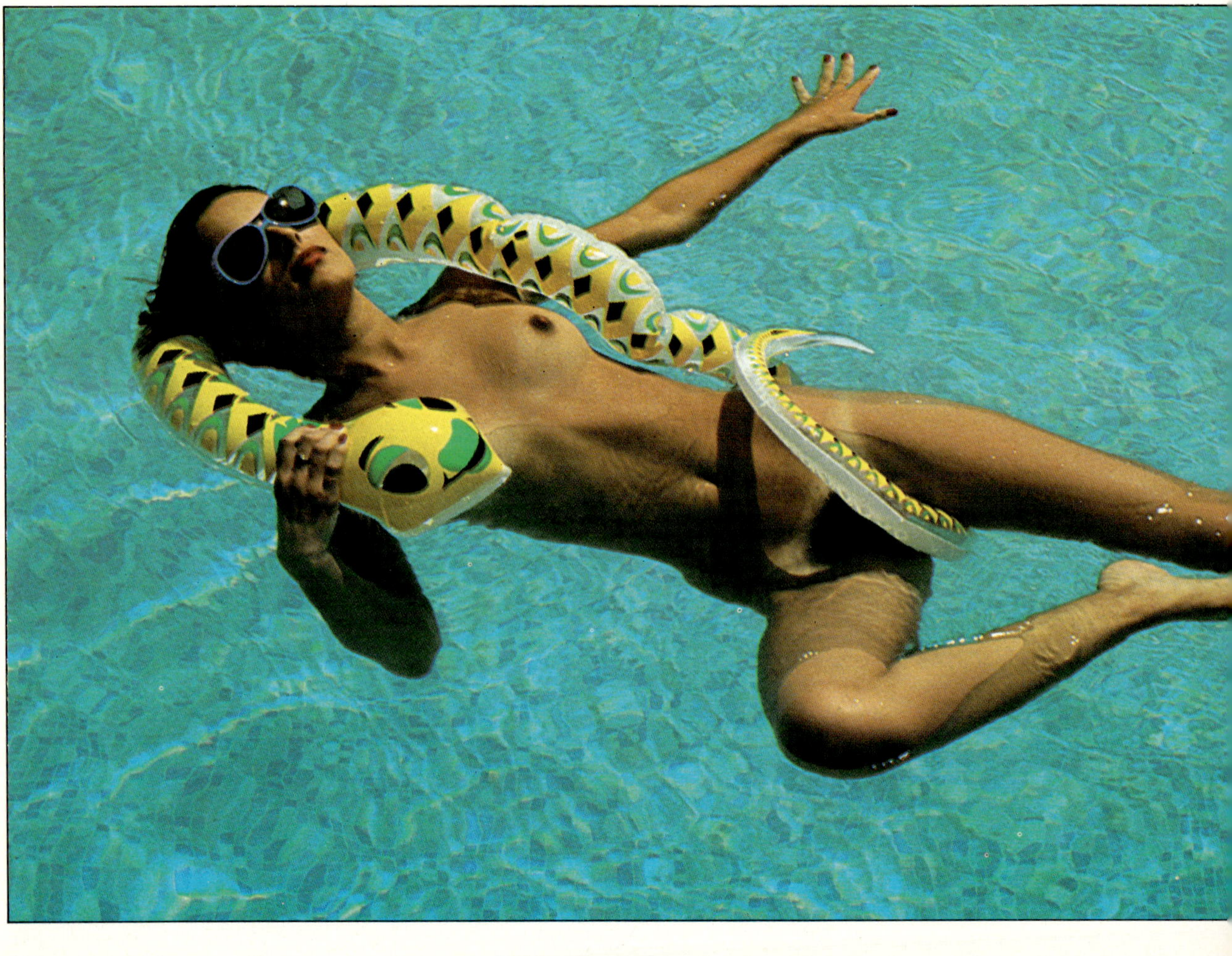

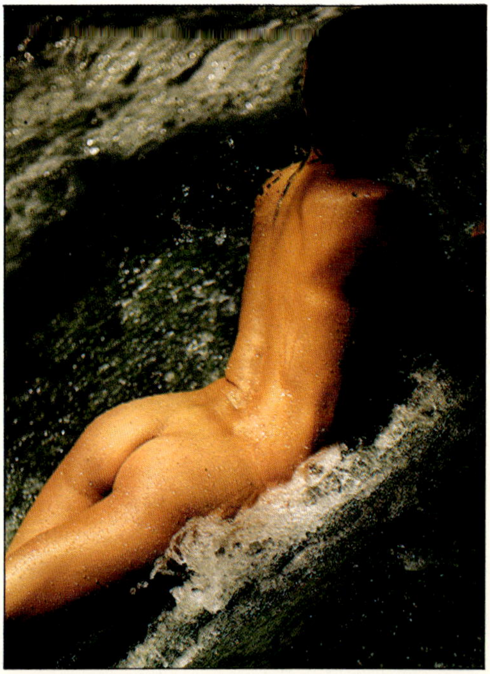

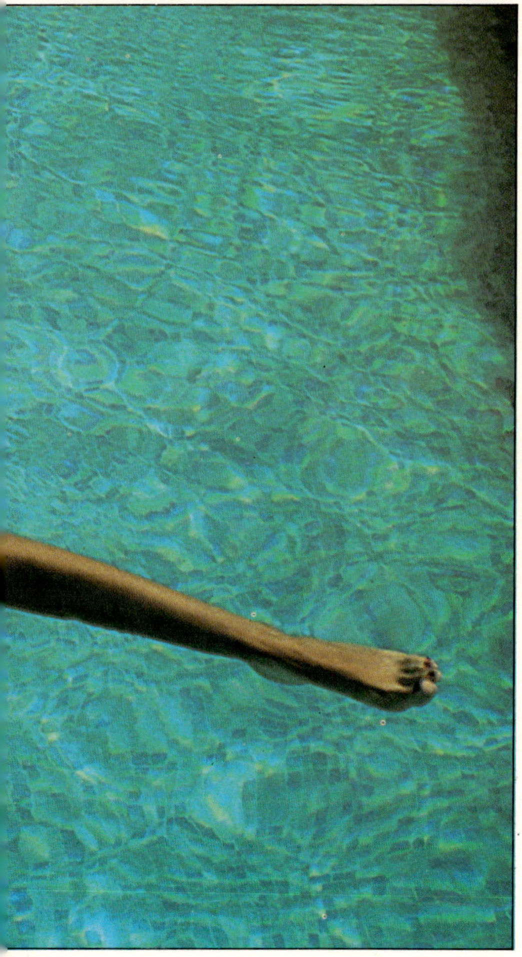

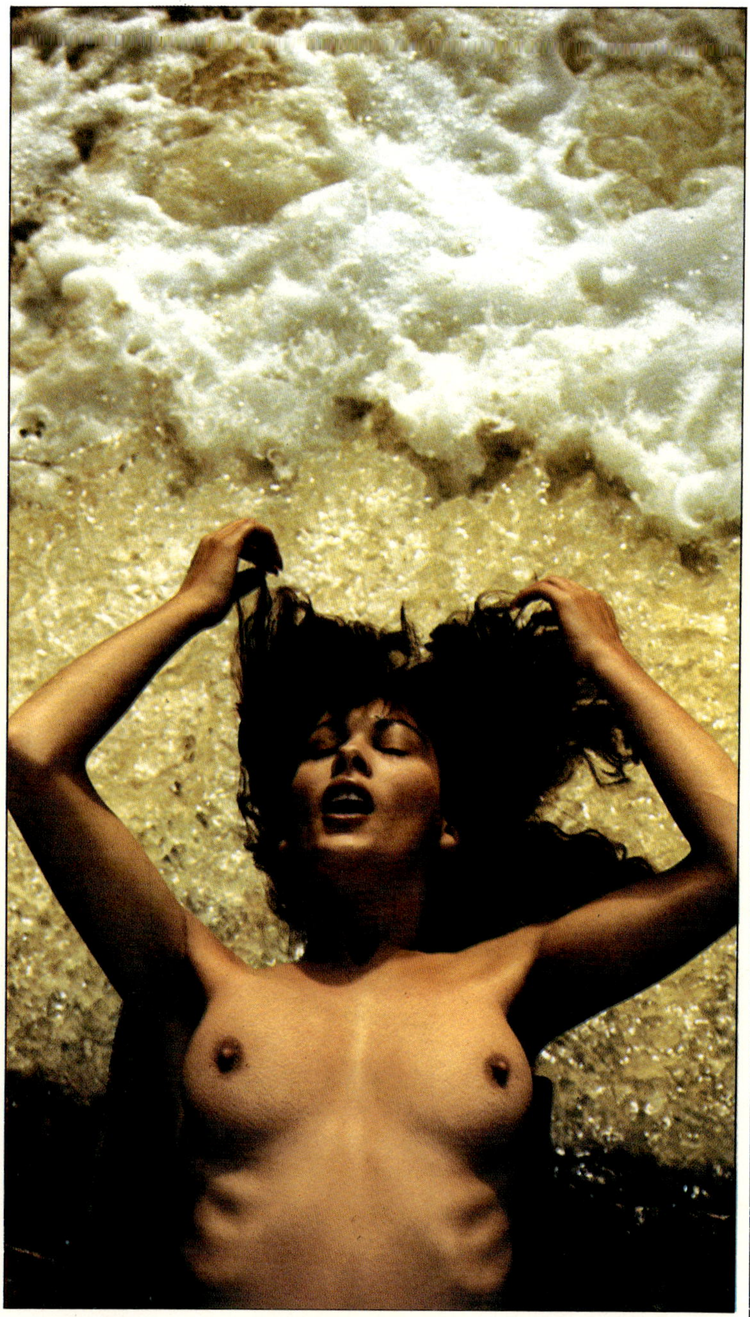

◁ **Schwimmhilfe**
Ein Objektiv mit kurzer Brennweite streckte die Beine des Modells; gerade Linien sollten den Gegensatz zu den Windungen der Schlange unterstreichen. Ein kurzbrennweitiges Zoomobjektiv und eine Aufnahmeposition von einem hohen Hocker aus ermöglichten verschiedene Bildausschnitte.
40 – 80 mm Zoom, 1/250 sec, Blende 5,6, Kodachrome 25, 81B und Polarisationsfilter

»Eingefrorene« Turbulenz △
Das Modell stützte ich bei diesem »trockenen« Wasserbild über einem Kanal mit einem Brett ab (siehe Abbildung rechts). Ein Verlauffilter mit dem grauen Bereich über dem Wasser verhinderte, daß in dem weißen oberen Bildbereich Einzelheiten durch Überbelichtung der Aufnahme verlorengingen.
50 mm, 1/500 sec, Blende 5,6, Ektachrome 400

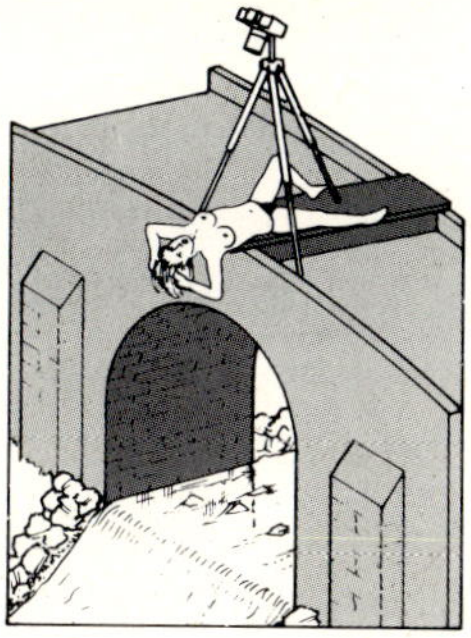

Durch Wasser fotografieren

Ungewöhnliche Bilder können gelingen, wenn man natürliche Elemente grafisch einsetzt. Wasser beugt Lichtquellen, und die damit entstehende Verzerrung kann man bildnerisch nutzen. Eine Möglichkeit, der einfachen Innenaufnahme an einem grauen Tag mehr Atmosphäre und Stimmung zu verleihen, war, »Regen« auf ein Fenster zu sprühen. Man kann auch Glas mit Wasserdampf beschichten und dessen streuende Eigenschaften ausnutzen. Mit Lebensmittelfarben gefärbtes Wasser kann sehr fotogen sein und ist einfach einzusetzen. Allgemein gilt, daß man die besten Ergebnisse erzielt, wenn man bei Tageslicht durch Wasser fotografiert.

Wenn Sie in einem Badezimmer oder unter sonst nassen oder feuchten Bedingungen fotografieren, müssen Sie peinlichst darauf achten, daß kein Wasser in die Nähe von elektrischen Lichtquellen oder Kabeln gelangt. Vor allem Netzblitzgeräte sind bei Feuchtigkeit gefährlich, gehen Sie also kein Risiko ein.

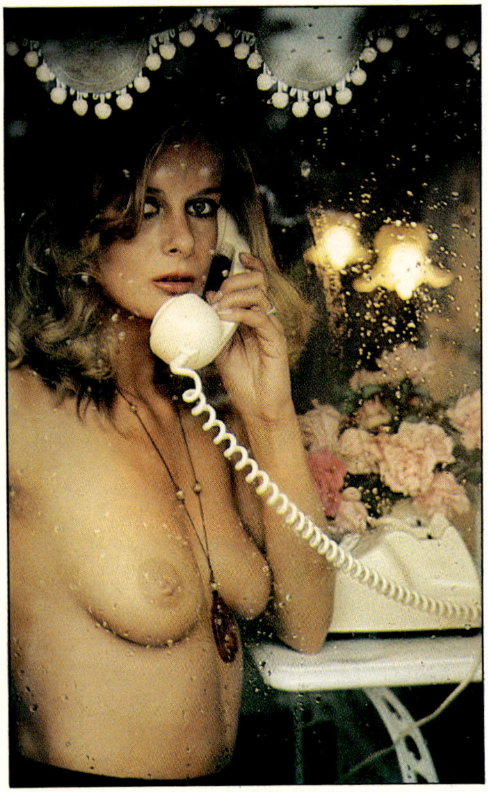

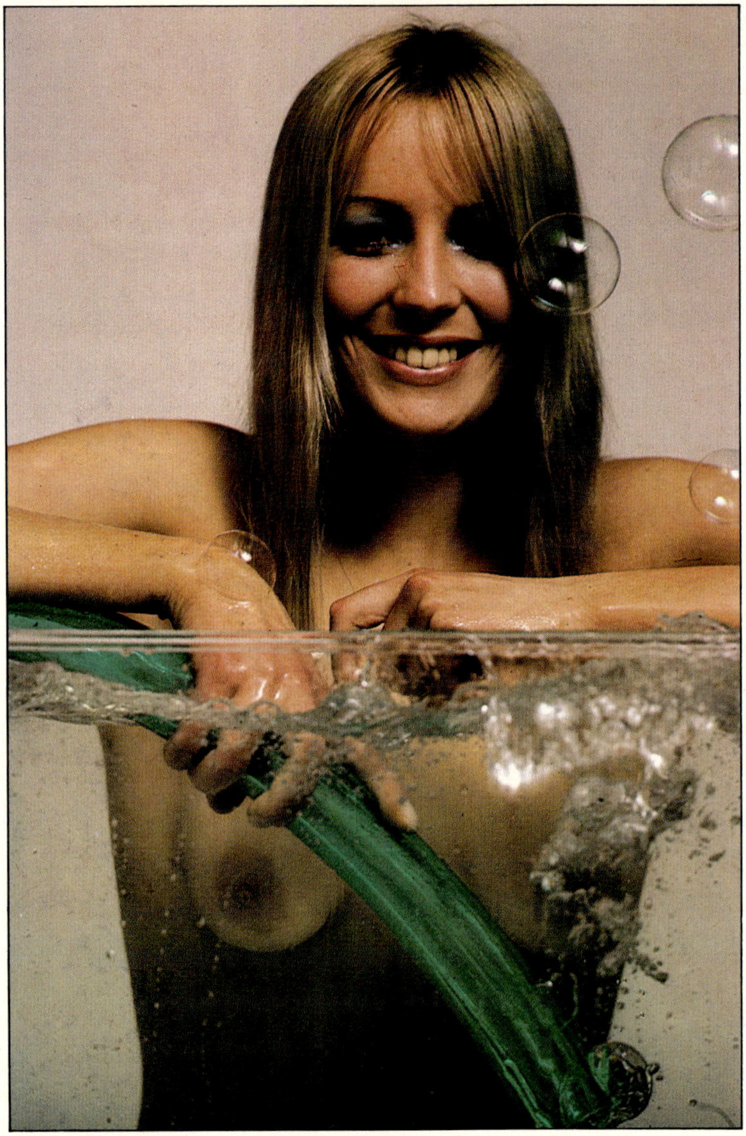

◁ Künstlicher Regen
Dieses Bild wurde durch »Regen« auf dem Fenster sehr viel lebendiger. Ich fotografierte absichtlich bei schwachen Lichtverhältnissen und konnte so den Schein der Wandlampe zur Unterstützung der Bildstimmung nutzen. Reflexionen im Glas wurden durch das Aufhängen eines schwarzen Tuchs ausgeschaltet, um so den Hintergrund herauszuarbeiten.
105 mm, 1/30 sec, Blende 11, Ektachrome 200, 82B

Verzerrung durch Wasser △
Ein leeres Aquarium lieferte den typischen Verzerrungseffekt von Wasser. Dieses Motiv wurde von zwei Schirmblitzgeräten beleuchtet, die in sicherer Entfernung zum Wasser aufgestellt waren.
105 mm, 1/125 sec, Blende 11, Kodachrome 25, 81B

ENTFALTUNG DES EIGENEN STILS

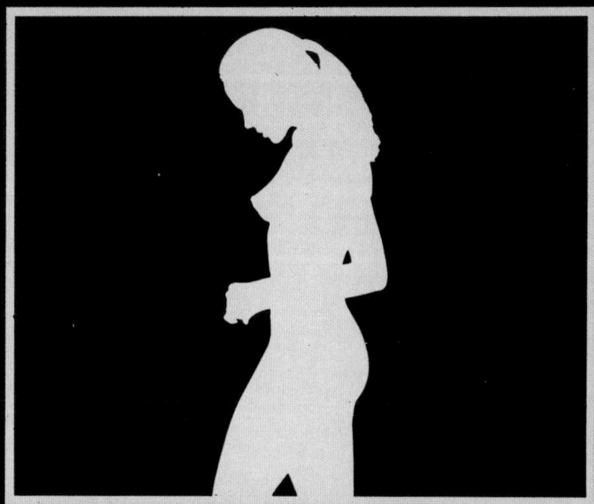

Modellposen

Künstliches »Posieren« ist das letzte, das ich von einem Modell möchte; viel besser ist es, wenn man die Pose ganz natürlich aus der Bildkonzeption kommen läßt und dabei die Haltung von Körper und Gliedern so einfach anlegt, daß auf dem zweidimensionalen Bild schöne Formen entstehen. Trotzdem muß die Bewegung, wenn sie auch möglichst einfach und natürlich sein soll, entsprechend gesteuert werden, damit sie bildwirksam und doch glaubwürdig erscheint. Betrachten Sie also Position und Gesten Ihres Modells sehr genau, damit jede Linie die Bildaussage unterstützt.

Selbst das erfahrenste Modell braucht Ihre Hilfe. Ein großer Spiegel neben der Kamera kann dem kreativen und hemmungsfreien Modell helfen, seine Stellung nach Ihren Angaben zu ändern. Am wichtigsten ist die ständige Ermutigung. Selbst wenn die Arbeit wenig vielversprechend anfängt, behalten Sie Ihre Zweifel für sich und fotografieren Sie eventuell ohne Film, während Sie sich gleichzeitig um Verbesserungen bemühen. Denken Sie daran, daß ein Objektiv auf das Modell wie ein kaltes, fischähnliches Auge wirken kann und es an Ihnen liegt, für Wärme und eine anregende Atmosphäre zu sorgen.

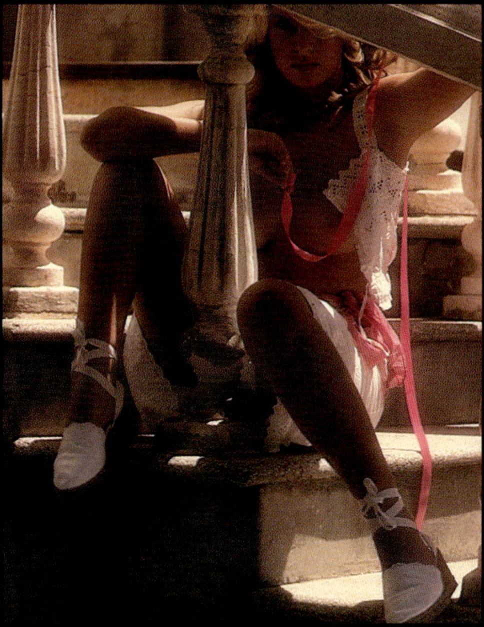

◁ Umgehung harten Sonnenlichts
Ich drehte das Modell mit dem Rücken zur Sonne und setzte das Geländer zur Betonung der Bildstruktur ein.
105 mm, 1/60 sec, Blende 5,6
Kodachrome 25, 10 CC

Begrenzte Lichtquelle ▽
Durch Plazierung des Modells innerhalb des Lichtvierecks konnte ich den grafischen Wert des Streiflichts voll nutzen (Abbildung unten).
Bronica ETRC, 150 mm, 1/15 sec, Blende 8, Ektachrome 64, 82A

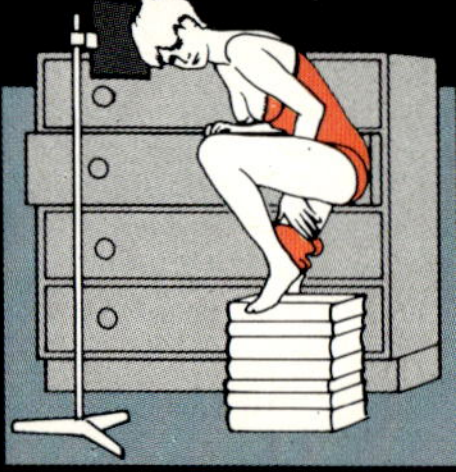

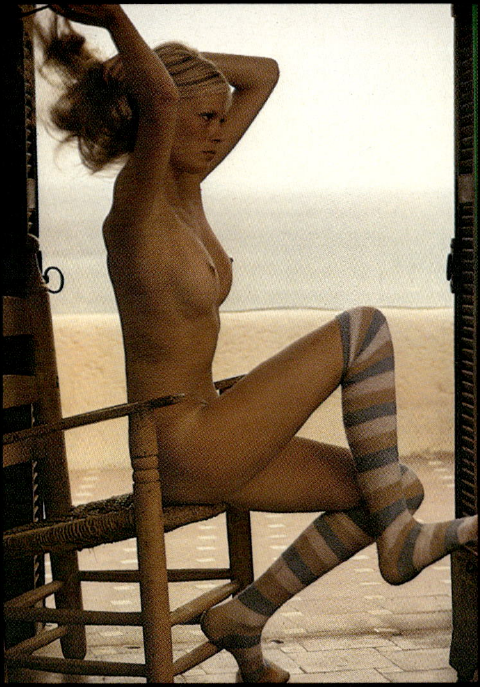

Natürliche Variationen △
Ein sonst eindeutig gestelltes Bild bekommt oft Frische, wenn man das Modell beim Frisieren fotografiert. Da das Modell hier seinen Fuß aufstützen konnte, wurde der Silhouettenumriß verstärkt. Die Beleuchtung bestand aus reinem Tageslicht, das von Bettüchern reflektiert wurde.
50 mm, 1/50 sec, Blende 4, Kodachrome 25

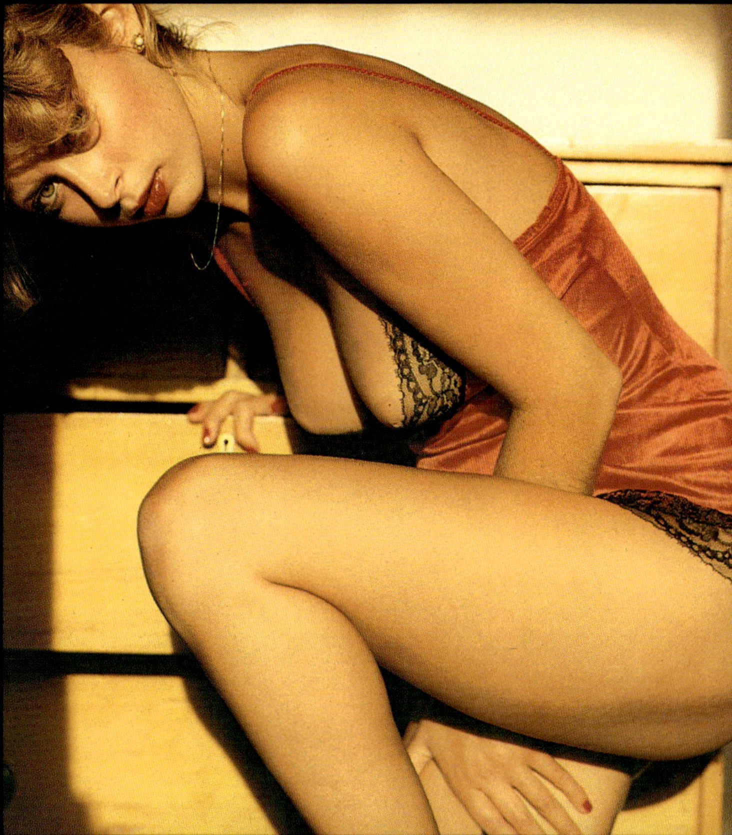

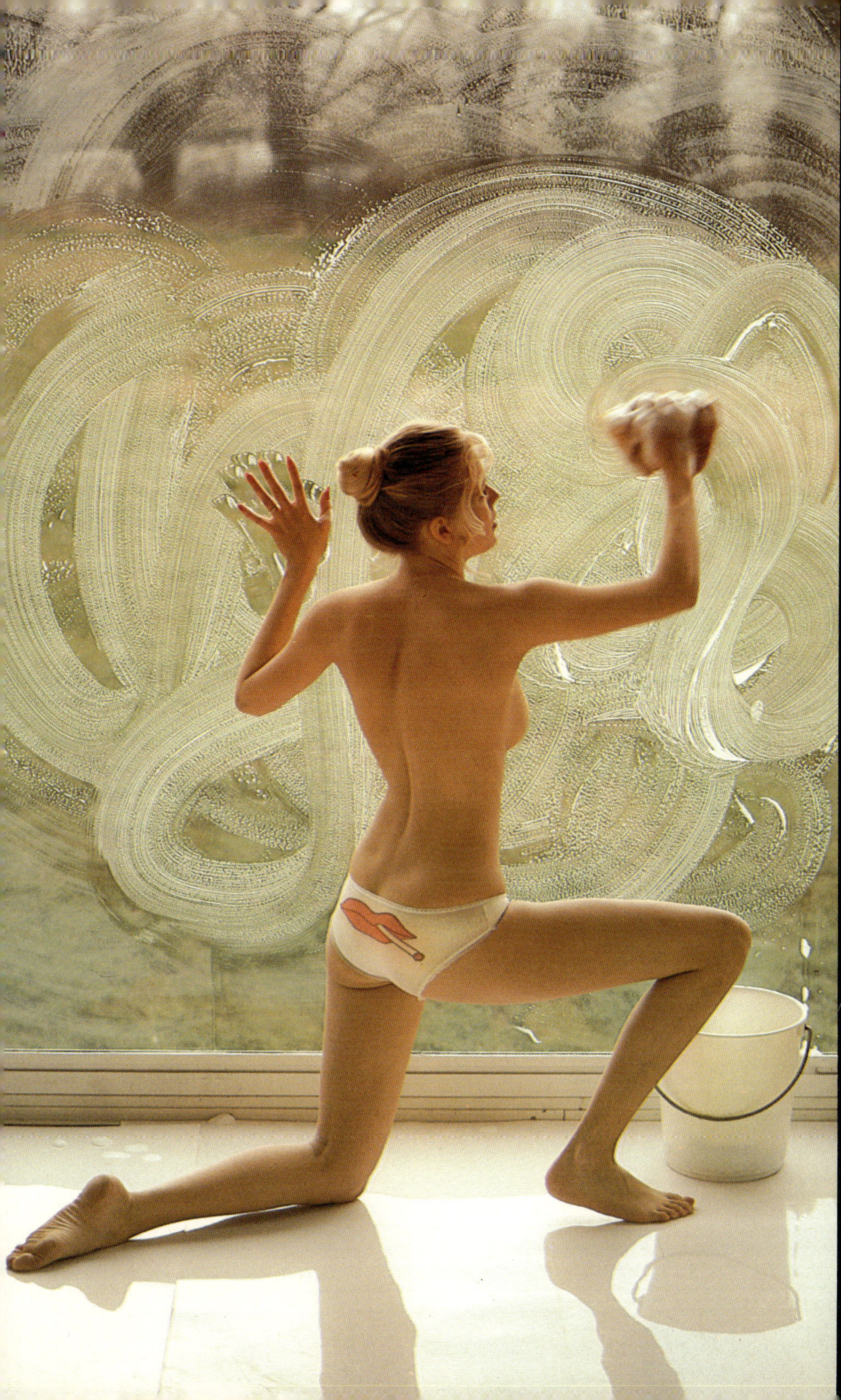

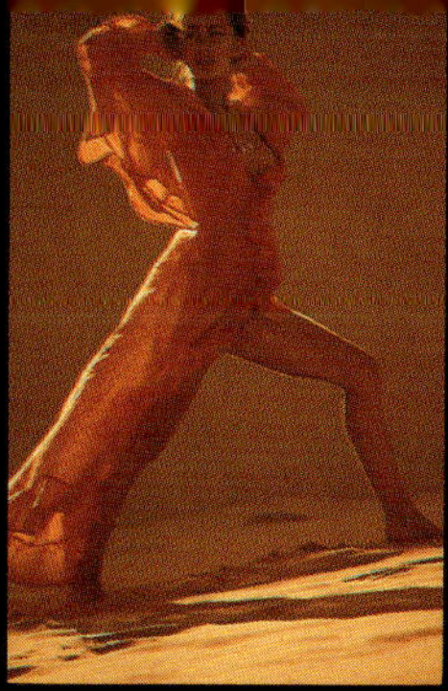

Auffallende Pose △
Die Neigung einer Sanddüne inspirierte das Modell zu dieser Pose. Ich nutzte die letzten Sonnenstrahlen, die zwar noch das Gewand beleuchteten, den Hintergrund aber im Schatten hielten.
80–200 mm Zoom, 1/60 sec, Blende 5,6, Kodachrome 25, 85A

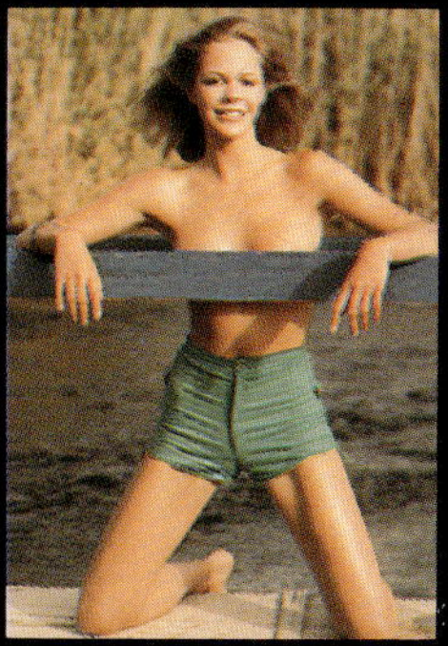

Täuschung △
Als ich in der Öffentlichkeit, wo Nacktheit unangebracht gewesen wäre, fotografierte, stieß ich auf dieses Brückengeländer, das auf dem Bild später den Eindruck erzeugte, das Modell hätte weniger angehabt, als es in Wirklichkeit der Fall war.
105 mm, 1/125 sec, Blende 4, Kodachrome 25, 81EF

◁ Grafische Bewegung
Wenn das Modell eine Beschäftigung hat, kann es sich beim Fotografieren entspannen. Beschäftigung und Plazierung des Modells sollten die grafischen Elemente unterstreichen. In dieser Aufnahme spielen zwei weitere Punkte eine Rolle – dem Seifenwasser wurde weiße, wasserlösliche Farbe beigegeben, um seine »Malkraft« zu verstärken, und die weißen Kunststoffplatten auf dem Boden erzeugten ein Spiegelbild.
50 mm, 1/125 sec, Blende 5,6, Kodachrome 25, 10 CC purpur und Polarisationsfilter

Styling

Viele erstklassige Bilder in guten Zeitschriften verdanken ihre Qualität einem Stylisten. Stylisten finden Requisiten, Aufnahmeorte und Modelle, sie erkennen die Bedürfnisse und besonders ausgeprägten Fähigkeiten eines Fotografen, schaffen mit ihrer Erfahrung und ihren Kenntnissen den richtigen Rahmen und füllen ihn mit attraktiven Gegenständen, die zu guten Fotos inspirieren.

Die meisten Hobbyfotografen sind zwangsläufig ihre eigenen Stylisten. Das kann viel Spaß machen und ermöglicht Ihnen, Ihre eigene Persönlichkeit noch stärker ins Bild zu bringen. Ich beginne mit Seiten, die ich aus Zeitschriften herausgerissen habe, einem Skizzenbuch, Stiften und Klebeband. Dann schneide ich verschiedene Bildelemente, die zu meiner geplanten Aufnahme passen, aus den Zeitschriftenseiten aus und klebe sie zusammen. Wenn ich erst einmal das Gefühl für die gewünschte Farbgebung und Atmosphäre entwickelt habe, skizziere ich die Grundlinien für mein Bild grob auf und stelle eine Liste der nötigen Requisiten und Aufnahmeorte zusammen.

Wenn Sie sich auf die Suche nach Requisiten machen, denken Sie daran, daß improvisierte Lösungen geplanten überlegen sein können. Falls Sie Ihr erstes Konzept zu starr verfolgen, übersehen Sie unter Umständen eine gute Idee.

Zusammenstellung einer Szene ▷
Ausgangspunkt für den Stylisten waren die nackten Wände meines von Tageslicht beleuchteten Studios. Zuerst fand er den Wandschirm im Hintergrund und baute darauf Farben und Stimmung der Aufnahme auf. Ergänzende Gegenstände und Bilder, sogar die Perücke des Modells, wurden zur Unterstreichung der endgültigen Bildwirkung ausgewählt. Schwaches Tageslicht, das mit künstlichem Licht aufgehellt wurde, verstärkte die Atmosphäre noch zusätzlich.
28 mm, 1/60 sec, Blende 5,6, GAF 400

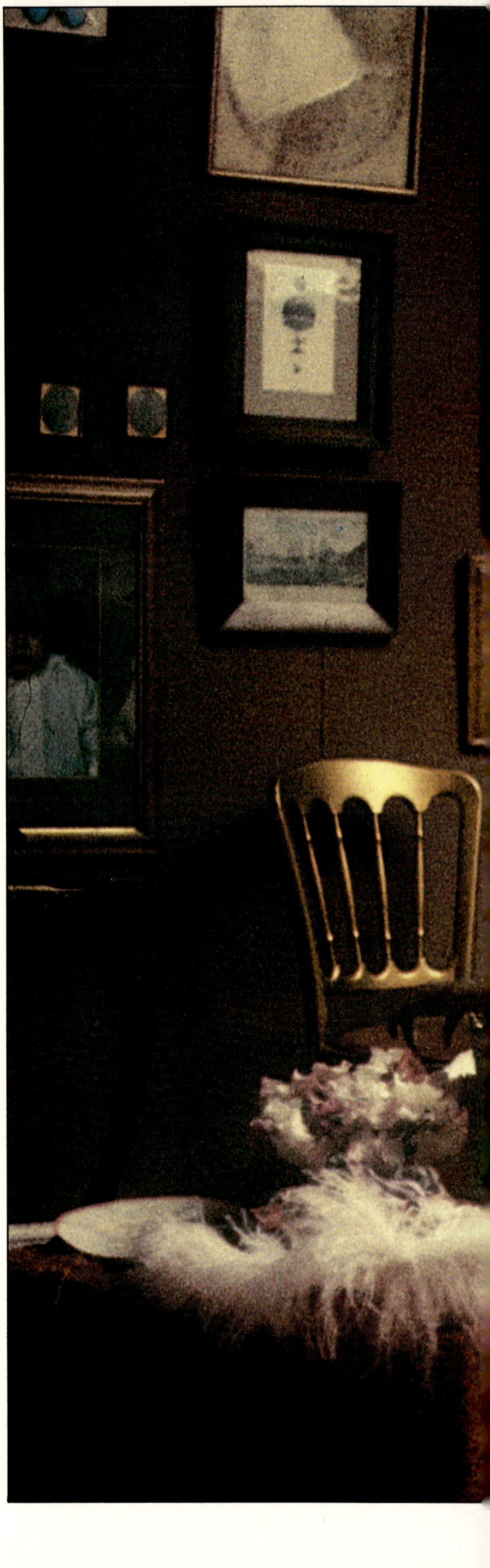

◁ Muster und Strukturen
In sich gemusterte Stoffe in neutralen Farben und gut plazierte Requisiten, die Tiefe schaffen sollten, bestimmen den Stil dieser Schlafzimmeraufnahme. Obwohl die Haut des Modells blaß war, verstärkte der vom Stylisten ausgesuchte weiße Stoff Hautfarbe und -struktur. Das Modell hob in dieser Stellung automatisch seine Schultern, wodurch die klare Brustlinie betont wurde; die leichte Kopfneigung und die Haltung der Hände ließen berufliche Erfahrung erkennen und machten mir die Regie leicht.
105 mm, 1/125 sec, Blende 5,6, Kodachrome 25, 81A

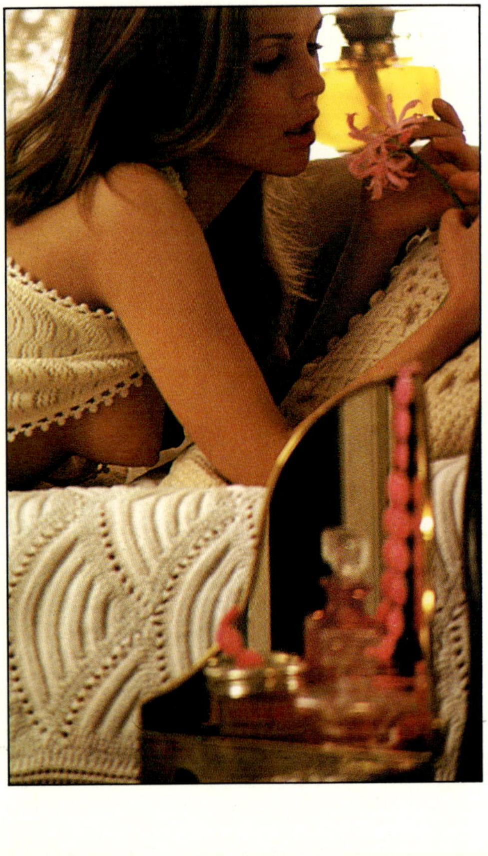

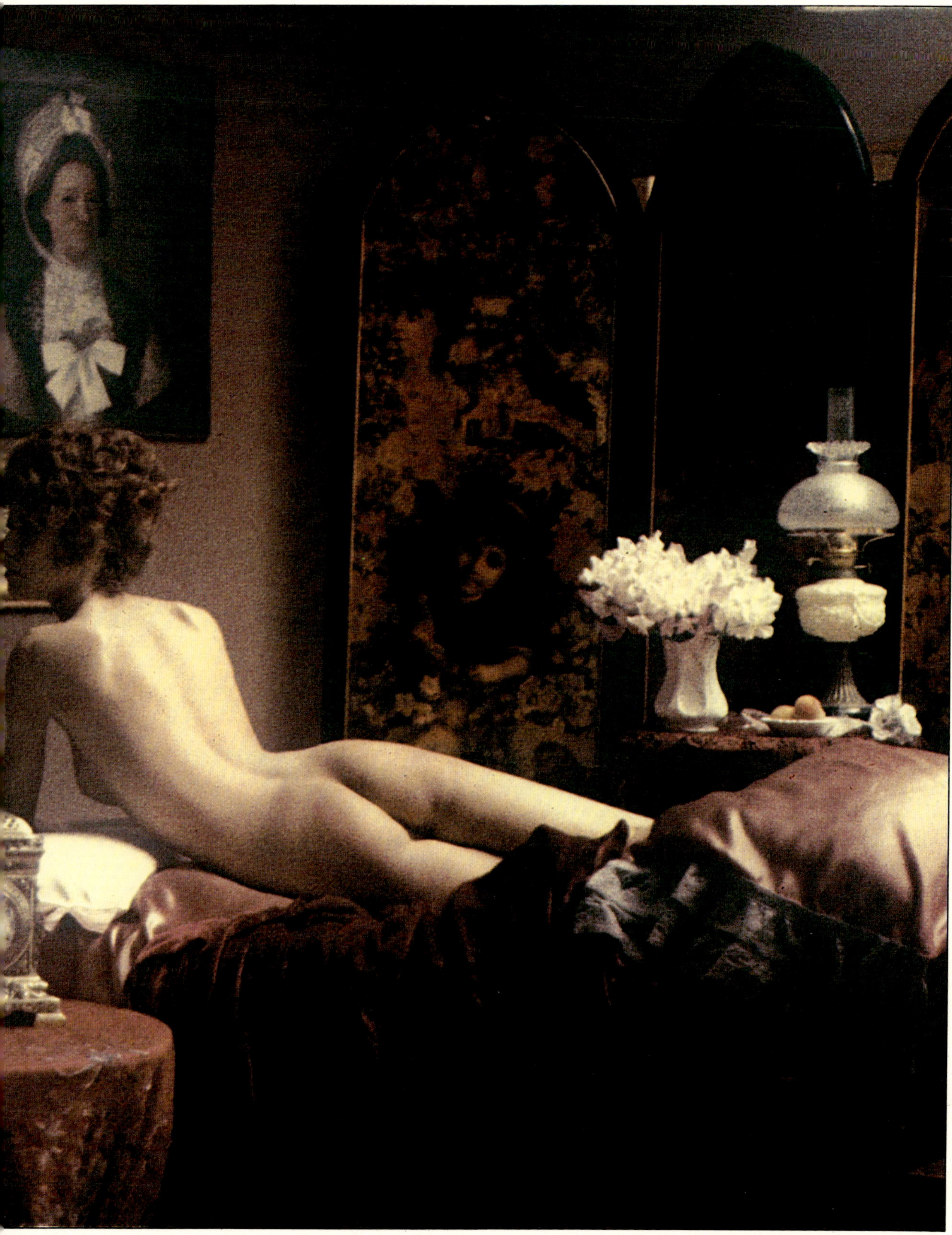

Stilvariationen

Der Fotograf schließt in sein Bild Komponenten ein, die er wünscht, und schließt unerwünschte aus. Damit drückt er, wenn auch vielleicht unbewußt, seine Persönlichkeit und seinen eigenen Stil aus. Tongebung, Blickpunkt, Atmosphäre, Stimmung, Aufnahmerichtung und Beleuchtung sind Elemente seines Stils.

Der Anfänger tut gut daran, auch die praktischen Beschränkungen zu berücksichtigen, die den Stil seiner Bilder mitbestimmen. Ein Stadtbewohner mit genügend Platz und der entsprechenden Ausrüstung kann sich auf grafische Studioarbeit spezialisieren, während jemand, der auf dem Land lebt, sich vielleicht mehr mit realistischen Außenaufnahmen abgibt. In jedem Fall werden Sie, indem Sie sich auf Bilder mit ähnlichen technischen und ästhetischen Problemen konzentrieren, mit der Zeit das Selbstbewußtsein und die Fähigkeit entwickeln, sich in Ihrem eigenen Stil auszudrücken.

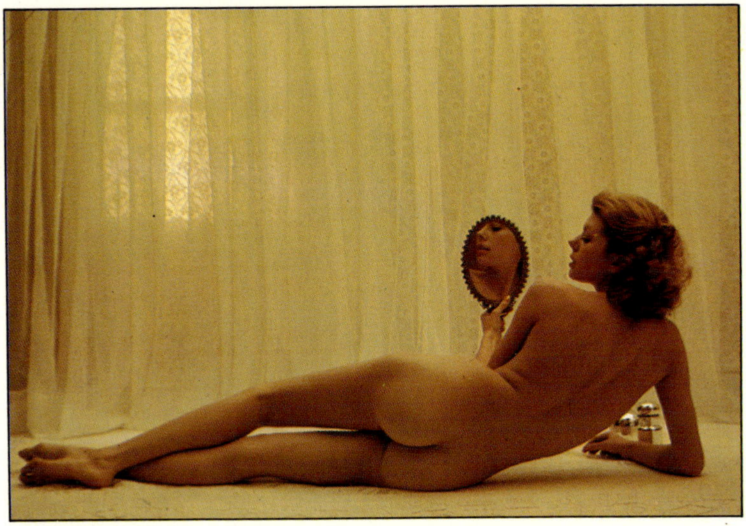

Schönheit △
Einflüsse aus der klassischen Malerei bestimmten diese Stilaufnahme. Weiches Tageslicht aus einem Oberlichtfenster und ein einfacher, stilisierter Bildrahmen, zusammen mit leichter Sepiafilterung, unterstreichen die Pose des Modells.
105mm, 1/8sec, Blende, 5,6, Kodachrome 25, doppelt 81EF

Entspannte Selbstvergessenheit ▽
Die offene Erotik dieser Tageslichtaufnahme wurde durch die alltägliche Umgebung und die Hereinnahme von gewöhnlichen Haushaltsgegenständen bewußt aufgelöst.
50mm, 1/30sec, Blende 8, Kodachrome 25, 10 CC purpur

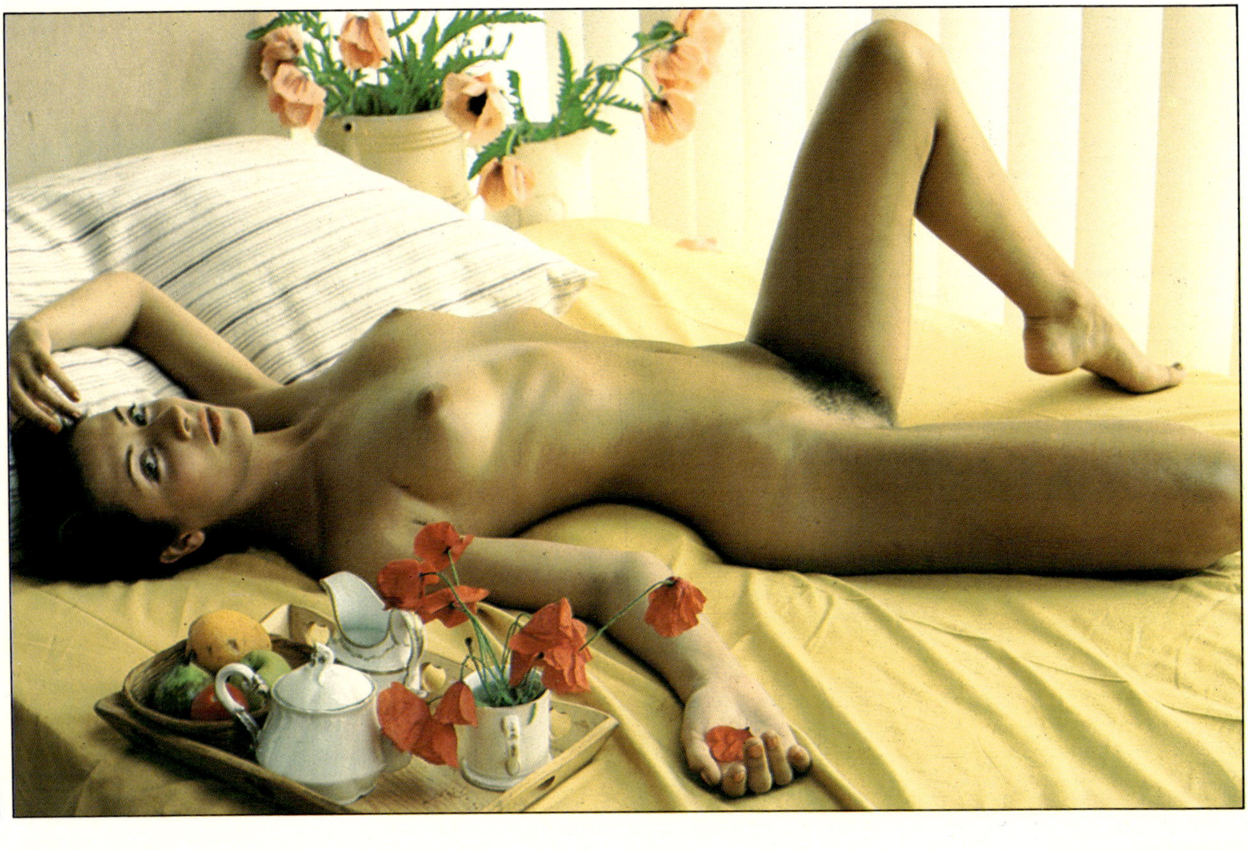

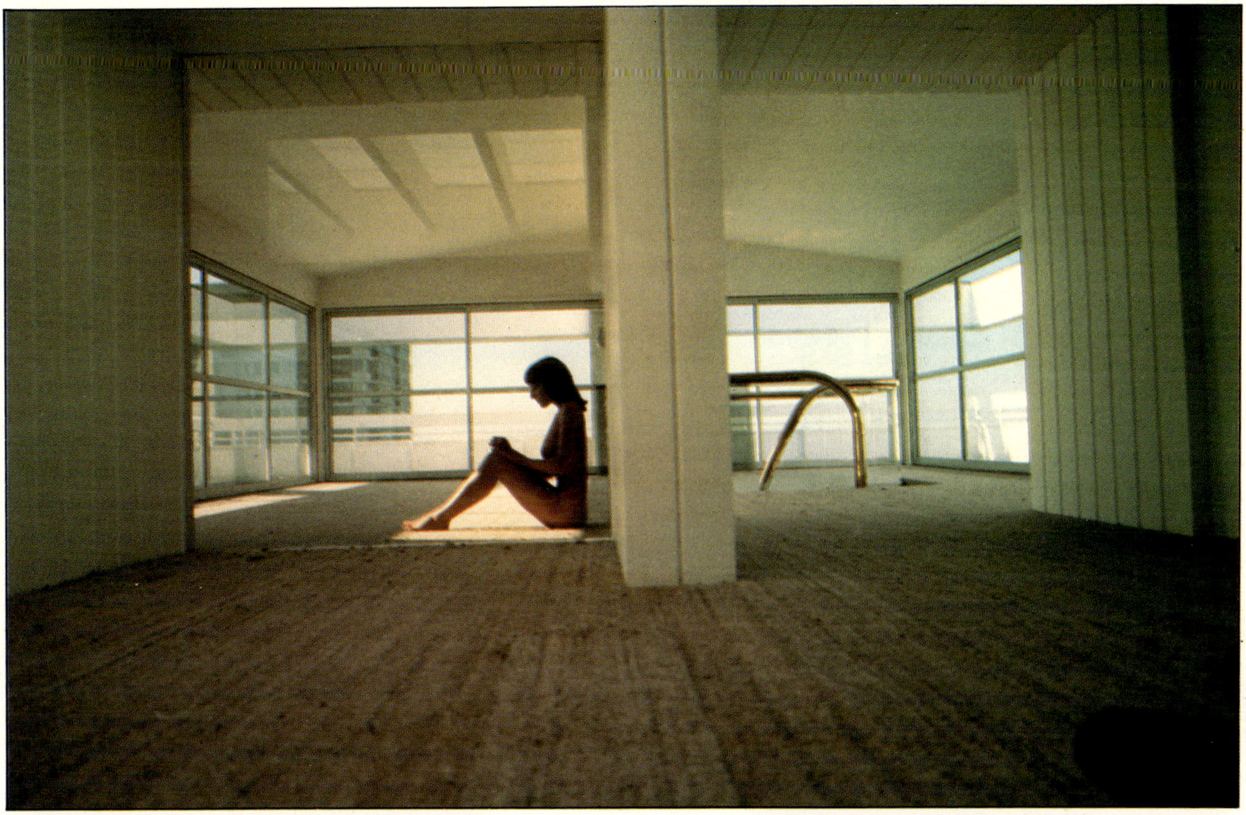

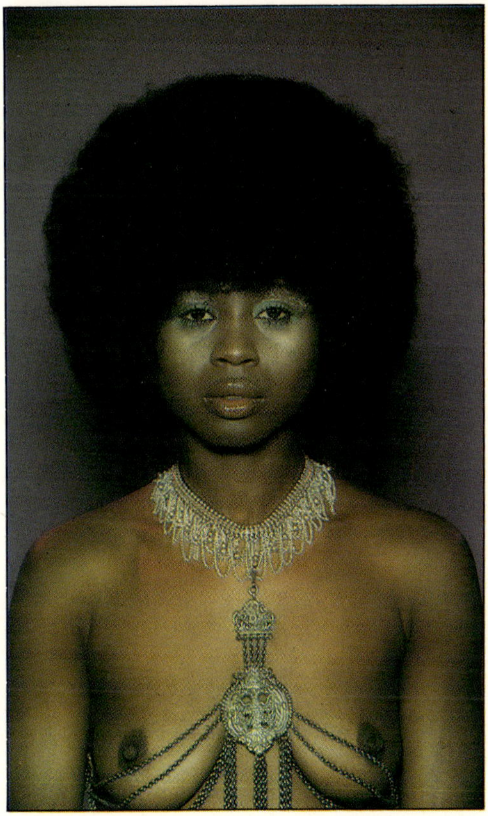

Bewußtes Design △
Der Akt diente als Akzent, der eine sonst langweilige, leere Innenaufnahme interessant machte.
24 mm, 1/8 sec, Blende 11, Kodachrome 64

◁ **Exotik**
Das einfache Studioarrangement mit einfarbigem Hintergrund, durch einen direkten, gestreuten Blitz beleuchtet, betont den symmetrischen Schmuck und die Hautfarbe des Modells.
80 – 200 mm Zoom, 1/125 sec, Blende 11, Kodachrome 64, 81B

Reportagestil ▷
Das Teleobjektiv verstärkte das voyeuristische Element in dieser am Meer entstandenen Aufnahme. Die realistische Wirkung wird durch die entspannte Körperhaltung und das verdeckte Gesicht noch betont. Obwohl das Bild an einem kalten, stürmischen und grauen Tag entstand, wurde die flache Beleuchtung durch ein überhängendes Gebäude an einem Pier, das einen dunklen Hintergrund schuf, aufgehoben.
300 mm, 1/250 sec, Blende 4, Kodachrome 25, 10 CC purpur und 81C

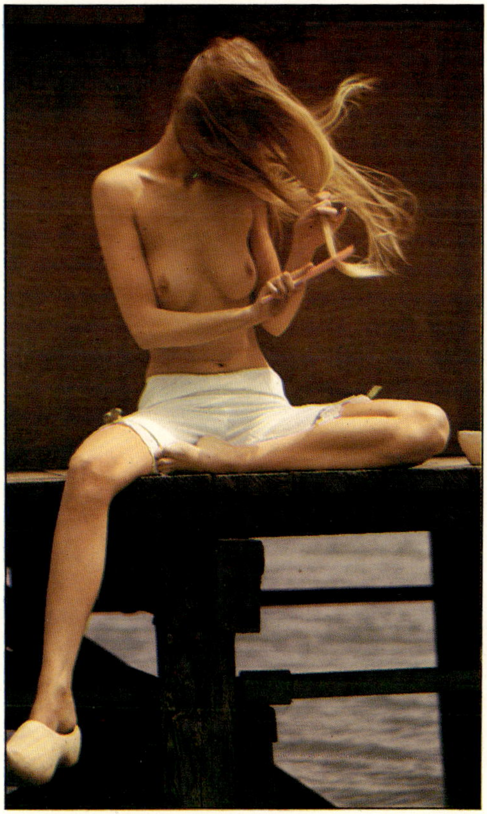

Betonung der erotischen Aussage

Was die erotische Wirkung eines Aktfotos ausmacht, ist schwer zu definieren. Sie ist noch schwieriger zu fassen als zum Beispiel Stimmung, Stil oder Atmosphäre und hängt nahezu ausschließlich von der individuellen Reaktion des Betrachters ab. Ich glaube, daß man eine erotische Ausstrahlung am besten durch sanfte, bewußt angelegte Atmosphäre und eine Stilgebung erreicht, die sich nicht so sehr auf »nackte Tatsachen« verläßt, sondern mehr die Stimmung des Modells transportiert. Auch über die Suggestion greifbar wirkender Haut oder die Anregung der Fantasie durch das Unsichtbare, im Schatten Verborgene, läßt sich Erotik vermitteln. Am wichtigsten ist jedoch, Ihre Sinne so zu schärfen, daß Sie erotische Bilder auch in unvermuteten Situationen sehen.

Wenn Sie Ihre Aufnahmen planen, müssen Sie zuerst die Entscheidung treffen, wie Sie Ihre erotische Botschaft vermitteln wollen. Erotische Aufnahmen sind ein delikates Thema, und Sie und Ihr Modell müssen sich in Ihrer Auffassung einig sein. Denn ohne die Mitarbeit Ihres Modells werden Sie es sehr schwer haben, in Ihre Bilder ein erotisches Element einzuführen.

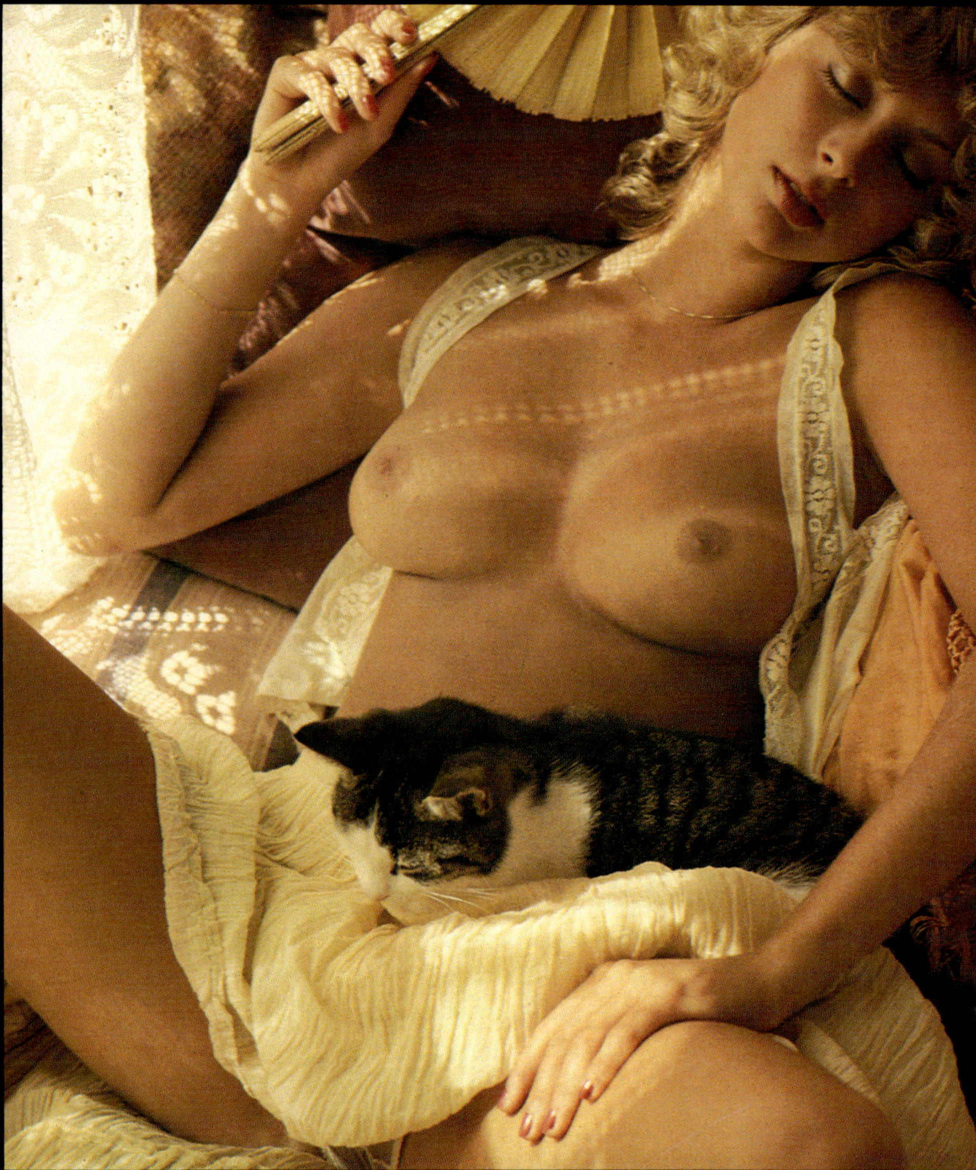

◁ **Sinnliche Stimmung**
Die Atmosphäre dieser Innenaufnahme, die bei Tageslicht entstand, stützt sich sehr stark auf das Styling. Auf dem Boden aufgestapelte Kisten bildeten den Hintergrund, und der genau kalkulierte Grad der Nacktheit unterstrich die erotische Aussage. Das Modell verstärkte sie noch zusätzlich durch seine sinnliche Pose und die geschlossenen Augen, die angenehme Träume suggerieren.
Bronica ETRC, 150 mm, 1/30 sec, Blende 8, Ektachrome 64, 81C

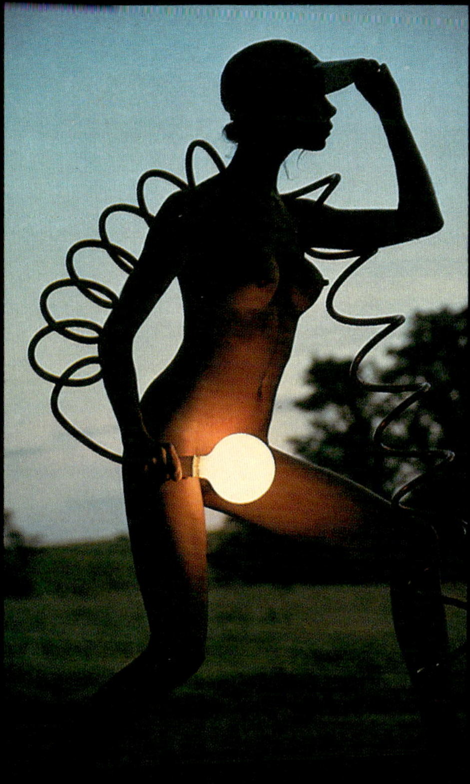

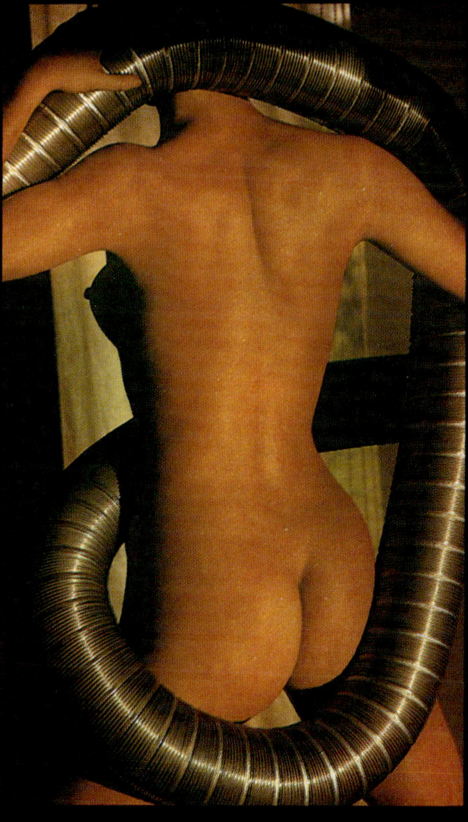

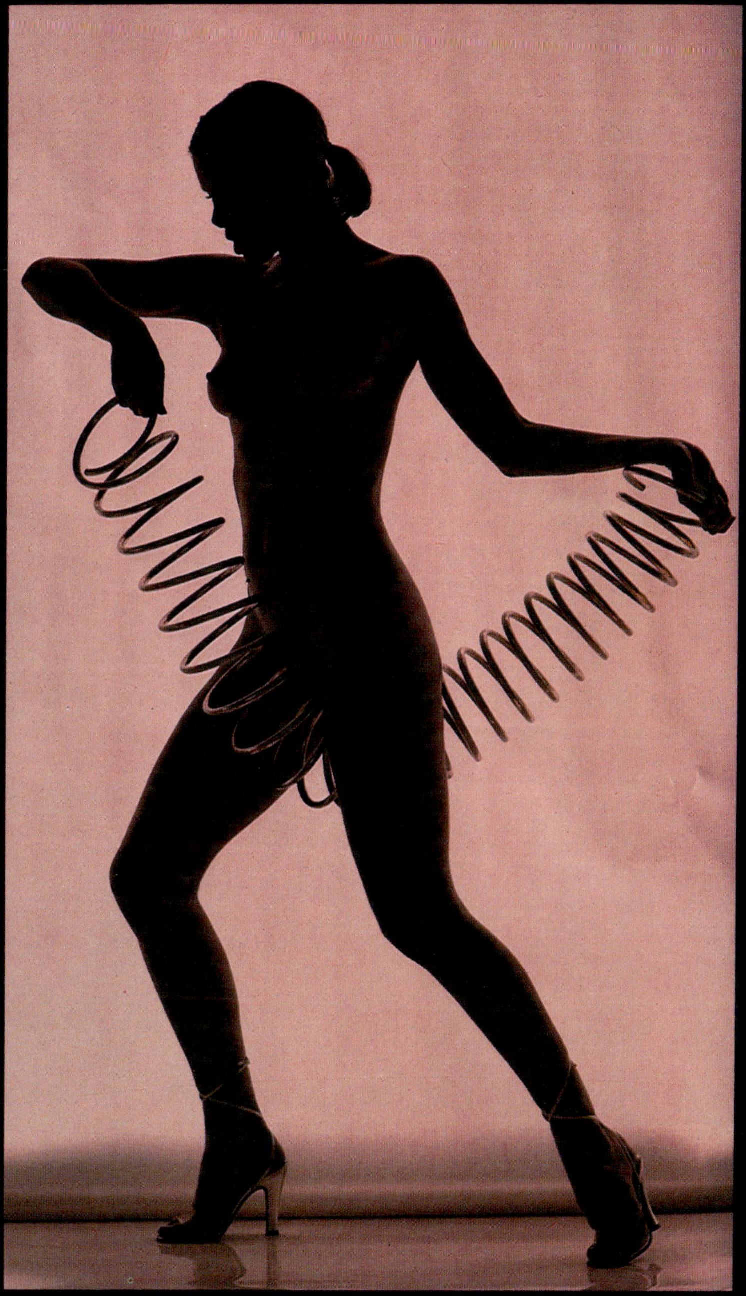

Zwänge
Manchmal entwickle ich eine regelrechte Besessenheit für ein bestimmtes Requisit. Auf dem Bild oben links wog die Bürolampe den dämmrigen Himmel aus und betonte den schlichten Bildaufbau. Ein Blaufilter kühlte das Glühlicht ab und verstärkte die Himmelsfarbe. Auf dem Foto oben rechts wurde die Spirale neu angemalt und als einfaches grafisches Element eingebaut. Ich fotografierte gegen von Tageslicht beleuchtetes Transparentpapier. Das Bild links entwickelte sich aus den beiden anderen, wobei das flexible Aluminiumrohr dem Bild vor allem Form geben sollte. Ich fotografierte bei vollem Tageslicht und ließ die Sonne von einem großflächigen Kunststoffspiegel reflektieren.
105 mm, 1/10 sec, Blende 5,6, Kodachrome 25, 82 C (oben links); 105 mm, 1/125 sec, Blende 5,6, Kodachrome 64, 50 CC purpur (oben rechts); 80 – 200 mm Zoom, 1/125 sec, Blende 5,6, Kodachrome 25, 81EF (links)

Atmosphäre durch Schatten

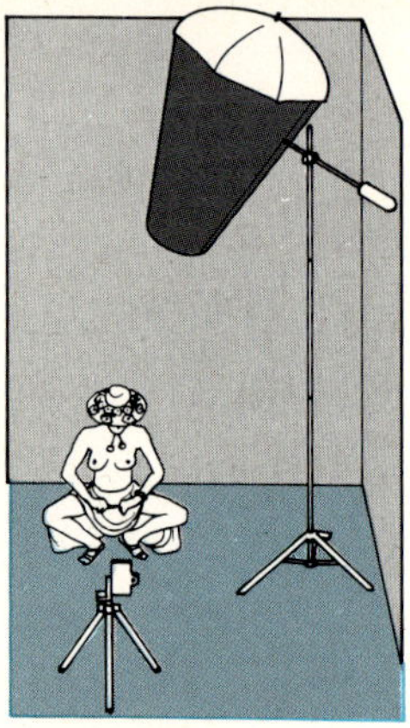

Weiches Blitzlicht ▷
Für diese Aufnahme brauchte ich viel Höhe, damit ich das Blitzgerät weit genug vom Modell entfernt anbringen und die Figur über die ganze Tiefe gleichmäßig beleuchten konnte (Abbildung oben). Ich brachte das Licht in doppelter Höhe der Modellgröße an.
105 mm, 1/125 sec, Blende 5,6, Ektachrome 64, 81C

Die Macht des Unsichtbaren kann in der Aktfotografie endlos variiert werden. Helle Schatten mit weichen Überhängen bilden einen natürlichen Gegensatz zu zarten Glanzlichtern, die den wichtigsten Punkten im Bild Spannung geben. Harte Schatten dagegen, von ungestreutem Licht geworfen, erzeugen schärfere, eher grafische Formen. Die Art, in der Sie Schatten und Lichter anordnen, kann Strukturen verstärken und unerwünschte Bestandteile in der Komposition unterdrücken, indem Sie sie in den Schatten verlegen. Wollen Sie eine durch Schatten geschaffene Atmosphäre bestmöglich nutzen, müssen Sie Ihre Lichtquelle sehr sorgfältig einsetzen, damit eine starke, plastische Wirkung zustande kommt. Wenn der Standort Ihrer Beleuchtung festliegt, müssen Sie die Position des Modells verändern, bis das Licht so auf den Körper fällt, wie Sie es haben wollen.

Durch gezielte Unterbelichtung verstärkt die Kamera den »low key«-Effekt. Bei der Einrichtung der Beleuchtung kann Ihnen ein Trick helfen – betrachten Sie die Szene durch fast geschlossene Augenlider oder durch dunkles Glas.

Ich stelle allerdings meist zwei schnelle Diasätze her, um das Modell nicht mit langen Lichtexperimenten zu ermüden. Der gezielte Einsatz von Schattenbereichen ist ohnehin eine sehr ungenaue Wissenschaft. Ich fertige, von meiner Belichtungsschätzung ausgehend, eine jeweils um einen halben Wert abnehmende Belichtungsreihe mit jeweils unterschiedlicher Schattenaufhellung an. Nach der Entwicklung entscheide ich mich dann für die effektvollste Schattendichte, indem ich mit Hilfe von zwei Projektoren die verschiedenen Ergebnisse miteinander vergleiche.

Sanfter Tageslichtschatten ▽
Die Deckenwölbung in dieser marokkanischen Villa brachte mich auf die Idee, eine im Grunde sehr einfache Aufnahme in dunklen Tönen zu versuchen. Durch ein Fenster, das von außen mit Transparentpapier verdeckt war, fiel Tageslicht weich auf das zur Seite gewendete Gesicht. Strümpfe und Kauerhaltung wirken sich zwar vorteilhaft auf die Gesamtkomposition aus, kamen aber in Wirklichkeit zustande, weil es unerwartet kalt war.
24 mm, 1/8 sec, Blende 4, Kodachrome 64, 81B

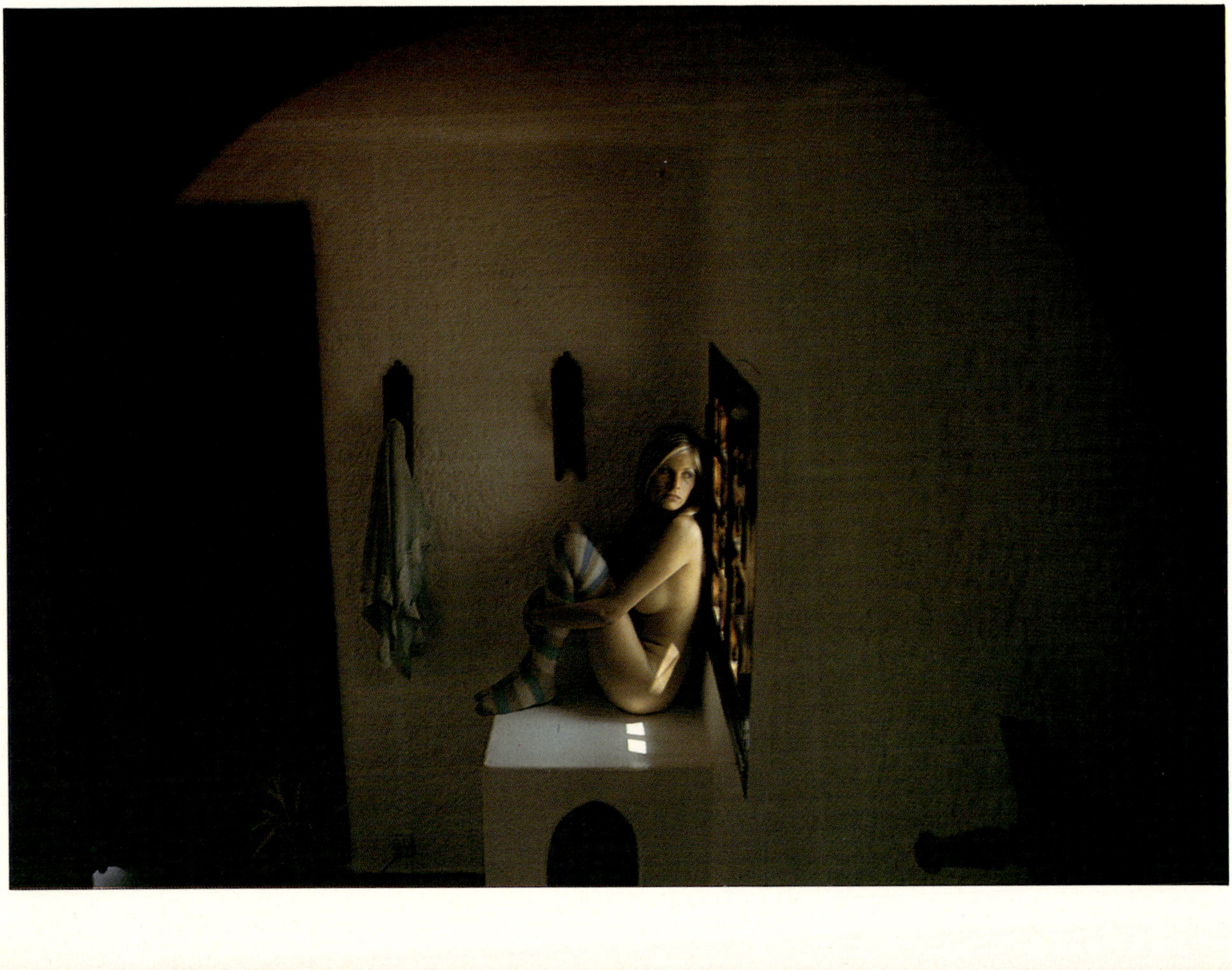

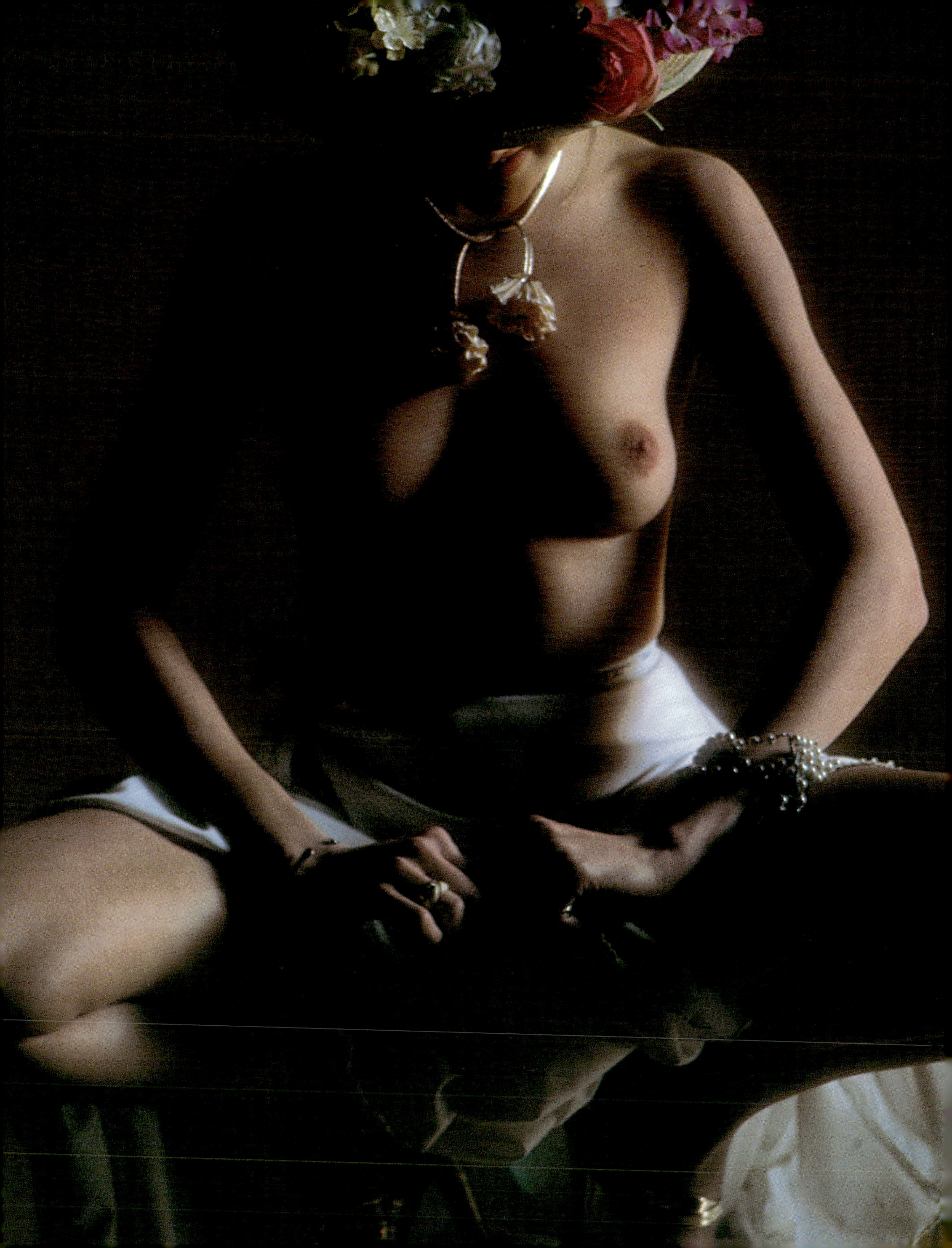

Stimmung durch Licht

Zu den aufregendsten Bereichen der Fotografie gehört die Umwandlung alltäglicher Szenen in geheimnisvolle Bilder. Dazu müssen Sie jedoch alle Möglichkeiten innerhalb des Beleuchtungsspektrums nutzen.

Es ist nicht einfach, das in einer Situation steckende »Geheimnispotential« zu entdecken, aber Sie sollten beim Fotografieren immer auf der Suche danach sein. Wenn Sie in einer Aufnahmesituation Möglichkeiten entdecken, versuchen Sie, dieses Gefühl auf verschiedene Art zu verstärken. Verhüllen Sie zum Beispiel das Gesicht des Modells oder fotografieren Sie durch einen starken Weichzeichner oder ein stark gefärbtes Filter. Auch extreme Unter- und Überbelichtung können einer allltäglichen Szene etwas Geheimnisvolles geben. Wenn Sie Ihre Bildauswahl beim Projizieren treffen, sollten Sie Ihre »falsch belichteten« Aufnahmen erst nach sorgfältiger Prüfung wegwerfen. Vielleicht ist nicht das von Ihnen gewünschte Bild daraus geworden, aber objektivere Augen entdecken möglicherweise einen ganz eigenen Zauber darin; der Fotograf ist nicht immer auch sein bester Kritiker.

Geheimnisvolle Bilder können sich auch als Ausweg anbieten, wenn Sie mit einem ungeeigneten Modell zusammenarbeiten müssen. Wenn Sie sich auf seine vorteilhaftesten Punkte beschränken und das Geheimnispotential des Aufnahmeorts ausschöpfen, können trotzdem sehr aufregende Bilder entstehen.

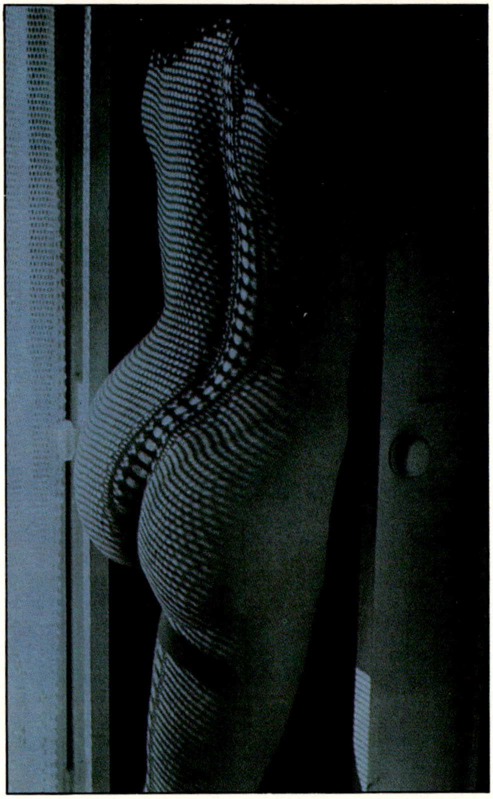

◁ Abstraktion durch Muster
Klares, schräg einfallendes Sonnenlicht, das durch einen Schlafzimmervorhang strömte, schuf dieses geheimnisvolle Muster. Das schwarzweiß-Negativ wurde auf Papier harter Gradation vergrößert und dann in Farbe mit einem 80-Blaufilter vor dem Objektiv abfotografiert.
105 mm, 1/125 sec, Blende 11, XP1

Atmosphärisches Tageslicht ▷
Bei der Arbeit mit einem hochempfindlichen Schwarzweißfilm an einem trüben, grauen Tag faszinierten mich plötzlich die grafischen Möglichkeiten, die sich aus der Position von Modell und Sessel auf den sich perspektivisch verjüngenden Bodenlinien und vor den leeren Rolloflächen boten. Ich belichtete zusätzlich einen Farbfilm und stellte bei der Entwicklung fest, daß diese Aufnahme (mit der längsten Belichtungszeit aus meiner Belichtungsreihe) die Farbe der nackten Bodenbretter aufgenommen hatte und die Rollos in geheimnisvollen Dunst tauchte.
28 mm, 1/8 sec, Blende 4, Ektachrome 400, um einen Wert forciert, 81 B

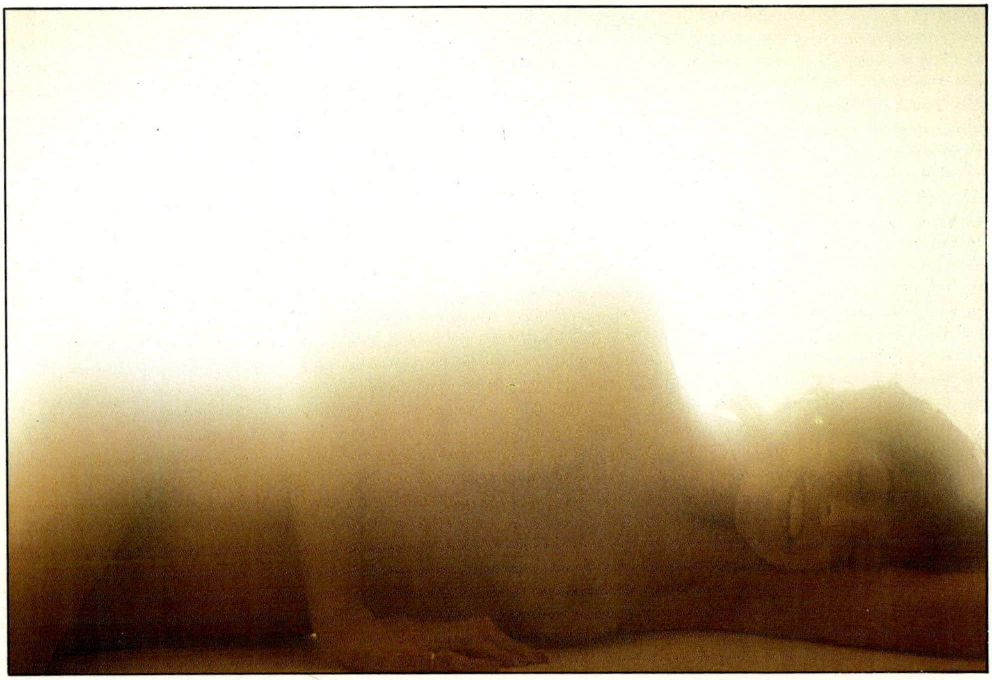

◁ Geheimnisvolle Wirkung durch Weichzeichner
Das Hintergrundlicht aus einem elektronischen Blitz, der hinter dem Modell auf dem Boden stand, und die starke Streuung, die durch Verstreichen von Vaseline auf ein Skylightfilter zustandekam, machten aus einer Routinestudioaufnahme dieses atmosphärische Bild. Die geheimnisvolle Ausstrahlung wurde durch die absichtliche Beibehaltung der Schatten noch erhöht, die es der Phantasie des Betrachters überläßt, die dunklen, undefinierten Bereiche zu füllen.
105 mm, 1/125 sec, Blende 5,6, Ektachrome 200, 81 EF und Weichzeichner

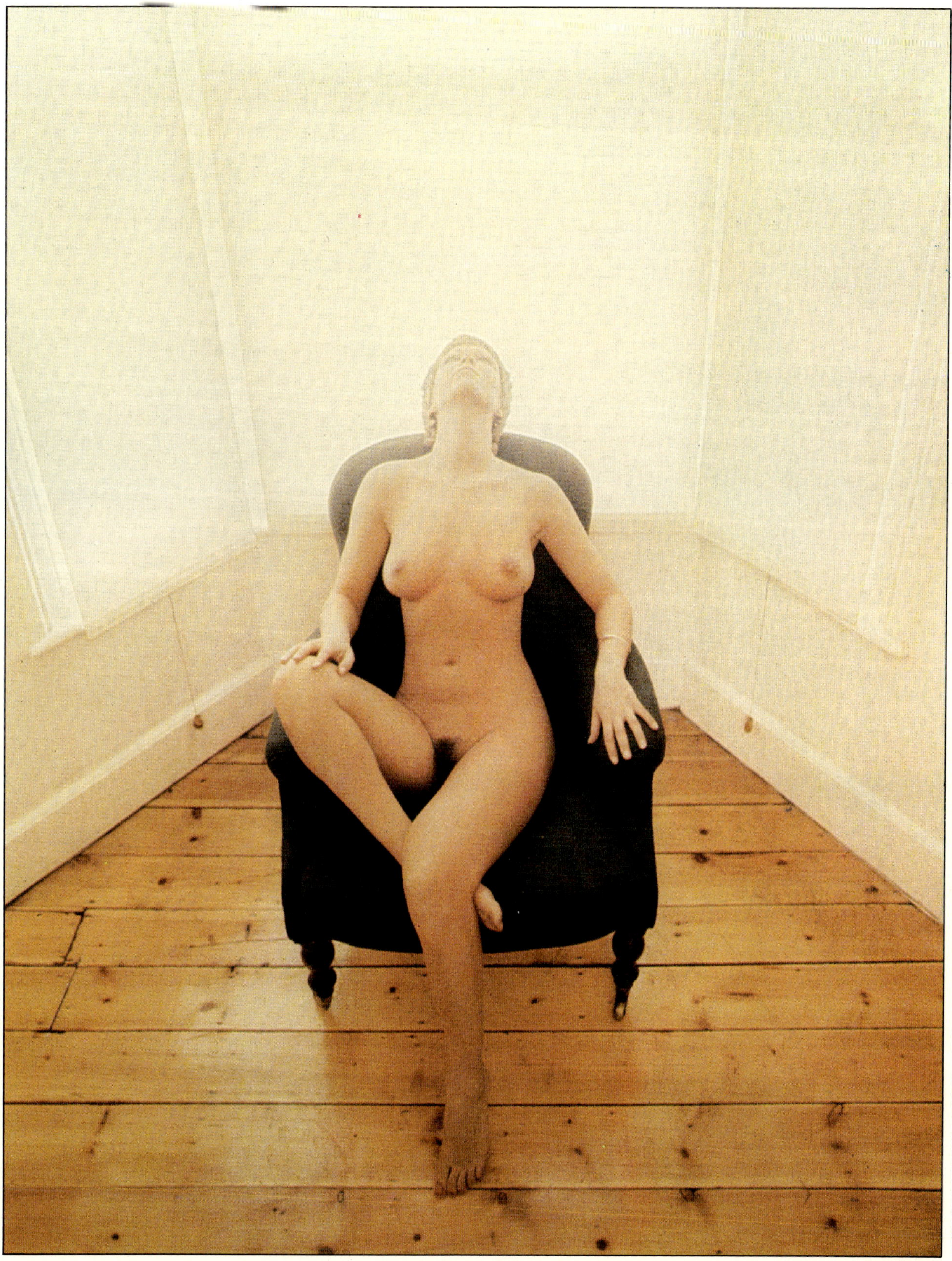

Sinn für Wirklichkeit

Auf den beiden vorhergehenden Seiten haben wir besprochen, wie man einem nackten Körper durch fotografische Kunstgriffe eigenen Hauch von Geheimnis verleihen kann. Hier wollen wir nun untersuchen, inwieweit man Realität und Intimität fotografisch festhalten kann. Fotografie heißt eigentlich: Malen mit Licht. Mit den technischen Neuerungen der jüngsten Zeit trifft das in noch stärkerem Maße zu als früher, denn heute läßt sich alles, was man sehen kann, auch irgendwie fotografieren. Bei Aktaufnahmen, bei denen es wesentlich auf Feinheiten des Lichts ankommt, ist jedoch nicht die technische Sensibilität Ihrer Kamera, sondern Ihr eigenes Einfühlungsvermögen für den Erfolg ausschlaggebend. Die Beziehung zwischen Ihnen und Ihrem Modell muß entspannt sein, Sie müssen mit Ausrüstung und Aufnahmeort vertraut und empfänglich für zarte Stimmungen sein, die Sie dann durch Veränderungen in der Beleuchtung oder des Bildaufbaus noch so verstärken, daß sie sich auch auf den Film übertragen.

Aber wie betont man Wirklichkeit auf einer Fotografie noch zusätzlich? Meist ist der Zufall dafür verantwortlich, nicht vorausgegangene Planung. In dem kurzen Augenblick, in dem die Wolken aufreißen und die Sonne freigeben, müssen Sie bereit sein, aus ihrem Lichtreichtum zu schöpfen und eine schnelle Belichtungsreihe von drei Aufnahmen herzustellen. Das Geheimnis liegt in Ihrer ästhetischen und technischen Reaktion auf die wechselnden Eigenschaften Ihres Motivs und des darauf fallenden Lichts.

Zurückgenommener Realismus ▷
Das Maß der Unter- oder Überbelichtung kann die Wirkung einer Aktaufnahme auf den Betrachter völlig verändern. Bei dieser kontrastreichen, sonnenbeleuchteten Schlafzimmerszene hätte eine höher belichtete, großzügig aufgehellte Aufnahme dem Betrachter vielleicht mehr Informationen vermittelt, aber die grafische Kraft der tiefen Schatten, die die realistische Wirkung bestätigen, wäre dann verlorengegangen.
50mm, 1/250sec, Blende 5,6, Kodachrome 25

Leere ▽
Die langen, schräg einfallenden warmen Strahlen der untergehenden Sonne geben diesem sonst leeren Bild ein Gefühl für Zeit und Ort. Selbst an grauen Tagen bricht die Sonne während des Auf- oder Untergehens oft durch. Diese Tageszeiten können für die Aktfotografie sehr wertvoll sein.
24mm, 1/15sec, Blende 5,6, Kodachrome 25

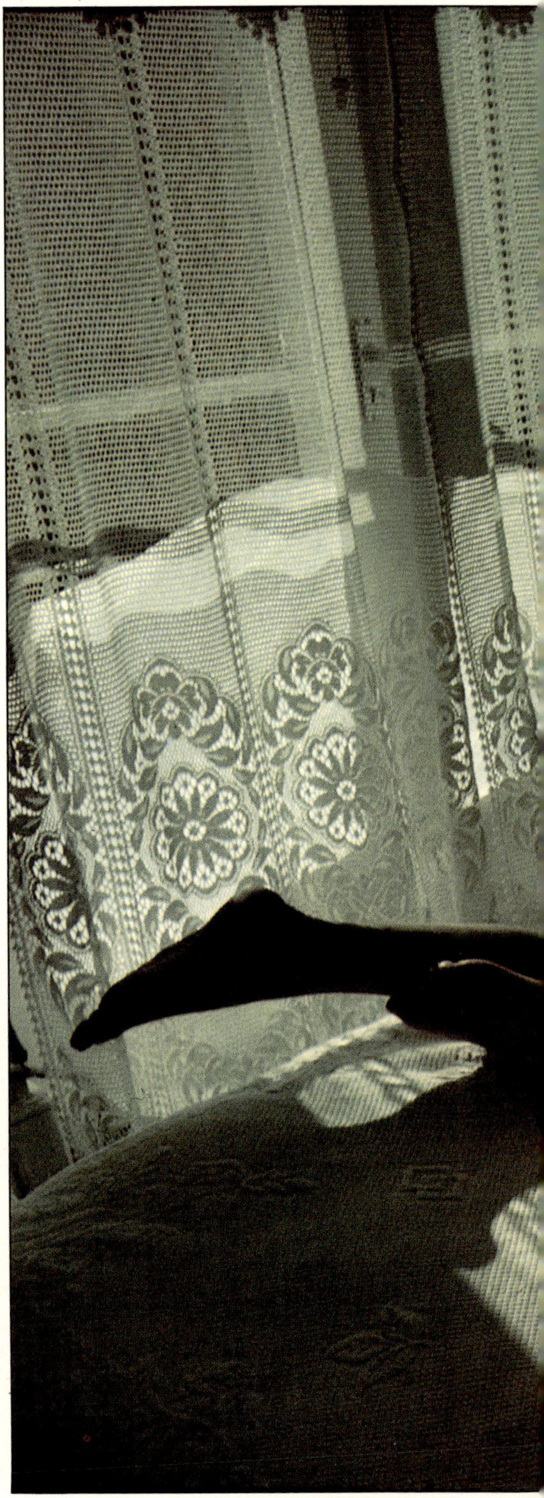

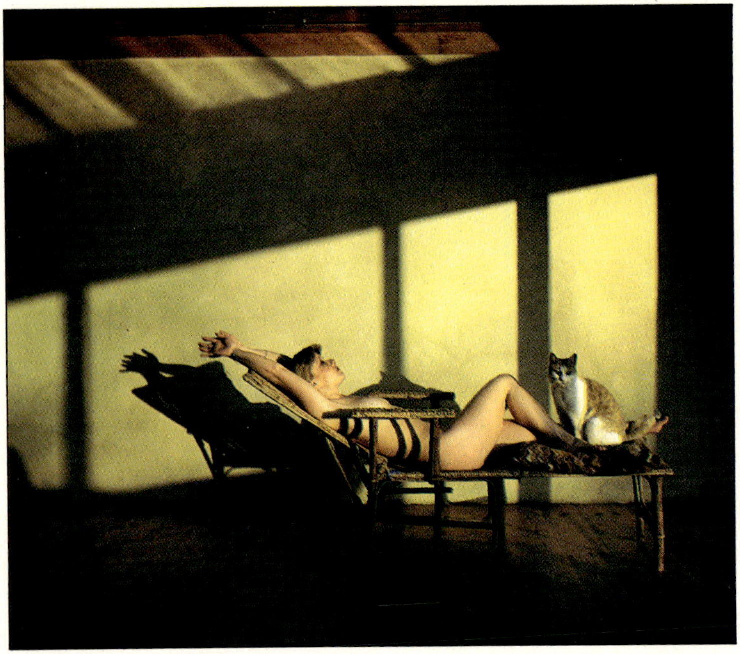

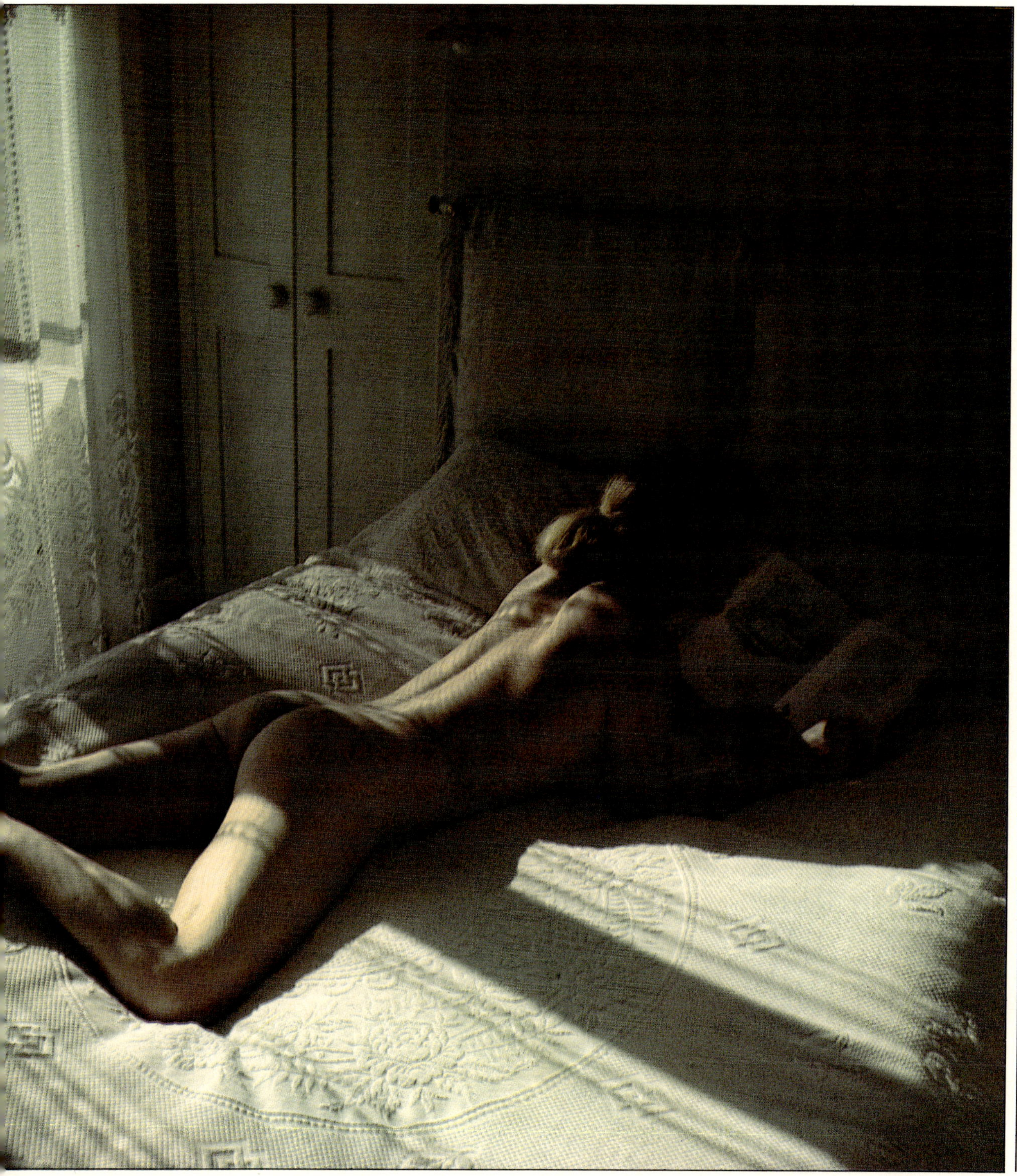

Stil durch Weiterverarbeitung

Gute Negative sind in der Fotografie nur der erste Schritt zum guten Bild. Wenn Sie die besten Aufnahmen einer Sitzung ausgewählt haben, können Sie sich damit beschäftigen, wie sie am besten vergrößert und dargeboten werden sollten.

Mittelpunkt der Aufnahmen auf diesen Seiten ist der Studiohintergrund eines viktorianischen Fotografen, den ich vor Jahren einmal gekauft habe. Ich bestimmte ihn zum Ausgangspunkt für die Anweisungen an meinen Stylisten. Die Wahl des Modells war diesmal besonders wichtig, denn wie es Kleidermoden gibt, so gibt es auch Moden für Gesichter und Figuren. Durch Veränderung von Frisur und Make-up bekam das Modell eine echt viktorianische Erscheinung, aber auch Figur und Persönlichkeit mußten die Stimmung des spätviktorianischen England wiedergeben. Mit meinem Assistenten verteilte ich die Requisiten im Studio, wobei wir darauf achteten, daß sich hinter der Kamera ein Fenster befand. Dadurch gelang die für die Zeit authentische Ausstrahlung, denn das Licht mußte der Figur des Modells schmeicheln und die großzügige Fülle des viktorianischen Schönheitsideals unterstreichen.

Ich versprach mir zwar von den Tageslichtaufnahmen am meisten, machte aber trotzdem auch ein paar einfache Blitzaufnahmen mit Netzgerät und ließ das Licht von weißen, großflächigen Schirmen reflektieren. Die am Anfang stehende Arbeit mit dem Blitzgerät gab dem Modell Selbstsicherheit, denn es wußte, daß es nicht völlig stillhalten mußte. Später machten wir dann einige Tageslichtaufnahmen, bei denen die Pose zwei oder drei Sekunden lang gehalten werden mußte; aber diese statuenhafte Starrheit verstärkte die authentische Wirkung der Aufnahme.

Sepiatonung ▷
Die Berufsfotografen des frühen 20. Jahrhunderts verwendeten das Verfahren der Sepiatonung ursprünglich, um die wenig dauerhaften Vergrößerungen für das Familienalbum haltbarer zu machen. Richtig angewendet, kann man damit dieselbe Wirkung auch heute noch erreichen und einem Bild zusätzlich einen Hauch von Nostalgie geben. *Bronica ETRC, 150 mm, 1 sec, Blende 4, HP5*

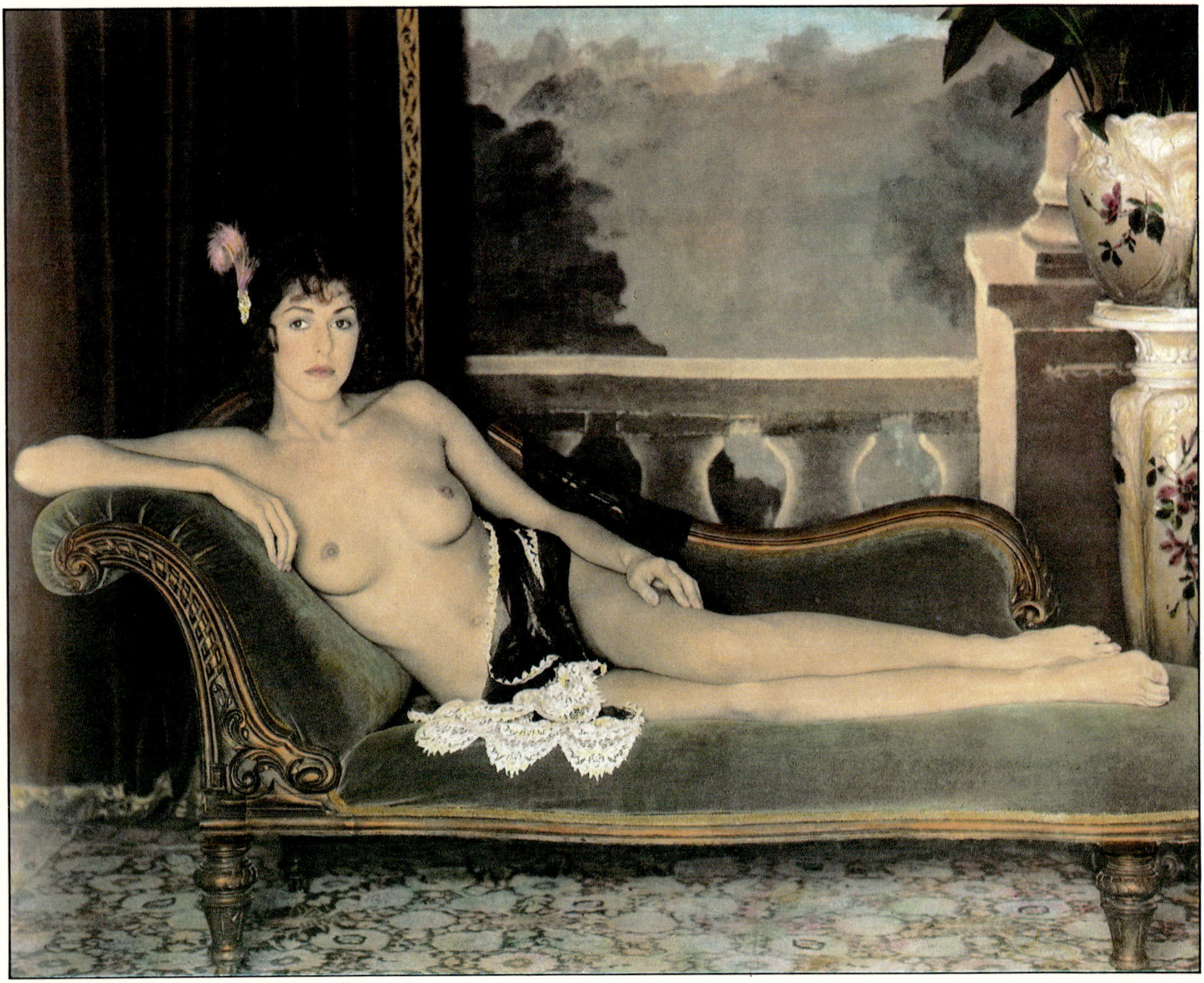

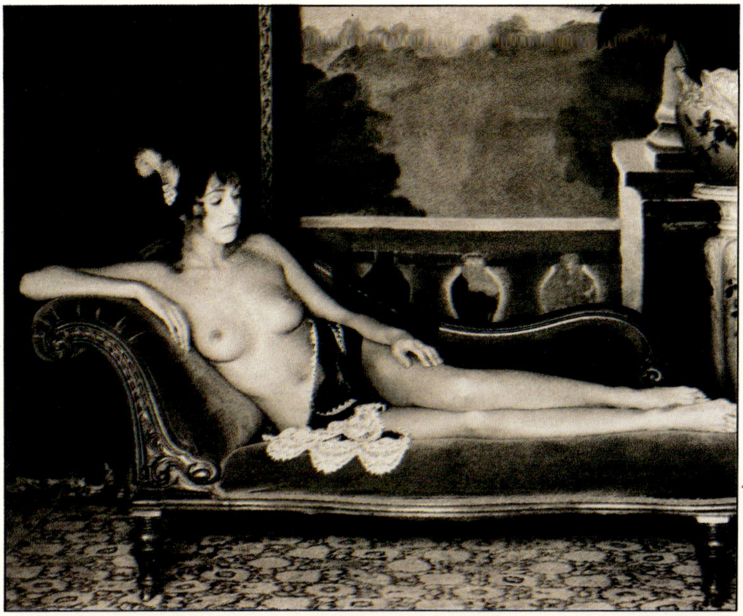

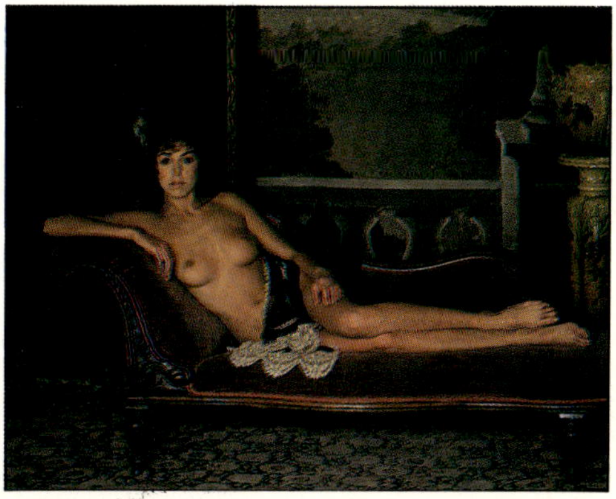

Moderne Farben △
Selbst ein moderner Ektachrome-Film kann die Stimmung vergangener Zeiten wiedergeben. In diesem Fall mußten vor allem die weicheren, wärmeren Töne durch braune Filterung verstärkt werden. Soll ein Bild älter wirken, muß man darauf achten, daß es keinen Blau- oder Purpurstich durch kaltes, graues Tageslicht bekommt.
Bronica ETRC, 150 mm, 2 sec, Blende 4, Ektachrome 64, 81EF

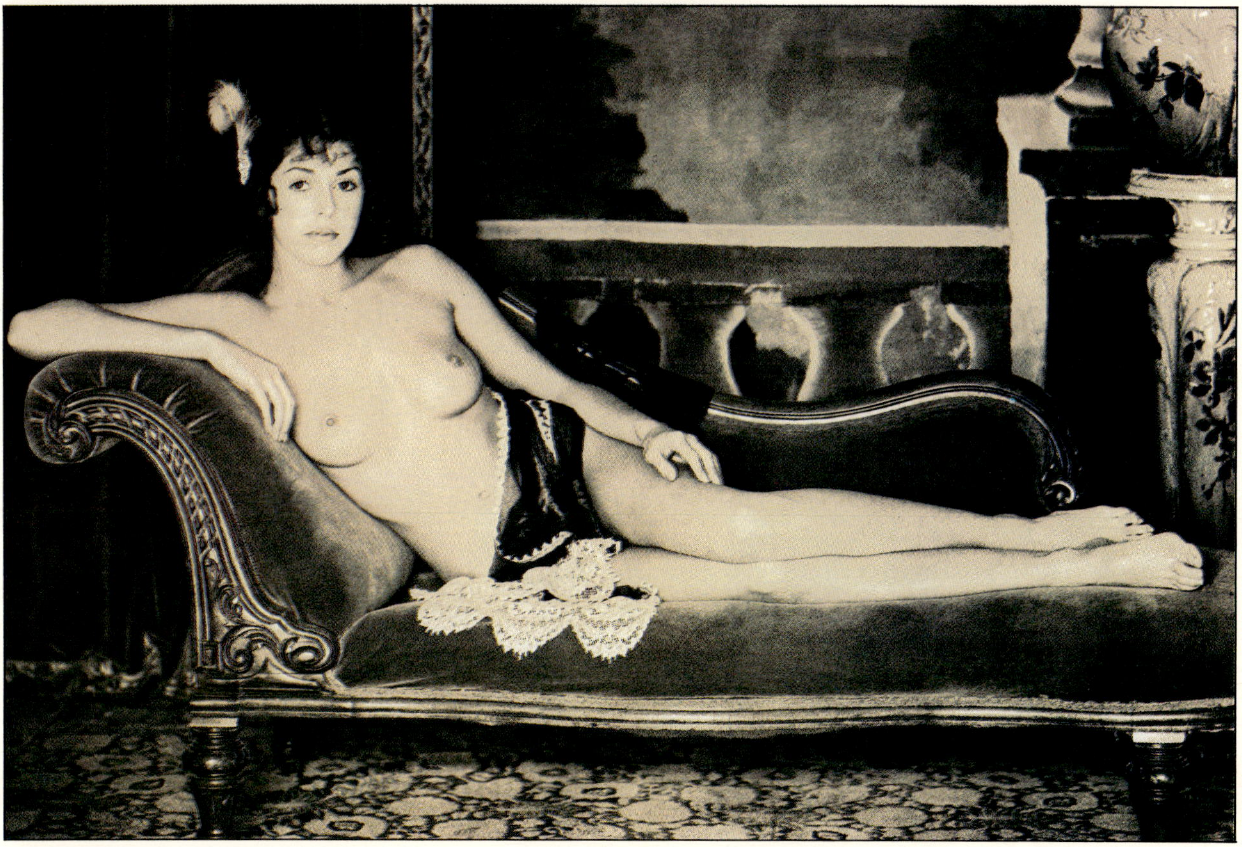

◁ **Handkolorierung**
Vor der Erfindung der Farbfotografie war das Kolorieren von Hand sehr beliebt. Die Technik war ähnlich der des Aquarellierens. Ich benutzte eine Vergrößerung mit flachen Tönen auf RC-Papier, auf dem der Farbauftrag leichter war. Wenn Sie keinen Wert auf Authentizität legen, können Sie Ihre Schwarzweißbilder ebenso gut mit Filzstiften und Sprühfarben beleben.

Dokumentenpapier
Hier verstärken Tonumfang und Farbe gemeinsam die altmodische Atmosphäre des Bildes. Durch die Verwendung kontrastreichen Dokumentenpapiers, das zusätzlich mit einer attraktiven »antiken« Oberfläche ausgestattet ist, wurde die viktorianische Anmutung noch verstärkt.

Einfrieren von Bewegung

Bewegung bringt Frische in einen Bildaufbau. Gute Lichtverhältnisse machen kurze Verschlußgeschwindigkeiten möglich – die Voraussetzung, wenn man Bewegung anhalten will. Mit schnellen Verschlußgeschwindigkeiten sind jedoch meist große Blendenöffnungen mit ihrer unvermeidlich geringen Schärfentiefe verbunden. Dadurch wird es schwierig, das Modell nicht nur in seiner Bewegung »einzufrieren«, sondern es auch noch im selben Augenblick im Schärfebereich abzubilden. Das läßt sich nur bei »gefesselter« Bewegung garantieren – das heißt, die Bewegung spielt sich nur innerhalb eines bestimmten Raums, zum Beispiel auf einer Schaukel, ab. Eine andere Lösung besteht darin, den Bewegungsablauf vorwegzunehmen und die Schärfe auf einen bestimmten Markierungspunkt, etwa einen Zweig, den man in den Boden gesteckt hat, im voraus einzustellen. Schrauben Sie die Kamera auf ein Stativ, stellen Sie die gewünschte Entfernung ein und behalten Sie Zweig und Füße Ihres Modells im Auge. Lösen Sie in dem Moment aus, in dem das Modell den Markierungspunkt erreicht hat.

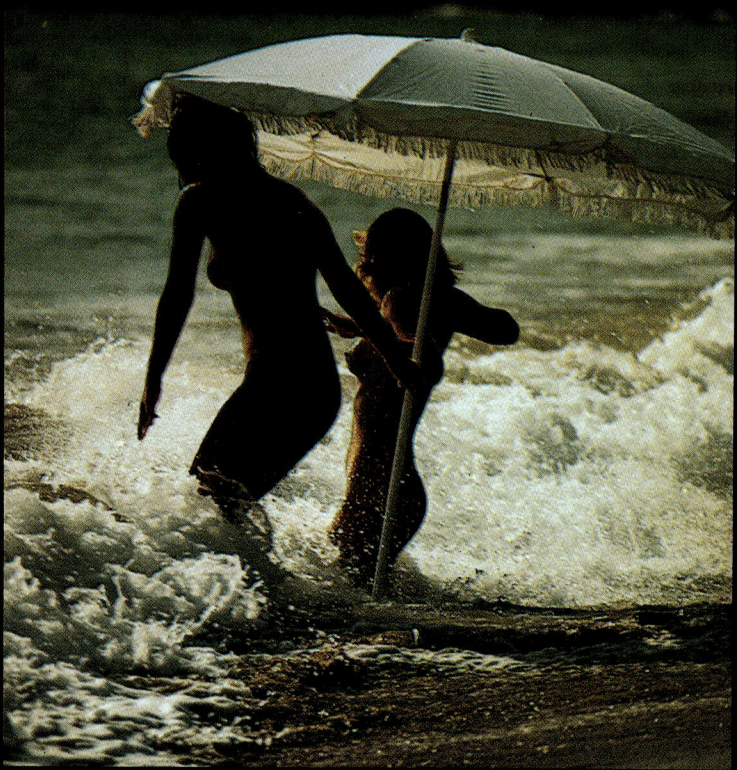

Bewegung am festgelegten Punkt ▷
Ich bat die Modelle, in der Nähe der Schirmstange zu bleiben; so konnte ich dieses Brandungsfoto mit Teleobjektiv und großer Blendenöffnung machen, in der Gewißheit, daß keine Probleme mit der Schärfentiefe auftauchen würden. Die weiße Gischt reflektierte das schräg einfallende Sonnenlicht und ermöglichte mir eine schnellere Verschlußzeit.
300mm, 1/500sec, Blende 4, Kodachrome 25

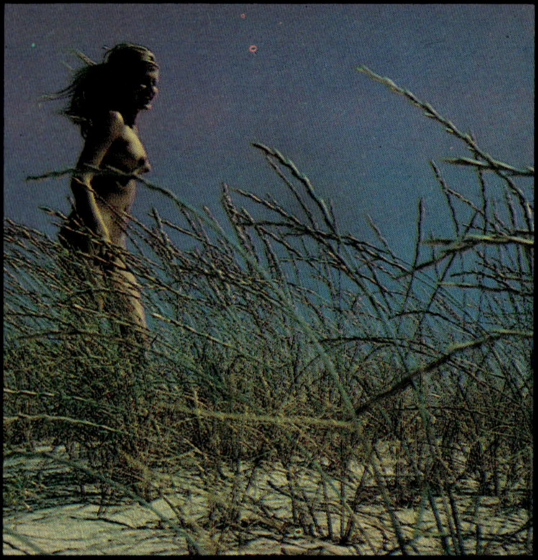

Scharfer Bereich △
Nachdem ich das Modell erst einmal gebeten hatte, an einem bestimmten Punkt, auf den ich zuvor scharf eingestellt hatte, vorbeizulaufen, war diese Aufnahme sehr einfach. Gutes Mittagslicht am Strand in Verbindung mit einem Weitwinkelobjektiv gab mir eine gute Schärfentiefe.
28mm, 1/500sec, Blende 4, Kodachrome 25, Polarisationsfilter

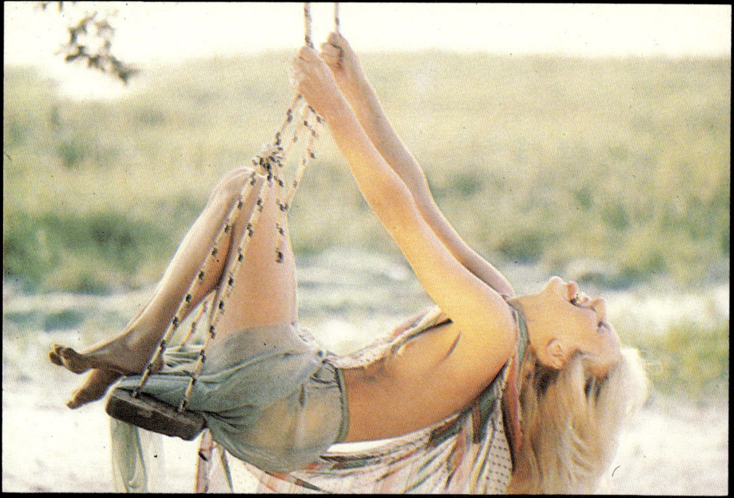

Wiederholte Bewegung △
Die unveränderliche Ebene, in der sich die Schaukel bewegte, machte die Schärfeneinstellung hier problemlos. Ein empfindlicher Film und eine große Blende froren die Bewegung ein. Ungleichmäßiges, spätes Sonnenlicht, von einem Spiegel reflektiert, verstärkte das Aufhellicht weißer Tücher.
50mm, 1/250sec, Blende 2, Ektachrome 200

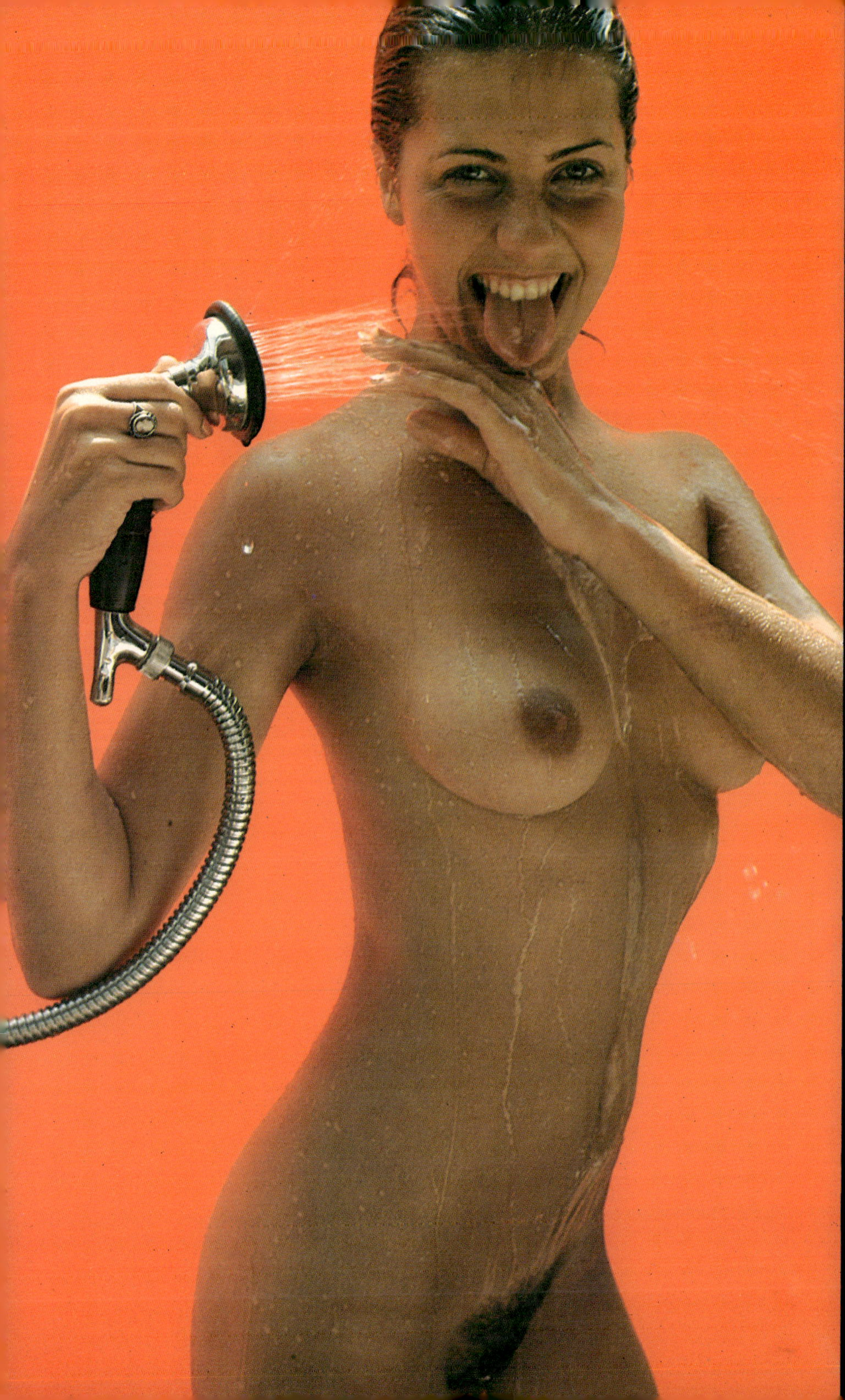

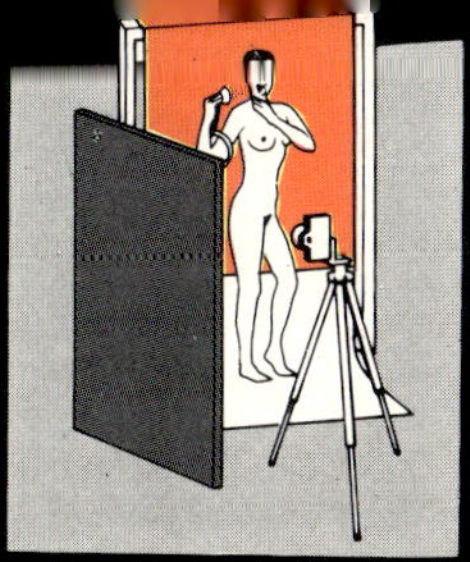

◁ **Begrenzte Bewegung**
Um Ihren Bildern ein Bewegungselement zu geben, muß sich nicht das ganze Motiv bewegen. Hier reichte die Wasserbewegung aus, um die Aufnahme lebendig zu machen. Sie entstand im Garten bei Tageslicht und mit einem Schirm zum Aufhellen der Schatten und einer roten Plastikfläche als Hintergrund (Abbildung oben). Da ich keine Lampen im Badezimmer aufstellen wollte, um kein unnötiges Risiko einzugehen, verband ich den Duschkopf mit einem Gartenschlauch.
50mm, 1/250sec, Blende 4, Kodachrome 25, 81B

Mehr Abstraktion

Ihrer Natur nach neigt die Fotografie zur Wirklichkeitstreue. Ein Akt ist jedoch auch wunderbar zur Abstraktion geeignet. Wenn Sie nur zu Ihrem Vergnügen fotografieren, brauchen Sie sich an keine Regeln und Traditionen realistischer Darstellung zu halten. Nehmen Sie Ihr Aktmodell als Ausgangspunkt für Ihre Abstraktionsübungen.

Beobachten Sie einmal, wie die Natur die Wirklichkeit vorübergehend aufhebt; so kann Abstraktion durch Verzerrungen zustandekommen, wie sie zum Beispiel entstehen, wenn man durch klares, tiefes Wasser und Hitzedunst schaut. Manchmal können Sie solche Abstraktionen durch extreme Weitwinkelobjektive oder eine ungewöhnlich plazierte Lichtquelle auch selbst herstellen. Zusätzlich können Sie Ihr Bild noch in der Dunkelkammer entsprechend weiterbehandeln, um seine verfremdende Wirkung zu verstärken. Abstraktion eröffnet Einblicke in Ihre unterbewußte Auffassung von einem Motiv und kann Sie, da Sie sich intensiver mit Ihrem Bild beschäftigen, dazu befähigen, die Wirklichkeit klarer zu sehen.

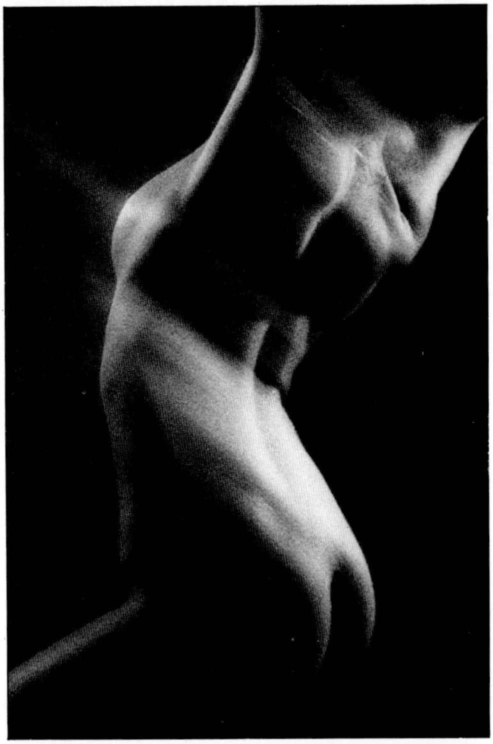

Bewegungsabstraktion ▷
Ich bat das Modell, sich während der Aufnahme zu bewegen; so wurde die Wirklichkeit der Körperumrisse durch eine abstrakte Bewegungsstudie ersetzt. Ich setzte zu Beginn einer längeren Zeitbelichtung einen kurzen Blitz ein, damit das Bild nicht zu stark verwischte.
105 mm, 2 sec, Blende 5,6, HP5

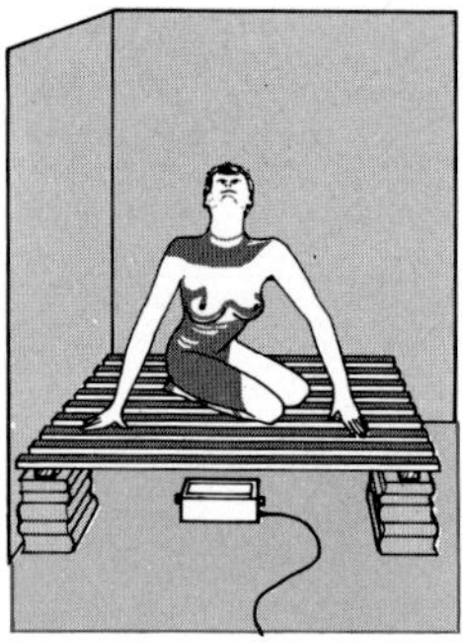

Abstraktion durch Licht ▷
Das Modell kniete sich für diese Aufnahme auf ein Lattenrost, unter dem eine Quarzleuchte stand (Abbildung oben). Durch den ungewöhnlichen Beleuchtungswinkel und die Art der Beleuchtung kam es zu dieser abstrakten Lichtwirkung. Ich fotografierte mit einem Objektiv, dessen Brennweite für normale Personenaufnahmen zu kurz ist, das aber hier die Perspektive unterstrich und den Bildaufbau zusätzlich betonte.
Bronica ETRC, 40 mm, 1/60 sec, Blende 5,6, HP5

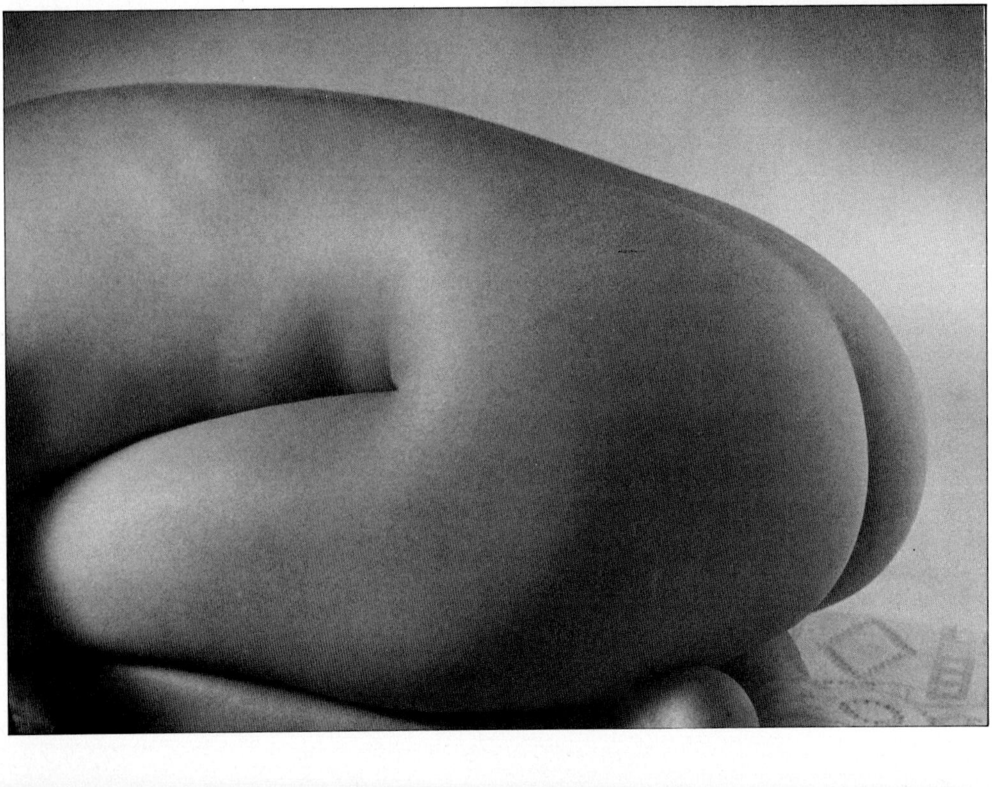

◁ Unwirkliches Detail
Wenn Sie einen Akt fotografieren, sollten Sie immer die Möglichkeit, einen Teil des Körpers isoliert aufzunehmen, ins Auge fassen, vor allem, wenn der Körper besonders reizvoll beleuchtet wird. Kein Körper ist wie ein anderer, und wenn sich eine günstige Gelegenheit für eine Detailaufnahme ergibt, nutzen Sie sie, denn sonst könnte sie unwiederbringlich verloren sein.
Bronica ETRC, 150 mm, 1/125 sec, Blende 5,6, FP4

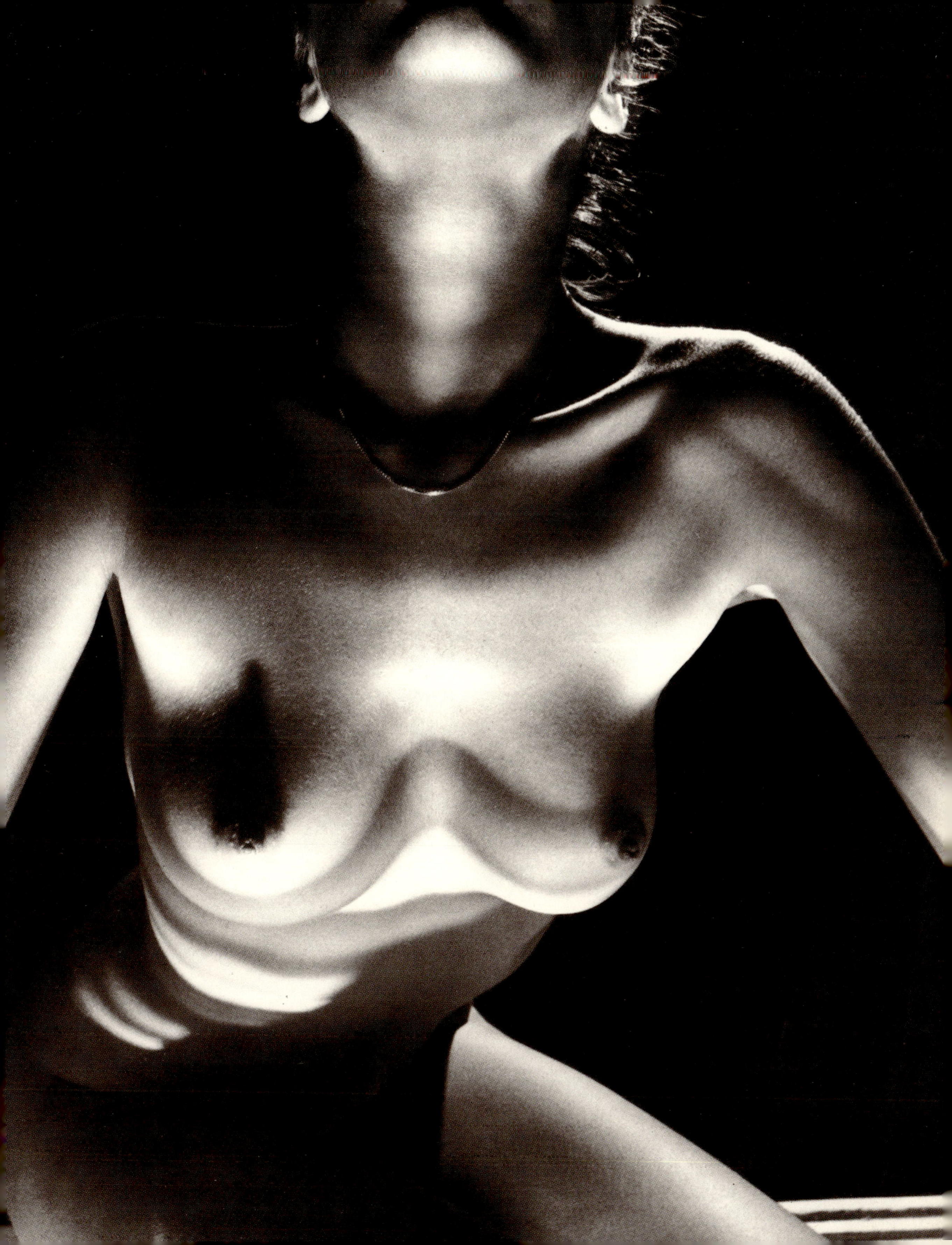

Bewegungsstudien

Der Akt in Bewegung gehört zu den noch am wenigsten erforschten Gebieten der Fotografie. Sportfotografen machen natürlich wunderbare Bewegungsaufnahmen, und auch Industriefotografen greifen gelegentlich darauf zurück; aber der Aktfotograf läßt den Verschluß seiner Kamera nur selten offen, während sich sein Modell in Bewegung befindet. Will man Bewegungsabläufe festhalten, muß sich das Modell als helltonige Figur vor einem dunklen Hintergrund bewegen; bei hellem Hintergrund werden die weißen Bewegungsspuren unsichtbar.

Ich achte darauf, daß bei meinen Bewegungsstudien immer einige Elemente scharf abgebildet sind, um durch den Gegensatz zu den Lichtspuren das Bewegungsmoment noch stärker herauszustreichen. Das gelingt durch die Kombination eines scharfen, aber unterbelichteten Phasenblitzbilds mit Zeitbelichtung. Das Resultat ist nicht vorhersehbar, deshalb empfiehlt es sich, alten Film zu verwenden und später auf den Negativen nach vergrößerungsfähigen Details zu suchen.

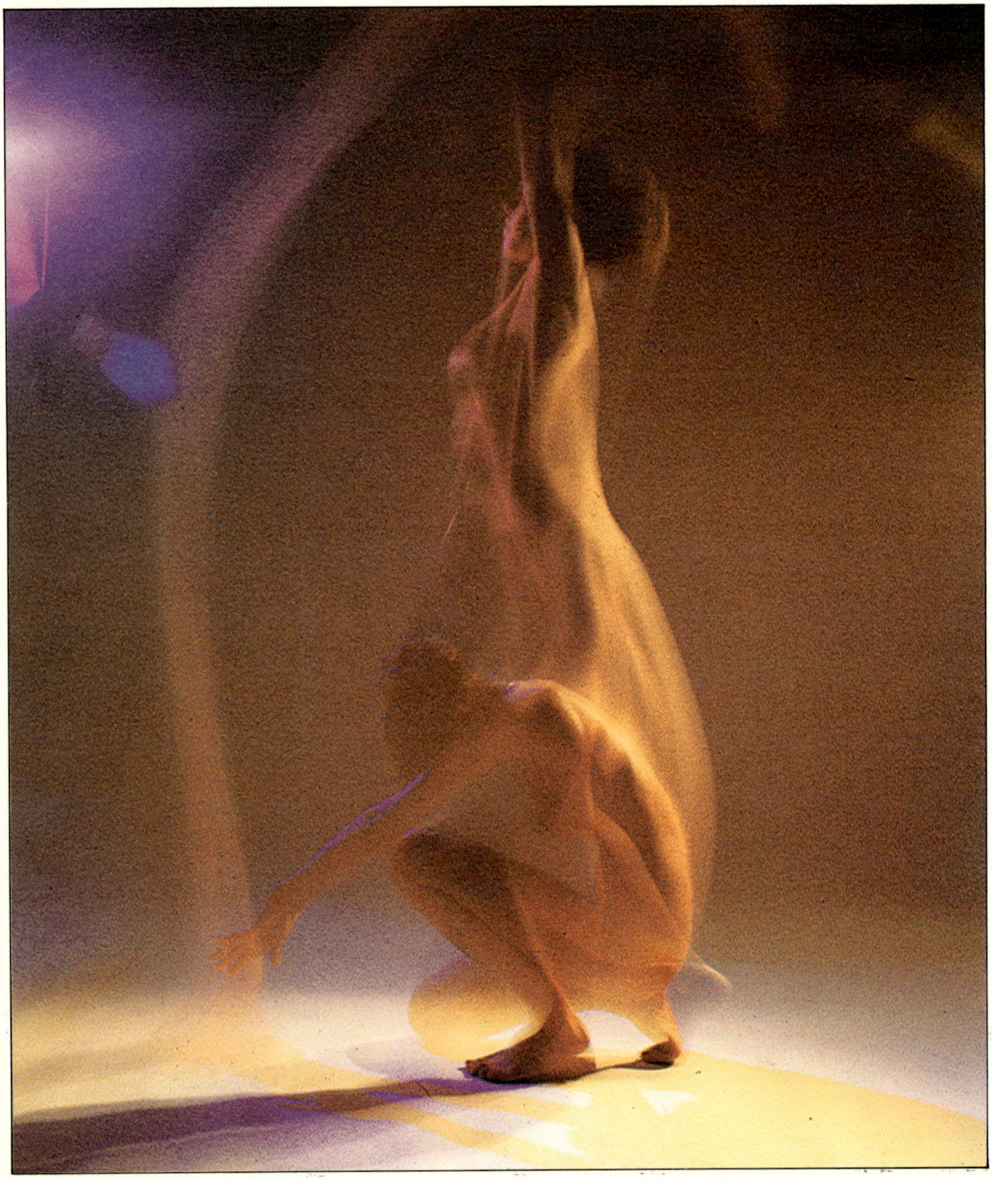

◁ **Bewegungsstudie mit Blitz**
Das Einstellicht im Reflektor lieferte die Beleuchtung für die Zeitbelichtung, die vor dunklem Hintergrund erfolgen mußte, um die Lichtspur sichtbar zu machen. Ich setzte Farbscheiben vor die Lampen auf beiden Seiten des Modells, die auf die Kamera gerichtet waren.
50mm, 1/2sec, Blende 4, Ektachrome 50

Lichtspur ▷
Ich befestigte ein Paar roter und grüner Lämpchen an einem Golfschläger, der dann von einem Golfspieler geschwungen wurde, um die Lichtspur zu schaffen (Abbildung unten). Ohne den Film zu transportieren, deckte ich anschließend das Objektiv mit schwarzem Karton ab, während das Modell mit einem unbeleuchteten Schläger den Platz des Golfspielers einnahm. Ich belichtete nochmals mit einem Einzelblitz.
50mm, 2sec, Blende 2, GAF 400

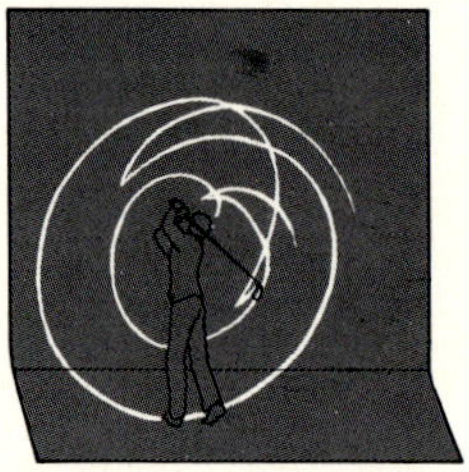

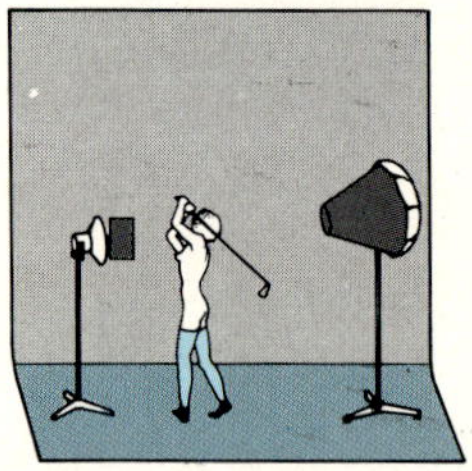

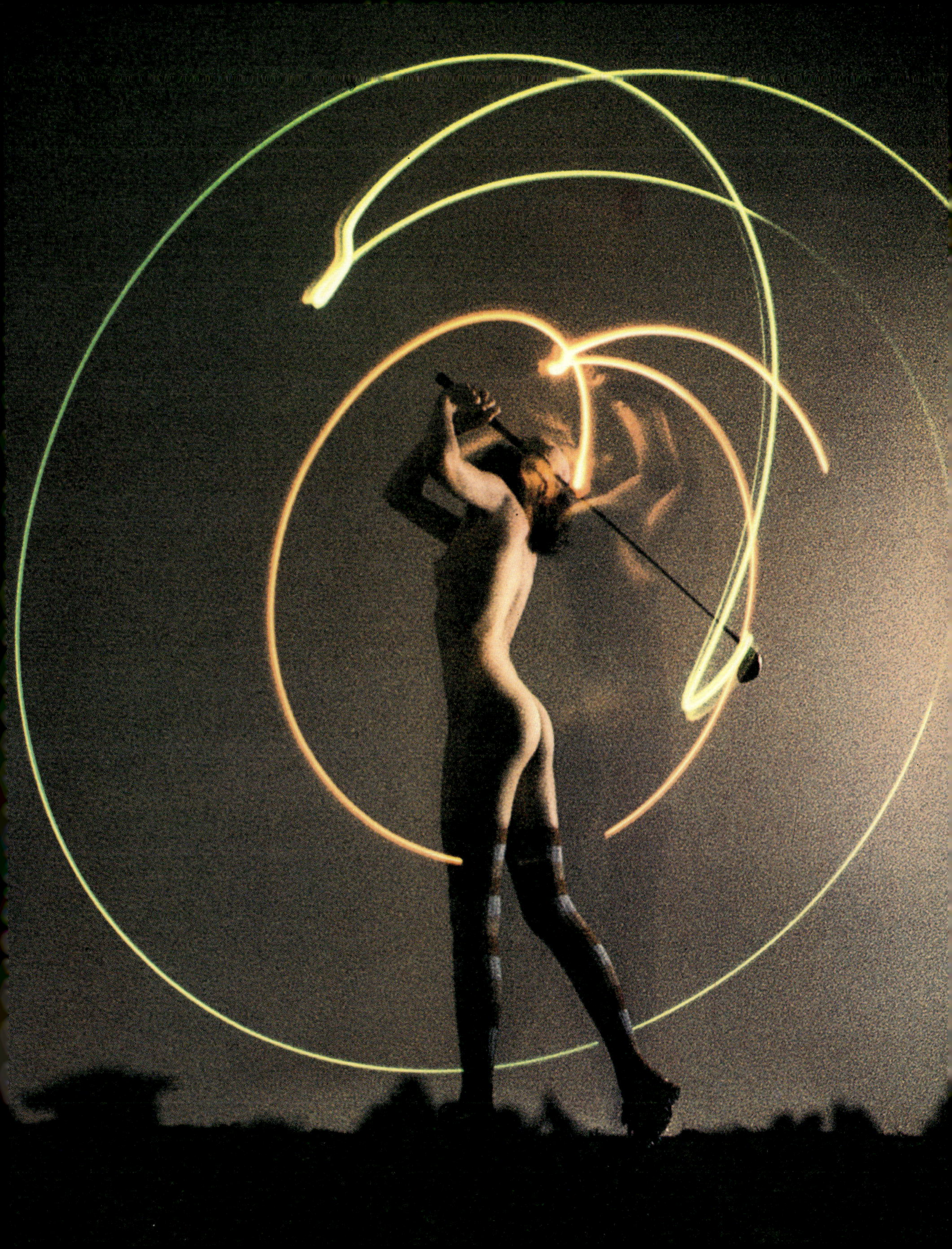

Reine Abstraktion

Wenn man an realistisches Fotografieren gewöhnt ist, kann man sich oft nur schwer von den gewohnten Konventionen lösen. Deshalb kann abstrakte Fotografie selbst für den erfahrenen Fotografen zwischendurch eine reizvolle Herausforderung sein.

In meinem Fall führten mich technischer Puritanismus oder vielleicht auch frühe Einflüsse, durch die mir die Wichtigkeit klarer Töne in der Schwarzweißfotografie bewußt wurde, dazu, nach Abstraktionen in herausgelösten Details und weniger in Verzerrungen zu suchen. Lassen Sie sich jedoch nicht von vorgefaßten Meinungen darüber, was »Abstrakte Fotografie« angeblich sein sollte, hemmen. Versuchen Sie, Ihren Stil zu erweitern, indem Sie das Potential ihrer Ausrüstung, Ihres Modells und Ihrer Phantasie voll ausschöpfen. Nach einigen abstrakten Studien habe ich jetzt das Gefühl, daß sie meinen Blick geschärft und mir neue Wege des Sehens gezeigt haben; davon profitieren alle von mir bevorzugten Stilarten der Aktfotografie. Der Neuling macht wahrscheinlich ähnlich positive Erfahrungen, wenn er sich in abstrakten Übungen versucht.

Abstraktion und Muster ▽
Ich habe eine Vorliebe für die Muster und Formen, die durch besonders langbrennweitige Objektive möglich werden. Für dieses stark musterbetonte Bild legte sich mein Modell auf den Boden. Dann fotografierte ich bei Tageslicht von einem erhöhten Standort aus.
300mm, 1/250sec, Blende 8, HP5

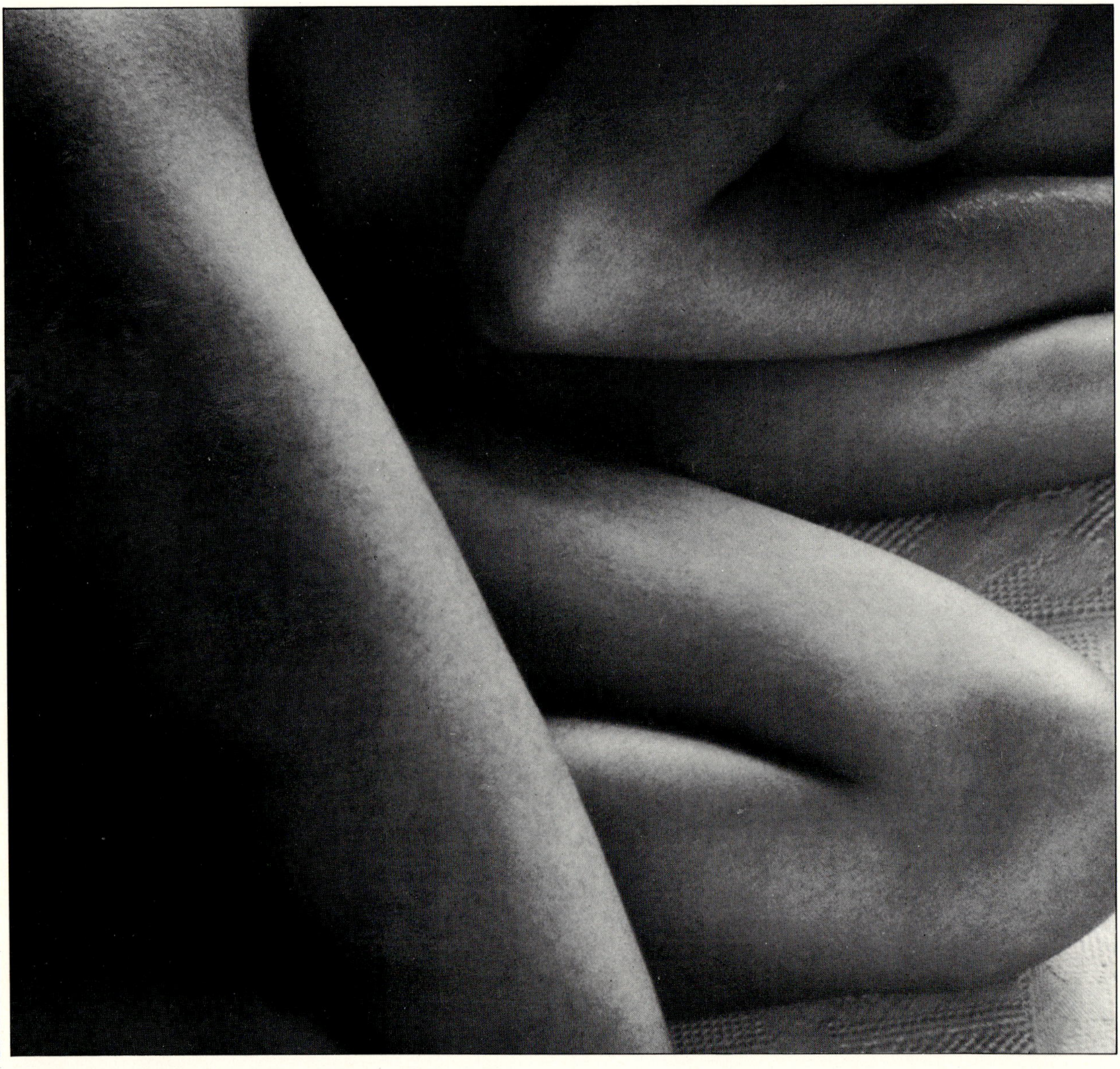

BESONDERE EFFEKTE

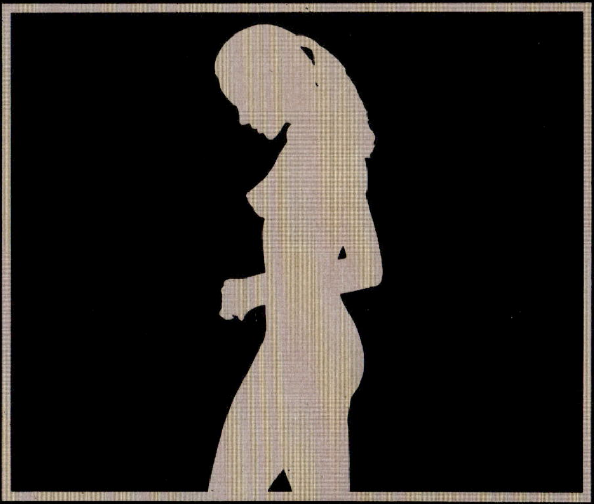

Effektfilter

Der Wunsch nach Individualität im Zeitalter moderner Kameras aus Massenproduktion und die möglich gewordenen fotografischen Effekte haben die Entwicklung einer unübersehbaren Fülle von Zubehörteilen zur Folge gehabt. Viele dieser Accessoires können, richtig eingesetzt, Ihre Bilder tatsächlich verbessern; falsch verwendet aber verwandeln sie Ihre Bilder in Klischees und nehmen ihnen jede Individualität. Kaufen Sie Zubehör nur dann, wenn Sie wissen, daß Sie es auch verwenden. Wollen Sie erst herausfinden, ob ein bestimmtes Zubehörteil Ihrem Stil entspricht, experimentieren Sie am besten zuerst mit einem selbst hergestellten oder geborgten Teil. Einen Weichzeichner kann man zum Beispiel einfach aus einem UV- oder einem anderen, sehr schwach gefärbten Filter herstellen, auf das man Vaseline verstreicht. Auch feine schwarze Seide und sogar ein Kreuz aus schmalem Klebefilm vor einem Objektiv mit längerer Brennweite kann als einfacher Streuvorsatz dienen. Wenn ich stärkere Farben haben will, verwende ich auch oft Kunststoffolien.

Optische Filter (Mehrfach-Tricklinse, Sternfilter, Gitterfilter u. ä.) sind nicht ganz so leicht selbst herzustellen, aber ein Versuch lohnt sich. Bei diesen wie auch anderen Filtern kommt es vor allem darauf an, sie im richtigen Augenblick einzusetzen. Am besten stellt man zuerst durch den Sucher fest, in wieweit sie ein Bild verändern.

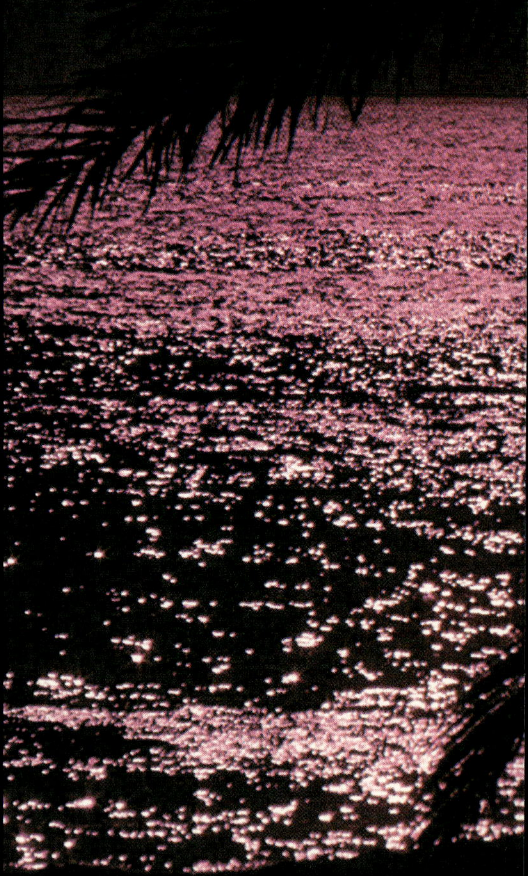

Spannung durch Farbe ▷
Diese Gegenlichtaufnahme, in Marokko entstanden, wäre auch in Schwarzweiß recht eindrucksvoll gewesen. Aber ihr fehlte farbliche Spannung, bis ich mehrere Versuche mit starken Spezialfiltern machte. Das Modell behielt seine Stellung bei, und ich stellte die Kamera auf ein Stativ. Dann fertigte ich drei oder vier Belichtungsreihen mit jeweils drei Belichtungszeiten und mit verschiedenen Filterkombinationen an. Wenn ich die Filterung änderte, änderte ich die Belichtung entsprechend der unterschiedlichen Dichte der verschiedenen Filter. Nach Fertigstellung projizierte ich die Bilder an die Wand und wählte die Kombination aus, die mir am besten gefiel.
50 mm, 1/125 sec, Blende 5,6, Kodachrome 25, 50 purpur, 40 blau

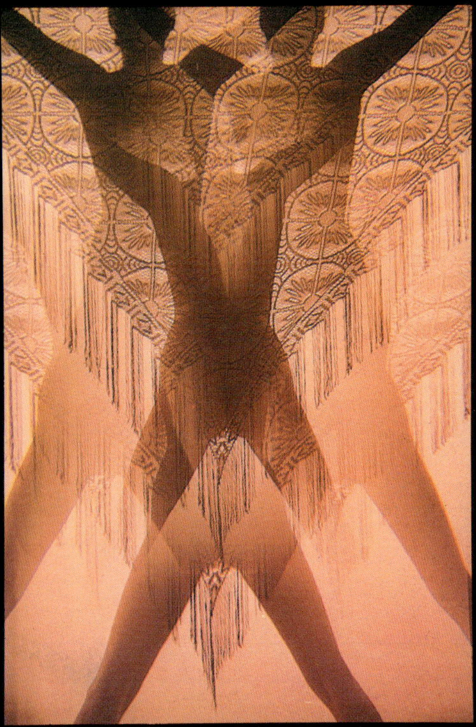

◁ Symmetrische Mehrfachabbildung
Der regelmäßige Aufbau dieses Bildes machte es zur idealen Grundlage für einen Versuch mit einer Mehrfach-Tricklinse. Der weiße Hintergrund bekam Farbe, damit er wärmer wirkte, und das Filter wurde solange gedreht, bis die Bilder exakt angeordnet waren und das Ergebnis symmetrisch war. Mehrfach-Tricklinsen wirken meist am besten in Verbindung mit einem kürzerbrennweitigen Objektiv.
50 mm, 1/60, Blende 5,6, Kodachrome 25, 85B

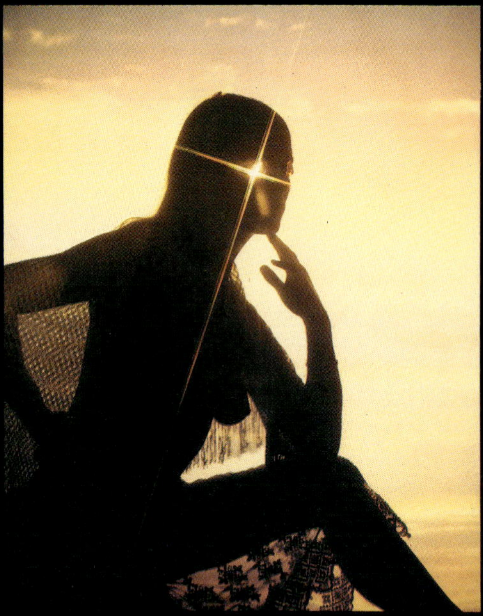

Gitterfilter ▷
Eine verspiegelte Plastikscheibe über dem Auge reflektierte einen Lichtstrahl in die Kamera. Durch ein optisches Gitterfilter wurde die Wirkung zusätzlich dramatisiert. Der Hintergrund wurde von hinten mit einem normalen Diaprojektor auf Transparentpapier projiziert.
Bronica ETRC, 150 mm, 1/8 sec, Blende 4, Ektachrome 160, 81B

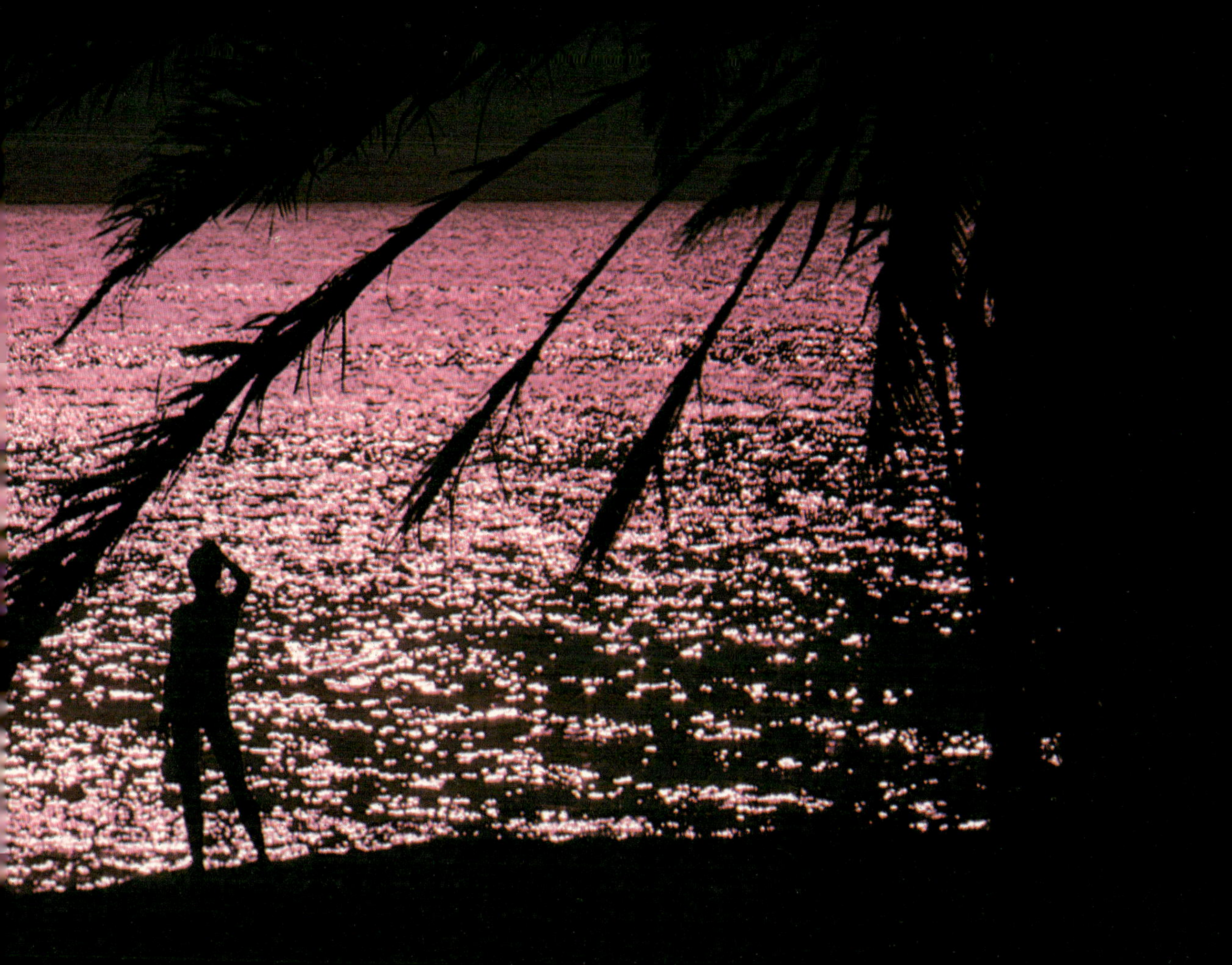

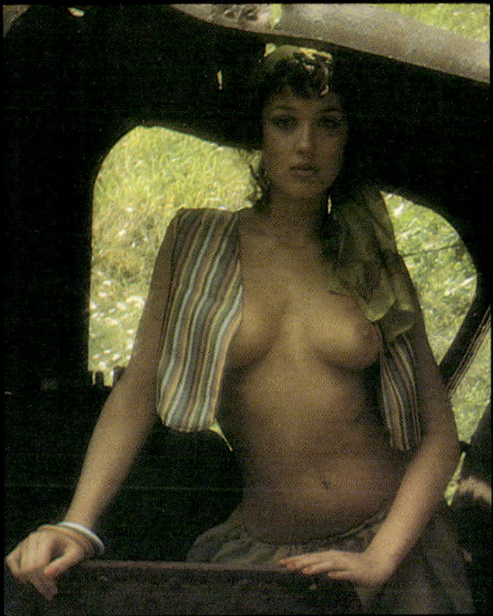

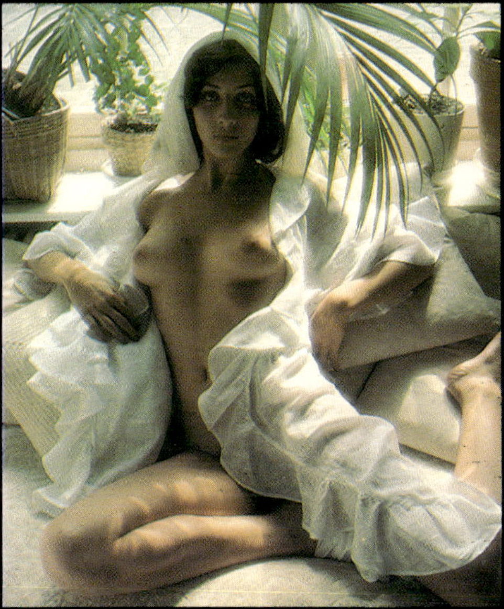

Schwache, weichzeichnende Filter
Die heutigen scharfzeichnenden Objektive verleihen Aktaufnahmen manchmal eine prosaische Genauigkeit, der man am besten mit einem weichzeichnenden Vorsatz entgegenarbeitet. Den beiden Bildern hier hat ein schwaches Diffusionsfilter mit seiner feinkörnigen Oberfläche die Schärfe genommen. Solche Filter streuen das Licht und wirken sich deshalb vor allem auf die Glanzlichter in einem Bild aus (links); aber auch Bilder mit Schattenbereichen (ganz links), profitieren von der Weichzeichnung.
105 mm, 1/125 sec, Blende 5,6, Ektachrome 200, 81C und Weichzeichner (links); 50 mm, 1/30 sec. Blende 4, Kodachrome 25, 10 CC purpur, 81A und Weichzeichner (ganz links)

Einfache Frontprojektion

Die meisten Fotografen verfügen über einen Diaprojektor. Er ist zwar nicht so leicht zu handhaben oder so leistungsstark wie Fotoleuchten oder Scheinwerfer, kann aber, auf seine Art, in der Aktfotografie verwendet werden. Ohne Diapositive kann der scharfe Lichtstrahl bizarre Schattenfiguren an die weiße Wand oder Papierfläche hinter dem Modell werfen. Mit einem Schirm aus Transparentpapier und realistischen oder Phantasiebildern öffnet sich Ihnen eine ganz neue Palette von Möglichkeiten. Wenn Sie räumlich beengt sind, stellen Sie den Projektor im nächsten Zimmer auf, hängen das Transparentpapier in den Türrahmen und richten aus dem Aufnahmeraum die Kamera darauf. Mit ein oder zwei zusätzlichen kleinen Spotstrahlern mit Klappen besitzen Sie bereits die notwendige Ausrüstung zur Einführung von Hintergrundprojektionen in Ihre Aufnahmen.

Die Kunst der Beleuchtung bei einfacher Frontprojektion liegt darin, daß man Lichtlecks aus den Lampen auf die Projektionsfläche verhindert, wo sie das projizierte Bild beeinträchtigen würden. Heute sind spezielle Kunststoffwände für die Frontprojektion erhältlich, die diese Gefahr mindern, aber sie besitzen nicht denselben Reflektionsgrad wie Transparentpapier. Das projizierte Hintergrundbild ist im Mittelbereich oft heller, aber das kann man ins Positive verkehren, wenn man Sonnenuntergänge oder andere mittelbetonte Dias als Hintergrund verwendet.

Wenn eine realistisch wirkende Kombination von Akt und natürlichem Hintergrund Sie nicht zufriedenstellt, stellen Sie den Projektor versuchsweise neben die Kamera und projizieren Sie Lichtbilder mit abstrakten Mustern auf den Körper allein oder auf Körper und Hintergrund gleichzeitig. Die Wahl des Dia liegt natürlich bei Ihnen, aber wenn Sie sich bewußt nach Mustermotiven umsehen, werden Sie viele Gelegenheiten finden, Material für Projektionen aufzunehmen.

Mittelmeerszene ▽
Gut ausgewählt, können Ihre Feriendias aufregendes Hintergrundmaterial für Aktaufnahmen abgeben. Hier habe ich mit einem Diaprojektor und kurzem Zoomprojektionsobjektiv auf nahtloses Papier projiziert. Der Projektor stand seitlich über der Kamera, und das Modell lag auf einer langen, mit schwarzem Filz abgedeckten Kiste. Ich beleuchtete es mit einem stark gestreuten und einem Tubenvorsatz versehenen 300-Watt-Scheinwerfer, den ich so aufstellte, daß er zur Sonnenbeleuchtung des Hintergrundbildes paßte. Auf dem Boden neben der Kamera übernahm eine mit Dimmer heruntergeregelte und gestreute 60-Watt-Schreibtischlampe die Aufhellung der Schatten.
50mm, 3sec, Blende 5,6, HP5

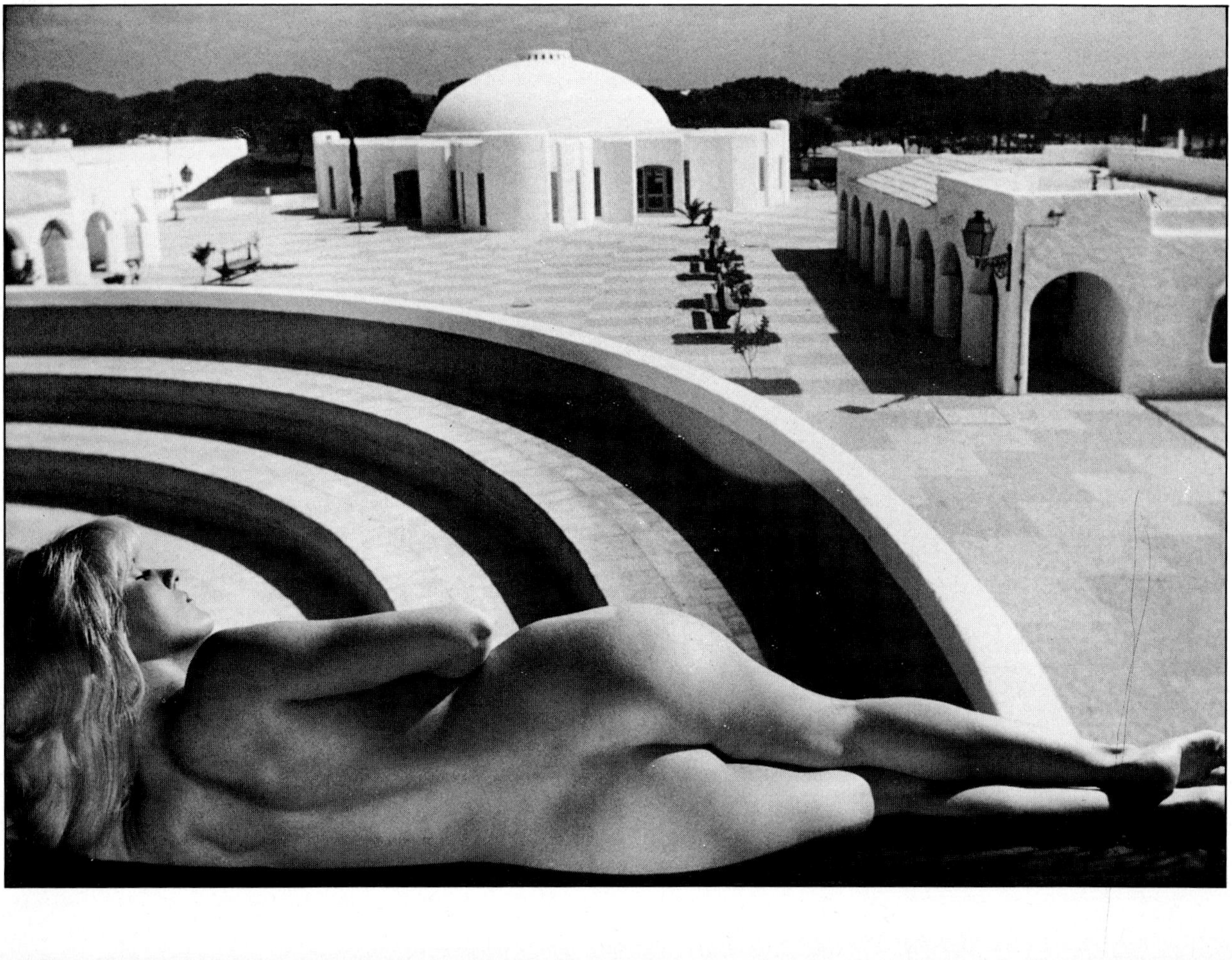

Das Aufnehmen projizierter Bilder

Ein normaler Diaprojektor kann trotz seiner schwachen Lichtleistung bei Verwendung lichtempflindlicher Schwarzweißfilme Phantasie, Atmosphäre oder eine stark grafische Qualität in Ihre Bilder bringen. Dazu brauchen Sie eine Sammlung geeigneter Lichtbilder für die Projektion. Sie können auch zwei Lichtbilder gleichzeitig in Form eines »Sandwiches« in den Projektor einführen. Wenn Sie auf den Körper des Modells projizieren, müssen Sie entscheiden, ob die Aufnahme mit einfachem Hintergrund, wie auf dem Bild unten rechts, besser wirkt oder ob sich die Projektion, wie auf dem Bild unten links, über Modell und Hintergrund ziehen soll. Für diesen Bereich der Aktfotografie gibt es keine festen Regeln: Folgen Sie einfach Ihrer Intuition und betrachten Sie Ihre Ergebnisse dann kritisch, damit Sie beim nächstenmal darauf aufbauen können.

50 mm, 1/8 sec, Blende 2, HP5, (alle Bilder auf dieser Seite)

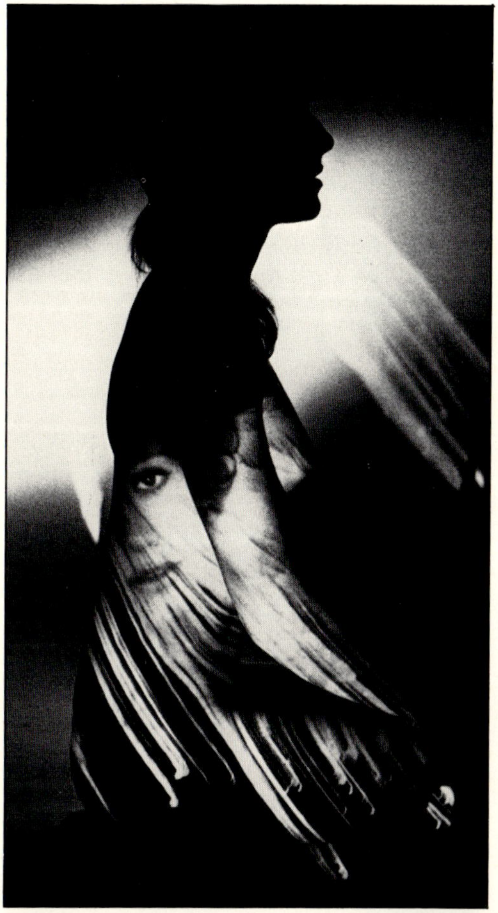

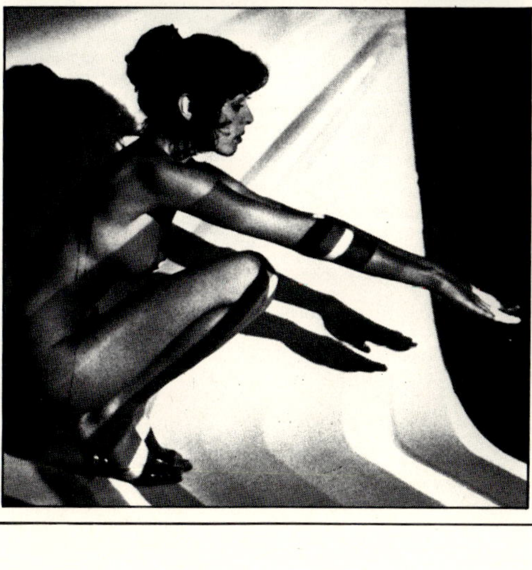

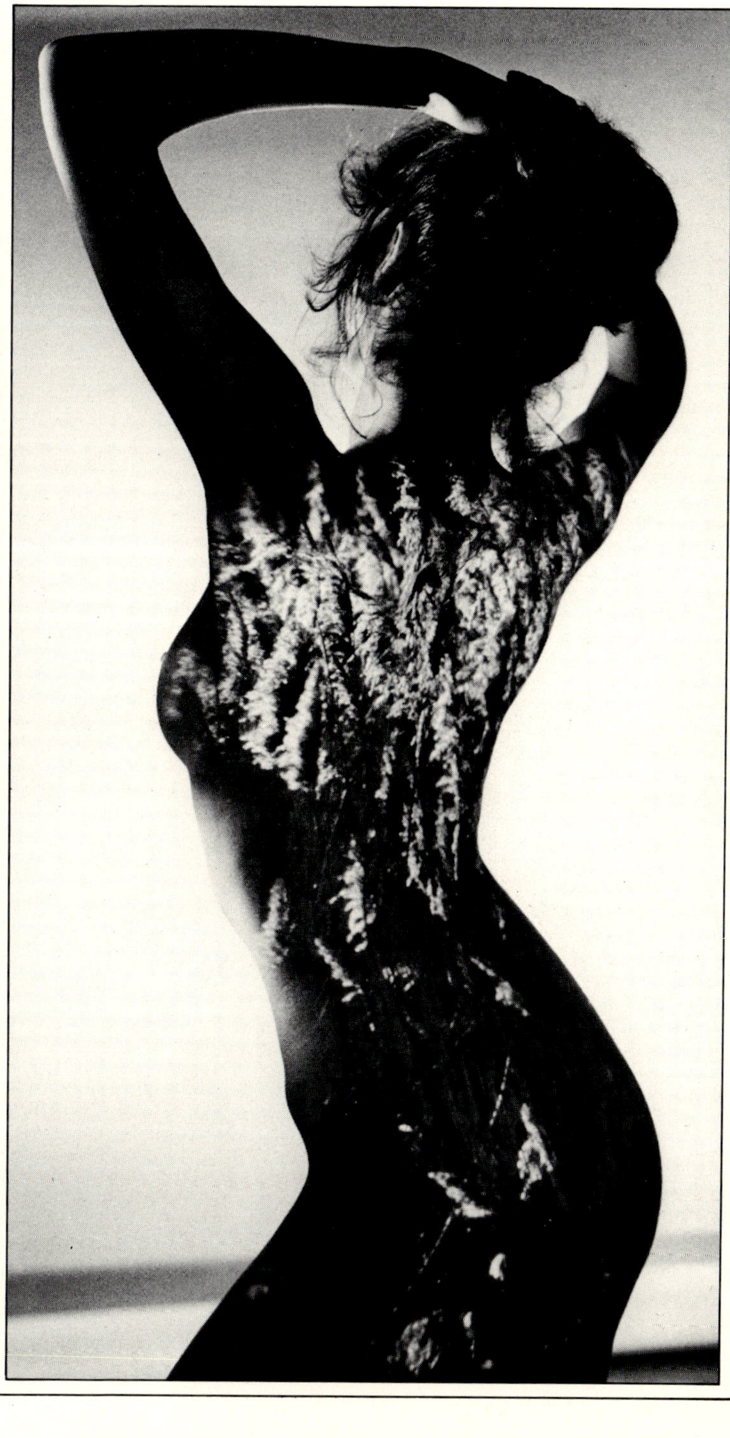

Effektobjektive

Ein neues, ungewohntes Objektiv kann viele neue Impulse geben. Man denkt wieder an unverwirklicht gebliebene Ideen, und daraus entstehen oft sehr gute Bilder.

Der Reiz, mit neuen, extremen Objektiven umzugehen, verführt leicht dazu, Klischeeaufnahmen zu machen. Deshalb sollten Sie zwar die Möglichkeiten, die Ihnen das neue Objektiv bietet, zu entdecken suchen, dürfen sich aber nicht davon beherrschen lassen. Wenn ich mit einem mir unbekannten Objektiv arbeite, fotografiere ich zuerst mit meinen gewohnten Objektiven und wechsle erst, wenn ich mit meinen Aufnahmen zufrieden bin, auf das neue Objektiv über und erkunde, auf welche Weise es Einfluß auf das Motiv nimmt. Meine persönliche Vorliebe gilt besonders langbrennweitigen Objektiven, das heißt, mit Brennweiten über 200 mm. Bei gutem Licht, im Freien, sind ihre Nachteile – geringe Lichtstärke und geringe Schärfentiefe – kaum spürbar.

Die heutigen Spiegelobjektive sind sehr viel leichter als die ersten Teleobjektive. Wichtig ist, wie bei allen Objektiven mit längerer Brennweite, daß man bei Verschlußzeiten unter 1/500 sec ein stabiles Stativ verwendet, damit die Aufnahmen wirklich scharf werden.

Wenn ich mit kurzbrennweitigen Objektiven aus der Hand arbeite, verwende ich oft das formatauszeichnende Fischauge. Ich nenne es »viereckiges« Fischauge, weil es das gesamte Bildfeld der 35mm-Kamera bis zu den Ecken auszeichnet, aber wie das runde Fischauge gekrümmte Bilder produziert. Ich leihe es mir gelegentlich gegen eine Gebühr aus, wenn ich in relativ uninteressanter Umgebung, etwa an flachen Stränden oder in leeren Räumen, arbeite. Die Verzeichnungen durch das Fischauge können der Umgebung Dramatik verleihen, doch wenn Sie den Körper Ihres Modells nicht absichtlich verzerren wollen, müssen Sie sehr vorsichtig mit dem Objektiv umgehen. Wenn ich es für Aktaufnahmen verwende, plaziere ich das Modell immer in einiger Entfernung in der Mitte des Bildausschnitts, um Schwierigkeiten mit der Verzeichnung zu umgehen. Achten Sie auch darauf, daß Sie nicht unabsichtlich Ihre eigenen Füße mitfotografieren.

Mit Zoomobjektiven kann man eine Reihe verblüffender Effekte erzielen. In Verbindung mit Mehrfachblitztechniken oder durch Zoomen (Veränderung der Brennweite) während der Belichtung können interessante Bilder entstehen. Ein Nachteil des Zoomobjektivs ist seine Neigung zu Überstrahlungen. Da ich oft direkt ins Licht fotografiere, bin ich zu komplizierten Maskierungsübungen gezwungen, um das überschüssige Licht vom Objektiv fernzuhalten. Ich verwende häufig Polarisationsfilter, bin aber dabei ständig durch die Drehvorrichtung irritiert, die bei den meisten Zoomobjektiven die Einstellung optischer Zusätze äußerst lästig macht.

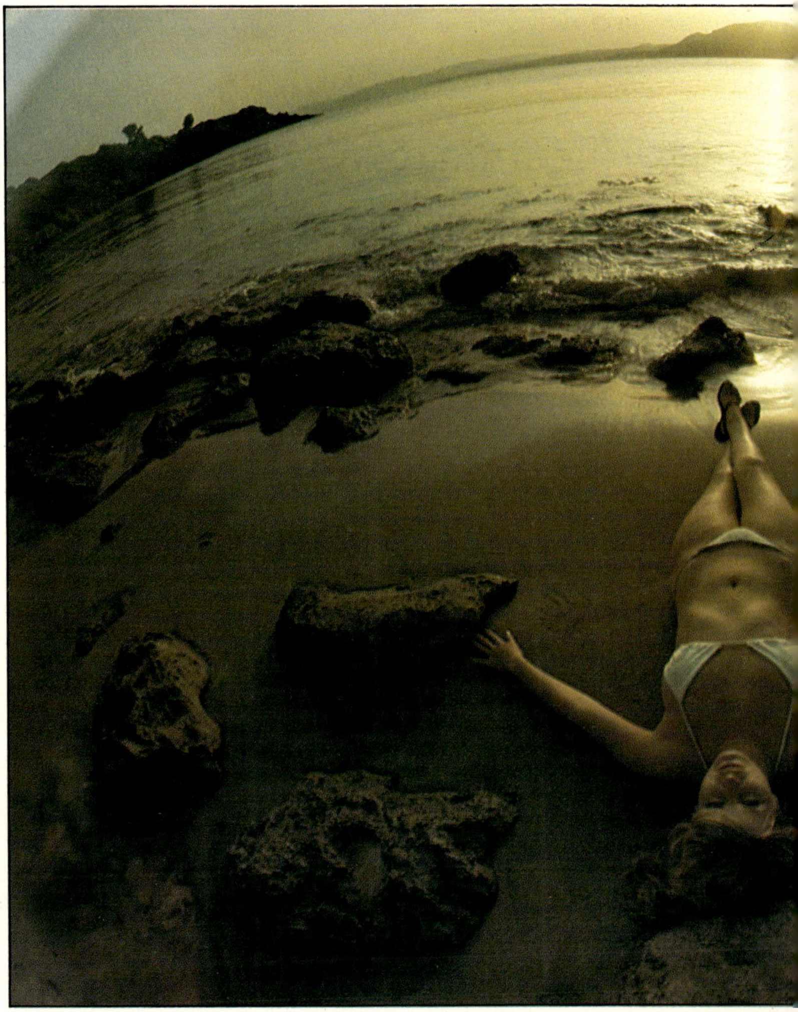

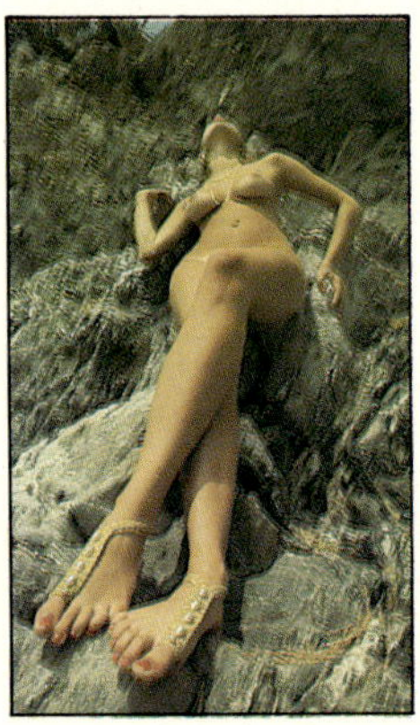

Variationen mit dem Fischauge
Wenn Sie Sonne, Meer, Himmel und ein schönes Modell zur Verfügung haben, besorgt das viereckige Fischauge den Rest. Es kommt am besten zur Geltung, wenn Sie Körperverzeichnungen auf ein Minimum beschränken; dazu müssen Sie Ihr Modell in der Bildmitte plazieren.
16 mm, 1/125 sec, Blende 4, Ektachrome 200, 81 EF (großes Bild, Mitte); 16 mm, 1/125 sec, Blende 5,6, Kodachrome 25, Polarisationsfilter (kleines Bild rechts)

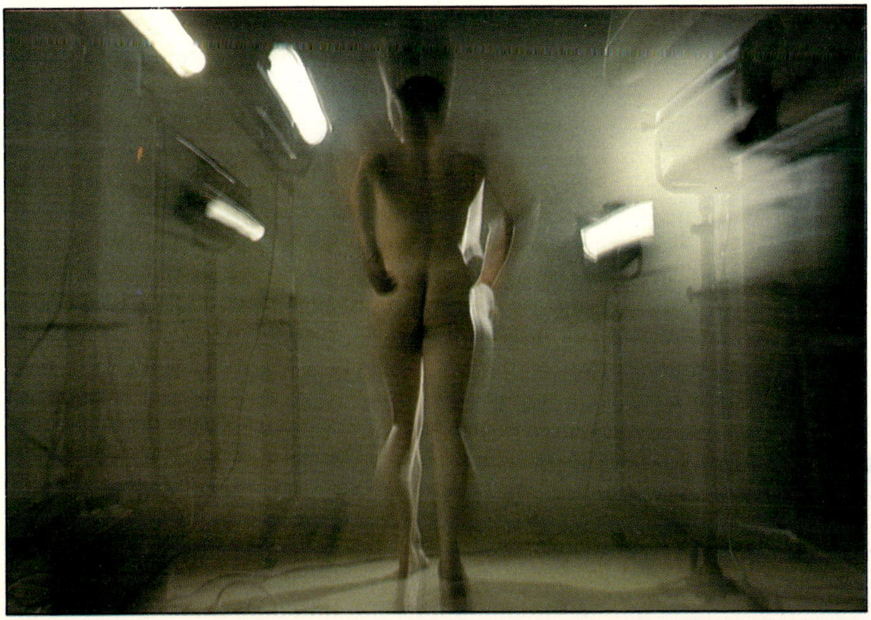

◁ **Zoombewegung**
Ich umgab die Figur auf dieser Studioaufnahme mit feststehenden Lichtpunkten; der Raffungseffekt der vollen Zoombewegung während der Belichtung zog sie in die Länge und verstärkte so den Bewegungseindruck. Tatsächlich bewegte sich das Modell während der langen Belichtungszeit überhaupt nicht.
40–80mm Zoom, 3sec, Blende 5,6, Ektachrome 50

Telewirkung ▽
Einer der größten Vorteile des langbrennweitigen Fernobjektivs (über 250 mm an 35mm-Kameras) ist seine Fähigkeit, aus einem einfachen Hintergrund ein imaginatives Tonarrangement zu schaffen, wie es hier bei diesem abgemähten Kornfeld geschah. Fotografiert man entfernt plazierte Personen mit starken Teleobjektiven, muß man die Landschaftseigenschaften berücksichtigen, die zusammen mit der Gestalt eine grafische Wirkung entwickeln können.
300mm, 1/250sec, Blende 4, Kodachrome 25, Polarisationsfilter

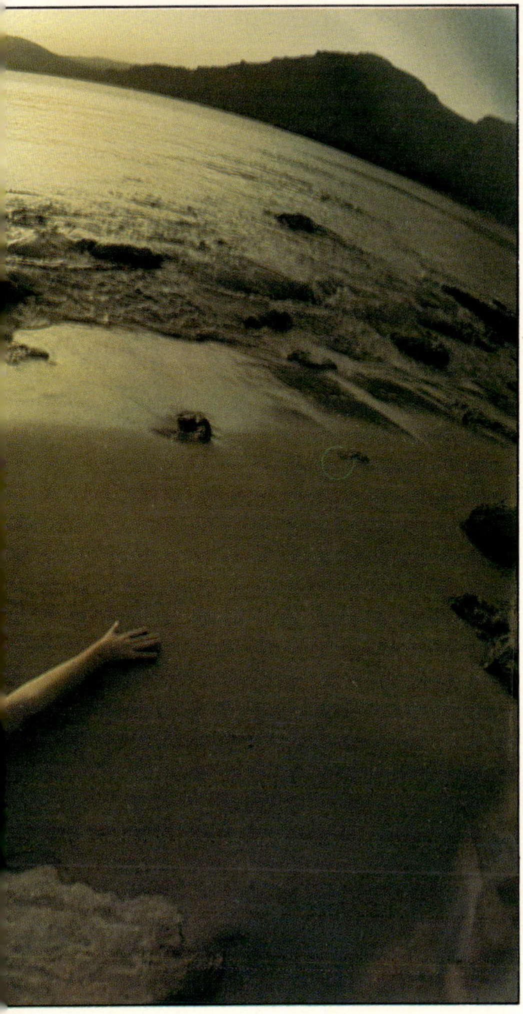

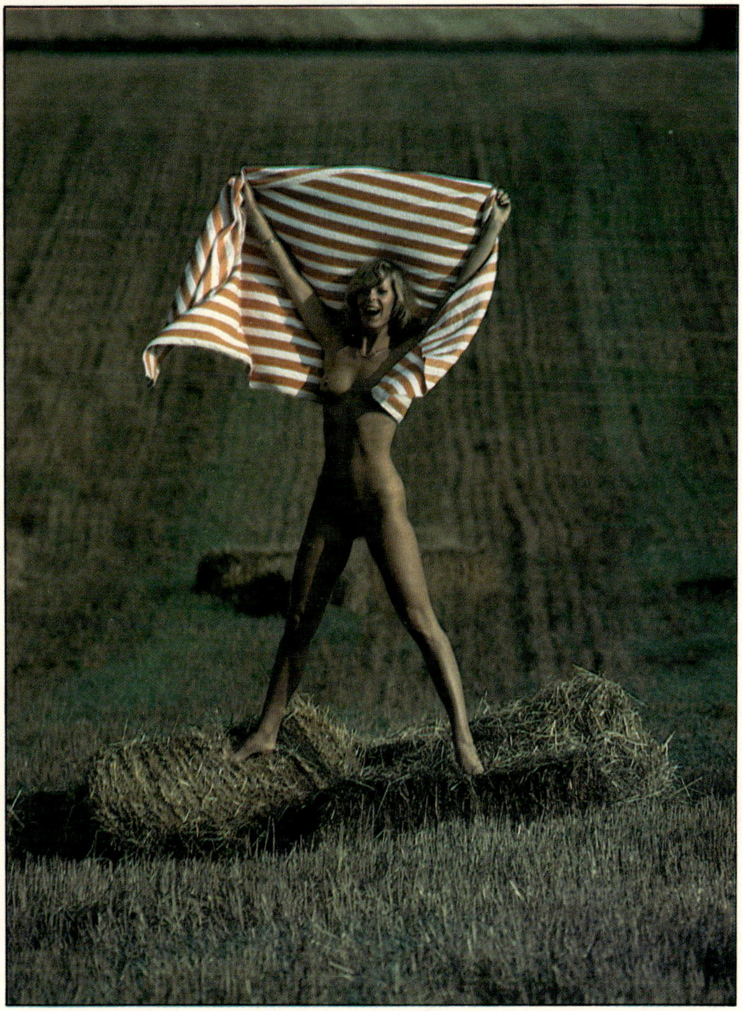

Fotomontage und Bildsequenz

Gewohnheit – etwa die Bevorzugung von Einzelbildern in Zeitungen – macht oft blind für die Aussagekraft von Bildfolgen. Aber eine Diavorführung vor Ihrem Fotoclub oder vor Freunden bietet die ideale Gelegenheit, gut ausgewählte Bildsequenzen zu zeigen, die etwas erzählen und den Zuschauern mehr Spaß machen als nicht ganz gelungene Einzelaufnahmen.

Aktfotos eignen sich für Bildfolgen sehr gut, ob man nun Variationen des naheliegenden Striptease-Motivs oder phantastische, weniger direkte Spielereien im Sinn hat. Wenn Sie Bildfolgen planen, nehmen Sie der fotografischen Sitzung einen Teil ihrer Spannung. Aber trotz der entspannteren Atmosphäre sollten Sie auch das Einzelbildpotential, das sich bei der Arbeit an einer Bildfolge gleichzeitig entwickeln kann, im Auge behalten. Denken Sie daran, daß Sie eine Geschichte vermitteln wollen, also einen Anfang, die Mitte und ein Ende brauchen. Es schadet nie, auch der Phantasie des Betrachters ein wenig zu tun zu geben.

Obwohl es sich bei der Fotomontage um eine völlig andere Technik, nämlich die Zusammensetzung bereits bestehender Bilder handelt, bietet sie wie die Bildfolgen eine ideale Möglichkeit, die Phantasie spielen zu lassen. Diese Bildmontagen entstehen entweder in der Dunkelkammer während der Vergrößerung oder später mit Schere und Klebstoff. Ich ziehe die unkompliziertere Dunkelkammermontage vor; dabei werden bei der endgültigen Vergrößerung Bilder vereint, die zuvor speziell für diesen Zweck gemacht wurden. Wenn eine solche Montage gelingen soll, müssen die verwendeten Bilder Bereiche mit vorherrschend weißen Tönen haben, in die die Zweitbilder eingefügt werden können.

Wird die Bildmontage durch Ausschneiden und Zusammenkleben existierender Bilder vorgenommen, ist Geduld die wichtigste Eigenschaft. Das Ergebnis kann durch Retuschieren verbessert werden; dazu gehören zum Beispiel das Abschleifen der Bildkanten mit feinem Schmirgelpapier und das Färben der Ränder passend zum Bildton, damit weiße Linien an den Verbindungskanten vermieden werden.

Wenn Sie Ihre Montagebilder eher weich halten und eine breite Tonwertskala zur Verfügung haben, kann die Klebemontage abfotografiert werden. Sorgfältige Beleuchtung kaschiert die Nahtstellen und sorgt für eine fehlerlose Wirkung. Durch Klebemontagen können Sie mit viel Geduld Bilder schaffen, die alle praktischen Probleme überwinden und zum Beispiel alte Bilder mit Aufnahmen Ihres neuen Modells kombinieren. Die einzige Grenze setzt Ihnen die Phantasie, mit der Sie Ihre Bilder aussuchen.

Doppelbelichtung beim Vergrößern ▷
Wenn Sie Ihre Fotomontage gut vorbereitet haben, ist die Doppelbelichtung einfach. Ich achtete hier darauf, daß die Hintergrundtöne der beiden Negative dicht waren (weiß auf der Vergrößerung) und die Negative kontrastmäßig zusammenpaßten. Mit Bleistift skizzierte ich die ideale Position der beiden Bilder auf Papier, um die richtige Plazierung des Mehrfachbelichtungsrahmens beim Negativwechsel zu erleichtern. Um Bewegung zu simulieren, wurde das Haar des Modells mit einem Staubsauger angeblasen.
105 mm, 1/250 sec, Blende 5,6, FP4, 50CC grün (Plastik); 28 mm, 1/15 sec, Blende 5,6, FP4 (Mädchen)

Stimmungsvolle Geschichte
Bei dieser Bildfolge nahm ich eine einfache, traumähnliche Geschichte als Ausgangspunkt. Ich fotografierte auf Infrarot-Schwarzweißfilm, um die geheimnisumwitterte Atmosphäre zu schaffen. Technische Faktoren, wie die Notwendigkeit eines Metallamellenverschlusses statt des Stoffverschlusses in der Kamera und eines Wechselsacks zum Laden der Kamera, machen das Fotografieren mit Infrarotfilmen kompliziert. Wichtig war die richtige Filterkombination an der Kamera.
28 mm, 1/60 sec, Blende 8, Kodak HIE, Wratten 25

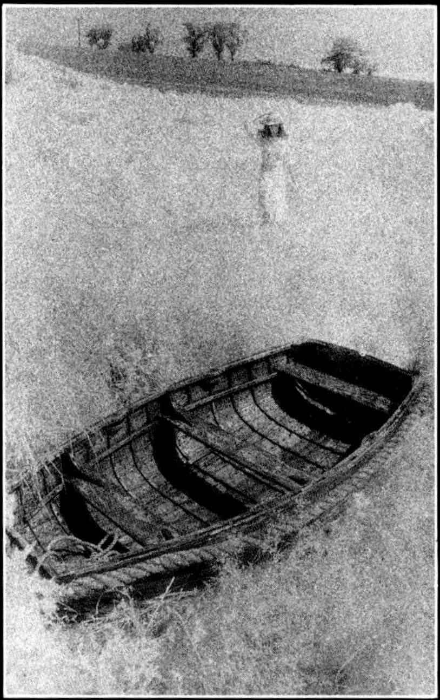

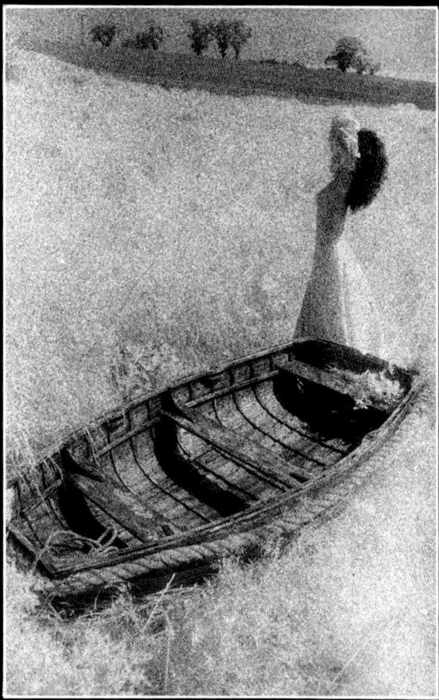

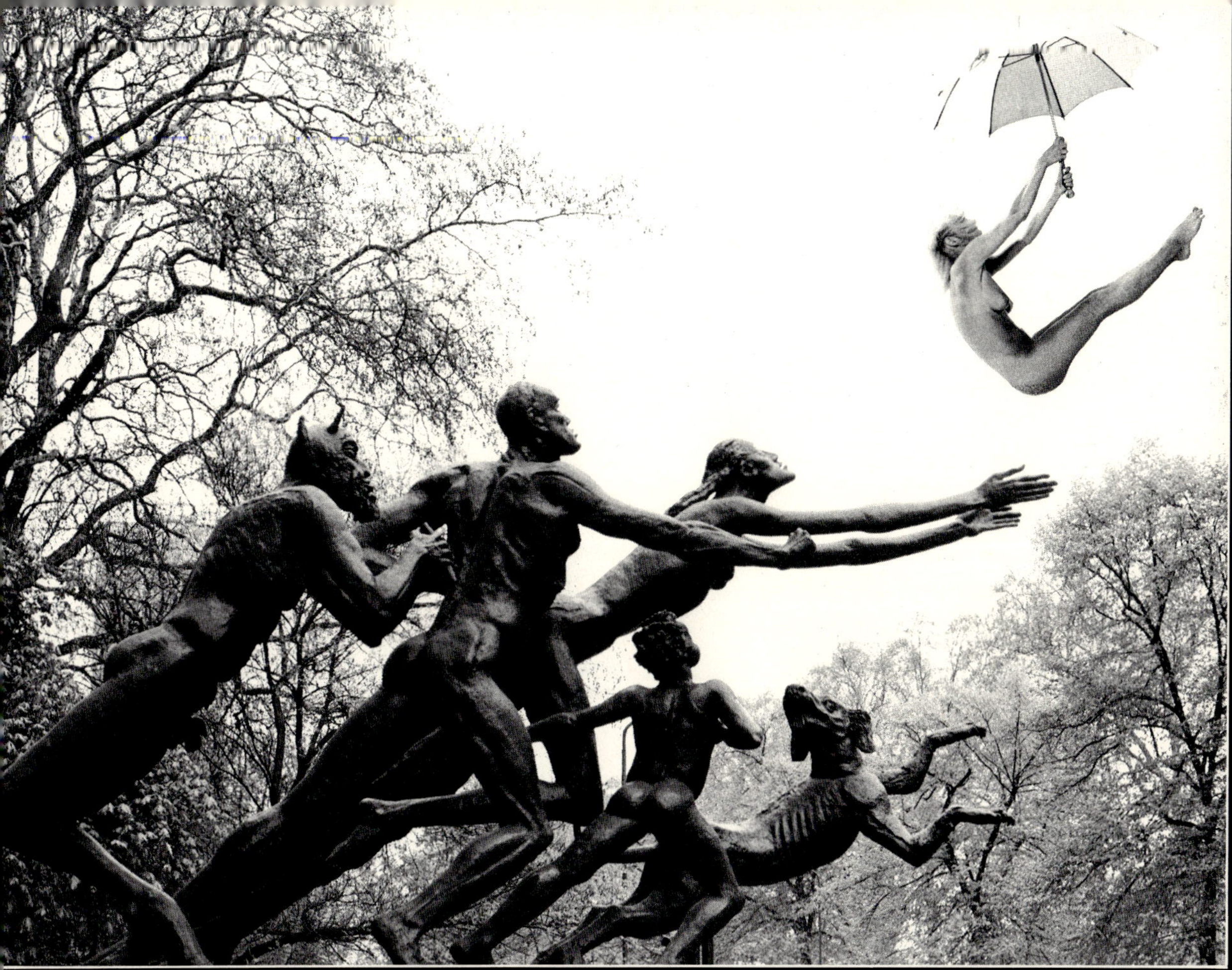
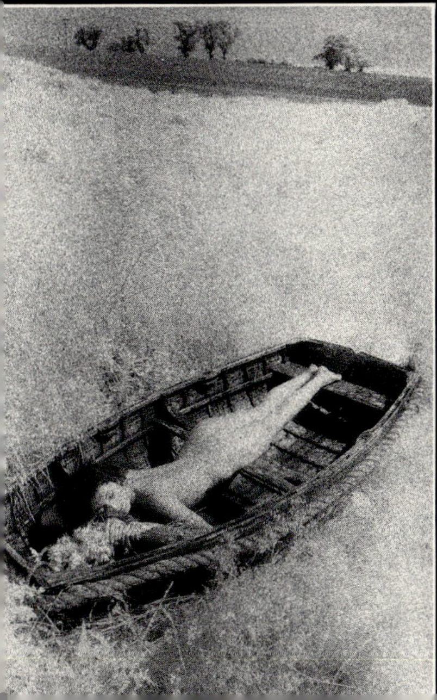
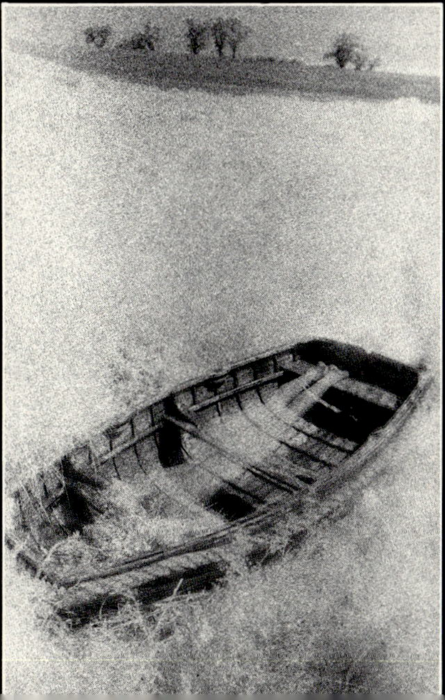
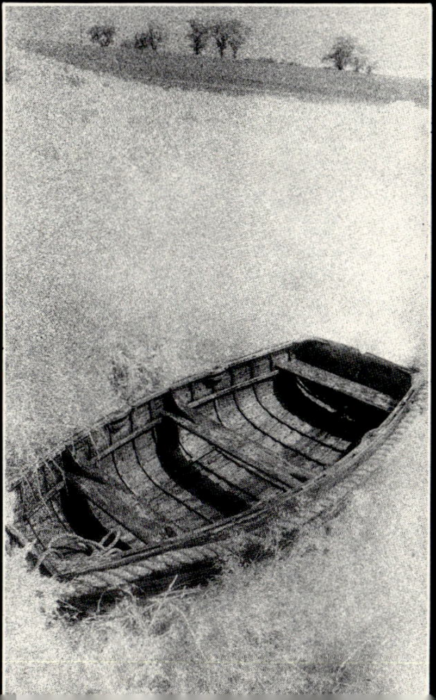

Mehrfachbelichtung und Sandwiches

Ein einfaches Mehrfachbild kann unabsichtlich zustandekommen, wenn sich im Projektor zwei Dias verklemmen. Durch einen solchen Zufall kommen Sie vielleicht auf die Idee, gezielt und mit verblüffendem Effekt weniger gut gelungene Dias zusammenzurahmen.

Damit man ein Dia durch das andere hindurch sehen kann, müssen helle Bereiche des einen mit den dunkleren Details des anderen zusammenfallen. Dazu bringt man die ausgewählten Teile beider Dias in einem Papprahmen zusammen, der kleiner ist als das Standardformat (zum Beispiel 24 x 24 mm statt der üblichen 24 x 36 mm). Damit hat man größeren Spielraum, und Filmteile, die nicht zum Bild passen, werden verdeckt. Ein anderes, einfaches Verfahren besteht darin, beide Dias mit zwei Projektoren gleichzeitig auf eine Leinwand zu projizieren. Masken verdecken bei einem Projektor jeweils den Teil der Leinwand, der von dem anderen ausgefüllt werden soll. Die Leichtigkeit, mit der man durch die Verschiebung der Projektoren die relative Größe der beiden Bilder zueinander verändern kann, ist einer der Vorteile dieser Methode. Ungünstig wirkt sich eine leichte Verschlechterung der Farbqualität aus, wenn man das entstandene Bild von der Leinwand abfotografiert. Das umgeht man am besten durch den Verzicht auf natürliche Motive und durch Bevorzugung ausgefallener Farben, bei denen eine ungenaue Wiedergabe nicht auffällt.

Einige meiner besten Mehrfachbelichtungen entstanden fast zufällig. Manchmal passiert es mir zum Beispiel, daß ich mit einem ungeeigneten Film zu fotografieren anfange. Bevor ich ihn wieder zu den ungebrauchten Filmen zurücklege, bezeichne ich die Filmrolle, damit ich nicht vergesse, daß der Film teilweise belichtet ist. Zu einem späteren Zeitpunkt verwende ich dann oft diese bereits belichteten Filmanfänge, um das Modell auf die Arbeit einzustimmen. Dadurch kommen dann Doppelbelichtungen zustande.

Wenn Ihre Kamera eine Doppelbelichtungsvorrichtung hat, können Sie natürlich ohne Schwierigkeit echte Doppelbelichtungen planen und ausführen. Aber gerade dieses problemlose Verfahren führt andererseits manchmal zu eher langweiligen Ergebnissen, da unerwartete Effekte und damit Spannungspunkte wegfallen; und das sieht man den Aufnahmen an.

Ich freue mich immer auf die Wintermonate, wenn ich mehr Zeit habe, mich intensiver mit meinen Mehrfachtrickbildern zu beschäftigen. Ich habe eine ganze Schublade voll mit den unterschiedlichsten Bildschnipseln, die für Kombinationen geeignet sind. Sie haben trotz ihrer Verschiedenheit eines gemeinsam: einen helltonigen Bereich, in den ein anderes Bild eingepaßt werden kann.

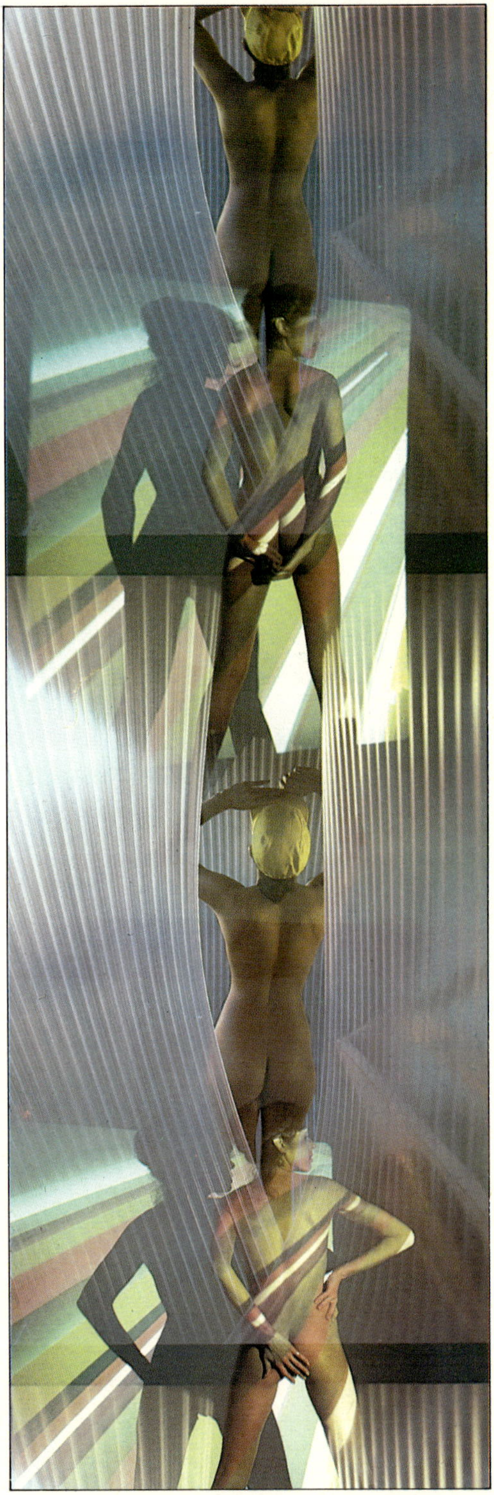

◁ **Willkürliche Doppelbelichtung**
Manche Doppelbelichtungen müssen sehr sorgfältig vorbereitet und exakt ausgeführt werden. Dieses Bild ist dagegen das Ergebnis von willkürlicher Doppelbelichtung von etwa drei Bildlängen bereits belichteten Films, den ich in die Kassette zurückgespult hatte. Die einzelnen Elemente fügten sich so zusammen, daß ein sich wiederholendes Muster entstand. Ich bat das Fotolabor, meinen Film nach der Verarbeitung nicht zu beschneiden, sonst wäre dieses Bild durch die automatische Maschine, mit der Diapositive gerahmt werden, zerstört worden.
50 mm, 1/15 sec, Blende 5,6, Ektachrome 50 (erste Belichtung); 1 sec bei Blende 2 (zweite Belichtung)

Das Simulieren von Korn ▷
Um diesem Farbtorso eine altmodische, körnige Wirkung zu geben, belichtete ich zuerst einen Film in derselben Größe wie das spätere fertige Diapositiv mit weißem Karton, auf den ich eine Mischung von Linsen und getrockneten weißen Erbsen verteilt hatte. Nach der Entwicklung wählte ich eine der helleren Belichtungen aus und schob sie durch den Schlitz in der Filmkassette, der normalerweise den Kassettenschieber beherbergt. Auf diese Weise mußte das Bild des Mädchens zuerst den »Linsenfilm« passieren. Die Nähe des »Linsen-« zum Aufnahmefilm hatte zur Folge, daß das Linsenbild relativ scharf abgebildet wurde und dem Körper ein gesprenkeltes Aussehen verlieh.
Bronica ETRC, 150 mm, 1/4 sec, Blende 5,6, Ektachrome 200, 81A

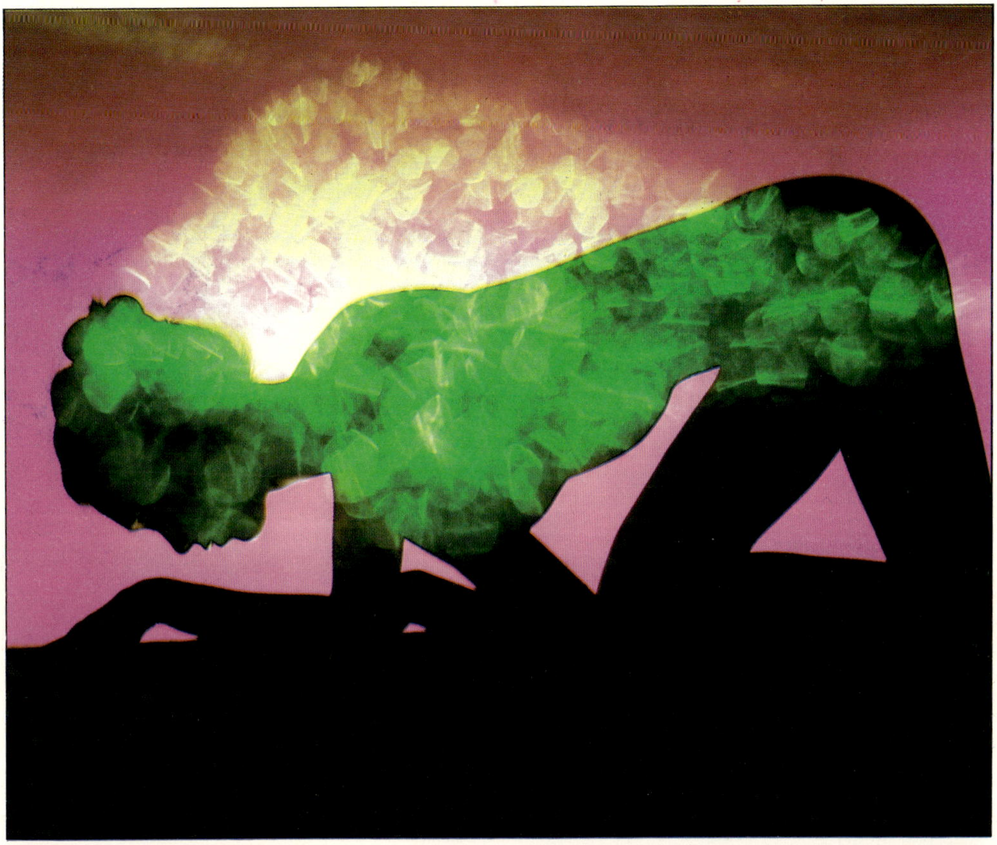

◁ **Geplante Doppelbelichtung**
Nachdem ich diese Silhouette bei Kunstlicht im Studio fotografiert hatte, entdeckte ich die glitzernden Reflexionen von den Lurexfäden im Mantel des Modells. Ich beleuchtete den Mantel, der über einem Studiohocker lag, mit einem hellen, grünen Scheinwerfer und belichtete damit den Film mit dem Bild des Mädchens und dem purpurfarbenen Hintergrund ein zweites Mal. Die Position der zweiten Belichtung innerhalb der ersten mußte ich schätzen.
Bronica ETRC, 150 mm, 1/2 sec, Blende 5,6, Ektachrome 50 (beide Belichtungen)

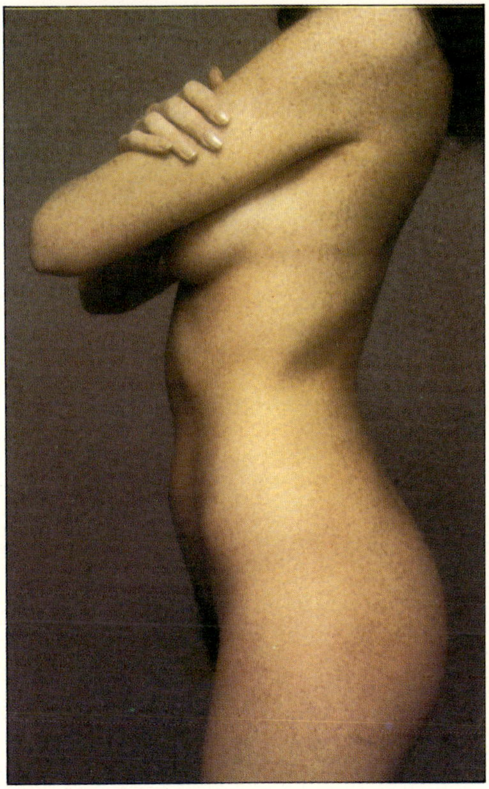

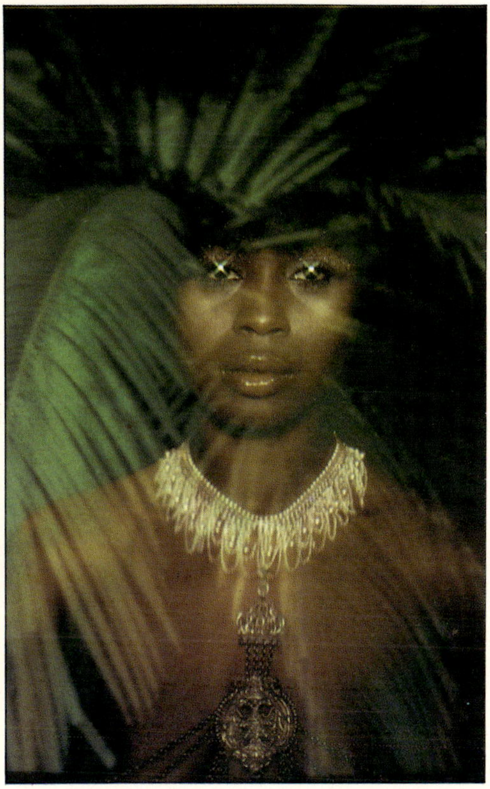

◁ **Von der Leinwand abfotografiert**
Zwei Diaprojektoren, einer mit dem Gesicht des Mädchens, der andere mit einer Palmenillustration, wurden auf dieselbe Leinwand gerichtet. Bevor ich das kombinierte Bild abfotografierte, bohrte ich zwei Löcher in die Leinwand, die genau mit der Position der Pupillen zusammenfielen. Dann bedeckte ich die beiden Löcher mit grüner, durchsichtiger Kunststoffolie und ließ zwei kleine, elektrische Lichter durchscheinen, die die Augen zum Glühen brachten. Schließlich setzte ich noch ein Gitterfilter auf das Objektiv, um die grünen Glanzlichter zusätzlich hervorzuheben.
Bronica ETRC, 150 mm, 1/2 sec, Blende 4, Ektachrome 200, Gitterfilter

Effekte in Schwarzweiß

Zu den vielen Reizen der Schwarzweißfotografie zählen die unkomplizierte Dunkelkammertechnik, die das Experimentieren und Manipulieren der Bilder so leicht macht, und die vielen Stile und Verfahren, mit denen man die Negative behandeln kann. Manche Fotografen finden an diesen Verfahren selbst Spaß, den meisten geht es jedoch hauptsächlich darum, sonst langweilige Bilder zu beleben. Trotzdem ist eine sorgfältige Auslese wichtig, wenn Sie Ihren Bildern Strukturen geben oder den Kontrast ändern wollen. Bilder mit im wesentlichen einfachen Formen und Mustern und einer vollen Tonpalette mit Betonung der Mitteltöne (Grautöne) eignen sich am besten. Manche Verfahren, wie die Herstellung von Reliefbildern und Solarisationen (hier nicht abgebildet), können auch bei komplexeren Bildern angewandt werden, aber man muß während der ganzen Behandlung darauf achten, daß die entstehende Wirkung die Bildatmosphäre tatsächlich unterstreicht.

Die Bildmanipulation in der Dunkelkammer muß kein streng wissenschaftlicher Vorgang sein. Seien Sie ruhig experimentierfreudig und haben Sie keine Angst vor dem Ungewöhnlichen.

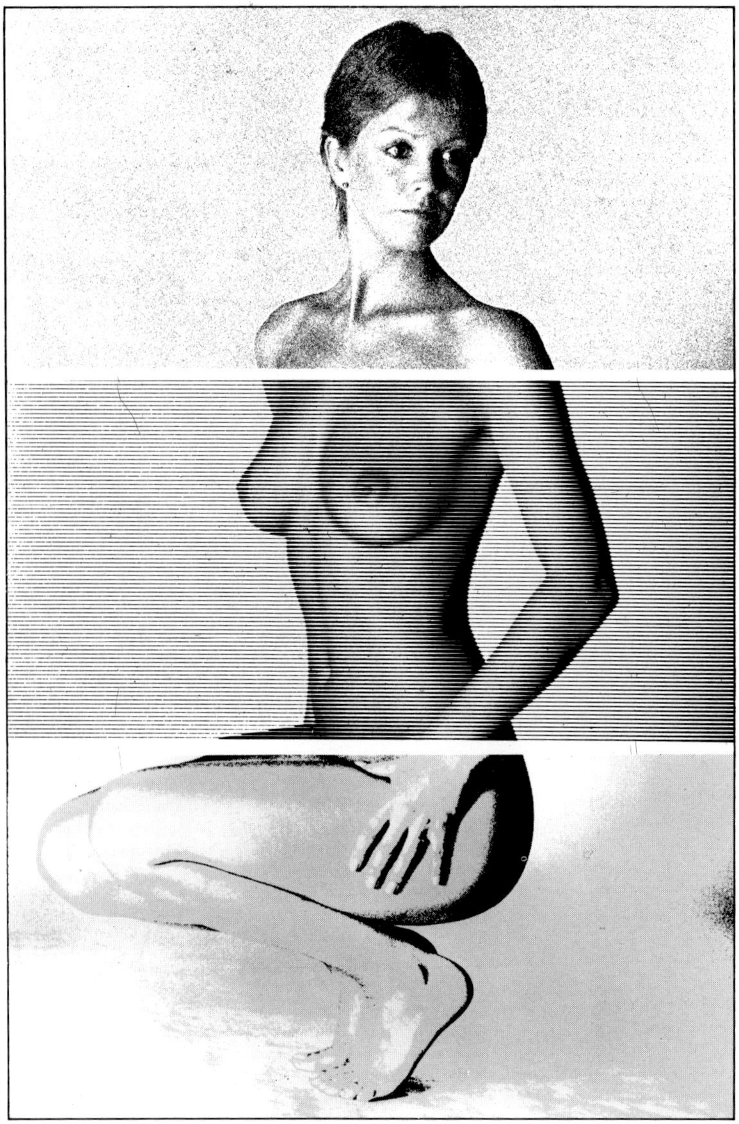

Kornraster
Um einige der vielen Möglichkeiten, wie man ein volltoniges Schwarzweißbild behandeln kann, zu illustrieren, habe ich drei Techniken auf demselben Bild angewandt. Dieser Abschnitt entstand durch das Abfotografieren der ursprünglichen Vergrößerung durch ein Kornraster, das zusammen mit dem Negativ in die Bildbühne eingelegt wurde.

Linienraster
Dieser Bildabschnitt wurde wie oben abfotografiert, aber diesmal durch ein Linienraster. Solche Effektnegative sind im Fotohandel erhältlich.

Tontrennung
Tontrennung kommt zustande, wenn man das Bild zweimal mit unterschiedlichen Belichtungszeiten auf zwei Internegative belichtet. Diese Vergrößerung entstand aus der Kombination beider Negative. Eines lieferte den Grauton, das zweite das Schwarz. Die weißen Bereiche sind unbelichtetes Papier.

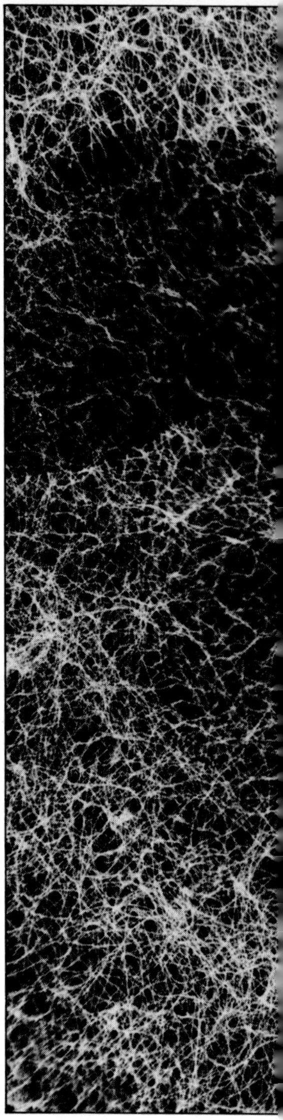

Vergrößerung durch Seidenpapier △
Dieses abstrakte Foto stammt vom selben Negativ wie das kleine Foto rechts. Ich legte feines Seidenpapier auf das Negativ und belichtete durch den Vergrößerungsapparat. Diese Behandlung wirkt am besten bei einfachen Formen und Bildern.
15 mm, 1/125 sec, Blende 8, HP5

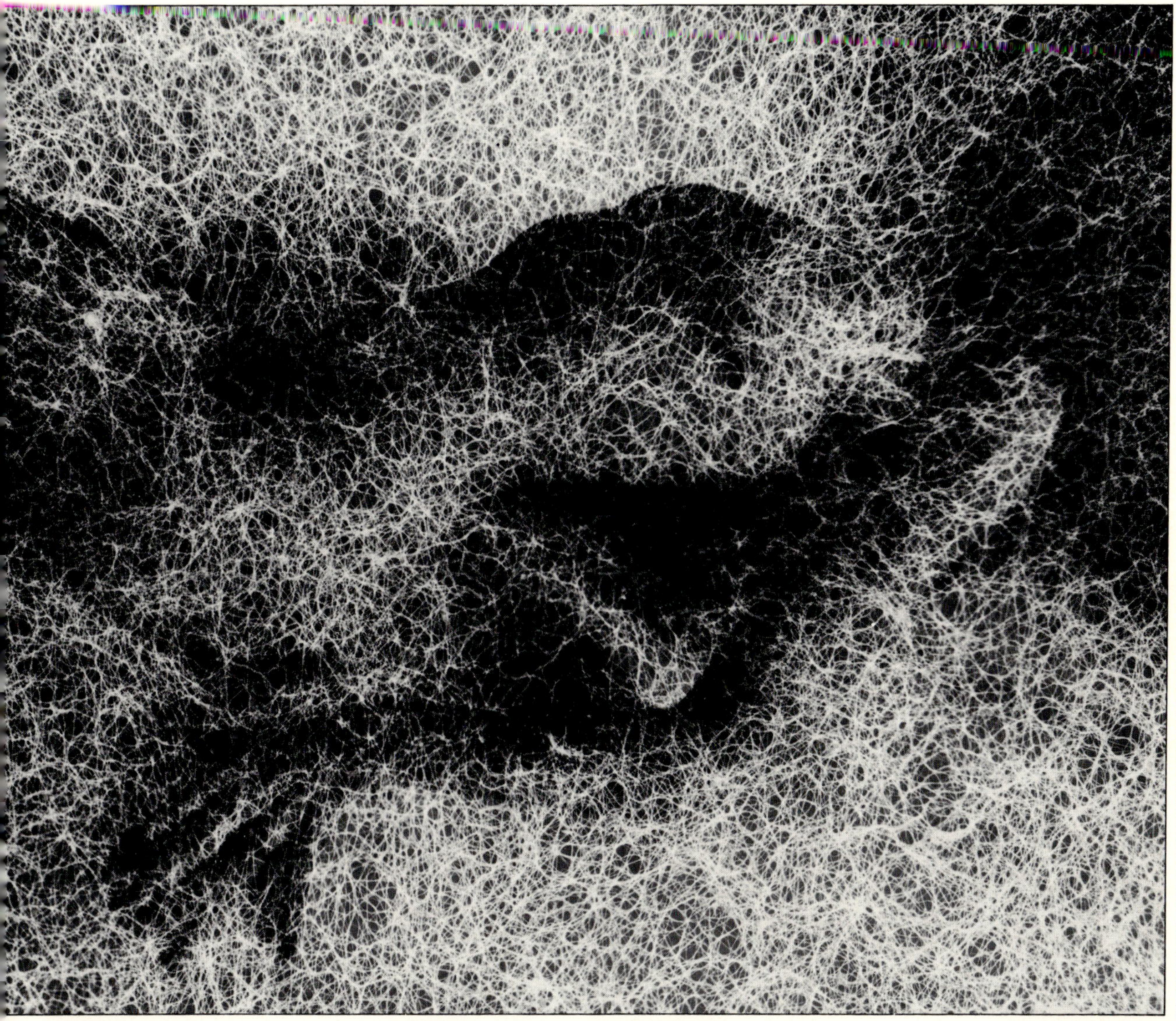

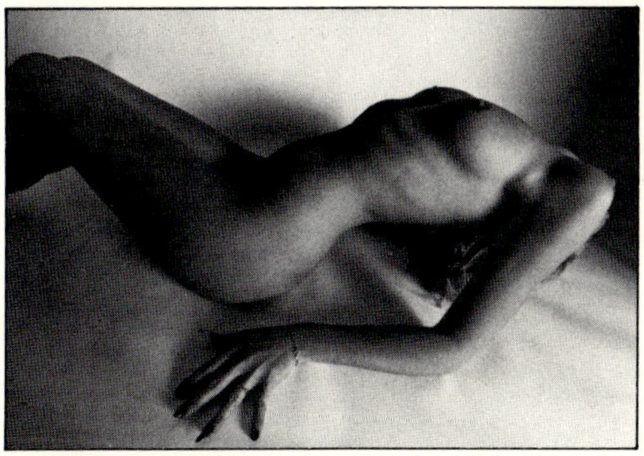

Vergrößerung durch eine Auflage ▷
Bei der Vergrößerung legte ich feines Japanpapier auf das Vergrößerungspapier; so entstand dieser Mustereffekt. Sollen solche Bilder gelingen, muß das Papier ganz glatt gebügelt werden und sich während der Belichtung in unmittelbarem Kontakt mit dem Vergrößerungspapier befinden.
105mm, 1/60sec, Blende 5,6, Tri-X

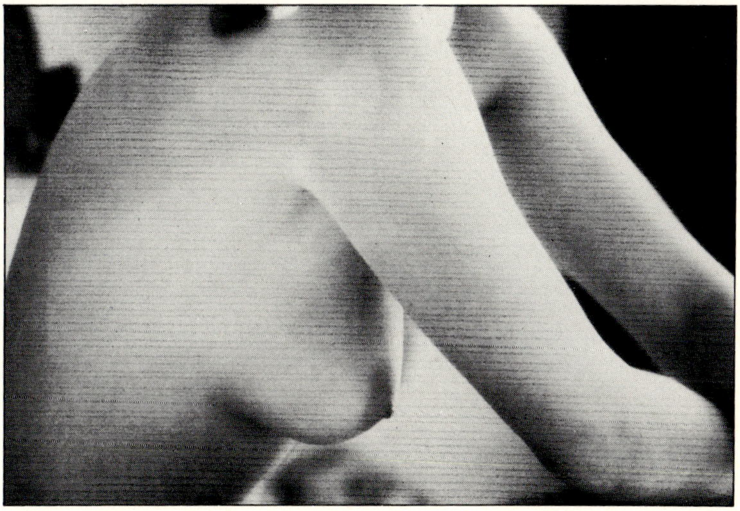

Variation der Farbvergrößerung

Seit es die Farbfotografie gibt, suchen Fotografen nach kreativen Möglichkeiten, die korrekte Farbwiedergabe, mit der die Hersteller ihre Filme und Papiere zunehmend ausstatten, zu beeinflussen. Die Abkehr von den »richtigen« Farben macht den Weg frei für Experimente mit neuen Stimmungen und Stilen und damit für ungewöhnliche Resultate. Wenn Sie im Vergrößerungsstadium eingreifen, gefährden Sie Ihre Originale nicht und können nach Lust und Laune mit verfremdeten, ungewöhnlichen Farben experimentieren.

Zwar ist bei den meisten fotografischen Vorgängen eine exakte Planung für den Erfolg mitentscheidend, aber es gibt auch Bereiche, in denen der Zufall eine wichtige Wirkung für das Ergebnis haben kann. Aktbilder, die mehr von ihrer grafischen Stärke als von ihrem realistischen Reiz getragen werden, können nach der Belichtung durch kräftige, irreale Farben verändert werden, die die Formhaftigkeit betonen und das Bild weiter abstrahieren.

Dazu brauchen Sie nicht unbedingt eine Dunkelkammer oder Farbverarbeitungsmöglichkeiten. Schwarzweißbilder können chemisch bei Tageslicht getont werden, und gute Fotolabors werden Ihnen gern behilflich sein, den gewünschten Effekt durch Filterkombinationen am Vergrößerungsgerät zu erzielen. Selbst Sofortbilder, wie Polaroid SX 70, können noch manipuliert und in ihrer Bildwirkung und Farbigkeit dramatisch verändert werden. Zu den geläufigen Verfahren gehören chemische Bäder und die »Mißhandlung« der Bildoberfläche, so daß tieferliegende Farben in das Bild austreten und es auffrischen.

Einfache Möglichkeiten sind die einseitige Betonung einer Farbe durch Filterwahl beim Vergrößern von Farbbildern sowie die chemische Tonung von Schwarzweißvergrößerungen. Gute Ergebnisse erhält man auch, wenn man Diapositive auf Negativpapier vergrößert, wodurch eine Negativwirkung eintritt. Schwarzweißnegative können auch mit einem Farbvergrößerungsgerät in einer gewünschten Farbe auf Farbpapier vergrößert werden. Komplizierter ist der Gummidruck, durch den exquisite Bilder entstehen, der aber viel Geschick und Sorgfalt erfordert.

Die Liste der Möglichkeiten ist lang, und wenn Sie sich dafür interessieren, sollten Sie sich mit anderen bildverändernden Techniken beschäftigen, die in Fachbüchern ausführlich beschrieben sind.

Farbtonung ▽
Um dieses Bild von einem gleichmäßig getonten Schwarzweißnegativ auf RC-Papier herzustellen, verwendete ich ein französisches Tonungsset. Obwohl das Ergebnis von Tonungen nicht immer berechenbar ist, können damit Abfallbilder noch einer guten Verwendung zugeführt werden.
50 mm, 1/60 sec, Blende 5,6, HP5

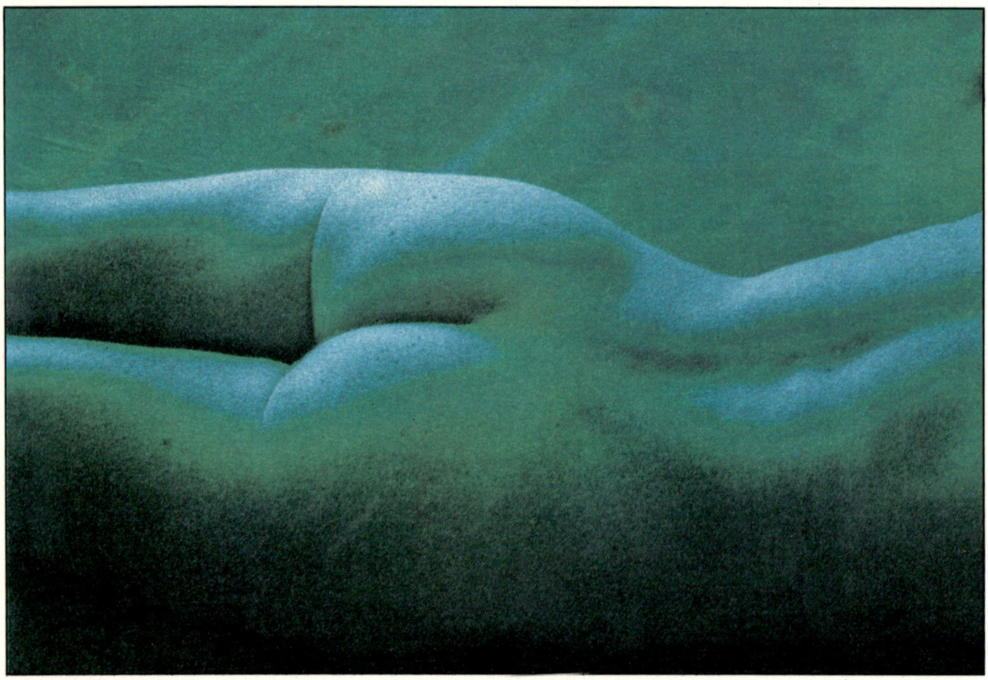

Umkehrvariationen
Der Farbnegativ- und auch der Umkehrprozeß können beim Vergrößern leicht beeinflußt werden. Alle Bilder auf dieser Seite entstanden bei Kunstlicht ohne Aufnahmefilter. Indem ich die Lichtquellen im Winkel zueinander (und eine Lampe unter einem Leistentisch) aufstellte, schuf ich ein völlig unwirkliches Bild, dessen Wirkung ich durch die Wahl eines Weitwinkelobjektivs, das für die Körperverzeichnungen verantwortlich ist, noch unterstrich. Beim Vergrößern stellte ich die Farbfilterung im Vergrößerungsgerät auf Extremwerte ein, um so eine extreme Farbgebung zu erhalten.
24 m, 1/60 sec, Blende 5,6, Kodacolor 100 (alle Bilder)

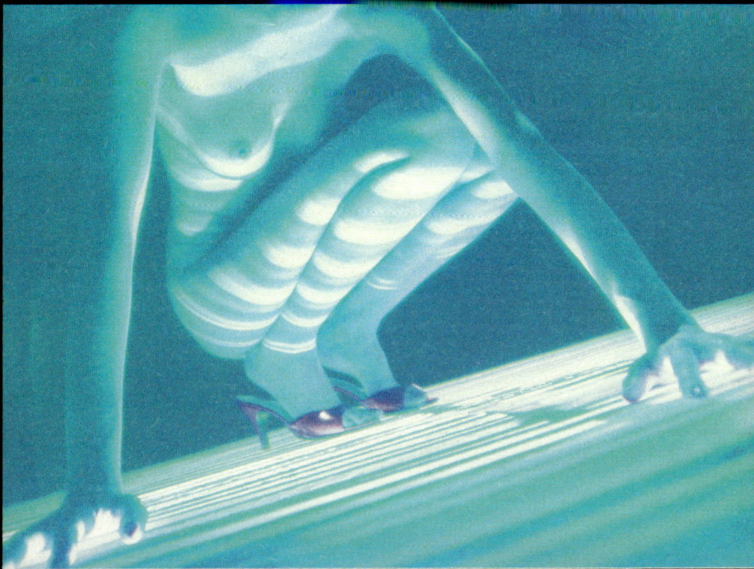
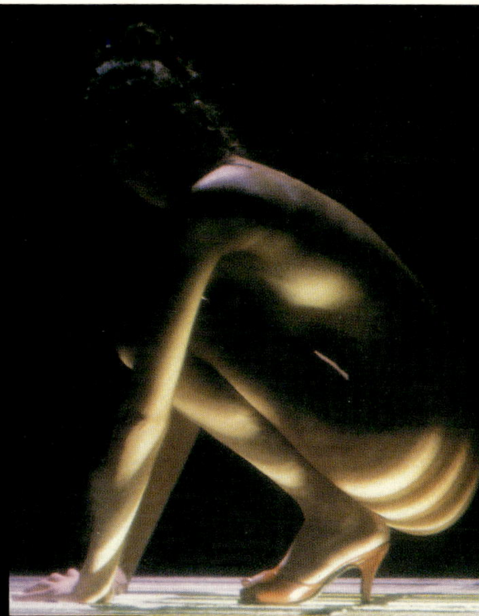
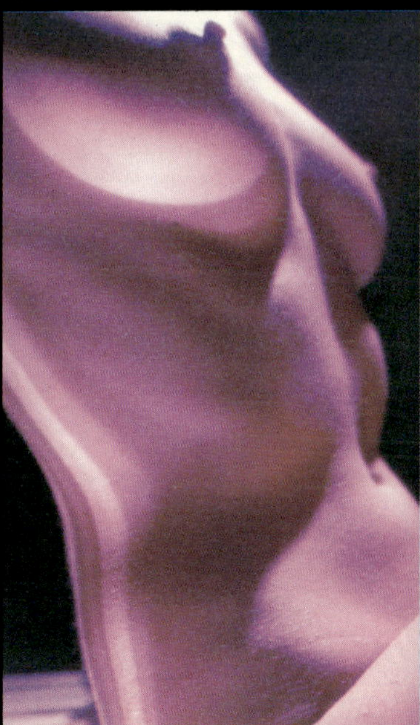
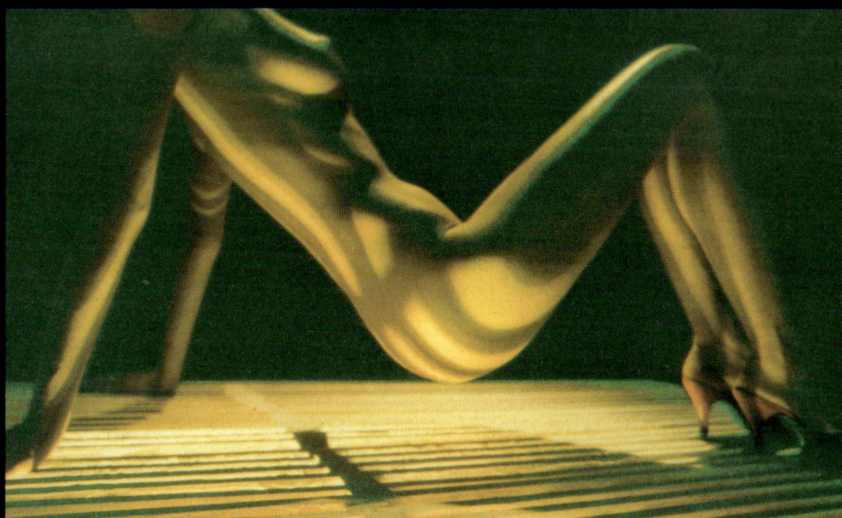
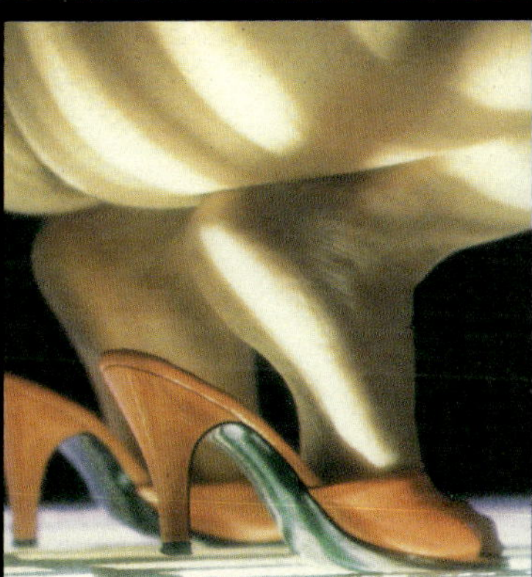
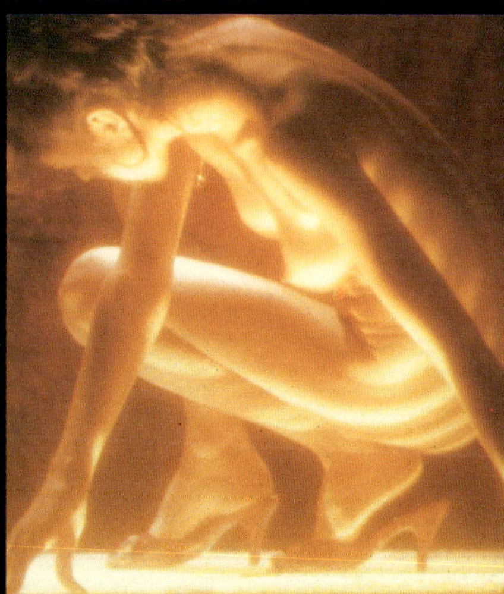
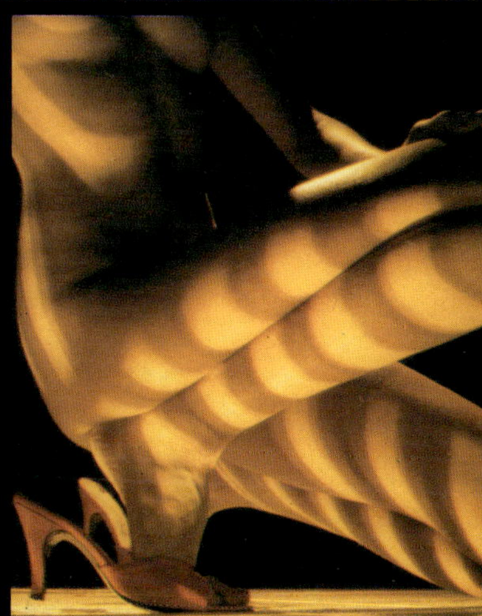

Verbesserung durch Make-up

Make-up und Frisur des Modells können zur Wirkung Ihrer Bilder viel beitragen, obwohl der zu erreichenden Verbesserung natürlich Grenzen gesetzt sind. Im Idealfall unterstreicht man durch das Make-up die Erscheinung eines gutaussehenden Modells und versucht nicht, ein unattraktives Modell in eine Schönheit zu verwandeln. Make-up kann einem rundlichen Gesicht zwar kein gemeißeltes Profil verleihen, aber guten Knochenbau betonen und Hautunreinheiten und Flecken überdecken.

Es lohnt sich, wenn Sie Zeit und Geduld aufwenden, sich mit Ihrem Modell über die von Ihnen gewünschten Veränderungen zu einigen. Denn nur durch die Mitarbeit des Modells wird eine tatsächliche Verbesserung Ihrer Bilder möglich.

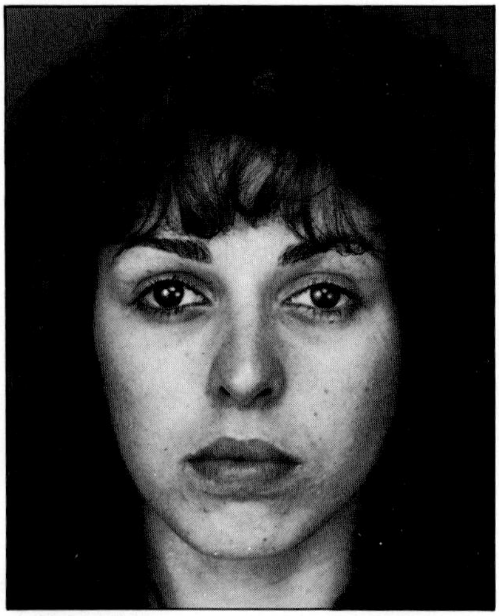

1 Vor dem Auftragen des Make-ups kam die Gesichtsform nicht klar genug zur Geltung; zusätzlich war die Haut zu fleckig. Das Haar war schön, so daß die Friseuse sich für eine Frisur entschied, die seine natürliche Wirkung betonte.

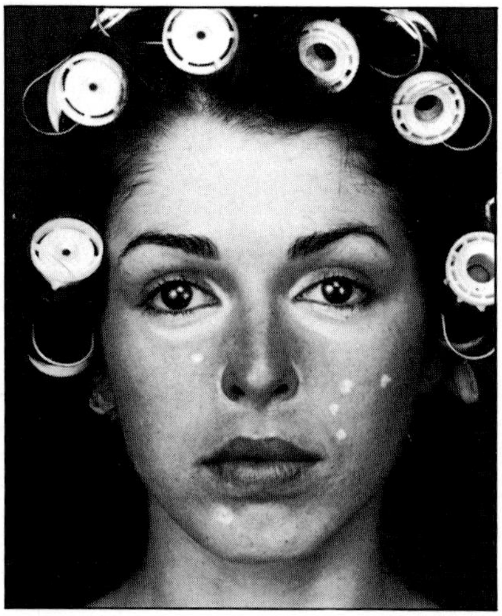

2 Zur Schönheitskorrektur gehört das Verdecken von Hautunreinheiten und das Kaschieren von Schatten durch weißes Make-up. Es wird so aufgetragen, daß die abgedeckten Bereiche randlos in die umgebende Hautfläche übergehen. Das Haar wird durch Lockenwickler vorbereitet.

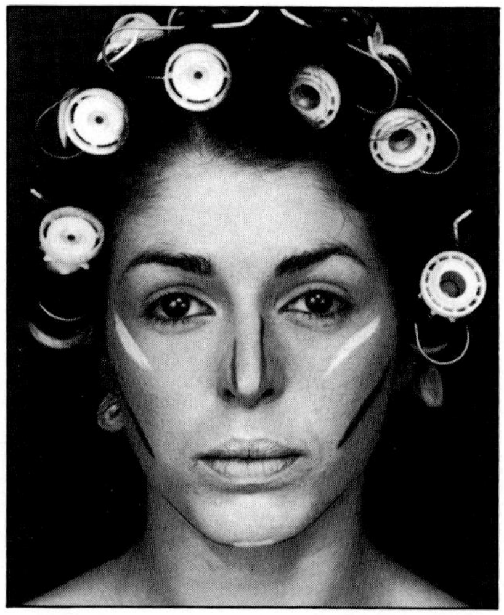

3 Das ganze Gesicht und der Halsbereich werden mit einer Grundierung abgedeckt, die einen Ton heller als die Haut des Modells ist. Durch Auftragen mit einem feuchten Schwämmchen kann man harte Ränder vermeiden. Schließlich werden Schatten-und Glanzlinien festgelegt.

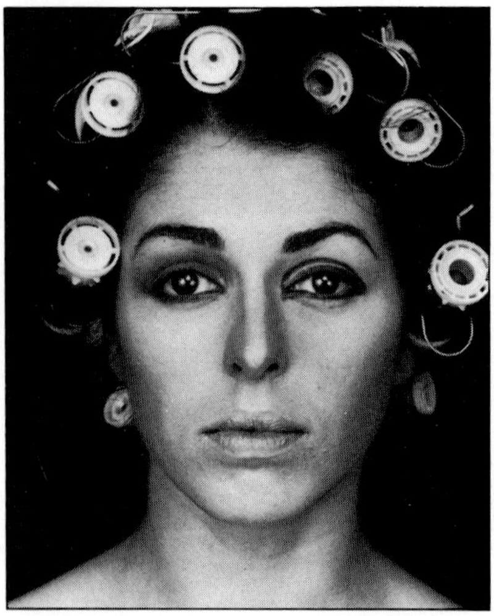

5 Die Augenbrauen werden gebürstet. Dann werden um die Augen (rechtes Auge) schwarze Linien aufgetragen und nach außen verstrichen, so daß sie in die Glanzlichter auf Brauen und Mitte des Augenlids übergehen (linkes Auge).

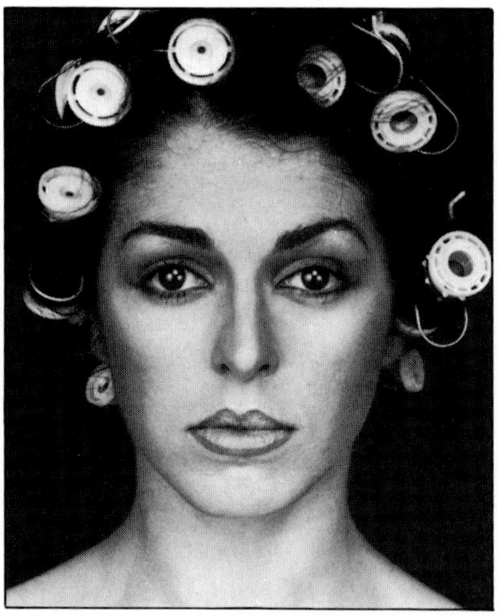

6 Die Wimpern werden getuscht und gebürstet, damit sie nicht zusammenkleben. Die Lippenkonturen werden mit einem dunklen Lippenpinsel nachgezogen. Bei Schwarzweißaufnahmen müssen die Lippen dunkel sein, da helle Farben als weiß erscheinen.

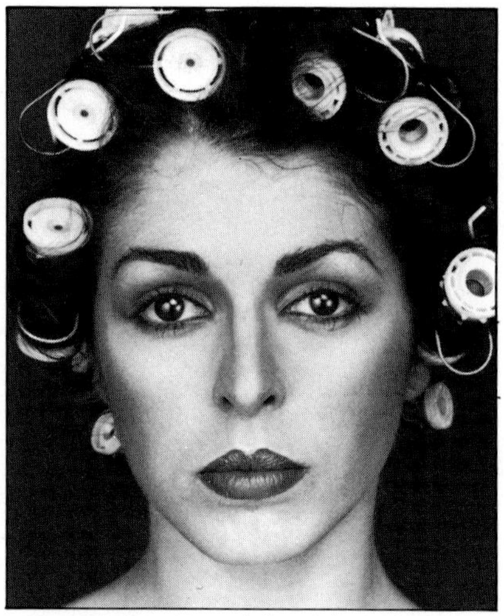

7 Die endgültige Lippenfarbe wird mit einem Lippenpinsel aufgetragen. Auf Wangen und Schläfen wird Rouge in Puderform verteilt und anschließend überprüft, ob alle Ränder weich ineinander übergehen und keine glänzenden Stellen übriggeblieben sind.

Make-up für Schwarzweißaufnahmen

Wenn Sie auf eine perfekte Wirkung Wert legen, müssen Sie Ihren Modellen eine komplette Make-up-Ausstattung zur Verfügung stellen. Für die Illustrierung dieser Seiten wurden folgende Kosmetikartikel verwendet:

- Abdeckstift
- Abdeckfarbe
- Weiße Grundierung
- Deckgrundierung
- Dunkle Grundierung
- Transparenzpuder
- Dunkle und Glanzschatten
- Rouge
- Wimperntusche
- Farbstifte
- Lippen- und Konturenstift
- Feuchtes Make-up-Schwämmchen
- Breiter Pinsel
- Pinsel zum Auftragen von Schatten
- Wimpernbürste
- Puderpinsel
- Puderquaste
- Lippenpinsel

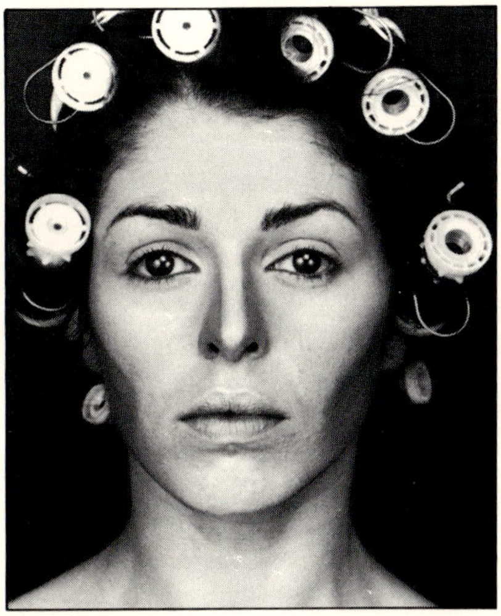

4 Glanz und Schatten betonen die natürliche Knochenstruktur. Auf Wangen und Brauen, Kinn- und Nasenmitte werden weiche, helle Flächen aufgetragen, dunklere Schattenflächen unter den Wangenknochen und an den Seiten von Nase und Kinn lassen diese schmaler erscheinen.

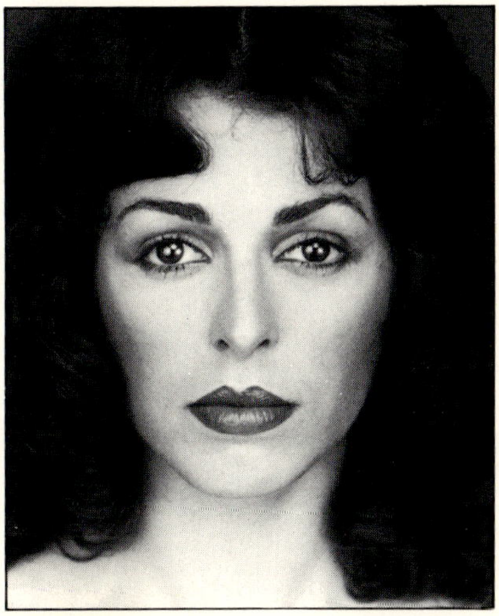

8 Die Lockenwickler werden entfernt und das Haar harmonisch um das Gesicht angeordnet. Die Lockenwickler sollten im Haar bleiben, bis der Fotograf aufnahmebereit ist.

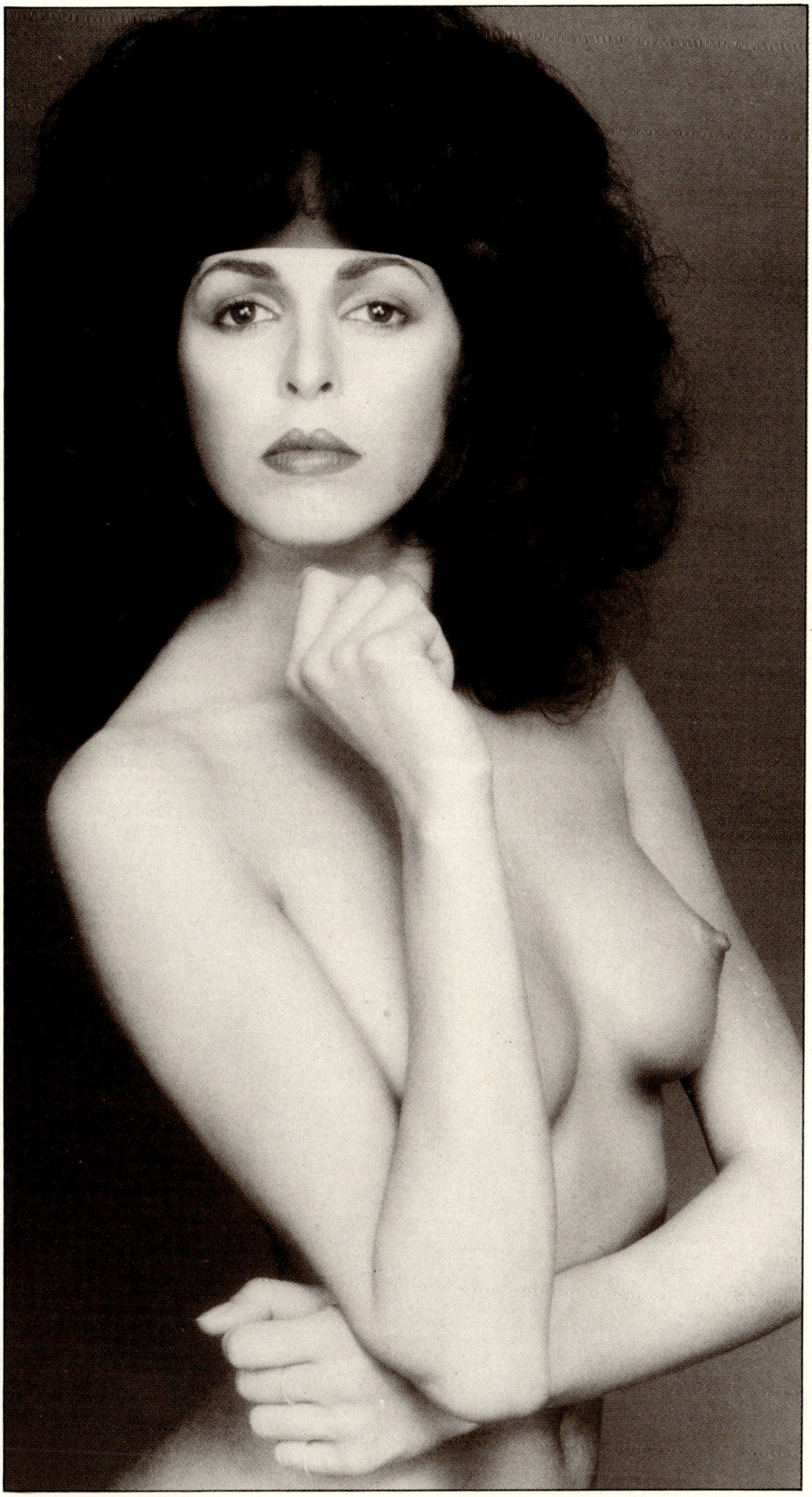

Veränderung der Erscheinung

Nach der Aufnahme dieser Schminckserie bat ich die Friseuse, die Frisur des Modells so zu verändern, daß ein anderer Eindruck entstand. Sie legte ein Band um die Stirn und kämmte das restliche Haar zurück.
Bronica ETRC, 150 mm, 1/125 sec, Blende 5,6, FP4

Haarstil und Make-up

Wenn Sie das Glück haben, einen berufsmäßigen Frisur- und Make-up-Spezialisten zur Hand zu haben, werden Sie bald feststellen, wie schnell sich die Erscheinung eines Modells verändern läßt. Künstler auf diesem Gebiet holen nicht nur das natürliche Schönheitspotential heraus, sondern helfen dem Fotografen, seine Bildideen in die Wirklichkeit umzusetzen, indem sie Haar und Make-up so gestalten, daß die Aussage eines Bildes unterstrichen wird. Vermeiden Sie jedoch Kompetenzstreitereien; Sie als Fotograf sind für das Bild verantwortlich, und der Friseur muß sich mit einer unterstützenden Rolle zufrieden geben. Eine andere Schwierigkeit, die oft bei der Zusammenarbeit mit kreativen Menschen auftritt, ist der erhebliche Zeitaufwand, den Sie ihnen zur Erfüllung ihrer Aufgabe zugestehen müssen.

Um die Kosten nicht allzu hoch werden zu lassen, lohnt es sich, mit der Friseuse oder dem Friseur am Ort zu sprechen, ihr oder ihm Ihre Bilder zu zeigen und sich zu erkundigen, ob sie zur Zusammenarbeit bereit wären. Oft bieten sie ihre Mitarbeit im Gegenwert für einige Fotografien von Haarstilen für die Schaufensterauslage nur zu gern an und helfen Ihnen beim Frisieren Ihres Modells.

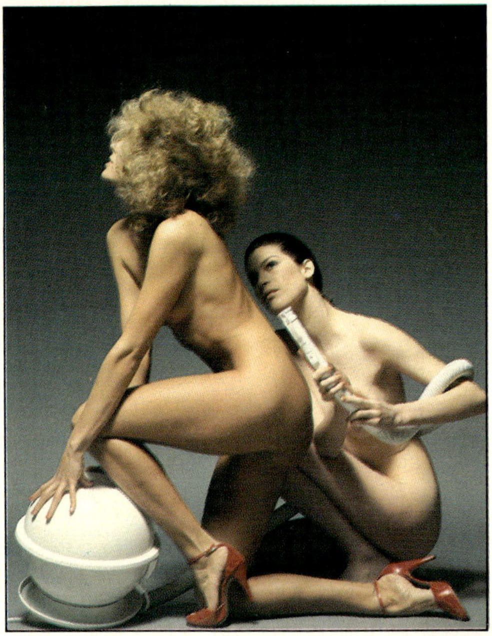

◁ **Gegensätzliche Haarstile**
Das blonde Modell schlief mit zahlreichen, winzigen Lockenwicklern, und das Haar wurde am Morgen ausgekämmt. Das dunkle Haar des anderen Mädchens wurde straff zurückgekämmt und bildete so einen Stilgegensatz bei dieser Studioblitzaufnahme.
Bronica ETRC, 150 mm, 1/125 sec, Blende 8, Ektachrome 64, 81A

Fantasievolle Körperbemalung ▽
Während der Make-up-Künstler Fantasiewolken mit Wasserfarben auf der Haut des Modells entstehen ließ, baute ich eine Holzkiste und füllte sie mit Seidenpapier, so daß das Modell wie ein teuer verpacktes Geschenk wirkte. Licht aus einer Lichtwanne beleuchtete gleichmäßig den Rücken.
Bronica ETRC, 50 mm, 1/125 sec, Blende 8, Ektachrome 64

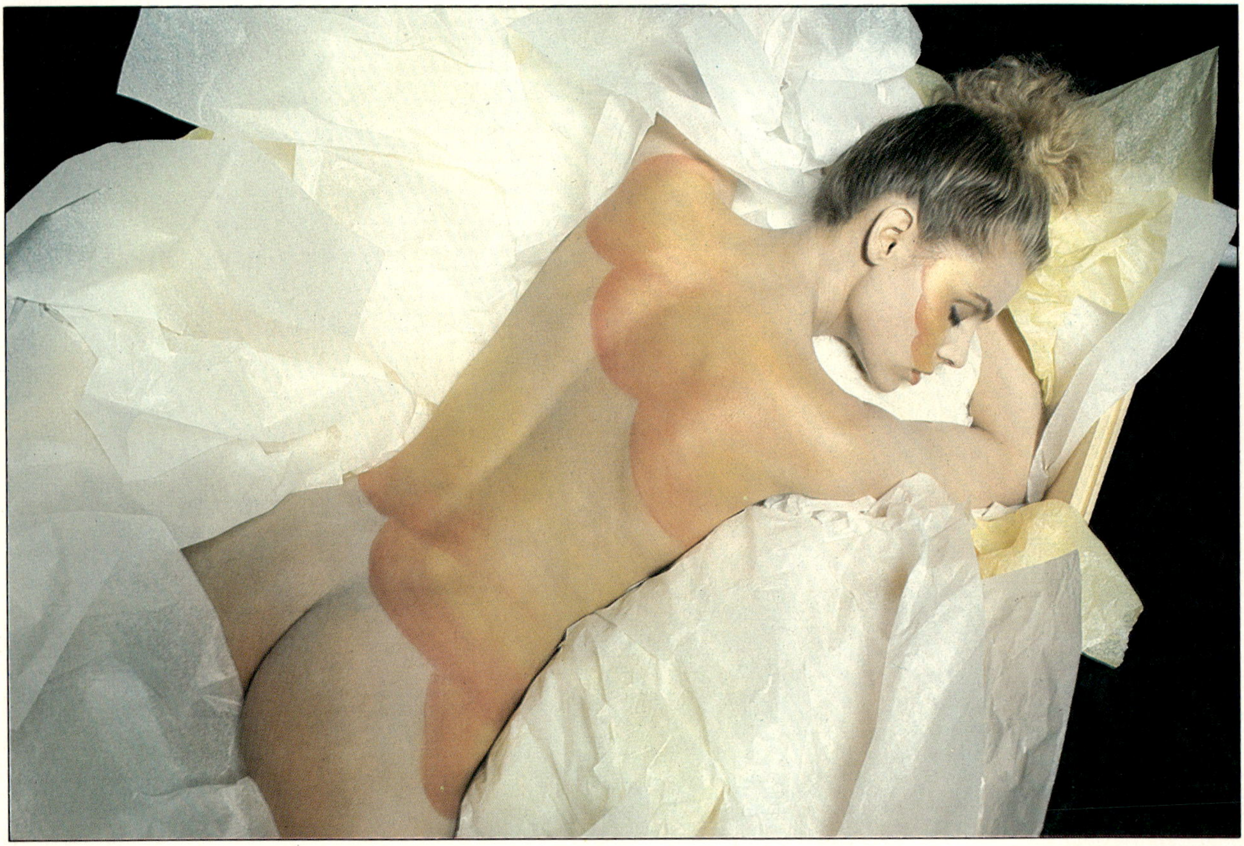

ANHANG

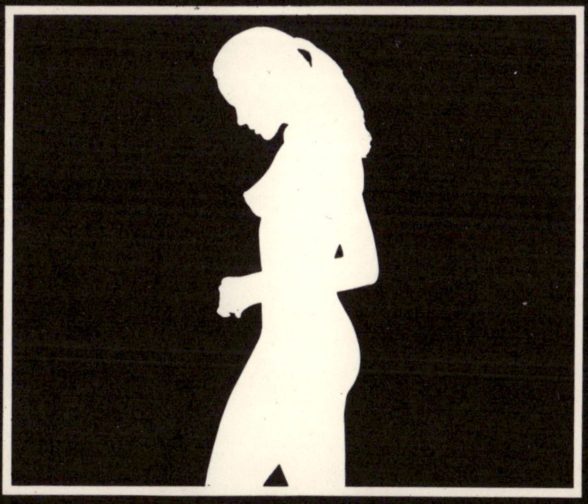

Ausrüstung und Zubehör

Wenn ich Akte fotografiere, muß ich mich immer soweit wie möglich auf die Bildregie konzentrieren können, deshalb vermeide ich es nach Möglichkeit, während des Fotografierens Einstellungen an meiner Kamera vorzunehmen. Das ist möglich durch ein entsprechend der Aufnahmesituation vorprogrammiertes Automatiksystem. Deshalb würde ich empfehlen, daß Sie sich die beste automatische 35 mm-Kamera mit eingebautem Belichtungsmesser kaufen, die Sie sich leisten können. Ich bevorzuge das Nikon FTN-System mit seiner automatischen Belichtungseinstellung (Zeitautomat), die auf manuelle Bedienung umgestellt werden kann.

Eines meiner wichtigsten Zubehörteile ist ein etwa zwei Meter langes Fernauslösekabel für den Winder meiner Nikon FTN. Der Winder ist für mich von unschätzbarem Wert, denn mit ihm entgeht mir keine Aufnahmegelegenheit durch Filmaufziehen. Das lange Kabel macht es mir möglich, die Kamera in allen möglichen Positionen anbringen und doch erschütterungsfrei und bequem fotografieren zu können.

Objektive

Aber wichtiger noch sind die Objektive. Meine erste Wahl würde auf ein mittleres Weitwinkelobjektiv mit großer Lichtstärke fallen, zum Beispiel ein 28 mm/f2. Jede Brennweite zwischen 24 mm und 35 mm ist geeignet, wichtig ist die große Maximalblende. Figuren mit solch kurzbrennweitigen Objektiven zu fotografieren, verlangt einige Sorgfalt, aber wenn Sie die Technik durch regelmäßiges Üben und kritische Auswertung der Ergebnisse schließlich beherrschen, werden Sie feststellen, daß sie Ihnen unter schwierigen Bedingungen größeren Spielraum verschafft.

Als nächstes würde ich mich für ein 105 mm-Teleobjektiv entscheiden, wieder mit einer Maximalblende f2, aber auch jede andere Brennweite zwischen 85 mm und 150 mm erfüllt den Zweck. Achten Sie darauf, daß Ihre Objektive vorn dieselben Gewindegröße haben, damit Sie Filter und Gegenlichtblenden ohne Schwierigkeiten wechseln können.

Viele Kameras werden zwar mit einem Standard-50 mm-Objektiv verkauft, aber dieses Objektiv steht auf meiner Wunschliste ziemlich weit

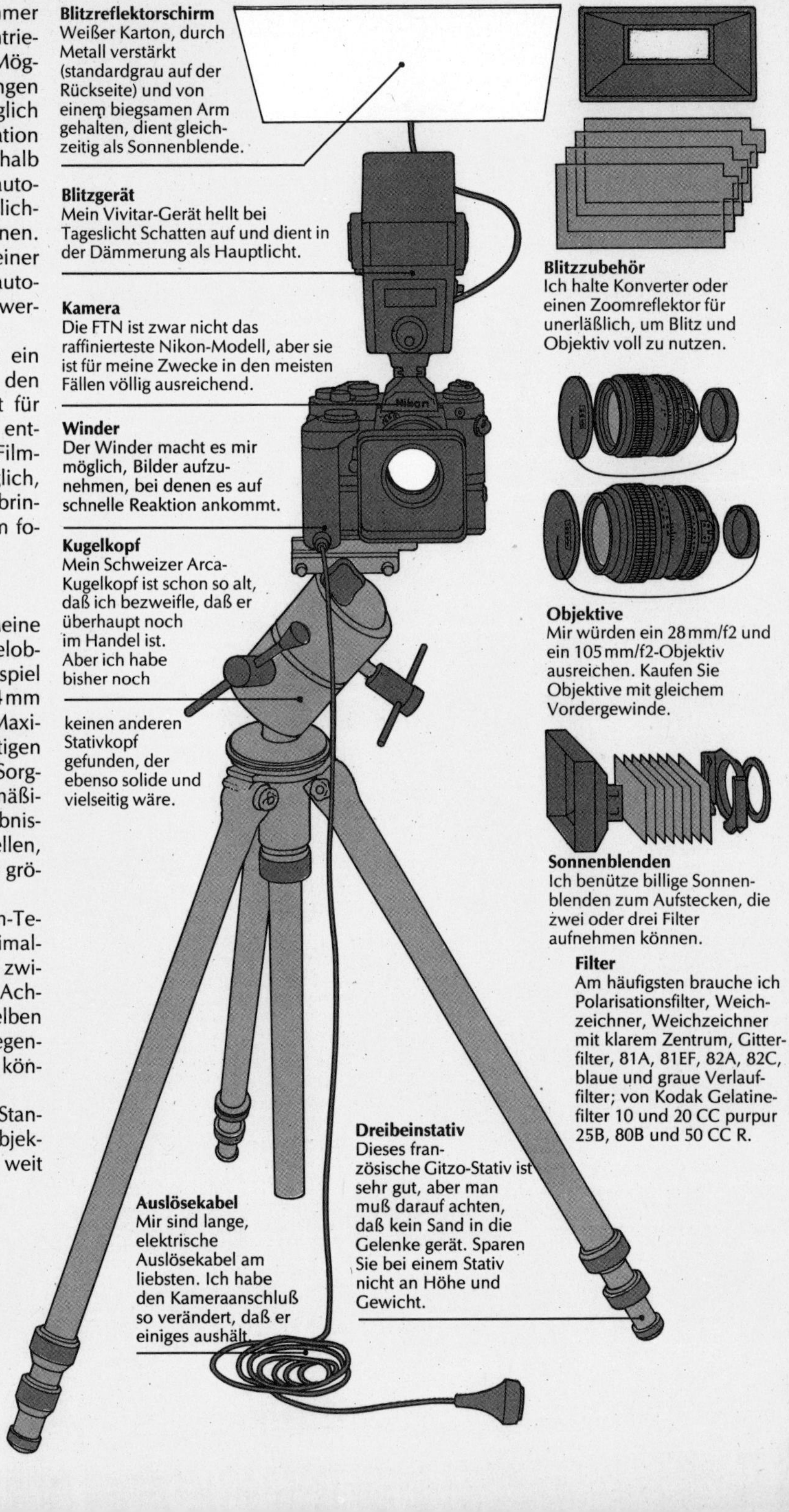

Blitzreflektorschirm
Weißer Karton, durch Metall verstärkt (standardgrau auf der Rückseite) und von einem biegsamen Arm gehalten, dient gleichzeitig als Sonnenblende.

Blitzgerät
Mein Vivitar-Gerät hellt bei Tageslicht Schatten auf und dient in der Dämmerung als Hauptlicht.

Kamera
Die FTN ist zwar nicht das raffinierteste Nikon-Modell, aber sie ist für meine Zwecke in den meisten Fällen völlig ausreichend.

Winder
Der Winder macht es mir möglich, Bilder aufzunehmen, bei denen es auf schnelle Reaktion ankommt.

Kugelkopf
Mein Schweizer Arca-Kugelkopf ist schon so alt, daß ich bezweifle, daß er überhaupt noch im Handel ist. Aber ich habe bisher noch keinen anderen Stativkopf gefunden, der ebenso solide und vielseitig wäre.

Blitzzubehör
Ich halte Konverter oder einen Zoomreflektor für unerläßlich, um Blitz und Objektiv voll zu nutzen.

Objektive
Mir würden ein 28 mm/f2 und ein 105 mm/f2-Objektiv ausreichen. Kaufen Sie Objektive mit gleichem Vordergewinde.

Sonnenblenden
Ich benütze billige Sonnenblenden zum Aufstecken, die zwei oder drei Filter aufnehmen können.

Filter
Am häufigsten brauche ich Polarisationsfilter, Weichzeichner, Weichzeichner mit klarem Zentrum, Gitterfilter, 81A, 81EF, 82A, 82C, blaue und graue Verlauffilter; von Kodak Gelatinefilter 10 und 20 CC purpur 25B, 80B und 50 CC R.

Dreibeinstativ
Dieses französische Gitzo-Stativ ist sehr gut, aber man muß darauf achten, daß kein Sand in die Gelenke gerät. Sparen Sie bei einem Stativ nicht an Höhe und Gewicht.

Auslösekabel
Mir sind lange, elektrische Auslösekabel am liebsten. Ich habe den Kameraanschluß so verändert, daß er einiges aushält.

Mein Kamerasystem ▷
Meine Kameraausrüstung halte ich so unkompliziert wie möglich, denn es kostet nur Energie, überschüssige Ausrüstung mit zum Aufnahmeort zu schleppen. Daneben lege ich Wert auf Zuverlässigkeit und Vielseitigkeit. Diese Ausrüstung bietet mir beides.

unten. Nach dem 105 mm-Objektiv würde meine Wahl auf ein 300 mm, nicht unter f4, fallen. Kommt das nicht in Frage, reicht auch ein langes Zoomobjektiv, etwa 80–200 mm, aus, obwohl Dreh-Zooms endlose Probleme schaffen können, wenn Sie mit Verlaufs- und Polarisationsfilter oder Masken fotografieren. Schiebe-Zooms sind da praktischer.

Zubehör

Ein solides Dreibeinstativ, so groß wie Sie selbst und so schwer, wie Sie es noch tragen können, ist ein wichtiger Ausrüstungsgegenstand; aber sein Kopf sollte dreh- und schwenkbar sein. Ich selbst ziehe einen schnell verstellbaren Kugelkopf vor. Persönlich kann ich mit einem komplizierten Zahnrad- und stangensystem an der Stativmittelsäule wenig anfangen; mir ist ein einfacher Sperrring lieber. Außerdem habe ich eine Abneigung gegen Stativschrauben, weil es so endlos dauert, bis man die Kamera damit befestigt hat. Stattdessen habe ich mein Nikongehäuse unten mit einer festen Platte versehen, die schnell und unkompliziert mit einer Klemmschraube am Stativkopf befestigt werden kann.

Als Blitzgerät verwende ich einen kleinen Vivitar-Kamerablitz; die neuen Modelle, bei denen die Blitzbelichtungsmessung durch den eingebauten Belichtungsmesser der Kamera erfolgt, finde ich sehr nützlich. Da ich regelmäßig mit Filtern fotografiere, erleichtert dies meine Arbeit sehr, weil automatisch für den nötigen Belichtungsausgleich gesorgt wird. Für mein Blitzgerät besitze ich einen Satz farbiger Filterscheiben aus Kunststoff. Da mir die im Handel erhältliche Palette farblich nicht fein genug abgestuft ist, habe ich mir über die Jahre aus verschiedenen Quellen solche Filterscheiben besorgt. Zusätzlich besitze ich Streuscheiben und lichtreduzierende Graufilter, sowie ein Fernauslösekabel für mein Blitzgerät. Bei Aufnahmefiltern für die Kamera greife ich meist auf das Cokin-System zurück.

Überblick über die Ausrüstung
Damit ich am Aufnahmeort nicht kleine Teile meiner Ausrüstung verliere, ordne ich sie in genau bezeichnete Fächer meiner Kameratasche ein. In dieser Tasche bewahre ich auch meine Objektivdeckel auf, angebohrt und für jede Objektivlänge paarweise zusammengebunden und entsprechend gekennzeichnet. So merke ich beim Einpacken sofort, wenn ein Teil fehlt.

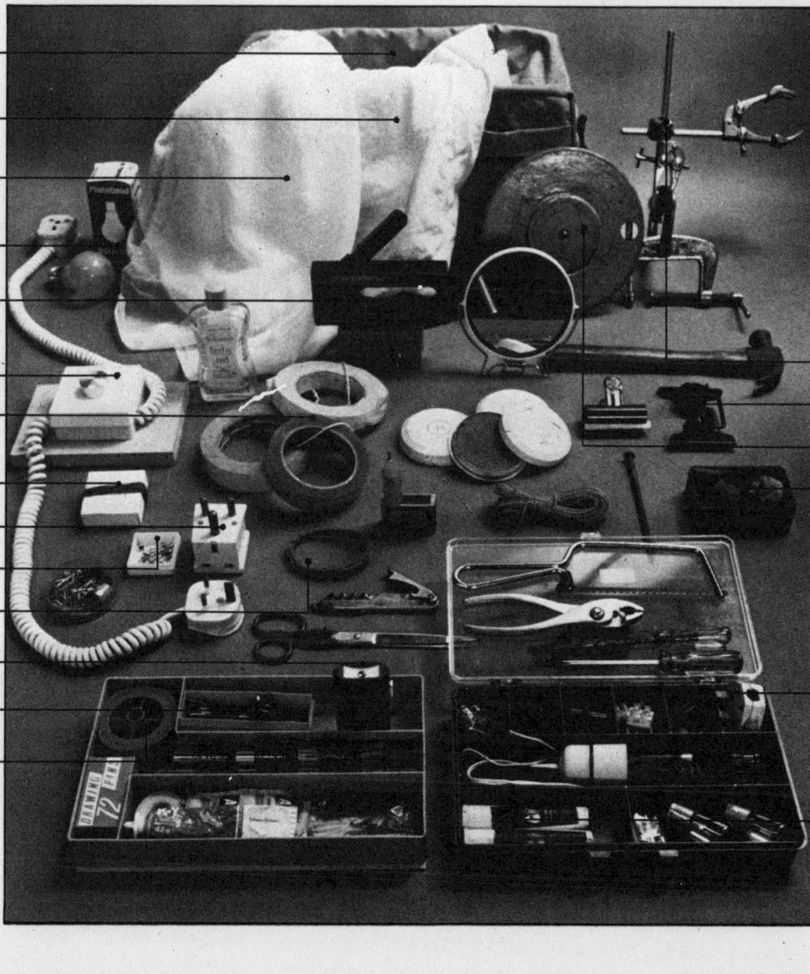

◁ **Nützliche Hilfsmittel** sind auch Streichhölzer, Kerzen, Schere, Klebeband, verschiedene Klammern, Ersatzbatterien, Schnur, ein Hammer und ein paar Stecknadeln. Es lohnt sich, auch Kosmetika, Babyöl und einen Spiegel für das Modell mitzunehmen; andere wichtige Gegenstände sind unten aufgezählt.

Quellen der Inspiration

Wenn Sie einen oder zwei Tage oder auch nur wenige Stunden lang Akte fotografieren wollen, ist einige Vorplanung nötig. Ich rate Ihnen, Ihre Bilder, wenigstens einen Teil davon, schon vorher zu konzipieren, aber dazu brauchen Sie Orientierungshilfen. Wenn Sie sich so ausgiebig wie ich mit dem Fotografieren beschäftigen, werden Sie feststellen, daß Sie bei jeder Gelegenheit Bildideen aus der Umwelt aufnehmen, denn Bildideen ergeben sich in allen Situationen des täglichen Lebens. Ich notiere die Idee entweder schnell auf ein Stück Papier oder fertige eine grobe Skizze an, um mich später wieder daran zu erinnern. Diese Notizen und Skizzen kombiniere ich dann mit Ideen, die ich in Zeitschriften und Zeitungen finde und ausschneide. Viele Fotografen lassen sich auch von den Werken großer Maler und Bildhauer und sogar Buchillustrationen inspirieren. Wichtig ist, daß Sie mit offenen Augen durch den Alltag gehen und Bildmöglichkeiten erkennen. Sie dürfen auch Ihre eigene Arbeit als Ideenquelle nicht unterschätzen, denn selbst mißlungene Bilder sind oft einen erneuten Versuch wert.

Wenn es einmal schnell gehen muß, benütze ich eine »Ideenwand« als unmittelbare Inspirationshilfe. Ich teile sie in Felder wie »Innenaufnahmen«, »Außenaufnahmen«, »Stimmung« und so weiter ein, so daß verschiedene Bereiche meiner Arbeit ihren eigenen Raum bekommen. Wenn ich eine Fotositzung plane, stelle ich in einem Ordner die Ideen, die am besten zum jeweiligen Modell und zur Situation passen, zusammen. Mit dieser Hilfe lege ich dann eine Liste von Requisiten an und suche passende Kleidung und Ausrüstung für die Fotositzung aus.

Die Seiten, die ich zur Weiterverwertung aus Zeitschriften herausreiße, zeigen selten Aktbilder

Empfohlene Lektüre

Ich habe nie als Assistent für einen anderen Fotografen gearbeitet und wurde daher wohl stärker durch Veröffentlichungen großer Fotografen beeinflußt, als es sonst der Fall gewesen wäre. Meine Arbeit als Fotograf läßt mir wenig Zeit zum Lesen, aber ich habe immer schon Bücher von Fotografen gekauft, deren Arbeit mich faszinierte. Die unten aufgeführten gehören dazu:

Helmut Newton:
White Women

Meisterwerke der Erotischen Fotografie

David Bailey:
Mrs. David Bailey

Arthur Goldsmith:
The Nude in Photography

John Hedgecoe:
Hedgecoes Fotohandbuch

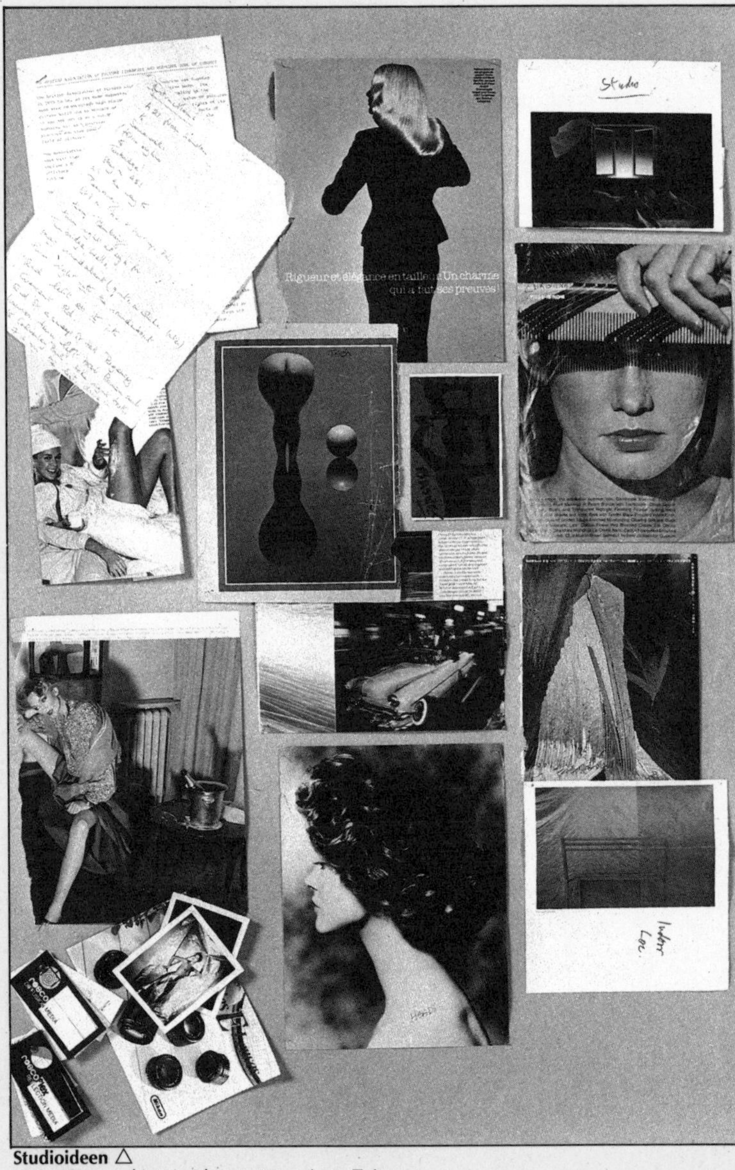

Studioideen △
Meine Pinwand ist ein Ideenpotpourri aus Zeitungsausschnitten, Polaroidbildern und Werbebroschüren, die mich an Bildideen, die ich näher untersuchen will, oder an Ausrüstungsteile erinnern, die ich gern einmal ausprobieren würde. Die Pinwand selbst ist nicht als kreatives Element gedacht.

und sind oft eher von durchschnittlicher Qualität, aber sie verschaffen mir Ausgangspunkte für neue Bildideen.

Wenn Sie einen möglichen Aufnahmeort für eine fotografische Sitzung entdeckt haben, machen Sie ein paar Bilder zur Gedächtnisstütze, die alle Aufnahmemöglichkeiten abdecken. Stellen Sie sich in diesen Bildern Pose oder Bewegung des Modells vor und untersuchen Sie die Lichtverhältnisse Ihres Aufnahmeorts. Die fertigen Bilder werden Ihnen viel über Ihren Aufnahmeort sagen und zahlreiche Anregungen für seine Nutzung geben. Unterschätzen Sie Ihre eigenen früheren Arbeiten nicht als Inspirationsquelle.

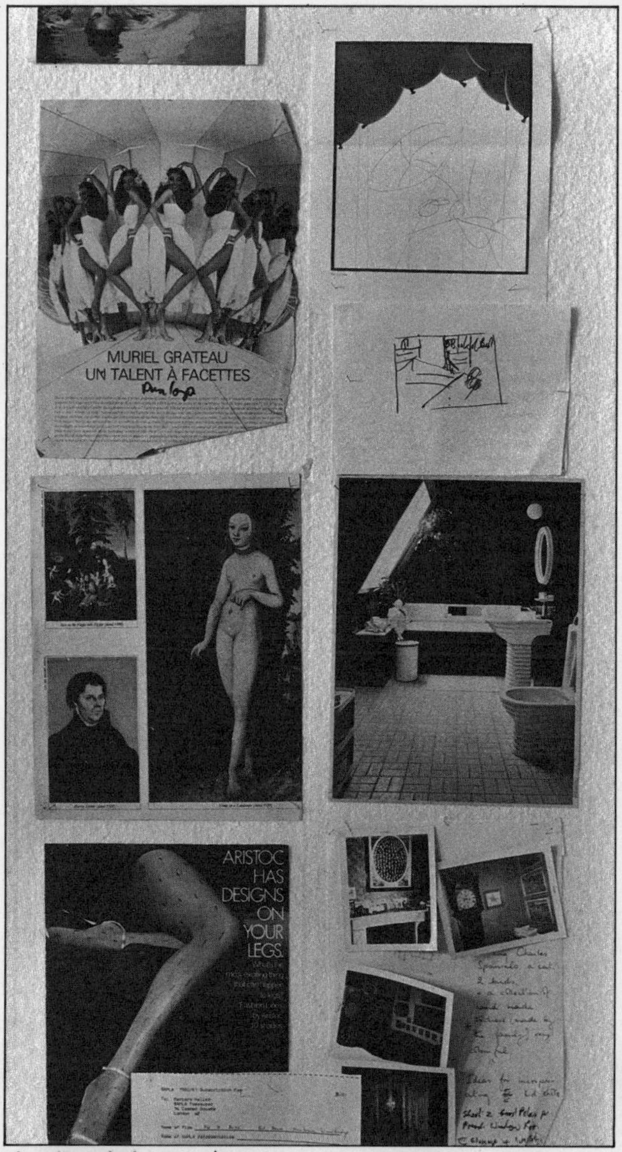

Ideen für Aufnahmeorte △
Ich reiße oft Bilder aus Zeitschriften oder Zeitungen heraus, in denen das Körnchen einer Idee enthalten ist, die ich für spätere Projekte verwenden kann. Genauso hänge ich Bilder von Aufnahmeorten auf, die für ein früheres Projekt vielleicht ungeeignet waren, sich in Zukunft aber einmal als Möglichkeiten anbieten können.

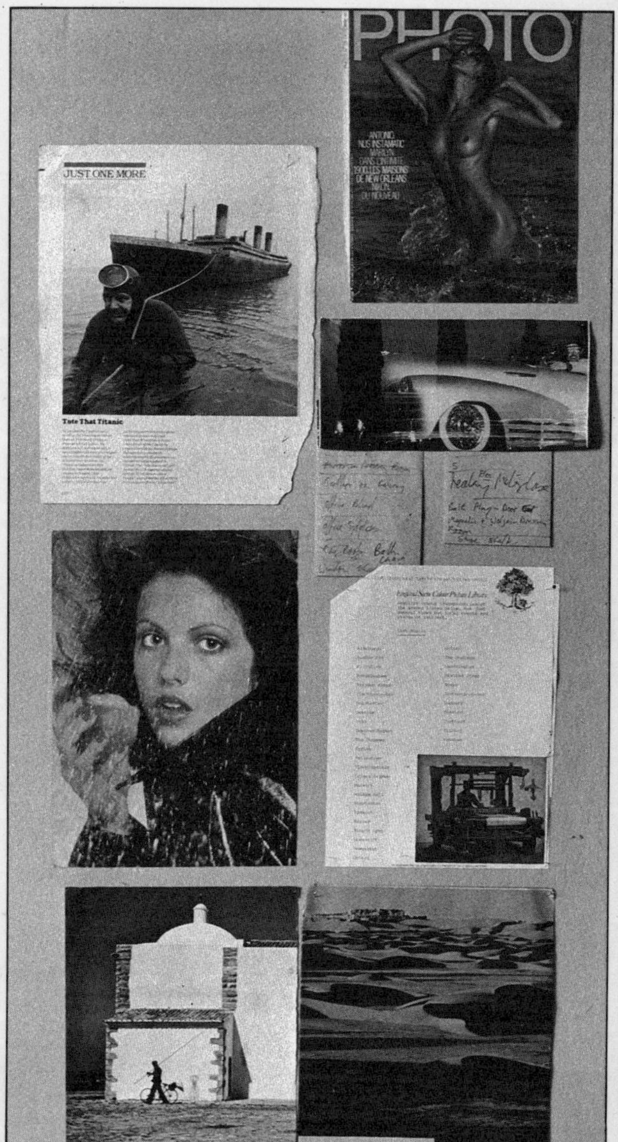

Ideen für Außenaufnahmen △
Einige Bilder auf meinem Brett haben auf den ersten Blick wenig mit Aktfotografie zu tun. Aber ihre grafischen Eigenschaften, zum Beispiel die Größenverhältnisse von Mann und Schiff auf dem oberen Bild oder von Mann und Gebäude unten, erinnern mich an visuelle Elemente, die ich in meinen Bildern gern öfter verwirklichen würde.

Wie findet man ein Modell?

Ein attraktives, begabtes Modell ist die beste Erfolgsgarantie in der Aktfotografie. Wenn Sie über entsprechende Mittel verfügen und in der Nähe eines internationalen Zentrums der Werbefotografie leben, können Sie problemlos ein Berufsmodell engagieren. Aber wenn Ihre Mittel beschränkt sind, oder wenn Sie in einer weniger günstigen Gegend wohnen, werden Sie vermutlich Schwierigkeiten haben, ein geeignetes Modell zu finden. Doch dieses Problem kann gelöst werden. Junge Tänzerinnen, Schauspielerinnen und Mannequins brauchen immer gute Fotos für ihre Bewerbungen und erklären sich vielleicht zum Modellstehen bereit, wenn Sie diese Fotos liefern. Weitere Möglichkeiten sind Kunstschulen, sowie Frisur- und andere Modelle des Schönheitsmarkts. Viele dieser Mädchen brauchen eindrucksvolle Präsentationsbilder, die normalerweise teuer und nicht immer leicht erhältlich sind. Wenn Sie diese Fotografien liefern können, haben Sie einige Erfolgsaussichten für Ihre Modellsuche.

Kontaktaufnahme mit einem Modell

Wenn Sie eine Bekannte oder ein Ihnen völlig fremdes Mädchen bitten, für Sie Modell zu stehen, ist es mit einer einfachen Frage kaum getan. Ihr stärkstes Überredungsmittel ist Ihre fotografische Meisterschaft. Bevor Sie auch nur daran denken, ein Modell zu bitten, sich für Aktaufnahmen zur Verfügung zu stellen, müssen Sie deshalb Ihr Können so weit entwickelt haben, daß Sie interessante und attraktive Porträts und Ganzaufnahmen vorweisen können. Mit solchen Studien haben Sie zugleich auch schon die grundliegenden Problembereiche der Aktfotografie bearbeitet, sie sind also keineswegs verschwendet. Wenn Sie gute Bilder, in einer Mappe geordnet und vorteilhaft präsentiert, anbieten können, werden Sie bestimmt einen günstigen Eindruck auf Ihr zukünftiges Modell machen.

Zum zweiten sollten Sie als zuverlässig und versiert bekannt sein, damit das Modell weiß, daß es Ihnen vertrauen kann. Reagieren Sie sensibel auf mögliche Ängste und die Scheu Ihres Modells gegenüber Aktaufnahmen.

Es ist meist nicht ratsam, mit Ihrer Bitte an Ihnen fremde Einzelpersonen heranzutreten, da Ihre Motive mißverstanden werden könnten. Es ist viel erfolgversprechender, wenn Sie sich an eine Gruppe von Mädchen oder ein Mädchen in männlicher Begleitung wenden. Sie können dann anbieten, daß das Mädchen zur ersten Besprechung Ihrer fotografischen Pläne eine Begleitperson mitbringt. Wenn Ihr potentielles Modell zwar attraktiv ist, aber nicht nackt posieren will, drängen Sie es nicht; auch mit Kleidern können Ihnen lohnende Aufnahmen gelingen. Vielleicht schlägt das Mädchen Ihnen auch ein anderes Modell vor, denn der beste Weg, ein geeignetes Modell zu finden, ist die persönliche Empfehlung.

Wenn Ihr zukünftiges Modell noch sehr jung ist, erkundigen Sie sich nach seinem Alter, bevor Sie mit dem Fotografieren beginnen. Eine Minderjährige darf noch keine Verträge unterschreiben, und in diesem Fall müssen Sie sich an die Eltern wenden.

Mitgliedschaft in einem Fotoclub

Wenn Sie bei Ihrer Suche nach einem Modell keinen Erfolg haben, bietet sich ein Fotoclub als Möglichkeit an. Dort werden Fototermine arrangiert, bei denen ein Modell gleichzeitig für eine ganze Gruppe von Amateurfotografen posiert, die gemeinsam für das Honorar aufkommen (siehe Seiten 156–157).

Der Idealfall

Wenn Ihr fotografisches Können und Ihre Zuverlässigkeit bekannt sind, kann es passieren, daß Modelle, die gern beruflich arbeiten möchten, an Sie herantreten. Es kann jedoch nicht oft genug betont werden, daß alle Ihre Modelle, ob sie das Posieren berufsmäßig oder nur nebenbei betreiben, Anspruch auf geduldige, freundliche Behandlung durch den Fotografen haben und sich auf seine Integrität verlassen können müssen.

Berufsmodelle

Auch in kleineren Städten gibt es Modellagenturen. Wenn Sie sich ihrer bedienen wollen, rufen Sie am besten zuerst an und erklären Ihre Vorstellungen. Wenn Sie bei einer Agentur noch unbekannt sind, wird man Ihnen vermutlich ein persönliches Treffen vorschlagen. Dabei sieht man sich vielleicht Ihre bisherigen Arbeiten an, während Sie Ihrerseits Fotos von Modellen durchgehen und Honorare besprechen können.

Honorarverhandlungen

Die Agentur arbeitet im Auftrag des Modells auf Provisionsbasis. Deshalb ist es das Modell, das die endgültige Entscheidung darüber trifft, mit wem und für welches Honorar es arbeiten will. Wenn Sie außerhalb der üblichen Stunden arbeiten möchten oder Arbeit verlangen, die dem Modell nicht vertraut ist, müssen Sie der Agentur Zeit geben, dies mit dem Modell abzusprechen. Wenn Sie andererseits das Gefühl haben, daß die Agentur für ein bestimmtes Modell ein zu hohes Honorar verlangt, bitten Sie um niedrigeres Angebot. Sie könnten zum Beispiel darauf hinweisen, daß das Modell von der Arbeit mit Ihnen profitiert und Sie ihm vielleicht bessere Bilder für seinen Steckbrief liefern könnten. Bestehen Sie darauf, daß die Agentur Ihr Angebot an das Modell weiterleitet. Nur so können Sie feststellen, ob die Weigerung

Modellsteckbriefe
Agenturen legen für ihre Modelle sogenannte Steckbriefe an, die aus Fotos des Modells und einigen zusätzlichen Angaben bestehen. Sie können für den Aktfotografen eine wertvolle Informationsquelle darstellen, müssen jedoch mit Vorsicht betrachtet werden, da sie vor allem den Interessen des Modells dienen sollen.

Wie bei jeder Werbung sind vor allem die fehlenden Angaben interessant. Wenn die Fotos eines Modells zum Beispiel zwar erstklassig und reizvoll sind, jedoch immer über dem Knie aufhören, hat es möglicherweise keine schönen Fesseln.

Modellmaße, selbst wenn sie den Tatsachen entsprechen, können irreführend sein. Der Brustumfang kann zum Beispiel mehr über die Rückenbreite Ihres Modells als seine Brustmaße aussagen, und es ist oft ratsam, sich genauer zu erkundigen. Seien Sie mißtrauisch bei Angaben über Teint und Haarfarbe des Modells. Durch Retuschieren kann man Hautfehler auf Fotografien leicht vertuschen; wenn Ihnen also makellose Haut wichtig ist, ziehen Sie über diesen Punkt bei der Agentur oder dem Modell nähere Erkundigungen ein. Haarfarbe und Frisur werden häufig gewechselt, wodurch der Wert eines Modells für Ihre Zwecke geschmälert werden kann. Erkundigen Sie sich auch nach Körpermalen durch Sonnenbaden im Bikini oder Operationsnarben.

Marilyn

BEINE
TÄNZERIN
BEAUTY-FOTOS

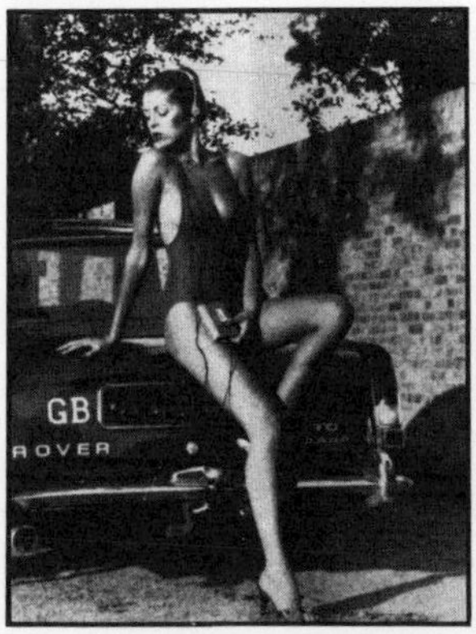

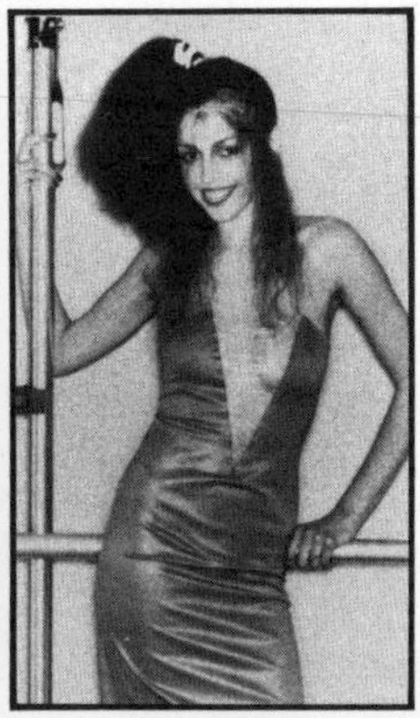

Größe 175 cm
Brustumfang 86 cm
Taillenweite 56 cm
Hüftweite 86 cm
Konfektionsgröße 38
Haarfarbe braun
Augenfarbe braun

Agentur XY

Wichtig ist, daß Sie den Steckbrief aufmerksam studieren und sich vergewissern, daß das Modell ohne professionelle Hilfe dieselbe Ausstrahlung, denselben Eindruck wie auf seinen Bildern vermitteln kann.

Steckbrief
Die Maße auf dem Steckbrief sind ebenso wichtig wie die Fotos selbst. Studieren Sie sie aufmerksam und lernen Sie, sie zu Ihren Modellwünschen in Beziehung zu setzen.

vom Modell selbst kommt und nicht die Agentur ein höheres Honorar zu ihren eigenen Gunsten gefordert hat. Alle Modellhonorare sind zwischen Modell und Fotograf verhandlungsfähig. Die Agentur bekommt ihre Provision in jedem Fall.

Die Aufgabe der Agentur
Wenn Sie der Agentur, deren Aufgabe auch der Schutz des Modells ist, nicht bekannt sind, wird man Sie unter Umständen bitten, das Honorar im voraus zu bezahlen und Referenzen beizubringen. Lassen Sie sich dadurch nicht kränken; diese Bitte spricht vielmehr dafür, daß die Agentur seriös ist und ihre Aufgabe ernst nimmt. Wenn das Modell nicht selbst verfügbar ist, ist die Agentur berechtigt, Details des Vertrages zu bestätigen, etwa Verwendung der Bilder durch den Fotografen, Anreisearrangements und alle anderen im Zusammenhang mit fotografischen Sitzungen anfallenden Einzelheiten. Ein gutes Verhältnis zur Agentur kann für beide Seiten von Vorteil sein. Die Agentur hat mit Sicherheit ständig neue Modelle in der Kartei, die Aufnahmen für ihren Steckbrief brauchen. Wenn Sie das entsprechende Talent haben, schlägt man Ihnen vielleicht vor, daß Sie eines oder mehrere der unter Vertrag stehenden Modelle gegen eine Reihe von Aufnahmen honorarfrei fotografieren; diese Aufnahmen müssen natürlich nach den Wünschen des Modells ausfallen.

Honorierung
Eine kleine Hilfe ist es, wenn Sie die Agentur davon unterrichten, wieviel Honorar Sie dem Modell bezahlt haben. Dadurch kann sie ihre Provision ohne Schwierigkeit berechnen. Lassen Sie sich nicht von einem Modell, das sich die Provision sparen will, dazu verleiten, in Zukunft unter Ausschaltung der Agentur direkten Kontakt aufzunehmen, auch wenn das erste Engagement über eine Agentur erfolgt ist. Auf lange Sicht zerstören Sie damit nur Ihren eigenen Ruf.

Ein Anreiz, den Sie dem Modell bieten können, ist unmittelbare Bezahlung nach der Fotositzung; das ist den meisten Mädchen lieber, als mehrere Wochen auf ihr Geld warten zu müssen.

Fahrtarrangements und andere Vereinbarungen
Wenn Ihr Modell mit öffentlichen Verkehrsmitteln

Beurteilung eines Modells

zu Ihnen kommt, müssen die Fahrtarrangements eindeutig festgelegt sein. Im Idealfall sollten Sie dem Modell die nötigen Informationen schriftlich geben, zusammen mit einer Telefonnummer, unter der Sie erreichbar sind, falls Schwierigkeiten auftauchen. Sie müssen Ihr Modell auch vorher auf die Fahrtkosten aufmerksam machen, die Sie selbstverständlich ersetzen müssen. Versorgen Sie das Modell mit einer Aufstellung, was es an Accessoires mitzubringen hat. Vergessen Sie nicht, daß ein Modell, wenn Sie es nicht für den ganzen Tag engagieren, nach der Sitzung mit Ihnen vielleicht noch andere Termine hat. Deshalb müssen Sie sofort mit der Arbeit beginnen können, wenn es eintrifft und zum festgelegten Zeitpunkt abschließen, damit es rechtzeitig zu seinem nächsten Termin aufbrechen kann.

Ein warnender Hinweis

Wenn Sie noch nicht viel Erfahrung mit Aktaufnahmen haben, kann es ungünstig sein, mit einem Berufsmodell zu arbeiten; es könnte nämlich ein größeres Selbstbewußtsein und mehr Kenntnisse als Sie selbst besitzen. Ich habe die Erfahrung gemacht, daß dieses Selbstbewußtsein oft aus der Arbeit in einem Stil resultiert, der Ihnen nicht unbedingt entsprechen muß. Mit anderen Worten, das Modell hat vielleicht eine bestimmte und festgelegte Art zu posieren, die es Ihnen schwer macht, Ihren eigenen Stil zu verwirklichen.

Ob Sie nun ein professionelles Modell oder eine Anfängerin für Ihre erste fotografische Sitzung engagieren, wichtig ist, daß die Sitzung nicht nur fotografisch erfolgreich sondern auch menschlich angenehm verläuft. Das Modell sollte Sie mit einem freundlichen Gefühl und der Überzeugung verlassen, zu gutten Bildern beigetragen zu haben. Im Idealfall sollten Sie das Honorar sofort nach Beendigung des Fototermins bezahlen. Natürlich sind Konflikte manchmal unvermeidlich, aber wenn es Ihnen gelingt, eine freundliche, entspannte Atmosphäre zu schaffen, werden Sie bald keinen Mangel mehr an Modellen haben.

Die folgenden Tips, die dazu beitragen sollen, Ihre erste Fotositzung zu einem Erfolg zu machen, sind allgemein gehalten und können keine individuellen Situationen berücksichtigen. Vielleicht glauben Sie, daß es sich bei den einzelnen Punkten um Selbstverständlichkeiten und übliche Rücksichten eines aufmerksamen Gastgebers handelt. Die Verhaltensregeln werden Ihnen auch bald zur zweiten Natur werden, aber bei Ihrem ersten Termin, wenn Sie sich mit so vielen technischen Problemen herumschlagen müssen, vernachlässigen Sie nur zu leicht unabsichtlich die Gefühle Ihres Modells. Ein kurzer Punktekatalog kann daher recht nützlich sein.

Sorgen Sie für ein freundliches Willkommen. Wenn das Modell Ihr Studio noch nicht kennt, führen Sie es herum und zeigen Sie ihm alles. Sorgen Sie für einen Privatbereich, in dem es sich umziehen kann, ein Regal für Kosmetika, einen Stuhl, einen beleuchteten Spiegel und ausreichend Papiertücher. Achten Sie auch darauf, daß sich eine Steckdose für eventuell für die Frisur notwendigen Geräte in der Nähe befindet.

Wichtig ist, daß Sie genaue Vorstellungen und Ideen haben, von denen einige bereits vorbereitet sein müssen. Das Aufstellen von Leuchten, das Filmeinlegen und all die anderen zeitraubenden Vorbereitungen müssen im voraus erledigt sein, damit keine unnötigen Verzögerungen eintreten. Als allgemeine Regel kann gelten, daß man mit einer einfachen Aufnahme beginnt, bei der der Erfolg sozusagen vorprogrammiert ist. Wenn das Modell sich ausgezogen hat und Sie auf einmal Mängel entdecken, mit denen Sie nicht gerechnet hatten, kann eine diskrete Änderung Ihrer Bildpläne notwendig werden.

Nehmen Sie eine großzügige Fotoserie Ihres – bekleideten – Modells auf, die Sie ihm später überlassen können; die Bilder sollten stilistisch den Wünschen des Modells entsprechen. Die Modellarbeit ist anstrengend, gestehen Sie deshalb viele Pausen zu und loben und ermutigen Sie Ihr Modell oft, aber immer ehrlich.

Versuchen Sie, den Eindruck zu vermitteln, daß die Sitzung erfolgreich verläuft, auch wenn Sie

Das ideale Modell ▷
Das perfekte Modell gibt es nicht. Die meisten haben jedoch Qualitäten, die Ihnen ermöglichen, gute Bilder zu machen.

Größe
Für Aktaufnahmen ist die Größe nicht wichtig, vorausgesetzt, der Körper ist gut proportioniert.

Gesicht
Wenn Sie das Gesicht eines Modells begutachten, denken Sie daran, daß es auf Ihren Bildern nicht unbedingt in Erscheinung treten muß. Ein gutes Profil ist ebenso reizvoll wie eine En-face-Aufnahme.

Hals
Ein langer, schlanker Hals ist zwar wünschenswert, aber ein Modell ist nicht deshalb ungeeignet, weil sein Hals diesem Ideal nicht entspricht. Wichtig ist, daß es die Schultern nicht hochzieht.

Brust
Die ideale Brustgröße ist natürlich Geschmackssache, aber zu große Brüste können auf dem Foto leicht zu beherrschend wirken. Wichtiger als die Größe der Brust ist ihre Festigkeit.

Taille
Eine schmale Taille ist günstig, doch hängt die Wirkung in einem Bild von ihrem Verhältnis zu Hüft- und Schulterbreite ab.

Hände
Lange, feine Handknochen sind eine sehr große Hilfe, denn sie ermöglichen Ihnen, die Linien der Figur klarer zu ziehen.

Hüfte
Bei Mannequins sind breite Hüften schwer zu verbergen, aber in der Aktfotografie können sie einen Hauch von Rubens in Ihre Bilder bringen.

Schenkel
Oberschenkel eines Aktmodells nehmen von den Hüften bis zum Knie kontinuierlich ab, ohne sich im mittleren Teil auszuwölben.

Beine
Je länger und schlanker die Beine sind, desto besser sind sie für Aktaufnahmen geeignet.

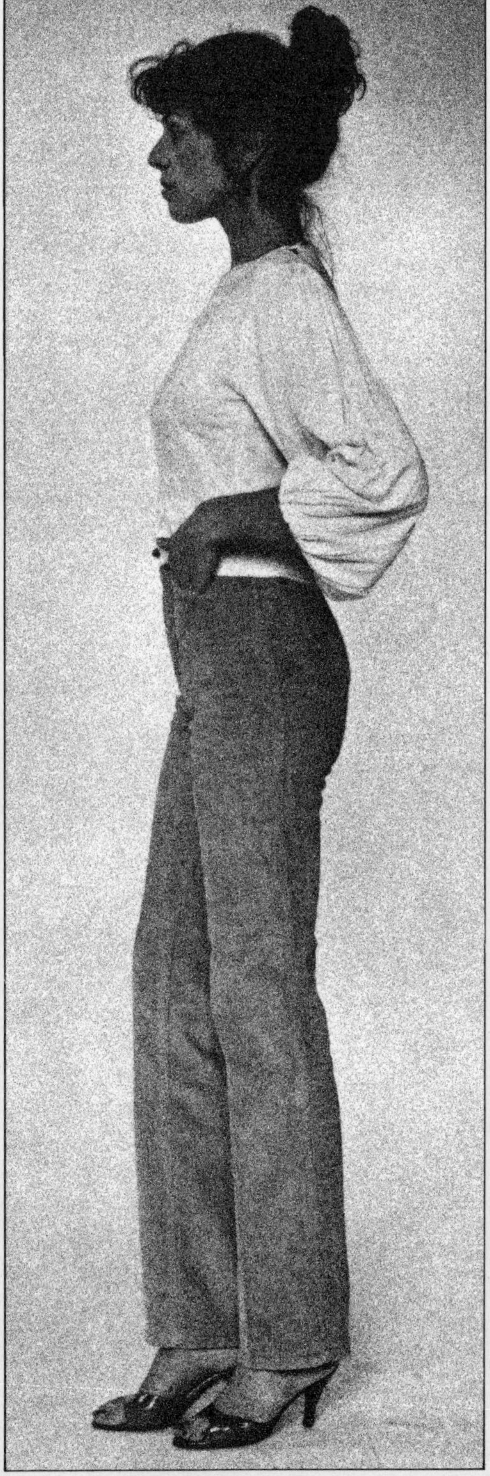

Zweifel haben, und steigern Sie das Arbeitstempo, je weiter die Sitzung fortschreitet. Hören Sie in einem guten Moment auf und versuchen Sie nicht, noch schnell »ein letztes« Foto zu machen. Am Ende der Sitzung ist das Modell müde und Sie sind weniger einfallsreich. Wenn möglich, arrangieren Sie ein späteres Treffen, bei dem Sie zusammen mit Ihrem Modell die Ergebnisse durchsprechen können.

Schließlich, und das ist vielleicht der wichtigste Punkt, denken Sie daran, daß die Sitzung eine geschäftliche Absprache zwischen Ihnen beiden war, und wenn es auch angenehm und nützlich ist, mit dem Modell auf freundschaftlichem Fuße zu stehen, so hat es doch ein Anrecht auf rücksichtsvolle, respektvolle Behandlung. Übertriebene Vertraulichkeit von Ihrer Seite wird das Modell nur davon abschrecken, wieder mit Ihnen zusammenzuarbeiten.

Modelltest ▽
Manchmal bin ich mir nicht sicher, ob ein potentielles Modell wirklich fotogen ist. Dann bitte ich darum, eine Reihe von Bildern in verschiedener Kleidung und aus verschiedenen Aufnahmewinkeln bei wechselnden Lichtverhältnissen machen zu dürfen. Diese Bilder, die ich sehr schnell auf Schwarzweißfilm fotografiere, geben mir alle Informationen über die Vorzüge, aber auch über die weniger günstigen Punkte eines Modells, die ich bei künftigen Fotositzungen besser meide.

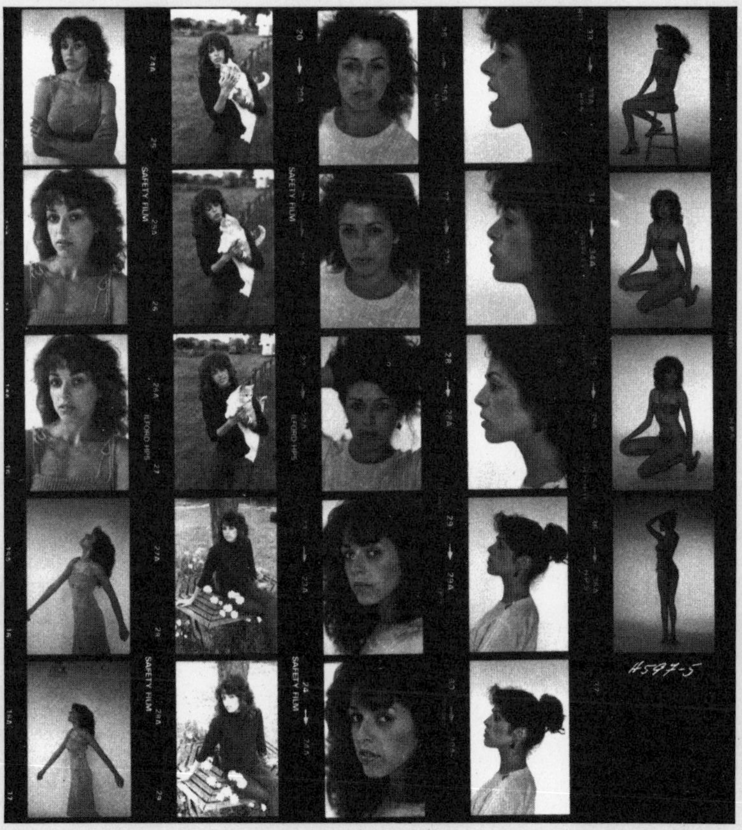

Organisation eines Fototermins

Ob die Arbeit eines Tages erfolgreich wird, hängt zum großen Teil von der vorherigen gründlichen Planung und Organisation ab. Im Idealfall sollten Sie sich mit dem Modell ein paar Tage vor dem Termin treffen und die Planung gemeinsam machen. Kümmern Sie sich darum, daß der Aufnahmeort dann bereits feststeht und Sie die Hauptbildideen ausgearbeitet haben, so daß Sie sich bei diesem Treffen über Kleidung und Requisiten (zu denen unter Umständen das Modell beitragen kann) unterhalten können, und das Modell mit Ihnen Frisur und Make-up für jede Aufnahme durchsprechen kann. Bei diesem Treffen kann sich auch die Gelegenheit bieten, sich über einzelne Vertragspunkte – Honorar, Rechte, Arbeitsstunden – zu einigen und sich zu vergewissern, daß dem Modell die von Ihnen getroffenen Fahrtarrangements bekannt sind.

Die Organisation der Fahrt ist nicht die einzige Aufgabe des Fotografen. Er muß die meisten Requisiten und Kleider sowie natürlich die nötige fotografische Ausrüstung stellen und sich um Erfrischungen und Kleinigkeiten, wie saubere Handtücher und Make-up-Spiegel und irgendeinen Unterschlupf am Aufnahmeort kümmern.

Am Tag des Fototermins versuche ich, wenigstens zwei Stunden vor Ankunft des Modells mit der Vorbereitung meiner Bilder zu beginnen. Dann spreche ich die geplanten Aufnahmen mit dem Modell durch, damit es weiß, worum es mir geht. Diese Zeit ist niemals vergeudet. Andererseits kann ein unpünktliches Modell oder zu enge Kleidung, die Abdrücke am Körper hinterläßt, ärgerliche Verzögerungen verursachen.

Terminverlauf
Es ist wichtig, mit leichten Bildern anzufangen und dann, wenn das Modell an Selbstvertrauen gewonnen hat, zu schwierigeren Aufnahmen überzugehen. Kalkulieren Sie großzügige Pausen zwischen den Aufnahmen ein; und wenn Sie zusätzlichen Film mitnehmen, mit dem sie Porträtaufnahmen (nach Möglichkeit nicht nackt) des Modells machen, die Sie ihm dann später geben können, wird sich die Beziehung zwischen Ihnen sehr angenehm entwickeln.

Der ideale Abschluß eines erfolgreichen Arbeitstages ist, wenn Sie sich mit Ihrem Modell etwa eine Woche später treffen und ihm die besten Bilder vorführen. Halten Sie auch die Ausschußbilder bereit, falls das Modell aus seinen Fehlern lernen will – oder Sie vielleicht auf Ihre Fehler aufmerksam machen möchte. Bei diesen Vorführterminen füllen einige Modelle gern die Abtretungserklärungen für ihre Bilder aus; wenn sie die Aufnahmen gesehen haben, haben sie das nötige Selbstvertrauen dazu.

Gründliche Planung und Vorbesprechungen verhindern Mißgeschicke und tragen zu einem harmonischen Arbeitsanfang bei. Für eine erfolgreiche Fotositzung ist eine Atmosphäre der Harmonie unabdingbar, denn aus einer unglücklichen Atmosphäre entstehen selten gute Bilder. Es ist allein Aufgabe des Fotografen, für diese harmonische Stimmung zu sorgen.

Arbeitsbeginn
Bevor ich mit dem Fotografieren beginne, bin ich immer sehr angespannt, und die meisten Modelle, mit denen ich arbeite, brauchen wenigstens eine Stunde, bis sie mit sich selbst im Einklang sind. Deshalb schlage ich vor, daß Sie Ihren Arbeitsbeginn mehr nach psychologischen Faktoren planen. Ihr Modell wird zum Beispiel günstig auf die

Checkliste
Eine erfolgreiche Fotositzung hängt von unzähligen Kleinigkeiten ab, die Sie und Ihre Helfer unmöglich alle parat haben können. Durch die Aufstellung von Listen wird klar, wer wofür verantwortlich ist, und welche Aufgaben bereits erledigt sind. Eine Checkliste, die von Zeit zu Zeit vervollständigt werden kann, macht es Ihnen möglich, sich auf Ihre Bildplanung zu konzentrieren und immer nur durch einen schnellen Blick Einzelheiten zu überprüfen.

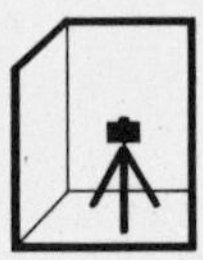

Innenaufnahmen
überprüfen:

Netzspannung
Steckdosenarten
Stärke der Sicherungen

keine Störungen durch Nachbarn; unter Umständen Netze mitnehmen

Wand- und Deckenfarbe wenn nötig, weiße Tücher mitnehmen

Heizungsmöglichkeiten und Heizmaterial

Geräusche: Band etc.

Tageslichtverhältnisse zu verschiedenen Zeiten

Erlaubnis einholen, vorhandene Requisiten benützen zu dürfen

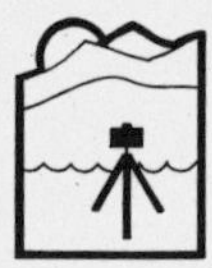

Außenaufnahmen
überprüfen:

Zugänglichkeit

Transportmöglichkeit

Ungestörtheit

ob das Betreten gestattet ist

Umkleidemöglichkeiten

Toiletten

Wetterschutz

Tageslichtverhältnisse zu verschiedenen Tageszeiten

Insekten

andere Tiere

Studio
Vor Anmieten überprüfen, wer verantwortlich ist für:

Kaputte Glühbirnen in den Lampen

Zerrissenen oder gebrauchten Hintergrundkarton

Unabsichtliche Beschädigung der Ausrüstung

Wichtig ist auch zu wissen: Studiozeiten

Dürfen Sie die gebuchte Zeit überziehen, wenn ja, entstehen Strafgebühren?

Wer reinigt Studio und Umkleideraum?

Arbeitsprogramm

Eine Aktsitzung ist eine schwierige Angelegenheit, deren Gelingen von einer Anzahl von Mitarbeitern abhängen kann. Sie alle – Modell, Assistent, Stylist – müssen das vorgesehene Programm kennen und wissen, wer für welchen Teil der Organisation und Planung verantwortlich ist. Dieses Programm enthält deshalb die Ziele und den Zeitplan des Tages und verzeichnet alles, was vorher und am Aufnahmetag vorhanden und erledigt sein muß, um Zeitverzögerungen durch Kompetenzschwierigkeiten zu vermeiden.

Aufnahmeort	Strand-Clubhaus, Prien, Chiemsee Telefon 1234567
Modell	Marilyn Müller Agentur: Egon Schmidt, Telefon 2345678 Honorar: Standard-Tageshonorar, einschließlich aller Bildrechte gebuchte Arbeitszeit: 8.30 bis 17.30 (Beginn und Ende am Aufnahmeort)
Accessoires	Eigenes Make-up des Modells und Strandschmuck
Anfahrt	Team verläßt Studio um 6.30 Fahrzeug: VW Golf Passagiere: MB (Fotograf), SL (Kammeraassistent), MM (Modell)
Mittagessen	Fischer-Stuben, 12.45 Telefon: 3456789

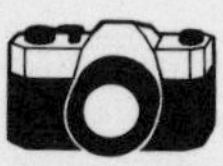

Kameraausrüstung
Nikon- und Bronica-Tasche
Übliche Filmvorratstasche plus zusätzlichem hochempfindlichen sw-Film und Polaroid
Zwei zusäzliche Blöcke für niedrige Stativplatte
kleine Trittleiter

Beleuchtung
2 Blitzleuchten
alle Ständer und Stative
alle langen Leitungen
Farbscheiben
Rolle mit Leinwand

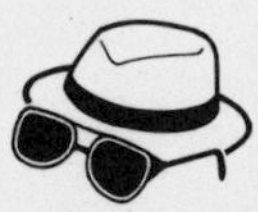

Requisiten und Kleidung
Hängematte aus Schnüren
Seil
Kissen
Spitzenslips
Weißes Kopftuch
Sprungseil
Sonnenbrille

Arbeit eingestimmt werden, wenn Sie die ersten Bilder mit einem hübschen Kleid oder Umhang machen, die Sie eigens dafür besorgt haben. Lebhafte Bewegungsbilder zu Beginn einer fotografischen Sitzung entspannen Sie und Ihr Modell. Großzügig gespendetes Lob ist in diesem Stadium besonders wichtig.

Es wird Ihrer Arbeit gut tun, wenn die Planung zwar minuziös, aber nicht starr ist. Dann können Sie zufällige Entwicklungen während der Sitzung nutzen, ohne sich ständig Sorgen über einen starren Zeitplan und die Erfüllung Ihres Programms machen zu müssen. Auch der Verzicht auf ungewohnte Ausrüstung oder neue Techniken trägt zur Entspannung bei, ebenso ein paar einfache, problemlose Aufnahmen, die man über den Tag verteilt.

Problemloser Arbeitsverlauf

Fotografische Technologie langweilt die meisten Leute. Sie müssen Ihre Technik so beherrschen, daß sie Ihnen zur zweiten Natur wird und Sie sich mit Ihrem Modell über andere Themen unterhalten können, während Sie gleichzeitig an die zahllosen technischen Details denken, die Ihnen helfen, gute Bilder zu machen. Das soll nicht heißen, daß Sie ein intelligentes Modell nicht in den Vorgang des Fotografierens miteinbeziehen können. Dafür ist eine Polaroid-Kamera ideal, aber ein großer Kunststoffspiegel erfüllt denselben Zweck. Der Spiegel kann Ihnen auch dabei helfen, Ihrem Modell ein paar kleine Kniffe beizubringen, die Sie sich durch das Studieren von Arbeiten anderer Fotografen zu eigen gemacht haben. Wenn das Modell bei einer Ganzaufnahme zum Beispiel seinen Fuß in Kamerarichtung dreht, so daß die Ferse nicht zu sehen ist, werden die Beine optisch verlängert. Zur Rolle des Fotografen als Lehrer gehört es auch, seiner »Schülerin« zu zeigen, daß Modellstehen eine Mischung aus Schauspielen, Tanzen und Phantasiespielereien sein kann. Wenn Sie Ihrem Modell helfen, in die Stimmung zu kommen, die Sie festhalten wollen, werden Ihre Ergebnisse immer befriedigender werden, als wenn Sie es einfach nur bitten zu lächeln und einen glücklichen Eindruck zu machen.

Der Kameraclub

In vielen Städten gibt es fotografische Gesellschaften und Kameraclubs, manchmal sogar in größeren Betrieben oder Firmen.

Der Sinn eines Fotoclubs

Ausstattung und Ziele solcher Clubs können sehr verschieden sein. Einige haben keine eigenen Clubräumlichkeiten, sondern »leihen« sich einen Raum stundenweise aus, während andere neben einem eigenen Treffpunkt Ausstellungsmöglichkeiten, Dunkelkammern und manchmal sogar ein oder zwei Studios mit Beleuchtungseinrichtungen besitzen. Diese größeren Clubs stellen ihre Studios gegen geringe Stundensätze ihren Mitgliedern zur Verfügung und sorgen auch oft für Modelle zu reduzierten Honorarsätzen. Manchmal organisieren sie Fortbildungsabende, bei denen Vorträge über verschiedene Aspekte der Fotografie gehalten werden, und meist besitzen sie eine gute Auswahl an Büchern und Zeitschriften zu fotografischen Themen. Einige Clubs haben auch Diasammlungen, die es den Mitgliedern möglich machen, ihre Arbeit mit der anderer Fotografen zu vergleichen. Schließlich veranstalten sie Dia- und Fotowettbewerbe und organisieren Ausstellungen und kritische Diskussionsrunden.

Sie sollten sich über die Möglichkeiten, die Ihnen ein Club bietet, genau informieren, bevor Sie sich für den Beitritt entscheiden. Wenn der Club fotografische Gruppentermine organisiert und ein Modell stellt, erkundigen Sie sich, ob die Anzahl der Mitglieder, die an jeder Sitzung teilnehmen können, begrenzt ist. Wenn mehr als sechs oder sieben Fotografen gleichzeitig im selben Studio arbeiten, kommt wenig dabei heraus.

Private Fototermine im Clubstudio

Viele Fotoclubs vermieten ihre Studios an Privatleute. Wenn Sie sich dieses Angebots bedienen wollen, sollten Sie vorher klären, wer für eventuell entstehende Schäden aufkommt. Wer bezahlt zum Beispiel geplatzte Glühbirnen? Und wenn der Hintergrundkarton im Studio zur Verfügung gestellt wird, erkundigen Sie sich vorher, ob Sie dafür bezahlen müssen.

Clubeigene Dunkelkammern

Manche Clubs besitzen Dunkelkammern, die man stundenweise mieten kann. Erkundigen Sie sich vorher, was in diesem Mietvertrag eingeschlossen ist. Wichtig ist zum Beispiel, ob der Club Chemikalien wie Papierentwickler, Stoppbad und Fixiermittel stellt. Im Normalfall wird man von Ihnen erwarten, daß Sie Ihr eigenes Fotopapier und kleineres Handwerkszeug mitbringen.

Studiotermine

Wenn Sie Mitglied in einem Fotoclub geworden sind, haben Sie das Recht, an Studioabenden mit einem vom Club engagierten Modell, dessen Honorar von den Mitgliedern gemeinsam bezahlt wird, teilzunehmen. Auf diese Weise kann man mit Aktaufnahmen anfangen, wenn auch Nachteile in Kauf genommen werden müssen.

Das Für und Wider einer Clubmitgliedschaft

Wenn eine Gruppe von sechs oder mehr Teilnehmern sich dasselbe Modell und dieselbe Beleuchtung teilen, gibt es unvermeidlich ein Geschiebe und Gedränge um die besten Aufnahmepositionen; dazu kommt, daß die so wichtige Beziehung des Fotografen zum Modell notwendigerweise

Kino als Fotostudio ▽
Der Clubraum von Fotoclubs großer Betriebe ist oft das Betriebskino oder der Konferenzsaal, die für die Clubabende mit nahtlosem Papier und Fotolampen in ein Studio verwandelt werden. Aktabende stoßen gewöhnlich auf reges Interesse, wie Sie an der Aufnahme von einem Clubabend unten erkennen können. Dieser Club hat das Glück, großzügige Räume zur Verfügung zu haben.

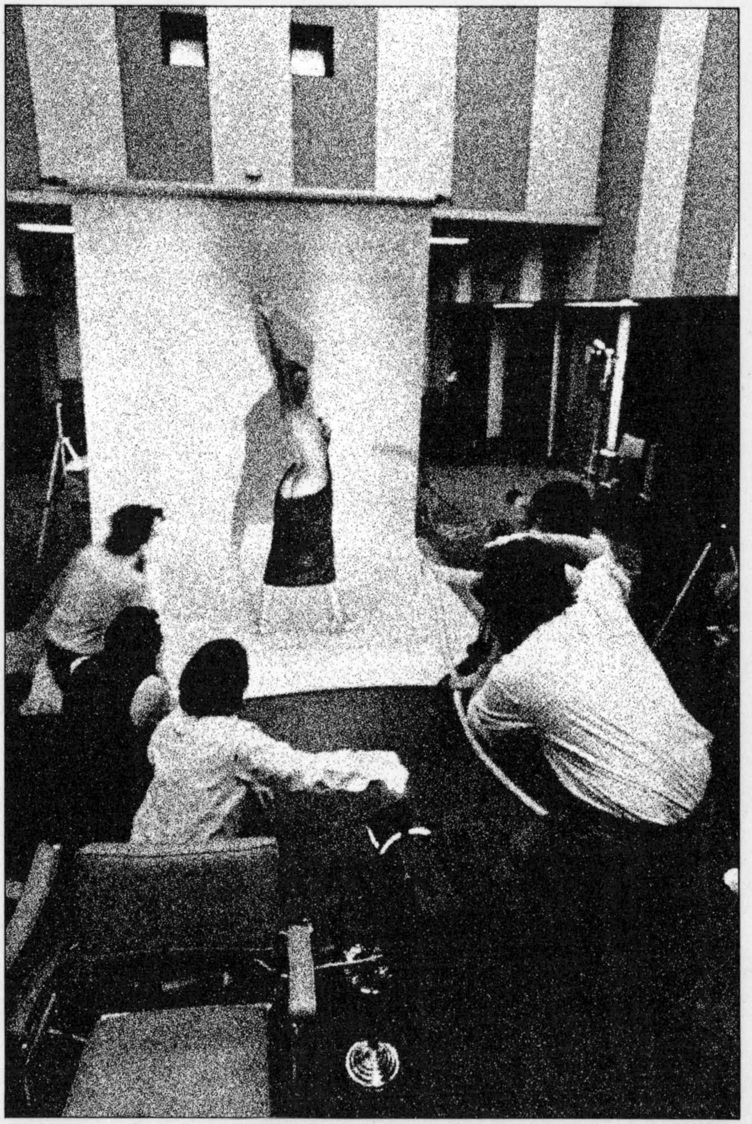

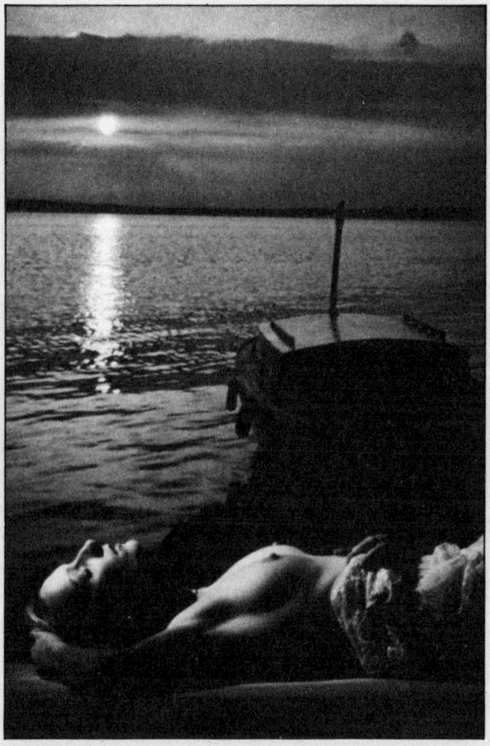

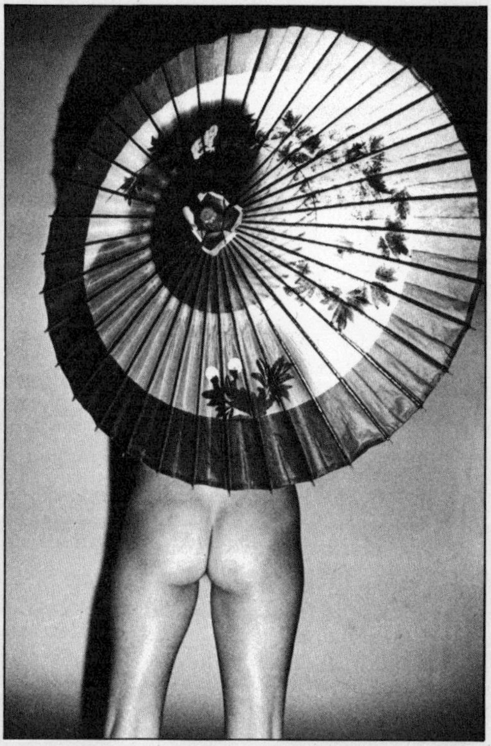

◁ **Clubaufnahmen**
Ein Clubmitglied machte an einem Clubabend diese Bilder in Farbe. Die Aufnahme mit Hintergrundprojektion (ganz links) entstand mit Hilfe anderer Mitglieder, die einen Diaprojektor und Hintergrunddias zur Verfügung stellten. Das Bild links verdankt seine Wirkung der einfachen, grafischen Qualität. Ohne den Schirm, den das Modell mitbrachte, wäre sie nicht möglich gewesen.

sehr reserviert bleibt, was Sie in Ihrer Kreativität hemmen kann.

Von Vorteil ist jedoch, daß die Verantwortung für die Beleuchtung und andere Ausrüstungsgegenstände – Ihre eigene Kamera natürlich ausgenommen – nicht bei Ihnen liegt, und Ihnen diese Abende helfen, die Arbeitsweise anderer Fotografen zu studieren. Oft gehört das Modell auch zur Kategorie der »unvollkommenen« Modelle (siehe Seite 94); befolgen Sie dann die dort gegebenen Ratschläge. Manchmal kann ein Modell auch privat engagiert werden, so daß Sie allein an einem selbstgewählten Aufnahmeort mit ihm arbeiten können.

Der größte Nachteil dieser gemeinsamen Fototermine besteht darin, daß vorher kaum über Planung und Organisation nachgedacht wird. Daher verläßt man sich nur allzu oft auf die instinktiven Posiertalente, Ideen und die im Überdruß eingesetzten Requisiten des Modells. Dann lohnt es sich, andere Aufnahmeorte vorzuschlagen und eigene Ausflüge zu organisieren, zum Beispiel im Sommer zu einem schönen Haus oder Park. Sie werden feststellen, daß in den Clubs mehr Gewicht auf Technik und Ausrüstung als auf die Bilder gelegt wird. Trotzdem kann Ihnen Ihr örtlicher Fotoclub einen guten Einstieg in die Aktfotografie ermöglichen, bis Sie genug Selbstvertrauen haben, selbständig ehrgeizigere Projekte in Angriff zu nehmen.

Die Gründung eines eigenen Clubs

Wenn es in Ihrer Gegend keinen Fotoclub gibt, sollten Sie sich ein wenig umhören, inwieweit Interesse dafür besteht. Eine kleine Anzeige in der Lokalzeitung oder ein Anschlag am schwarzen Brett im Betrieb bringen Ihnen wahrscheinlich so lebhafte Reaktionen, daß Sie vielleicht die Möglichkeit ins Auge fassen, sich zu einem Club oder Verein zusammenzutun.

Ausstattung Ihres Studios

Das ideale Studio gibt es ebenso wenig wie das ideale Modell. Wenn ein Raum zum Beispiel groß genug ist, um all die Bilder zu verwirklichen, die Sie sich jemals vorstellen können, ist er wieder zu groß, um wirtschaftlich beheizt zu werden, und sicherlich zu groß, um eine angenehme, entspannte Atmosphäre zu fördern. Wichtiger als die Größe ist meiner Auffassung nach das Licht Ihres Studios. Ein einigermaßen großes Fenster (besser noch zwei), das nach Möglichkeit auf den offenen Himmel hinausgeht, ist eine ausgezeichnete Lichtquelle, bei der auch nicht zuviel »Intimität« verloren geht. Im idealen Fall sollten zwei Fenster im rechten Winkel zueinander angeordnet sein, so daß Sie eines als Hauptlichtquelle und das andere als Quelle für Ihr Hintergrund- oder Schlaglicht, Seiten- oder Aufhellicht einsetzen können.

Falls sie nicht bei Tageslicht, sondern bei künstlicher Beleuchtung fotografieren, spielen Wandfarbe und Deckenhöhe eine Rolle. Wenn sie hauptsächlich in Farbe arbeiten, muß die Decke weiß sein und nach Möglichkeit wenigstens zweimal so hoch wie Ihr Modell, damit Sie genug Raum zur Verfügung haben, um Ihr Licht bestmöglich einsetzen zu können.

Fast ebenso wichtig ist, daß das Studio möglichst viele Wandschränke besitzt, in denen Sie all die nicht-technischen Gegenstände unterbringen können, die für einen Aktfotografen unerläßlich sind. Zusätzlich brauchen Sie Regale für Reflektoren, Requisiten und Fotoleuchten.

Von Vorteil ist, wenn Ihr Studio Zugang zu einem Raum hat, in dem sich das Modell umziehen kann. Das kann ein Badezimmer sein, sollte aber auf jeden Fall mit einem Spiegel und gutem Schminklicht ausgestattet werden. Das Modell wird auch für eine Art Toilettentisch oder ein Regal, auf dem es seine Kosmetika ablegen kann, und für einen Stuhl oder Hocker dankbar sein. Während der Schminkvorbereitungen und tatsächlichen Aufnahmen kann Musik die richtige Stimmung schaffen.

Minimalerfordernisse ▽
Durch Notwendigkeit von ausreichend Raum zum Arbeiten einerseits und genügend Platz zum Unterbringen von Ausrüstung und Requisiten andererseits muß ein Studio unterschiedlichen Anforderungen genügen. Eine einfache weiße Wand kann als Projektionswand, Hintergrund oder große Aufhellfläche dienen. Möbelstücke, im Hinblick auf ihren möglichen Wert als Requisiten ausgewählt, sollte man auf ein Minimum beschränken; gleichzeitig sollen geräumige Stauschränke den größten Teil der Ausrüstung aufnehmen. Mit Rollos kann man das Tageslicht regulieren; die besten Bilder können an der Wand aufgehängt werden.

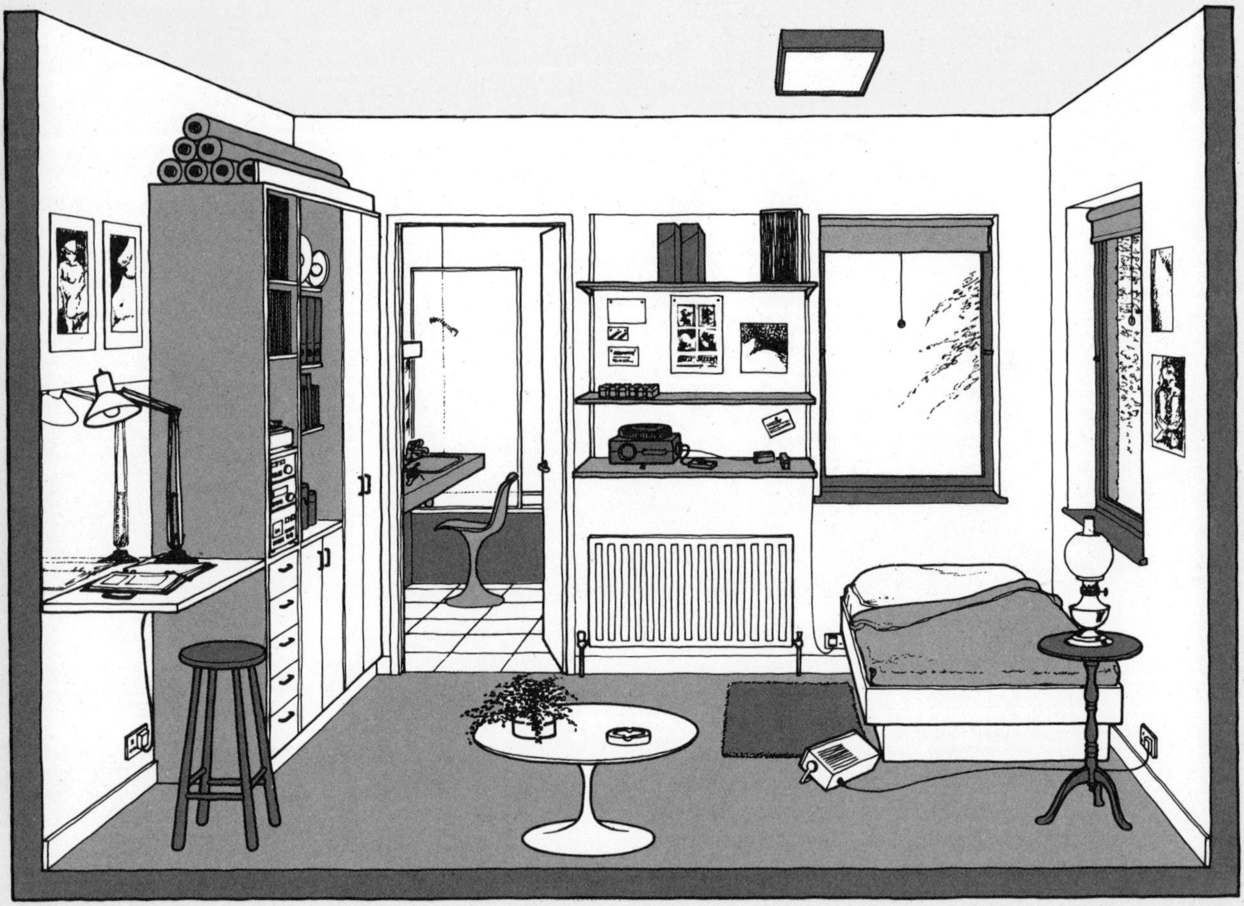

Die Studioeinrichtung

Den Kosten für die Einrichtung eines Studios für Aktfotografie sind nach oben keine Grenzen gesetzt. Hier habe ich einige einfachere Einrichtungsgegenstände aufgezählt, die ich für einen fortgeschrittenen Hobbyfotografen oder ein Clubstudio für ideal halte.

Ich bin in der glücklichen Lage, gleich zwei Studios zu besitzen. Mein Lieblingsstudio ist ein großes, speziell zu diesem Zweck gebautes Tageslichtatelier mit einem Glasdach nach Süden und Glasschiebetüren. Es hat keine Dauereinrichtung und ist nur mit wenigen, aber ausgesuchten Möbelstücken ausgestattet.

Mit meiner Ausrüstung kann ich das Licht sowohl produzieren als auch regulieren. Ein paar alte Scheinwerfer und Flutlichter und zwei oder drei Netzblitzgeräte werden durch eine breite Auswahl von Reflektoren in schwarz und weiß, Spiegel, Diffusoren, Klappen, Tuben, Schirme und eine selbst hergestellte Lichtwanne vervollständigt.

Künstliches Flutlicht und Scheinwerfer
Ein Anfänger wird mit dem Licht von Flutleuchten und Scheinwerfern besser zurechtkommen als mit Blitzlicht. Zu den Nachteilen dieser Lichtquellen zählen ihre Farbe, die die Verwendung eines Kunstlichtfilms erforderlich macht, und ihre, verglichen mit Blitzgeräten, relativ geringe Lichtleistung.

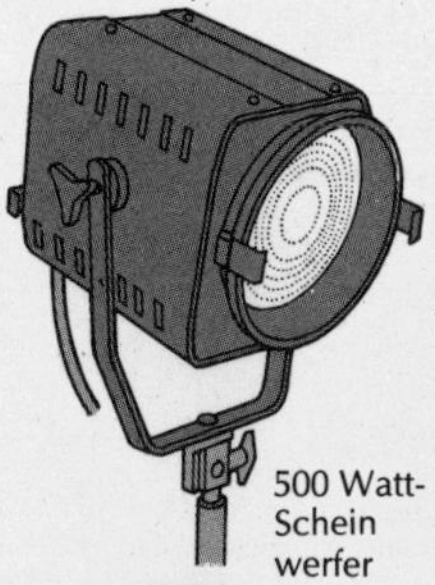
500 Watt-Schein werfer

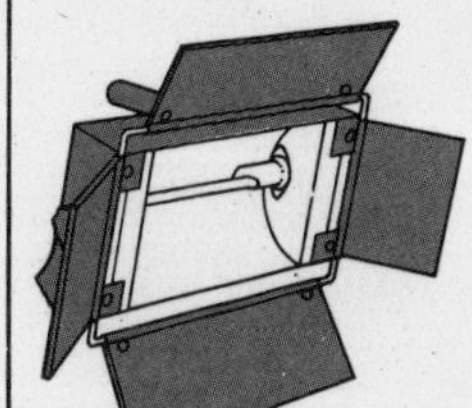
Breitstrahler

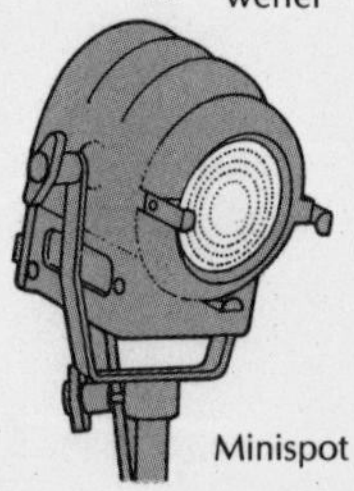
Minispot

Blitzausrüstung
Man benötigt einen Blitzbelichtungsmesser; bei wichtigen Aufnahmen, und wenn man noch keine Erfahrung hat, kann man dies mit einem Polaroidmagazin ausgleichen. Ich arbeite mit einem kombinierten Netzgerät, bei dem ich Blitz und Lichtintensität getrennt einstellen kann.

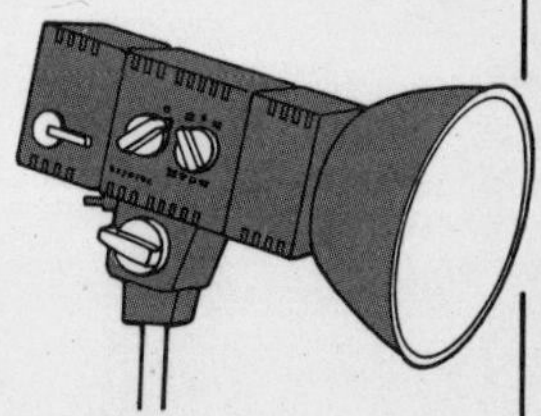

Reflektor
Die Wiederaufladezeit Ihres Blitzgeräts muß mit Ihrer Aufnahmegeschwindigkeit Schritt halten.

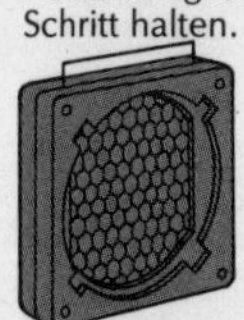

Wabe und Filter
Die Wabe ist eine Neuentwicklung und bündelt das Licht zu einem Scheinwerferstrahl.

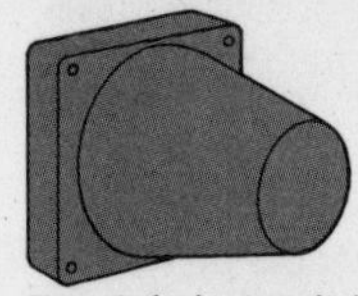

Tuben
Eine einfache Möglichkeit der Lichtbeeinflussung; erzeugt einen Scheinwerfereffekt.

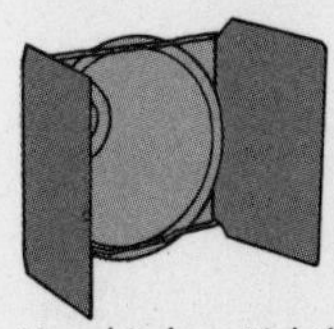

Klappen
Verschiedene Lichtformen durch Veränderung der Klappenstellung.

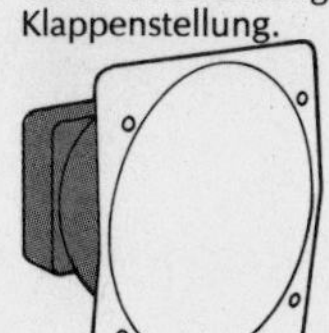

Streuscheibe
Jedes Zubehör, mit dem man das Licht streuen kann, ist nützlich.

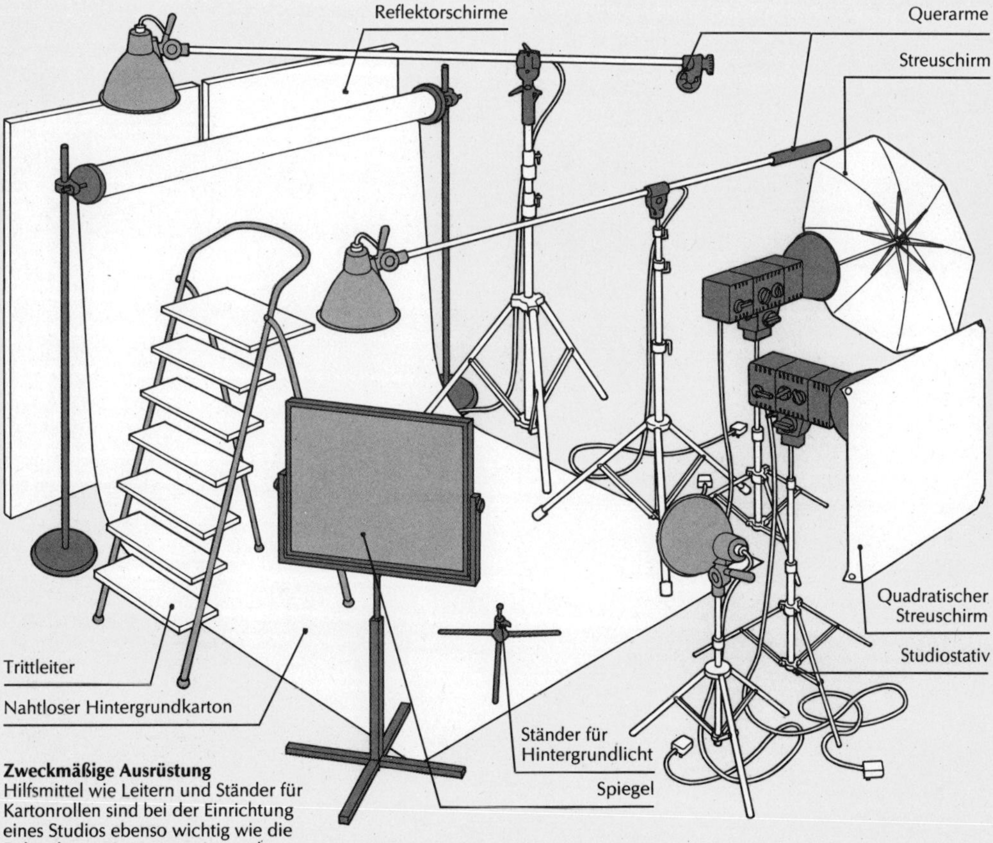

Zweckmäßige Ausrüstung
Hilfsmittel wie Leitern und Ständer für Kartonrollen sind bei der Einrichtung eines Studios ebenso wichtig wie die Beleuchtung. Lampenstative und Haltearme erweitern Ihren Beleuchtungsspielraum.

Bildredaktion

Die abschließende Bildreaktion kann man nicht irgendwann nebenbei, in einem freien Augenblick, erledigen. Ein Fotoprojekt ist für mich nicht abgeschlossen, bevor ich nicht alle Bilder sorgfältig begutachtet und entschieden habe, was mit jedem einzelnen geschehen soll. Aktaufnahmen erfordern eine besonders sorgfältige Auslese, denn über manche heiklen, aber wichtigen Geschmacksfragen kann man erst entscheiden, wenn man seine Bilder einer kritischen Prüfung unterzieht.

Redaktion von Farbdias

Beim Begutachten werden Sie viel lernen, denn wenn Sie alle Bilder sorgfältig prüfen und eventuelle Fehlerquellen feststellen, wird Ihnen derselbe Fehler nicht noch einmal unterlaufen. Genauso müssen Sie gelungene Bilder, Stück für Stück, kritisch unter die Lupe nehmen, um zu entdecken, welche Faktoren für ihr Gelingen verantwortlich sind. Deshalb lasse ich mir meine Dias vom Fotolabor nicht rahmen, sondern nach der Entwicklung ungeschnitten zurückgeben. Dann prüfe ich mit einem guten Vergrößerungsglas und Diabetrachter jede Einzelheit, bevor ich mit dem Rahmen beginne. Ich sehe die Dias in derselben Reihenfolge an, in der ich sie fotografiert habe, und versuche wiederzufinden, was ich mit jedem einzelnen aussagen wollte. Manche Fotografen machen sich in diesem Stadium Notizen oder ziehen ihre ursprünglichen Aufzeichnungen heran.

Während ich mich langsam durch die Bilder arbeite, beurteile ich das Ergebnis meiner verschiedenen Bildkonzepte und angewandten Techniken und ziehe über jedes fotografische Projekt nach folgenden Gesichtspunkten meine Schlußfolgerungen: Habe ich mein Ziel erreicht und, wenn nicht, warum nicht? War das Modell gut? War der Aufnahmeort günstig? Befinden Sich ein oder mehrere Starfotos unter den Aufnahmen? War das technische Niveau hoch, die Belichtungsreihe korrekt und die Farbausgewogenheit so, wie ich sie haben wollte? Hat das Labor einen sauberen, kratzerfreien Film geliefert? Schließlich untersuche ich den Farbfilm im Hinblick auf seine Leistung und Eignung für den Zweck, für den ich ihn verwendet habe.

Nach dieser kritischen Beurteilung markiere ich mit einem Fettstift am Rand alle Dias, die ich rahmen will. Auf den Filmanfang notiere ich die Gesamtzahl der in der Filmrolle so markierten Aufnahmen, damit ich beim Rahmen keine übersehe. Wo die zufriedenstellende Qualität eines Bildes anfängt, ist schwer zu sagen; alle Fotografen haben dafür ihre eigenen Kriterien. Hätte ich nicht Verpflichtungen, die mich daran hindern, so würden die meisten meiner Bilder im Abfall verschwinden; aber es gibt immer jemand, der sie sehen oder eine Vergrößerung haben möchte. Mit Sicherheit wollen Sie Ihrem Modell ein paar Bilder überlassen und brauchen »Dankeschön«-Bilder, wenn Ihnen jemand vielleicht ein Requisit geliehen oder anderweitig geholfen hat. Vielleicht be-

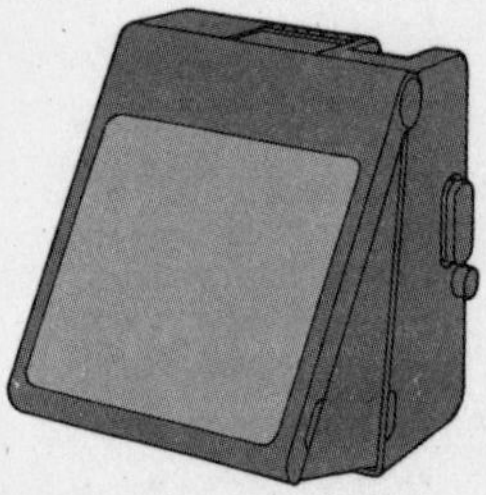

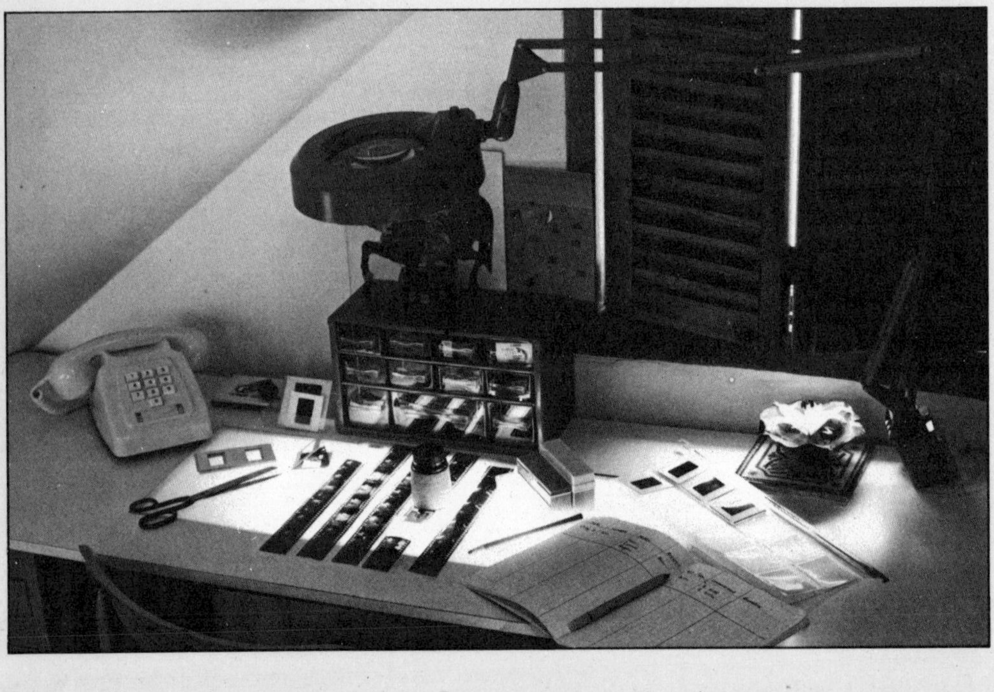

◁ **Hilfen bei der Bildredaktion**
Wenn Sie wie ich auf kleinformatigem Film arbeiten, muß Ihre Redaktion sehr gewissenhaft erfolgen. Ein selbst gebauter Lichtbetrachter (links) mit hellen Tageslicht-Leuchtröhren unter einer in die Arbeitsplatte eingelassen Opalglasscheibe, ist eine wertvolle Hilfe; verwenden Sie das beste Vergrößerungsglas, das Sie sich leisten können. Ich bewahre Papprähmchen in verschiedenen Größen zusammen mit Fettstiften, einer Schere, Umschlägen und anderen Hilfsmitteln in einer Schublade auf. Meine Lupen-Licht-Kombination über der Arbeitsplatte ist ideal zum Betrachten von Kontaktbögen. Das Protokollbuch wird bei der Bildauswahl gleich mitgeführt. Wenn Ihre Dias gerahmt sind, ist der 35mm-Magazinbetrachter (oben) für eine Vorauswahl der Bilder aus der Fotoserie sehr gut geeignet.

Redaktion – Schritt für Schritt

1 Der Film kommt unbeschnitten aus dem Entwicklungslabor

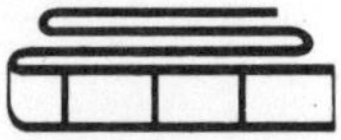

2 Sortieren Sie die Filmstreifen entsprechend der Aufnahmereihenfolge

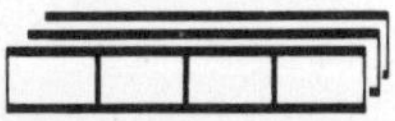

3 Suchen Sie mit einem Vergrößerungsglas nach Fehlern und gelungenen Aufnahmen

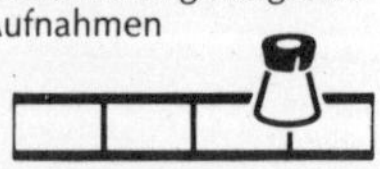

4 Wählen Sie ein Sortiersystem; Behälter beschriften.

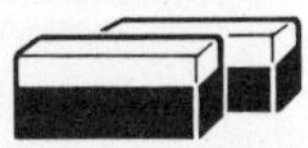

5 Markieren Sie die Ränder brauchbarer Aufnamen mit Fettstift.

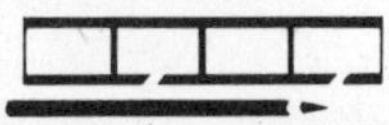

6 Schneiden Sie den Film und rahmen Sie die Bilder.

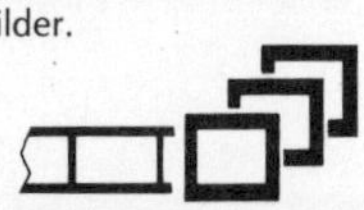

7 Betrachten Sie Ihre Dias kritisch und ordnen Sie sie dann ein.

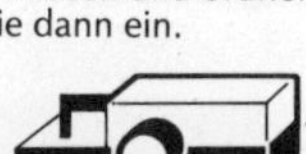

8 Werfen Sie erst nach einer zweiten Begutachtung Ihre Ausschußbilder fort.

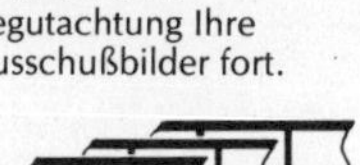

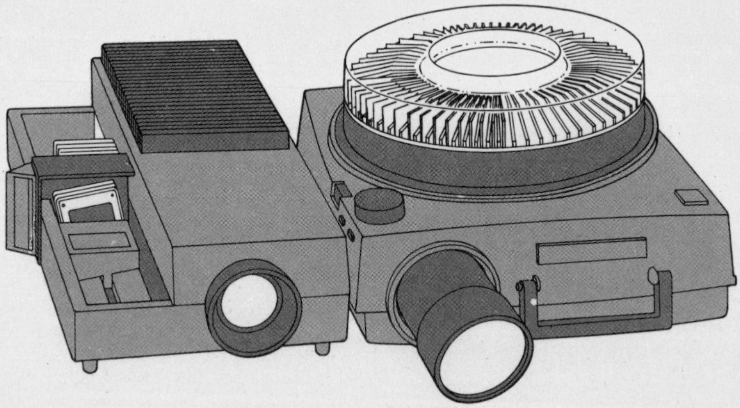

◁ **Bildvergleich**
Wenn ich sehr viele gerahmte Dias auf einmal begutachten muß, arbeite ich gleichzeitig mit zwei Projektoren. Ich lasse eine Reihe ähnlicher Bilder schnell durch einen der beiden Projektoren laufen und stecke dann das Bild, das mir am besten gefällt, in den zweiten. Es bleibt auf die Leinwand projiziert, während ich alle anderen Bilder ein zweites Mal durch den ersten Projektor laufen lasse, um durch den Vergleich die Richtigkeit meiner Wahl zu bestätigen.

nötigen Sie auch Dias für einen Clubwettbewerb, und Ihre besten Bilder möchten Sie natürlich gesondert in einem Ordner aufbewahren. Um allen diesen Anforderungen gerecht zu werden, schlage ich vor, daß Sie leere Plastikbehälter nach dem Verwendungszweck Ihrer Bilder beschriften, zum Beispiel: »Für das Modell«, »Dankeschön-Bilder«, »Clubwettbewerb«, »bester Aufnahmesatz« und so weiter. Ich suche auch immer nach sogenannten »Ideenträgern«, die ich getrennt unterbringe. Das sind Aufnahmen, die vielleicht nicht ganz gelungen sind, in denen aber eine gewisse Qualität oder Idee steckt, die für spätere Zwecke nützlich werden können. Zusätzlich suche ich nach Bildern, die zwar nicht wie geplant gelungen sind, aber Bereiche haben, die sich später für Fotomontagen verwenden lassen.

Redaktion während der Projektion

Das Bildsortieren geschieht, nachdem die Dias gerahmt und in einem Diabetrachter oder Projektor kritisch begutachtet wurden. Wenn ich sehr viele Dias zu redigieren habe, arbeite ich mit zwei Projektoren, einer davon mit Rundmagazin, durch das man die einzelnen Dias sehr schnell durchlaufen lassen kann. Dabei suche ich die meiner Meinung nach am besten gelungene Aufnahme aus, projiziere sie mit dem zweiten Projektor auf die Leinwand und lasse dann das gesamte Material noch einmal durchlaufen. Auf diese Weise kann ich das ausgewählte Dia unmittelbar mit den restlichen Aufnahmen vergleichen, da sie nebeneinander auf der Wand erscheinen. Wenn ich davon überzeugt bin, daß die besten Bilder entsprechend eingeordnet sind, halte ich ein Abfalldia zurück, um meinen Eintrag ins Arbeitstagebuch damit zu illustrieren. Es mag lästig sein, alle Fotositzungen zu protokollieren, aber der Aufwand lohnt sich.

Werfen Sie nicht alle Dias, mit denen Sie nicht zufrieden sind, sofort weg. Ich stecke meine in einen Umschlag und schreibe den Namen des Modells und das Aufnahmedatum darauf. Ein oder zwei Monate später, wenn ich etwas Zeit habe, mache ich mich dann an eine zweite, gründliche Auslese. Bis dahin ist meine erste Aufregung über die Aufnahmen abgeklungen, und ich kann das Abfallmaterial noch einmal überprüfen, bevor ich mich endgültig davon trenne. Meine Einstellung gegenüber meinen Bildern kann sich in der Zwischenzeit verändert haben, und manchmal finde ich tatsächlich gelungene Bilder, die mir bei der ersten Begutachtung entgangen sind. Unglücklicherweise ist der Fotograf selbst oft nicht der beste Kritiker seiner Bilder, da er meist voreingenommen ist. Er sucht oft nur nach Bildern, die seiner ursprünglichen Konzeption entsprechen. Dabei können gute Bilder oft ganz unerwartet zustande gekommen sein; seien sie auch dafür aufgeschlossen, wie Sie es beim Fotografieren selbst sein sollten. Ich begutachte meine Bilder immer gern mit einem Freund zusammen, dessen Urteil ich vertraue. Ich habe festgestellt, daß ich dadurch oft auf Qualitäten in Bildern aufmerksam werde, die ich so zwar nicht geplant hatte, die aber durchaus überzeugen. Seien Sie bei Ihrer Bildredaktion ebenso offen wie beim Fotografieren und nutzen Sie glückliche Zufälle.

Präsentation

Schwarzweißredaktion

Das Redigieren von Farbnegativen und Schwarzweißbildern macht Spaß, weil es den Fotografen noch einmal fordert. Ein Dia ist bereits in einem relativ fertigen Zustand, aber Negative und Kontaktabzüge befinden sich in einem Stadium, in dem noch vieles möglich ist und Sie alle Tricks und Dunkelkammertechniken anwenden können. Die Grundausrüstung bei der Schwarzweißredaktion ist ähnlich der für Farbarbeiten; Sie benötigen ein sehr gutes Vergrößerungsglas und gutes Licht, um die Kontakte genau betrachten zu können. Zeichnen Sie Ihre Bilder mit einem Fett- oder Filmstift an, nach Möglichkeit in blau oder schwarz, weil rot, orange und gelb in der Dunkelkammerbeleuchtung unsichtbar werden. Um größtmögliche Klarheit zu bekommen, mache ich meine Kontaktabzüge auf glänzendes Papier; bevor ich sie untersuche, schreibe ich das Protokollbuch und hefte die Negativstreifen in einen Ordner ein. So sorgfältig Sie Ihre Kontaktbilder von kleinen Negativen auch prüfen, beim Vergrößern erleben Sie oft doch noch Überraschungen; deshalb schlage ich vor, daß sie von den Bildern Ihrer Vorauswahl eine Vergrößerung in Postkartengröße herstellen, um ihre Qualitäten besser beurteilen zu können. Notieren Sie technische Angaben auf der Rückseite; das erleichtert Ihnen später die endgültige Vergrößerung auf größere Formate.

Was ich zuvor über die Redaktion von Dias gesagt habe, trifft auch zum Teil auf die Redaktion von Negativen und Kontaktblättern zu, und man kann nach einem ähnlichen Organisationssystem vorgehen.

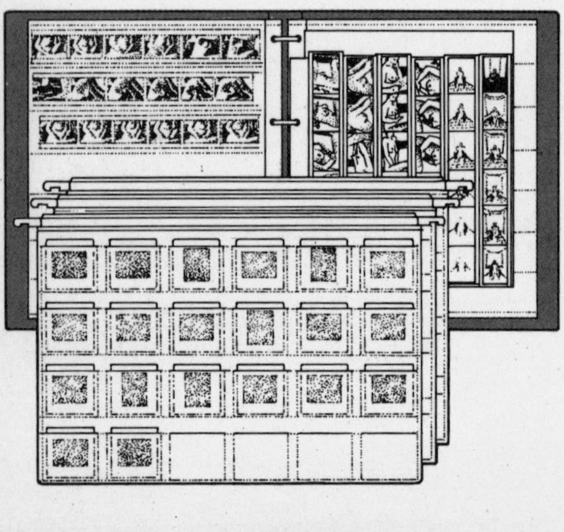

Aufbewahrung
Gute Fotos sollten auch entsprechend aufbewahrt werden. Hüllen aus Plastik im Ordner oder in der Hängeregistratur sind eine staubsichere und ansprechende Art der Aufbewahrung. Schwarzweiß-Negative archiviert man am besten in Klarsichthüllen und legt sie zusammen mit den Kontaktbögen in einem Ordner ab. Jedes Blatt wird numeriert und in einem besonderen Datenblatt festgehalten.

Wenn Sie ein geeignetes Modell gefunden, eine erfolgreiche fotografische Sitzung durchgeführt und Ihre Aufnahmen sorgfältig redigiert und ausgewählt haben, stehen Sie vor der ebenso wichtigen Aufgabe, Ihre Bilder entsprechend darzubieten. Der Beifall, den Sie dann von Ihren Freunden ernten, wird ein Anreiz für Sie sein, weiter an sich zu arbeiten und Rückschläge zu verwinden, unter denen jeder Fotograf unweigerlich einmal zu leiden hat. Als Grundregel läßt sich sagen: Treffen Sie eine überlegte Auswahl und zeigen Sie niemals Bilder, die Ihnen selbst nicht gefallen. Vernichten Sie mißlungene Aufnahmen und langweilen Sie nicht Ihre Freunde damit.

Präsentation von Papierbildern

Wenn Sie Ihre Bilder vorzeigen, halten Sie die Zahl in Grenzen und achten Sie darauf, daß sie vor dem Aufziehen und Rahmen sorgfältig ausgetupft und retuschiert sind (siehe rechte Seite). Sie können Ihre Bilder in Buchform entweder hinter Klarsichtfolie (ein schnelles, einfaches Verfahren, aber mit dem Nachteil, daß ein Teil der Bildqualität untergeht) oder auf Karton aufgezogen in einem Ringordner präsentieren. Wenn Sie Ihre Bilder aufziehen wollen, können Sie Karton in einer zum Bild passenden Farbe aussuchen. Tupfen Sie sie sorgfältig aus und bringen Sie nach Möglichkeit Ihre Signatur und das Aufnahmedatum auf dem Passepartout an. Wenn Ihre Bilder gut sind, können Sie sie auch hinter Glas rahmen und aufhängen.

Scheuen Sie sich nicht, Zeit und Mühe auf die Darbietung Ihrer Bilder zu verwenden. Erst wenn ein Bild hängt oder in einem Buch vorteilhaft präsentiert wird, können Sie wirklich nachvollziehen, was Sie geleistet haben, und Sie werden merken, daß Sie allmählich ein immer besseres Niveau erreichen.

Diavorführung

Wenn Sie, wie ich, lieber mit Diafilm arbeiten, lohnt es sich, einen Satz Ihrer besten Bilder zusammenzustellen, die Sie von Zeit zu Zeit Ihren Freunden zeigen können. Es lohnt sich, diese Vorführabende mit Sorgfalt vorzubereiten. Begrenzen Sie die Anzahl der vorgeführten Bilder und vergewissern Sie sich, daß sie richtig eingeordnet und staubfrei sind; legen Sie eine Reihenfolge fest, die eine gewisse Logik hat und es Ihnen ermöglicht, die Bilder mit einem Kommentar zu begleiten. Das müssen Sie einige Male allein üben, wenn alles glatt laufen soll. Geeignete Musik kann die Vorführung zusätzlich untermalen; ich bringe gern einen Hauch von Theateratmosphäre in meine Vorführabende, indem ich die Sitzordnung vorher festlege. Wenn sie einen Dimmer haben, können Sie das Licht für die Vorführung langsam

Einfaches Retuschieren

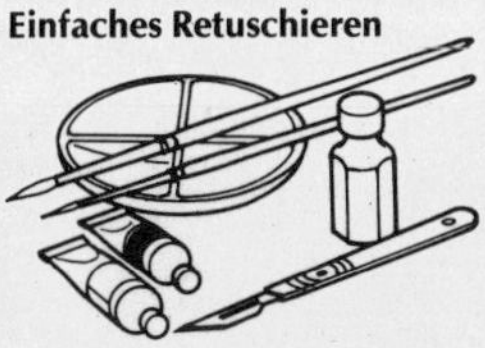

Man kann Unreinheiten auf Abzügen nicht immer verhindern, aber mit dem richtigen Werkzeug unsichtbar machen. Dazu brauchen Sie ein scharfes, skalpellähnliches Messer, Retuschierfarbe und sehr feine Haarpinsel.

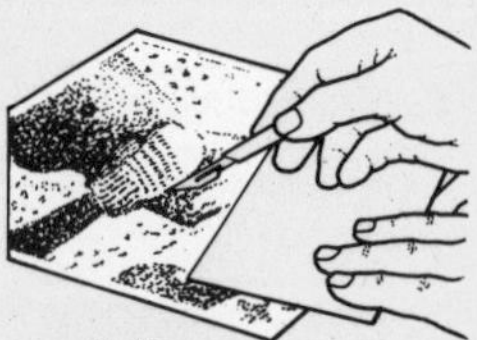

Ausschaben
Um Unreinheiten zu entfernen, schaben Sie vorsichtig die Beschichtung von der Papieroberfläche. Auf diese Weise kann man auch Töne aufhellen.

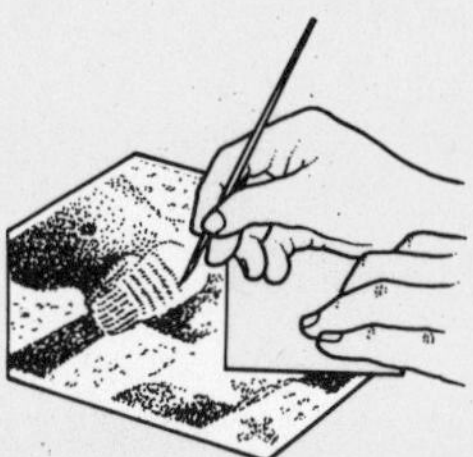

Austupfen
Tragen Sie mit einem feinen Pinsel zum Bild passende Farbe der richtigen Konsistenz auf. Beginnen Sie immer mit den dunkelsten Bereichen.

Das Aufziehen von Abzügen

Man kann Fotografien naß mit geeignetem Leim oder trocken mit doppelt beschichteter spezieller Klebefolie oder einem aufsprühbaren Klebstoff aufziehen.

Trocken aufziehen
Um Bilder trocken aufzuziehen, können Sie eine spezielle Folie verwenden, die beidseitig mit Klebstoff beschichtet ist, der bei Hitzeeinwirkung schmilzt. Eine Seite klebt auf dem Bildträger, die andere an der Bildrückseite. Man kann die Folie mit einem Bügeleisen aufbügeln.

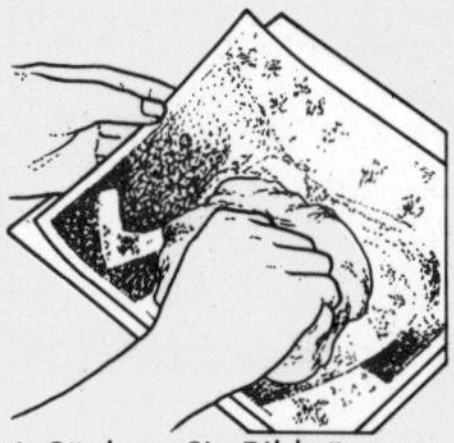

1 Säubern Sie Bildträger und Vergrößerung

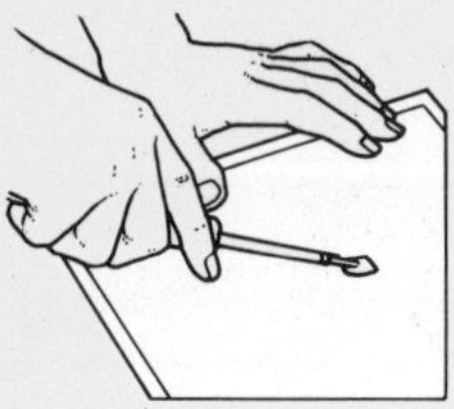

2 Bildrückseite und Klebefolie verbinden

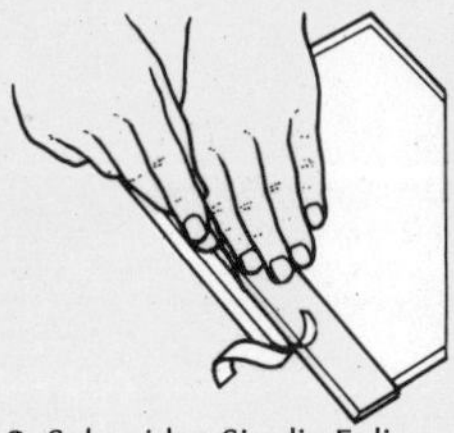

3 Schneiden Sie die Folie entsprechend zurecht

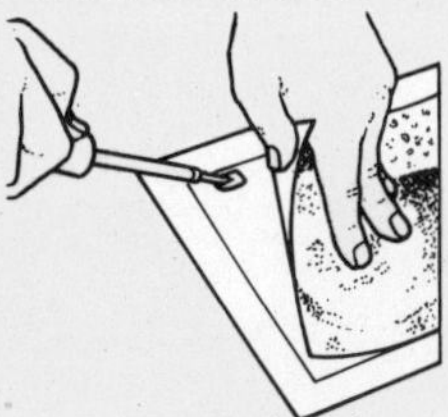

4 Fixieren Sie die Ecken der Folie auf dem Karton

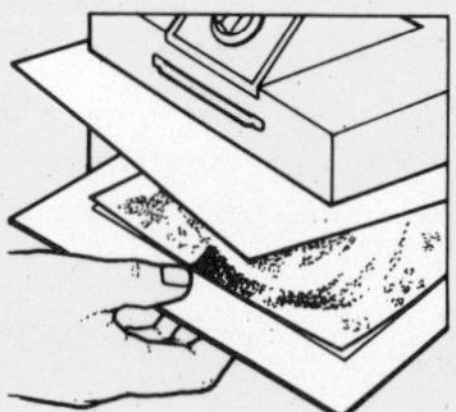

5 Verbinden Sie Bild und Karton mit Hilfe der heißen Presse

Sprühaufzug
Manche Kleber, die sich für das Aufziehen von Fotos eignen, sind als Sprays erhältlich. Besprühen Sie die Rückseite des Bildes, legen Sie es auf den Bildträger und lassen Sie es unter leichtem Druck trocknen.

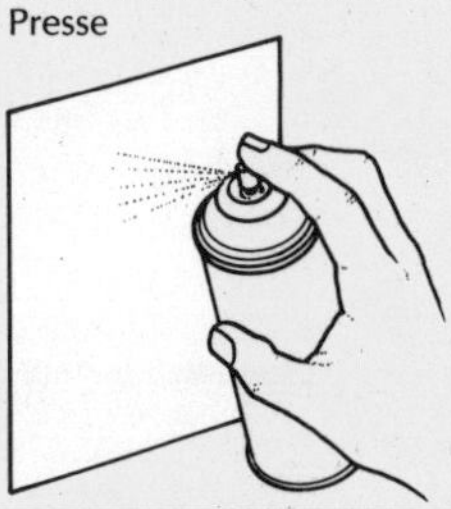

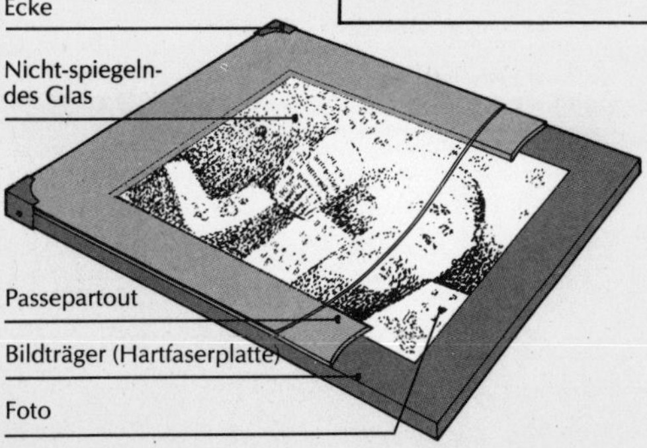

◁ **Das Rahmen von Fotografien**
Aus geeignetem Material können Sie Ihre eigenen Rahmen anfertigen. Am einfachsten ist ein Rahmen, der die aufgezogene Vergrößerung, eine Unterlage (falls nötig) und eine Glasscheibe auf allen vier Seiten zusammenhält.

herunterregeln; damit haben Sie alles getan, um Ihre Gäste mit Ihrer Bildervorführung so gut wie möglich zu unterhalten.

Wenn Sie sich für Diavorführungen begeistern, sind Ihnen keine Grenzen gesetzt. Vorführungen mit zwei oder drei Projektoren gleichzeitig, nach Möglichkeit mit mehreren Leinwänden, mit synchronisiertem Ton und Bildern, die sich auflösen und von Leinwand zu Leinwand wandern, können sehr effektvoll sein.

Wenn Sie Anfänger sind und noch im Versuchsstadium stecken, mag Ihnen das alles sehr weit weg und unerreichbar erscheinen. Aber erst wenn Sie einen Sinn für den Wert Ihrer eigenen Arbeit entwickelt haben, können Sie erwarten, daß auch andere sie ernst nehmen. Sie werden oft feststellen, daß Freunde Sie drängen, Bilder vorzuführen, obwohl Sie sie nicht für gut halten. Sie sollten sich dadurch nicht in Versuchung führen lassen und sich auf die eigene Einschätzung Ihrer Bilder verlassen. Das ist manchmal schwierig, wenn Ihnen jemand mit seiner Zeit und Arbeit geholfen hat, aber nur so können Sie das Niveau schaffen, von dem aus Ihnen mit der Zeit immer bessere Bilder gelingen werden.

Fotografieren als Beruf

Auf dem Profimarkt für Aktaufnahmen herrscht – milde ausgedrückt – ein reger Konkurrenzkampf. Automatische Kameras werden immer leichter zu bedienen, und Verleger und Werbefirmen akzeptieren zunehmend die technische Qualität des 35mm-Dia. Mit diesen technischen Vereinfachungen kommen immer mehr junge Leute zur Fotografie.

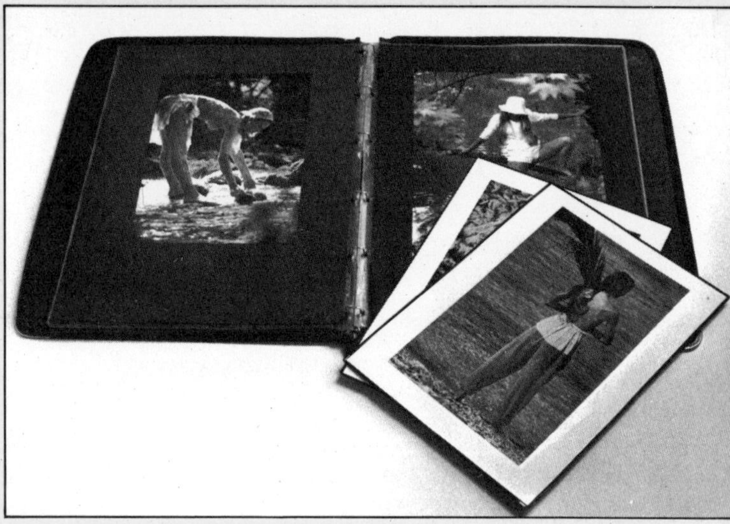

Der Verkauf von Bildern

Gutes Aktmaterial, das Sie in angesehenen Fotozeitschriften, Büchern und Kalendern veröffentlicht finden, kommt entweder vom Fotografen selbst oder aus einem Archiv. Entweder wurde es vom Verleger, der dem Fotografen ein Honorar und die Unkosten bezahlt, in Auftrag gegeben, oder der Verleger wendet sich an ein Fotoarchiv, in dessen Kartei er die Bilder, die er benötigt, unter Umständen finden kann. Aus dem Angebot sucht er dann eine Reihe von Aufnahmen verschiedener Fotografen für seine Zwecke aus.

Auftragsarbeiten

Wenn Sie auf der Suche nach einem Auftrag sind, stellen Sie am zweckmäßigsten eine Mappe mit Ihren besten Bildern zusammen, die zum Beispiel dem Stil der Zeitschrift, für die Sie arbeiten wollen, entsprechen, aber nach Qualität und Einfallsreichtum die darin veröffentlichten Bilder möglicherweise übertreffen. Durch Hartnäckigkeit und wenn Sie Glück haben, dringen Sie mit Ihrer Mappe zum künstlerischen Redakteur der Zeitschrift vor; wenn Ihre Arbeiten wirklich überdurchschnittlich gut sind, notiert er sich eventuell Ihren Namen und Ihre Adresse. Dann, wenn einer seiner regelmäßigen Fotografen einmal nicht verfügbar ist, gibt er Ihnen vielleicht auch eine Chance. Die meisten verantwortlichen Redakteure stehen jedoch unter ständigem Druck von Möchtegern-Fotografen und -Illustratoren, die für sie arbeiten wollen, während bereits eingeführte Fotografen alles tun, das Niveau ihrer Arbeiten zu halten oder sogar zu heben, damit sie nicht verdrängt werden.

Das Bildarchiv

Mit Bildarchiven sieht es nicht viel besser aus. Wenn Sie alle Rechte an Ihren Bildern besitzen und gute Fotos mit Stil und Originalität vorweisen können, läßt sich das Bildarchiv vielleicht dazu gewinnen, Ihre Bilder aufzunehmen. Aber Aktfotos sind langlebig, und das Archiv sammelt sie vermutlich schon etliche Jahre, so daß Ihre Fotografien sich in Konkurrenz mit den weltbesten Bildern, die über die Jahre zusammengekommen sind, befinden.

Honorar

Unter diesen Marktbedingungen überrascht es nicht, daß die Seitensätze (das heißt, das nach Größe für ein veröffentlichtes Bild bezahlte Honorar) nicht ebenso schnell fortschreiten wie die Inflation. Fotografen, die ihre Bilder in großem Stil verkaufen, sind entweder unermüdlich tätig oder haben einen deutlich originellen, aber gleichzeitig vielseitig verwendbaren Stil.

Die Rechte des Modells

Ob Sie einem Modell ein Honorar bezahlen oder nicht, es besitzt auf jeden Fall das Recht am eigenen Bild, bis Sie dieses Recht von ihm erworben haben. Es ist ratsam, einen Standardvertrag zu verwenden, wie sie von Fotografenvereinigungen entworfen werden. Die oft komplizierte Ausdrucksweise dieser Vertragstexte hält eigentlich nur fest, daß das Modell gegen ein bestimmtes Honorar dem Fotografen das Recht, seine Bilder zu verkaufen oder anderweitig darüber zu verfügen, überläßt. Manche Käufer von Fotografien wollen eine Kopie dieses Vertrages sehen, um sich gegen eventuelle Ansprüche von seiten des Modells abzusichern. Manche Modelle unterschreiben erst, wenn sie die Bilder gesehen haben und akzeptieren. Andere streichen einzelne Vertragspunkte, etwa die Erlaubnis, die Bilder auf Anzeigetafeln auszustellen, und wieder andere bitten vielleicht darum, einige Bilder aus dem Vertrag auszunehmen. Solche Ausschlüsse können problematisch werden, und man sollte sie daher nach Möglichkeit vermeiden.

Das Copyright des Fotografen

Sobald der Modellvertrag einschließlich Abtretung der Bildrechte unterschrieben ist, sind die Bilder zum Verkauf frei, wenn nicht andere Zweifel an ihrem Eigentum bestehen. Das kann zum

Perfekte Präsentation
Wenn Sie professionell für Zeitschriften oder die Werbung arbeiten wollen, sollten Sie eine Mappe mit Ihren Arbeiten zusammenstellen. Sie besteht meist aus einem großen Ordner oder einer Mappe, in der Sie Ihre besten Arbeiten, eventuell aufgezogen oder mit einem Passepartout versehen, präsentieren, um einen klaren Eindruck Ihres Stils und Talents zu vermitteln. Durch die Verwendung von Klarsichthüllen oder Einzelblättern können Sie bestimmte Bilder für die Präsentation einfügen oder entfernen, je nach den Wünschen Ihres potentiellen Kunden. Ich vermeide nach Möglichkeit, gerahmte Dias mittels eines Diabetrachters vorzuführen. Wenn sie zur Geltung kommen sollen, müssen sie projiziert werden.

Technische Daten

Beispiel der Fall sein, wenn die Aufnahmen im Auftrag oder gegen ein Honorar zustandegekommen sind. Vergewissern Sie sich daher, daß Sie der einzige Eigentümer sind, bevor Sie die Bilder zum Verkauf anbieten. Wenn Zweifel bestehen, müssen Sie mit unterschriebenen Papieren Ihre Eignerschaft nachweisen.

Wenn geklärt ist, daß die Fotografien Ihnen gehören und zum beliebigen Gebrauch überlassen sind, können Sie versuchen, sie zu verkaufen oder auszuleihen, in Ihrem eigenen Land oder im Ausland. Führen Sie genaue Aufzeichnungen darüber, welche Rechte Sie wohin verkauft haben.

Haftung
Der Fotograf hat gegenüber der Öffentlichkeit keine anderen Haftungsverpflichtungen als jeder andere Mensch. Wenn Sie einen Unfall verursachen, können Sie unter Umständen haftpflichtig gemacht werden. Dagegen, wie gegen andere Mißgeschicke, können Sie sich versichern lassen.

Benehmen in der Öffentlichkeit
Gesetze über Sitte und Anstand sind oft auslegungsfähig, und es ist schwierig, sich gegen mögliche Übertretungen abzusichern. Wenn Sie jedoch sensibel in bezug auf Einstellung und Intimsphäre anderer reagieren, werden Ihre fotografischen Arbeiten kaum Anstoß erregen. Machen Sie sich jedoch immer genauestens mit örtlichen Sitten und Gesetzen vertraut, bevor Sie mit der Arbeit beginnen, denn sie können in den einzelnen Ländern sehr unterschiedlich sein.

Moderne automatische Kameras in geschickten Händen produzieren unter fast allen Bedingungen erstklassige Bilder. Wenn die fotografischen Möglichkeiten bis an ihre Grenzen genutzt werden, kommen auch unter Normalverhältnissen oft außergewöhnliche Aufnahmen zustande. Ein ernsthafter Fotograf wird sich ein solides Wissen der physikalischen und chemischen Gesetzen aneignen, auf denen die moderne Fotografie aufbaut. Man muß nicht alles im Kopf haben, aber ein Grundverständnis ist unabdingbar, und wenn Sie eine gewünschte Information bei Bedarf parat haben, sparen Sie Zeit und verhindern unter Umständen, daß Ihnen ein gutes Bild aus den Händen gleitet.

Ich empfehle Ihnen, immer ein kleines Notizbuch mit technischen Daten bei sich zu führen. Notieren Sie darin Eigenheiten Ihrer Ausrüstung. Ich habe zum Beispiel ein 300mm-Objektiv, das um etwa einen Wert empfindlicher ist als die angezeichnete Blendenöffnung; das muß beim Fotografieren beachtet werden. Zusätzlich schlage ich vor, daß Sie einige der auf diesen Seiten aufgeführten Daten aufschreiben, damit Sie sie zur Hand haben, wenn Sie unter schwierigen Bedingungen arbeiten müssen.

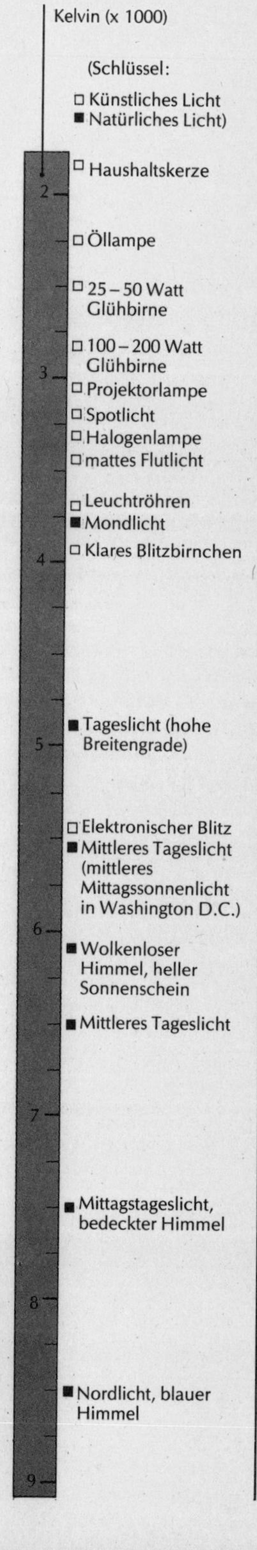

Farbtemperatur ▷
Die Farbtemperatur Ihrer Lichtquelle wirkt sich auf das endgültige Bild aus; sie wird in Kelvin (K) gemessen. Diese Grafik zählt die Farbtemperaturen der häufigsten Lichtquellen auf. Tageslichtfilme sind auf Farbtemperaturen zwischen 5200 K und 5800 K eingestellt. Das ist die Farbtemperatur durchschnittlichen Tageslichts in mittleren Breitengraden. Kunstlichtfilme sind auf 3200 K bis 3400 K eingestellt.

▽ Gesetz der abnehmenden Lichtstärke mit dem Quadrat der Entfernung. Wenn sich die Entfernung zwischen Lichtquelle und Motiv verdoppelt, muß die Blende jeweils um einen Wert geöffnet werden.

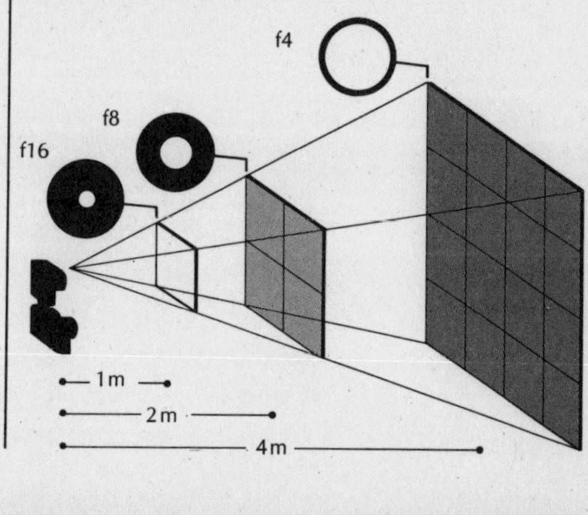

Register

T

U

V

W

Z

Danksagung

Ein Aktfotograf kann seine Bilder nicht allein auf sich gestellt machen, sondern ist auf die Mithilfe vieler Menschen angewiesen.

An erster Stelle gebührt mein Dank meiner Frau Pam, die die vielen durch meine Arbeit bedingten Unterbrechungen des Familienlebens mit Humor zu ertragen weiß. Darüberhinaus hält sie mit Argusaugen mein Archiv in Ordnung, damit ich jene Bilder immer schnell zur Hand habe, die ich gerade benötige.

Am Zustandekommen dieses Buches waren zahlreiche Modelle beteiligt – ihnen allen gilt mein Dank für ihre geduldige Hilfsbereitschaft. Besonderer Dank gebührt meinem Assistenten Steven Lott, der an diesem Projekt von Anfang an mitgearbeitet hat.

Bill Rowlinson und Gene Nocton stellten mit großem Einfühlungsvermögen die Vergrößerungen meiner Bilder her, und Juliette John besorgte auf fachlich hervorragende Weise die Retuschierarbeiten.

Ferner bedanke ich mich bei Jackie Douglas für seine Informationen betreffend den Rechte-Dschungel der Bildveröffentlichung und bei Roger Bristow, ohne dessen schöpferische Mithilfe viele der Bilder nicht entstanden wären.

Darüberhinaus bin ich folgenden Helfern verpflichtet: Camilla Costello für Requisiten, Susan Grigg und ihren Mitarbeitern für die Zusammenarbeit, Nigel Parry vom Esso-Camera-Club für seine Fotos (s. 156–157) sowie Christina Saunders für die Frisuren und das Make-up der Modelle (S. 118–119, 142–145).

Einige meiner Bilder entstanden im Rahmen von Auftragsarbeiten, und ich danke in diesem Zusammenhang meinen Auftraggebern Avon Tyres, Ben Sayers Golf Clubs, Bridgestone Tyres, GAF Films und Mintex Brake Linings.

Dorling Kindersley ist folgenden Helfern und Organisationen für die Mithilfe bei der Herstellung dieses Buches zu Dank verpflichtet: Ron Bagley, F. E. Burman Ltd., CETA Colour Laboratories, Teresa Cross, Headliners, Leaderline Artists Ltd., A. Mondadori, MS Filmsetting Ltd., Negs Photographic Services Ltd., The Photographer's Workshop, **Telegraph Sunday Magazine.** An der Gestaltung und Illustration wirkten mit: David Ashby, Polly Dawes, Jackson Day Design, Sue Wilks.